VERLAG DER
ÖSTERREICHISCHEN
AKADEMIE DER
WISSENSCHAFTEN

Beiträge zur Rechtsgeschichte Österreichs

Zeitschrift der Kommission für Rechtsgeschichte Österreichs der Österreichischen Akademie der Wissenschaften

10. Jahrgang
Band 2 / 2020

Gerald KOHL, Christian NESCHWARA, Thomas OLECHOWSKI,
Ilse REITER-ZATLOUKAL, Thomas SIMON, Miloš VEC (Hgg.)

Mittel- und osteuropäische Rechtshistorische Konferenz 2019

Central and Eastern European Legal History Conference 2019

Redaktion:
Forschungsstelle für
Rechtsquellenerschließung
der Universität Wien

Beiträge zur Rechtsgeschichte Österreichs

Zeitschrift der Kommission für Rechtsgeschichte Österreichs der Österreichischen Akademie der Wissenschaften

http://www.rechtsgeschichte.at/beitraege

Die verwendete Papiersorte in dieser Publikation ist DIN EN ISO 9706 zertifiziert und erfüllt die Voraussetzung für eine dauerhafte Archivierung von schriftlichem Kulturgut.
Als internationale wissenschaftliche Zeitschrift mit peer-review von der ÖAW gefördert

ISBN 978-3-7001-8516-1
ISSN 2221-8890

Druck und Bindung: Prime Rate, Budapest
https://epub.oeaw.ac.at/8516-1
https://verlag.oeaw.ac.at

Inhaltsverzeichnis

V. Privatrechtsgeschichte – Familien- und Sachenrecht

VI. Justiz- und Strafrechtsgeschichte

VII. Wissenschaftsgeschichte

Vorwort

Vom 25. bis zum 27. September 2019 veranstaltete das Institut für Rechts- und Verfassungsgeschichte der Universität Wien in Verbindung mit der Kommission für Rechtsgeschichte Österreichs der Österreichischen Akademie der Wissenschaften am Wiener Juridicum eine „Mittel- und osteuropäische rechtshistorische Konferenz" (Central and Eastern European Legal History Conference – CEELHC 2019).

Die Tagung sollte eine Art Bestandsaufnahme der in den Ländern Mittel- und Osteuropas betriebenen rechtshistorischen Forschungen liefern, persönliche sowie institutionelle Vernetzungen ermöglichen und dem Gedankenaustausch nicht zuletzt im Hinblick auf die partiell gemeinsame Rechtsgeschichte dienen. In Weiterentwicklung bilateraler Dialog-Veranstaltungen des Wiener Instituts für Rechts- und Verfassungsgeschichte mit den Kolleginnen und Kollegen der Pázmány-Universität Budapest sowie der Universität Zagreb wurde auf ein Generalthema bewusst verzichtet.

Mehr als 60 Rechtshistorikerinnen und Rechtshistoriker aus zehn Ländern berichteten über ihre aktuellen Forschungen und diskutierten mit ihren Kolleginnen und Kollegen. Damit wurde ins Zentrum einer Veranstaltung gerückt, was sonst oft nur in Pausengesprächen thematisch fokussierter Tagungen erzählt wird. Die von drittmittelfinanzierten Projekttagungen drohende „Blase" verengter Wahrnehmung von Forschungsinteressen und Arbeitsgebieten sollte gesprengt, die Rechtsgeschichte in ihrer thematischen, methodischen und interdisziplinären Vielfalt sichtbar gemacht werden. Ein (Wiener) Rahmenprogramm rundete die Veranstaltung ab. Ein ausführlicher Tagungsbericht erschien mittlerweile in der Zeitschrift der Savigny-Stiftung für Rechtsgeschichte, Germanistische Abteilung 137 (2020) 752–760.

Der vorliegende Tagungsband vereint einen Großteil der bei der CEELHC 2019 gehaltenen Referate. Die Themen der Beiträge reichen vom Spätmittelalter bis zum 20. Jahrhundert, von der Privatrechts- über die Strafrechts- bis zur Verfassungsgeschichte und betreffen die Rechtsgeschichte fast ganz Mittel- und Ostmitteleuropas sowie auch den Export europäischen Rechts in andere Kontinente.

Die Herausgeberin und die Herausgeber danken ihren Mitarbeiterinnen und Mitarbeitern am Institut für Rechts- und Verfassungsgeschichte für die Mitwirkung bei der Vorbereitung und Durchführung der Tagung sowie auch bei der Drucklegung dieses Tagungsbandes.

Wien, im Sommer 2020

Gerald KOHL – Christian NESCHWARA – Thomas OLECHOWSKI
Ilse REITER-ZATLOUKAL – Thomas SIMON – Miloš VEC

BRGÖ 2020
Beiträge zur Rechtsgeschichte Österreichs

Pal SZABO, Szeged

"... Let her remain in the faith of the Greeks"

The Marriage Plan between the Noble Families of Hunyadi and Celje in the Light of the Ecclesiastical Union (1448, 1451)

One of the interdisciplinary resources for the research on mixed marriages is the history of law and the history of the medieval family. Some of the regulations of the ecclesiastical union in 1439 refer to the possibility of performing mixed marriages or engagements between the Roman Catholics and the Orthodox in medieval Hungary. This study analyses two such prominent cases from the Hungarian Kingdom, emphasising the practical consequences of mixed marriage, especially its ability to overwrite hostility between opposite families.

***Keywords**: ecclesiastical union – Hungarian Kingdom – John of Hunyad – Laetentur Caeli (1439) – Orthodox-Catholic engagements*

European ecclesiastical background

On 6 July 1439, the Council of Florence and Ferrara through the Bull "Laetentur Caeli" declared the union of the Western and Eastern Churches. The Byzantine Emperor John VIII (Palaiologos) signed the document; his main purpose was to manage military support against the threat of the Ottomans. But his efforts in Florence were futile; the Byzantine Church put up resistance against this Bull. It was not the first attempt at creating an union between the two Churches. In 1274, the Council of Lyon also had declared the union. But both attempts were brief and forceful. In 1439, Pope Eugene IV pressed the Emperor to sign the Bull for Western military aid in the face of the threat from the Ottomans.[1] In terms of the Byzantine part in the ecclesiastical negotiations in Florence, Cardinal Bessarion played the main role, and one of his great successes was to reach an agreement on the union.[2]

After this ecclesiastical union, from my point of view, the legal or canonical objections against mixed (interconfessional) marriages also softened. We know from earlier centuries that mixed marriages could be very useful for the dynasties involved (kings, queens, princes, princesses) for the purpose of creating inter-dynastic political alliances. One such example can be found especially between the dynasty of the Hungarian Arpads and the family of the Byzantine emperors.

The aim of my present article is to provide a tentative answer to the question of whether the existence of this momentary ecclesiastical union did in any way facilitate these mixed marriages? Is there a less complicated possibility of having mixed marriages or engagements between the Roman Catholics and the Orthodox in Hungary in the middle of the 15th century? Was there any political solution, for this purpose, in the circle

---

[1] SZABO, 1440, 30–32.; IDEM, Let the Heaven rejoice 2020, 63–64.

[2] TALBOT, Bessarion 285.

http://dx.doi.org/10.1553/BRGOE2020-2s159

of the major participants of the Hungarian medieval policy?

We know the fact that, in Hungarian history, the Governor of Hungary, John of Hunyad (Iancu de Hunedoara), during the war of the leagues of barons, had twice attempted to create peace between him and two of his rivals by engaging into mixed marriages. These cases refer to the Despot George Branković and Count Ulric of Celje.[3]

Political background of the Hungarian Kingdom

Both occasions took place in the time of the government of John of Hunyad (1446–1452), in 1448 and 1451. His main aim was the reorganization of the separated regions of the Hungarian Kingdom. For this purpose, he put a lot of effort into defeating the municipal powers of the barons. First of all, the family of Celje were also relatives of the Hungarian royal family and of the Serbian Despot, George Branković.

The opportunity for a closer connection with the family of Celje was not to be waited for long. After an unsuccessful military attempt to take revenge for the abuses of Ulric of Celje in Slavonia and Croatia (because from the 11th century the Hungarian monarch reigned these lands in a personal union), John of Hunyad wanted to reach an agreement with Frederick III, the Habsburg German-Roman Emperor, through him. Father and son, Frederick of Celje and Ulric of Celje were both permitted to hold their conquests in Slavonia.[4]

They also made an engagement between the older son of the Governor, Ladislaus of Hunyadi, and the daughter of Ulric of Celje, the granddaughter of George Branković, Elisabeth of Celje. A contemporary charter (DF-DL 44 516, which was written on 18 June 1448) reports this event[5] in Latin: "...Ladislao filio suo naturali et legittimo praefatam principissam juvenculam dominicam Elisabeth. Hac vire unicam nostram carissimam filiam in sponsam et legittimam conthoralem suis policitationibus et promissionibus desponsarunt et matrimonialiter copularunt."[6] In my English translation: "to his (i.e. the older son of Governor Ladislaus of Hunyad) legitimate and natural son [they gave] the young, aforementioned princess, Elisabeth. Therewith they engaged and married, our only and most beloved daughter – as legitimately engaged couple by their promise and pledge."

From this charter we know not much about the confession of the parties. By this time Ladislaus of Hunyad was already a Roman Catholic, but Elisabeth was an Orthodox. For the purpose of this article this is an interesting issue. The Hunyadi family had originally been Orthodox, but after the settlement in the Hungarian Kingdom (around 1409), the members of this family (Voicu, the father of John of Hunyad, and his brother, Radu) later converted to the faith of the Roman Catholic church. We know the Catholic name of Radu from a charter in 1419: Ladislaus.[7]

This planned marriage must therefore have been a mixed or interconfessional marriage. This agreement and marriage contract temporarily brought a breathing space in the hostility between the Hunyadies and the Branković-Celje.

John of Hunyad had to make another political compromise in order to preserve his governing power. To organise another political league, the Governor created another conjugal connection as a pledge of his power. For example, in 1449, he also negotiated with Jan Žižka, who was a

3 Szabo, 1440, 56; Engel, Kristo, Kubinyi, Magyarország története 206.

[4] TEKE, Hunyadi János 157; PÁLOSFALVI, A Hunyadiak 30, 34.

[5] Nro DL 44 516 (Hungarian National Archives, Budapest); LUPESCU, A Hunyadiak, 16; ERDÉLYI, Married 109.

[6] TELEKI, Hunyadiak kora 305.

[7] KOVÁCS, Matthias Corvinus 9, 22.

radical Hussite commander (one of the military leaders and a member of 'Taborites') in the Northern part of the Hungarian Kingdom, after a long war. Probably one of the young sisters of John of Hunyad had to marry Žižka, but due to his resistance this plan failed.[8]

The engagement of 1451

In 1448, the aforementioned agreement between the Hunyadi family and the families of Celje and Branković did not come to fulfilment either, because the Governor turned against the Despot; after the second battle of Kosovo Polje (against the Ottomans), the Governor was in the captivity of Branković. His older son – Ladislaus of Hunyad – had to go to the court of the Despot as a hostage. But eventually they renewed their earlier engagement.[9]

The second engagement attempt was in 1451. This was also an exceptional historical moment, which overwrote their hostility. The antecedents were very interesting. After his captivity, John of Hunyad took revenge on Despot Branković, who was condemned by the Hungarian parliament for having committed the crime of high treason (crimen nota infidelitatis) in March 1450.[10]

This was a very sensitive situation, because the power of Branković not only depended on the Hungarian Kingdom – as a vassal of the Hungarian king – but on the Ottomans, or Sultan Murad II, too. One of his daughters, Mara, was at the court of the Sultan, not only as his hostage, but as one of the Sultan's legal wives. This was a very infrequent legal marriage between a Muslim Sultan and an Orthodox princess. This was not an interconfessional, but an interreligious marriage.[11]

In 1450, the Governor invaded Serbia, in order to liberate his older son from the prison of the Despot. Finally, Branković gave him Ladislaus of Hunyad, as mentioned by the Hungarian chronicler, John of Thurócz.[12]

On 7 August 1451, through the mediation of Hungarian nobles, the members of the Senate of the country, Nicolas of Újlak, Ladislaus of Pálóc, Johannes of Zredna (or Vitéz) ratified another (or second!) agreement between John of Hunyad and Ulrik of Celje and George Branković in the castle of Smederevo. One contemporary and Palatine charter has survived and informs us about the articles and conditions of the agreement.[13]

This document was issued by the Palatine Ladislaus of Gara. We can read that, in the presence of the Hungarian Palatine,[14] Branković made some solemn pledge. On this ceremonious occasion, in the castle of Smederevo, almost all members of the Branković family were present, his wife [V]erina[15] (Irene Kantakouzene) and his sons Gregory and Stephen. Accompanying the Despot were also his other son, Lazar, and the daughters of the Despot, Katherine Branković (Katherina, who was the wife of Ulric of Celje) and Margaret Branković, as well the granddaughter of the Despot, the aforementioned princess, Elisabeth of Celje, daughter of Katherine Branković and Ulric of Celje.

This charter informs us about the hostility and many grievances (in the Latin language: "pluraque gravamina") that had been inflicted between the Despot and the Governor over three

[8] TEKE, Hunyadi János 178; DÜMMERTH, A két Hunyadi 94.

[9] TEKE, Hunyadi János 174.

[10] THUROCZY, A magyarok krónikája 297.

[11] SZABO, 1440, 101.

[12] THUROCZY, A magyarok krónikája 297.

[13] Nr° DF-DL 37 614 (Hungarian National Archives, Budapest).

[14] In the Latin language: palatinus, in the Hungarian language: nádor. This was the second highest office, after the King, in the royal court of Hungary.

[15] This is a greek letter digamma or J in the charter.

years ("a tribus Citra vel Paulo ultra Annis"),[16] i.e. since 1448. From that date both parts strove for reaching peace ("pro pace utriusque partis laborantium"). The charter mentions also the participants of this negotiation: "We mediated the peace between them (Palatine Ladislaus of Gara) John of Zredna, the bishop of Warad (today: Oradea), Nicolaus of Újlak, woiwoda of Transylvania and Ladislaus of Pálóc, the chief judge of the royal court." This peace was confirmed by an alliance of marriage and the Eternal and Holy Union of the brotherhood ("affinitatis atque perpetue et sacramentalis unionis") between the Despot and the Governor.[17]

Elisabeth of Celje, who was then ten years old ("nunc in decimo anno constitutam"), was engaged with the younger son of the famous Lord Governor, Matthias of Hunyad ("egregio Mathie filio annotati domini Johannis Gubernatoris")[18] through the Holy rite of the Christian Church, in the Holy Confederation of marriage ("Ritu sancte christiane ecclesie"). We can thereby see this new mixed marriage again.[19]

The Despot made an important clause or request in the subsequent text. At the beginning, I have mentioned the Council of Florence in 1439, the ecclesiastical union, and the fact that the legal or canonical bars against mixed marriages were also dissolved. But the Despot clung to the Orthodox faith after this engagement, as can be seen in the quoted charter: "Moreover, when Elisabeth has been carried into the House of the Governor, whenever she wants, by that time, the Despot will wish for her to remain in the faith of the Greeks."[20] This cited passage shows us the neglect or disregard for the possibility of an ecclesiastical union.

The date of this marriage would be the day on which Elisabeth reached the age of twelve. It therefore means the year 1453, on 6 December.[21] It is necessary that I add here a juristic remark. In Hungarian medieval common law, this age was the so called "legitima aetas" or legal age. The famous Hungarian royal tutor of jurisprudence, Stephen of Werbőcz, in his compilation of common law (Tripartitum) mentioned that the spouses of the marriage at this age were capable of entering marriage and its consumption or copulation (Part I, Title 111, § 3). There was also another important age, "perfecta aetas" or perfect age, the completeness of private rights. This age started from the age of 24 in the case of boys and 16 in the case of girls (Part I, Title 111, § 2).[22]

At this point, I must make an important remark in connection with another interesting fact. This charter does not mention anything about the age of the future husband Matthias of Hunyad or about the fact that he had not reached his "legitima aetas", as Elisabeth had done. So he must have been twelve years old at the date when this charter was issued in 1451. If we take into consideration this age, then he must have been already born in 1439, and not in 1443, the generally accepted date in the Hungarian historical literature, as I pointed out in my other studies.[23]

This agreement consisted of other conditions between these families. For example, all possessions of the Despot in Hungary were going to be transferred into the hands of the Governor or those of his sons, should this marriage not be concluded. We know that this marriage was

[16] TELEKI, Hunyadiak kora 305.

[17] Ibid.

[18] Matthias of Hunyad or Matthias Corvin, later King of Hungary (1458–1490).

[19] TELEKI, Hunyadiak kora 307.

[20] "Voluit tamen ipse dominus Dezpotus, ut dum et quando volente domino prefata puella Elizabeth neptis sua in domum dicti domini Gubernatoris traduceretur, ipsa in ritu fidei Grecorum permaneat", in: TELEKI, Hunyadiak kora 307.

[21] Ibid. 309.

[22] WERBŐCZY, Tripartitum 238.

[23] SZABO, Egy királyi évszám 16–25; SZABO, Egy királyi évszám nyomában[2] 259–270.

indeed contracted, but after four years, the young princess Elisabeth died in 1455.[24]

Additional examples

With respect to interconfessional marriages, we can find other historical examples of disregarding the legal possibility of mixed marriage. For example, in the case of Queen Elisabeth of Celje, widow of the Hungarian King Sigismund of Luxembourg (†1437).[25] In the internal conflict of 1440/1441, Despot Branković supported Queen Elisabeth. It had seemed that he had a dynastic plan, too, because he planned to marry the youngest son, Lazar Branković, to the Queen Widow Elisabeth. But her highness was being a proud Roman Catholic and refused this mixed marriage with sarcastic and injurious sentences, as we can read in the contemporary memoirs of her maid of honour (the wife of John Kottaner): "Gentlemen! Do not give me a pagan (sic!) to marry me, but rather a Christian peasant!"[26]

In agreement with the aforementioned story, in the Hungarian charters of the 14th century we can see the same evaluation of the Orthodox Serbs. There are some references in connection to war against the Ottomans. Serbs are often mentioned along with the 'Turks' as "heretics" or "schismatic", for example in the charter of 1392 "contra Turcos et emulos ac scismaticos" (DL 52 758). It shows us the common opinion after the Great Schism (1054) in medieval Hungary.[27]

Finally, if we localise the Hungarian Kingdom on the religious map of Europe, at the same time – as a country of Roman Catholics – it was situated on the borderline of Roman and Orthodox Christianity. The Western neighbours, including Poland, belonged to the Roman Catholic Church, the Eastern and Southern, including Serbia, to the Orthodox Church of Constantinople. Although there were many mixed marriages between the dynasties of these countries, until the 15th century, many regulations prevented further possibilities. It often happened that the future wife had to convert to the faith of her husband. In some exceptional cases the couple could remain in their respective faiths, as I mentioned before, concerning 1451.

While my objective is not to cover all the examples of the entire canonical literature of the 15th century, I tried to provide examples of marriages that query the regulation of the canon law. The Old Testament did not permit marriages between Israelite men and foreign women (or pagans). Later, the question appeared again in the New Testament and takes the shape of evangelisation or imitating and following Christ. On this matter, the apostle Paul says in one of his letters (1 Cor. 7.14): "the unbelieving husband is sanctified by the wife, and the unbelieving wife is sanctified by the husband".[28]

Some Early Church fathers regarded marriages between Christians and pagans, Jews, and later, heretics as mixed marriages, and some of them did not accept them (Tertullian, Saint Cyprian, Saint Ambrose). In the practice of the Orthodox Church, this was more probable (John Chrysostom). Most of the ecclesiastical synods prohibited these marriages, but after the Great Schism (1054), mostly in the 14th century, the regulations became more elaborated. Marriages with non-Christians or pagans were null or invalid ("disparitas Cultus"), whereas with non-Catholic Christians (or later the Protestants) they were valid but prohibited or disallowed ("matrimonium foret validum sed

[24] PÁLOSFALVI, A Hunyadiak 38–39.

[25] She was the widow of King Albert of Habsburg and the daughter of the German-Roman Emperor and Hungarian King, Sigismund of Luxemburg.

[26] A korona elrablása 13.

[27] SZABO, 1440, 196–197.

[28] Holy Bible 1103.

illicitum"). This was the case of the typical "mixta religio", mixed marriage.[29]

The most important medieval canonical code was Concordantia discordantium canonum by Magister Gratianus. This Code regulated the marriage between believers and unbelievers (Part II, Cause 28, Question 1, Canon 14).[30] Canon 15 orders that the faithful must not marry the non-faithful ("Fideles infidelibus non sunt coniugio sociandi.").[31] The following Canon (16) further specifies this cause: "The Catholics with heretics shall not combine in the matrimonial bondage." ("Cum hereticis catholici non misceant coniugia.")[32] A mixed marriage may be valid between the faithful depending on the evaluation of the Orthodox and the Catholics, in what concerns the faith of each other.

The Papal Bull "Laetentur Caeli" of 1439 did not regulate mixed marriage, it just proclaimed the union of Western and Eastern Christianity.[33]

In brief, this ecclesiastical union should have made mixed marriages easier, as it seemed to rule out canonical obstacles.

Conclusion

Before the Synod of Ferrara and Florence the participants had to convert to the Catholic faith, but after this Council they could remain in their own faith. These were the first cases when members of the noble class could keep their own confession or rituals if they were married with a spouse of a different confession.

Correspondence:

Pal SZABO, PhD
University of Szeged, Faculty of Law
Department of the European History of Law
Bocskai Street 10–12
H – 6721, Szeged,
szbpl07@gmail.com
ORCID-Nr.: 0000-0001-9851-5632.

---

[29] GROCHOLEWSKI, Tanulmányok 14.

[30] Decretum Magistri Gratiani 1087.

[31] Decretum Magistri Gratiani 1088.

[32] Decretum Magistri Gratiani 1089.

[33] GASPARRI, Codicis Iuris 69–71; SZABO, Let the Heaven rejoice 2020, 66–67.

Bibliography:

Decretum Magistri Gratiani. Editio Lipsiensis secunda, Pars prior (vol. 1) Instruxit: Aemilius FRIEDBERG (Lipsiae 1879, ²1995).

Dezső DÜMMERTH, A két Hunyadi (Budapest 1985).

Pal ENGEL, Gyula KRISTO, Andras KUBINYI, Magyarország története 1301–1526 (Budapest 1998).

Gabriella ERDÉLYI, Married the sister of his late wife: The negotiation of kin-marriages in Renaissance Hungary, in: Márta FONT, Gergely KISS (eds.), Specimina Nova Pars Sectio Mediaevalis VI Redegunt (Pécs 2011).

Petri GASPARRI (ed.), Codicis Iuris Canonici Fontes, vol. 1, Concilia generalia-Romani pontifices usque ad annum 1745 (Romae 1926).

Zenon GROCHOLEWSKI, Tanulmányok az egyházi házasság- és perjogból (Budapest 2000).

Holy Bible, New King James version. Special introduction Dr. Dwight K. NELSON (Hagerstown 1990).

Péter E. KOVACS, Matthias Corvinus (Budapest 1990).

Radu LUPESCU, A Hunyadiak in: Rubicon 27 (4/2016) 16.

Károly MOLLAY (ed.), A korona elrablása, Kottaner Jánosné emékirata 1439/1440 (Budapest 1978).

Tamás PÁLOSFALVI, A Hunyadiak kora. 1437–1490. Magyarország története, vol. 7 (Budapest 2009).

Pal SZABO, 1440 – Nándorfehérvár első oszmán-török ostroma (phil. Diss. Univ Szeged, 2014, Szeged 2015).

IDEM, Egy királyi évszám nyomában. Hunyadi Mátyás életkoráról, in: Palócföld 64 (4/2018) 16–25.

IDEM, Egy királyi évszám nyomában², in: Sándor PAPP, Zoltan KORDÉ, Sandor László TÓTH (eds.), Urbs, civitas, universitas (Szeged 2018, 259–270).

IDEM, „Örvendezzenek az Egek..." A ferrarai-firenzei egyetemes zsinat egyházi uniója (1439), in: Belvedere Meridionale (XXXII./1. Szeged 2020, 62-73).

Alice-Mary TALBOT, Art. 'Bessarion', in: Alexander Petrovich KAZHDAN (ed.), The Oxford Dictionary of Byzantium (New York–Oxford 1991).

Zsuzsa TEKE, Hunyadi János és kora (Budapest 1980).

Joseph TELEKI, Hunyadiak kora Magyarországon, vol. 10 (Pest 1853).

John THUROCZY, A magyarok krónikája, trans. by Ibolya BELLUS, (Budapest 2001).

Stephen WERBŐCZY, Tripartitum, trans. by Kálmán CSIKY, István GAZDA (ed.) (Budapest 1990).

BRGÖ 2020
Beiträge zur Rechtsgeschichte Österreichs

Petr KREUZ, Prag

Die Gerichtsbarkeit der Prager Altstadt und der vereinten Prager Städte in der Zeit der Jagiellonen (1471–1526)

The judiciary of the Old Town of Prague and the United Prague towns in the time of the Jagiellons (1471–1526)

The purpose of this contribution is to present a research project on the judiciary of the Old Town of Prague and the United Prague towns in the time of the Jagiellons and some of its preliminary results. The main starting-point as to the investigated sources is represented by sentences and verdicts of the town court of the Old Town of Prague from 1475–1518 and by sentences and verdicts intimated by the town court of the United Prague towns from 1518–1526. The sentences and verdicts passed in those years are found predominantly in the Books of verdicts (libri sententiarum).

From the entire number of 1,004 registered sentences in law-suits, 533 were passed by the town court of the Old Town in 1475–1518, and 471 by the town court of the United Prague towns in 1518–1526. From those 1,004 sentences, 257 (25.6 %) concern criminal cases. Also in the paper, the results of the analysis of the abovementioned criminal cases are presented. The analysis led to the conclusion that the greater part of the criminal agenda of the courts under investigation consisted of criminal acts against life and health and honour. Offences against property occurred only in relatively smaller numbers.

Regarding the development of town law it is possible to register during the Jagellonian era a conspicuous improvement concerning the adjucative practice of the court of the Old Town. This improvement was reflected also in a better quality and more refined forms of decisions rendered by the court. Whereas the Old Town law is to be regarded from the point of view of its development as representing at the outset of the Jagellonian era in considerable measure an autochthonous legal system sui generis taking over only in an unsystematic way and ad hoc the norms of the south German and Magdeburg town laws, the first tenth of the epoch in question in the Old Town was characterised by the broad and intense taking over of the conspicuously more developed town law of Brno (Brünn) and of Roman law too. Towards the end of the Jagellonian era, this takeover in the Prague towns was completed not only at the theoretical level, but also in the sphere of legal practice, thereby creating one of the central preconditions for the later codification of the Bohemian town law (1579).

Keywords: *criminal cases – Jagellonian era – Old Tow of Prague – Prague – sentences– town court – town law*

Ziel des vorliegenden Beitrags ist eine kurze Darstellung des Projekts der komplexen Erforschung des Gerichtswesens der Prager Altstadt und der vereinigten Prager Städte in der Zeit der Jagiellonen und der ausgewählten bisherigen (und vorläufigen) Resultate dieser Erforschung. Den Ausgangspunkt meiner Erforschung bilden die Urteile, Befunde und Schlichtungs-(Arbitrage-)Entscheidungen des Stadtgerichts der Prager Altstadt aus den Jahren 1475–1518 und diejenigen des Gerichts der vereinigten Prager Städte aus den Jahren 1518–1526.

http://dx.doi.org/10.1553/BRGOE2020-2s166

Die Altstadt Prag war die älteste der vier Städte, die das spätmittelalterliche und frühneuzeitliche Prag bildeten (die Prager Altstadt und die Prager Neustadt am rechten Moldauufer, die Kleinseite/Prager Kleinstadt und der Hradschin am linken Moldaufer gelegen).[1] Gleichzeitig stellte die Altstadt Prag die volksreichste Stadt im Königreich Böhmen und in den Ländern der Böhmischen Krone dar; ihre Einwohnerzahl betrug in der jagiellonischen Zeit etwas mehr als 10.000 Einwohner. Im ausgehenden Mittelalter war die Prager Altstadt die politisch bedeutsamste Stadt innerhalb der Länder der Böhmischen Krone und (zusammen mit Leitmeritz) eines der Zentren des Stadtrechts und der Stadtgerichtsbarkeit im Königreich Böhmen. Im Jahre 1518 vereinte sie sich vorübergehend mit Prager Neustadt. Dadurch wurden die größten Prager königlichen Städte, beide am rechtem Moldauufer, vereinigt und die sogenannten vereinigten Prager Städte (verbundenes Prag) gebildet, die fast 20.000 Einwohner zählten. Die Einheit der Prager Städte wurde im Jahr 1528 von König Ferdinand I. aufgehoben.[2]

Aus der von den in Prag Altstadt sowie in den vereinten Prager Städten in der Zeit der Jagiellonen ausgeübten gerichtlichen Tätigkeit haben sich in fast ununterbrochener Reihe mehr als 1.000 Urteile und Gerichtsbefunde erhalten. Der gleichen Zeit entstammen etwa zwei Dutzend Sprüche in den Arbitrage- und Schlichtungsverfahren.[3]

Die obengenannten Befunde, Gerichtsentscheidungen und -sprüche stellen einen bedeutsamen Komplex von Quellen zur Rechts-, Wirtschafts- und Sozialgeschichte Prags im ausgehenden Mittelalter dar. Die vor dem Stadtgericht zur Verhandlung gelangenden Fälle bieten manchmal einen einmaligen Einblick in verschiedene Lebenssphären praktisch aller Einwohnerschichten des spätmittelalterlichen Prags. Die Teilhabenden der vor dem Stadtgericht verhandelten Streite waren aber nicht nur die Einwohner Prags, sondern auch Bürger und Einwohner weiterer böhmischer Städte, Angehörige des Adels, Juden, Ausländer und weitere physische und rechtliche Personen. In den letzten Jahren wurden aus Jagiellonischer Zeit stammende Prager Bücher der Befunde unter anderem als eine Quelle zum Studium von einzelnen Formen und Typen der vor Gericht verhandelten Beleidigungen und Delikte gegen die Ehre in der ersten Hälfte des 16. Jahrhunderts[4] sowie zur Erkenntnis der zwischen den Pragern und Nürnbergern bestehenden Beziehungen und vorkommenden Streitigkeiten in der Zeit der Jagiellonen herangezogen.[5] Sie ermöglichten auch einen Einblick in die magischen Vorstellungen und Praktiken der Einwohner Prags im ersten Viertel des 16. Jahrhunderts.[6]

Die gefällten Urteile und Befunde des Stadtgerichts der Prager Altstadt (bzw. des Gerichts der in den Jahren 1518–1528 vereinigten Prager Städte) sind in den sog. Büchern der Befunde (libri sententiarum) niedergeschrieben.[7] Die kontinuierliche Reihe der betreffenden altstädtischen Bücher beginnt mit dem Jahre 1479 und endet 1611, wobei sie auch ein der gerichtlichen Tätigkeit der vereinigten Prager Städte entsprungenes analoges Buch enthält.[8]

Die älteren Befunde des Prager Altstädter Gerichts sind in einigen vermischten Gedenk- und Eintragungsbüchern aus der zweiten Hälfte des 14. Jahrhunderts und aus dem 15. Jahrhundert verstreut.[9] Aus diesen Büchern ist für die in Frage kommende Zeit nur das Buch der Ein-

[1] Zur Prager Rechtsgeschichte Kejř, Kreuz, Prag.
[2] Ledvinka, Pešek, Praha 277–287.
[3] Kreuz, Arbitrážní (ubrmanské) výroky.
[4] Kreuz, Urážka na cti 139–149.
[5] Kreuz, Spory Norimberčanů.
[6] Kreuz, Kouzelnictví.
[7] Zu den Prager Gerichtsbüchern siehe detaillierter Kreuz, Odraz rozhodovací činnosti.
[8] Čarek u.a., Městské a jiné úřední knihy 52.
[9] Ebd.

schreibungen aus den Jahren 1452–1479 von Bedeutung, das insgesamt 23 Gerichtsbefunde und Urteile aus den Jahren 1475–1478 enthält.[10] An diese Einschreibungen knüpft fast unmittelbar das älteste Prager altstädtische Buch der Befunde an,[11] das die Zeitspanne der Jahre 1479–1531 umfasst.[12] Ein mit zeitlichem Abstand folgendes Buch dieses Typs stellt das Buch der Befunde der vereinigten Prager Städte[13] für die Jahre 1518[14] bis 1527[15] dar.

In den obengenannten die Befunde enthaltenden Prager Büchern (d.h. Hs. 1128, 1129 und 2141) habe ich für die Periode seit dem Jahre 1471 (resp. 1475) bis zum Jahre 1526 insgesamt 1004 Gerichtsstreite verzeichnet. Ich ließ dabei die Gruppe der 22 Fälle aus den Jahren 1500–1524, die stricto sensu nicht als Gerichtsstreite einzustufen waren, außer Betracht. Diese Fälle wurden nicht durch gerichtliches Urteil (gerichtlichen Befund) abgeschlossen, sondern durch einen Arbitrage-, Schieds- oder Schlichtungsspruch, dem sog. Übermannspruch. Darüber hinaus wurde in diesen Fällen das Verfahren in der Regel nicht mit einer Privatklage eröffnet. Größtenteils lag die Entscheidung in diesen Fällen nicht nur beim Stadtgericht, sondern bei einem breiteren aus Arbitern oder Schieds-, bzw. Friedensrichtern bestehenden Kollegium.[16]

Aus den genannten 1004 Streiten wird ein etwas größerer Teil von 533 vor dem Altstädtischen Gericht zur Verhandlung ausgetragenen Streitfällen gebildet, das heißt von Fällen aus der von der Thronbesteigung der Jagiellonen an verflossenen Zeit bis zur Vereinigung der Prager Städte. Die restlichen 471 Streite gehören in die Zeit nach Vereinigung der Prager Städte, sie entstammen namentlich der Periode vom Oktober 1518 bis zum Ende des Jahres 1526. Diese Streite wurden durch das Stadtgericht der vereinigten Prager Städte verhandelt.

In der bis 1518 stattfindenden Tätigkeit des Stadtgerichts von Prag Altstadt und in dem seit 1518 einsetzendem Wirken des Gerichts der vereinigten Prager Städte lassen sich zwar manche Gemeinsamkeiten, aber auch zahlreiche auffallende Unterschiede sowohl rein quantitativen als auch proportionellen Charakters feststellen. Das Wirken des zweiten genannten Gerichts bezog sich auf eine städtische Agglomeration, die zweimal so viele Einwohner zählte, was eine eindeutige Intensivierung der Aktivitäten des Stadtgerichts zur Folge hatte. Während z. B. das Prager altstädtische Gericht in den Jahren 1475–1499 insgesamt 109 Streitfälle verhandelte und entschied, d.h. durchschnittlich nur 4 Streitfälle jährlich und in den Jahren 1510–1517 241 Streitfälle, d.h. annähernd 30 im Jahr, entschied das Gericht der vereinigten Prager Städte in den Jahren 1519–1526 in 459 Streitfällen, d. h. durchschnittlich in 57 Verfahren jährlich.

Das Stadtgericht der Prager Altstadt (und in den Jahren 1518–1528 das Gericht der vereinigten Prager Städte) übte bis zum Jahre 1547 die Funktion des obersten Gerichtsstuhls für die Städte des altstädtischen (süddeutschen) Rechtskreises im Königreich Böhmen aus. Aus dieser Tätigkeit erhielten sich aber nur zwei Bücher der Befunde aus den Jahren 1510–1544, resp. 1510–1546.[17]

Mehr als ein Viertel der untersuchten Fälle bezog sich auf strafrechtliche Angelegenheiten,

[10] AMP, SR, Hs. 2141, fol. 171v–186v.

[11] AMP, SR, Hs. 1128.

[12] ČAREK u.a., Městské a jiné úřední knihy 52.

[13] AMP, SR, Hs. 1129.

[14] Ebd., fol. 412r–412v.

[15] Ebd, fol. 36v.

[16] Siehe oben FN 3.

[17] Es geht um ein Buch der Rechtsfindungen und -belehrungen in Český Brod, Kouřim, Hradec Králové [Königgrätz] und Jaroměř von den Jahren 1510–1546 (AMP, SR, Hs. 93) und ein Buch der Rechtsfindungen und -belehrungen in Žatec (dt. Saaz) von den Jahren 1510–1544 (AMP, SR, Hs. 92). — AMP, SR, Hs. 93 gab J. Teige heraus – TEIGE (Hg.), Zprávy o statcích, Bd. 26, 48–103, 244–288, 325–362, 433–552. AMP, SR, Hs 92 gab heraus TEIGE, Zprávy o statcích, Bd. 28, 397–637. Detailliert KREUZ, Odraz.

den Rest stellten vorwiegend (im breitesten Sinne des Wortes) zivilrechtliche Streitigkeiten dar.

Von den erwähnten 1004 Streitfällen stellten insgesamt 257 (25,6 %) strafrechtliche Streitfälle dar. Erwähnenswert ist der markant niedrigere Anteil von strafrechtlichen Streitigkeiten unter den vor das Stadtgericht der Prager Altstadt bis 1518 gelangten Fällen (97 Streitigkeiten von 533, d. h. bloße 18,2 %). Demgegenüber machte der Anteil der nach dem Jahre 1518 durch das Stadtgericht der vereinigten Prager Städte verhandelten strafrechtlichen Fälle 33,3 % (157 von 471) aus. Einen annähernd gleichen Anteil (30–35 %) von strafrechtlichen Fällen verzeichnet man bezüglich der im Akkusationsverfahren vor dem Stadtgericht der Prager Altstadt verhandelten Fälle seit den 30er bis mindestens zu den 70er Jahren des 16. Jahrhunderts.[18]

Die vor dem Stadtgericht im Akkusationsverfahren verhandelten Fälle vermögen nur ein Bild eines Teils der Straftätigkeit und strafrechtlicher Gerichtsagende im jagiellonischen Prag zu bieten. Aus keiner der Prager Städte sind uns aus dem Spätmittelalter oder der Frühen Neuzeit die sogenannten Schwarzen Bücher (auch Pech- oder Blutbücher) überliefert, das sind aufgenommene Protokolle während des Vollzugs der Halsgerichtsbarkeit, die unter anderem Folteraussagen enthalten. In den Schwarzen Büchern sind dabei die im Inquisitionsverfahren verhandelten Fälle erfasst, in der Regel schwerwiegendere Kriminalität, insbesondere Eigentums- und gewaltsamen Charakters. Spezialisierte Schwarze Bücher wurden dabei in Prag schon spätestens seit der Zeit der Jagiellonen geführt – ihrer ersten Erwähnung kann man beim Gericht der vereinigten Prager Städte im Jahre 1520 begegnen.[19]

Während die strafrechtliche Agenda der Stadtgerichte, insbesondere die im Inquisitionsverfahren in den Böhmischen Ländern im Spätmittelalter und in der Frühen Neuzeit zur Verhandlung gekommenen Fälle, in der tschechischen Historiographie beginnend mit den 1970er Jahren Gegenstand intensiver Forschung wurde,[20] war die zivilrechtliche Agenda der betreffenden Gerichte bisher nur im kleinen Umfang ein Objekt eines systematischen Forschungsinteresses.

Wie schon gesagt, können die vor dem Stadtgericht im Akkusationsverfahren verhandelten strafrechtlichen Fälle nur einen Teil der Straftätigkeit im jagiellonischen Prag vermitteln. Es handelt sich vor allem um die Delikte gegen die Ehre, verschiedene Ausschreitungen und kleinere Eigentumsdelikte. Dabei lässt es sich doch nicht eindeutig konstatieren, dass es sich in allen diesen Fällen ausschließlich um weniger schwerwiegende Kriminalität gehandelt hat.

In den obengenannten 257 Fällen verzeichnete ich insgesamt 385 Straftaten. Ich gliederte sie nach dem Klassifikationsschema, das standardmäßig in der tschechischen Forschung über die Geschichte des Strafrechts und der Kriminalität schon seit Ende der 1970er Jahre in Geltung ist,[21] in insgesamt 5 Gruppen, und zwar: 1. Delikte gegen den Staat, die öffentliche Macht und ihre Repräsentanten; 2. Delikte gegen die Rechtsordnung, die Sicherheit und öffentliche Ordnung; 3. Delikte gegen das Eigentum; 4. Delikte gegen das Leben und die Gesundheit; 5. Delikte gegen persönliche Rechte mit den Untergruppen: 5a) Delikte gegen die persönliche Freiheit; 5b) Delikte gegen die Ehre; 5c) Delikte gegen die Ehe und sexuelle Delikte.

Am niedrigsten war der Anteil der Klagen wegen Delikte gegen den Staat, die öffentliche

[18] Vgl. dazu Kreuz, Ženy.

[19] Kreuz, Odraz 345–347.

[20] Für eine Übersicht dieser Forschung siehe vor allem Pánek, Městské hrdelní soudnictví; Pánek, Die Halsgerichtsbarkeit; Francek, Šimek, Hrdelní soudnictví 134–179; Procházková, Současný stav; Kreuz, Dějiny pozdně středověkého a raně novověkého městského soudnictví.

[21] Malý, Trestní právo.

Macht und ihre Repräsentanten.[22] Es wurden deren nur 20 erfasst (das sind 5,2 %). Von einzelnen Delikten ist am häufigsten eine Beleidigung des Stadtgerichts, eines Mitglieds des Stadtrates oder eines städtischen Beamten vorgekommen (9 Fälle). Man begegnet auch häufiger dem Missbrauch der Amts- oder Richtersvollmacht (4 Fälle) und der Blasphemie/Gotteslästerung (3). Aus Gründen, die im Falle des jagiellonischen Prag eine ausführlichere Darstellung verdienten, begegnen wir hier überhaupt nicht dem Delikt der Ketzerei und nur marginal dem Magiedelikt, und zwar in Form der Zauberei (Schadenzauber), nicht in Form der (diabolischen) Hexerei (des kumulativen Magiedelikts).[23]

Als zahlreicher erwiesen sich in den eingereichten Klagen Delikte gegen die Rechtsordnung, Sicherheit und öffentliche Ordnung,[24] von denen insgesamt 53 (d.h. 13,8 %) zutage treten. Wenigstens einige in diese Gruppe von Delikten fallende Fälle stellten Gewalthandlungen (insbesondere Ausschreitung und Gewalt) dar, die eben typisch waren für das Stadtmilieu des späten Mittelalters und der Frühen Neuzeit. Die am häufigsten festgestellten Straftaten innerhalb der obengenannten Gruppe von Delikten war die schon erwähnte Gewalt und gefährliche Drohung; beide Delikte kamen in 11 Fällen vor. Als weitere, relativ häufiger vorkommende Delikte innerhalb der betreffenden Gruppe sind zu nennen die Ausschreitung (9 Fälle), Nichtbefolgung eines Gerichtsurteils (7) und Unterstützung eines Verbrechers (7).[25] In vier Fällen wurde Anklage wegen pych (Frevel) erhoben. Das schon erwähnte Delikt der öffentlichen Gewalt (moc) taucht in zwei Fällen auf. In einem Falle galt die Klage einem weiteren, typisch landesrechtlichen Delikt, und zwar die Fehdeerklärung (odpověď).[26] Odpověď weist mehrere gemeinsame Züge mit der mittelalterlichen Fehde[27] auf, die man in manchen Gebieten des Reiches antrifft.[28]

Die Gruppe der Delikte gegen das Eigentum (Eigentumsdelikte)[29] kommt in den Klagen in relativ unerheblicher Zahl vor. Es fallen darunter nur 54 (d.h. 14,0 %) der zum Gegenstand einer Klage gewordenen Delikte. Auf der anderen Seite weist sie eine ziemlich differenzierte Struktur auf, weil sich in ihr insgesamt 9 Arten von Delikten unterscheiden lassen. Für die im Akkusationsverfahren verhandelten Straffälle sind gegenüber den im Inquisitionsverfahren zur Verhandlung gelangenden Fälle gerade die relativ geringe Häufigkeit der Eigentumsdelikte einerseits und ihre erhebliche Differenzierheit nach ihren Arten charakteristisch. Unter den festgestellten Delikten entfällt der größte, aber nicht mehrheitliche Anteil auf das Delikt des Diebstahls (21 Fälle). In relativ größerer Zahl (8 Fälle) verzeichnen wir auch das Delikt der Hehlerei und des Verkaufs der gestohlenen Sachen. Der Raub kommt in 5 Fällen auf und die unberechtigte Aneignung einer fremden Mobilie (beweglichen Sache oder fremden Viehs) in 7 Fällen. Das schwerwiegende Delikt der Brandstiftung figuriert in drei Fällen. Der Betrug, einschließlich der Fälschung der feilgebotenen Ware, kommt in 4 Fällen vor.

Bedeutend zahlreicher waren die Klagen wegen Delikte gegen das Leben und die Gesundheit.[30] Es wurden insgesamt 122 solcher Delikte registriert (31,7 %). Die Klagen bezogen sich vor allem auf Delikte, zu denen es im Laufe von mit Gewalt begleiteten Konflikten und Zusammenstößen in den Straßen oder öffentlichen Räumen der Stadt kommen sollte. Diese Tatsache bestätigt die Vorstellung der neueren Forschung über

[22] Vgl. ebd. 39–79.
[23] KREUZ, Kouzelnictví 131, 136–143.
[24] Vgl. MALÝ, Trestní právo 81–117.
[25] Ebd. 95–100.
[26] Vgl. AMP, SR, Hs. 1129, fol. 431^{v}–432^{v} (432^{v}–433^{v}).
[27] KAUFMANN, Fehde.
[28] MALÝ, Trestní právo 88–91.
[29] Ebd. 119–165.
[30] Ebd. 167–200.

die Stadt des Spätmittelalters als Konfliktgemeinschaft, die sich durch intensive und vielfältige soziale Kommunikation auszeichnet.[31] In 36 Fällen wurde Mord zum Gegenstand der Klage und in 18 Fällen ein Mordversuch. Am häufigsten begegnet man aber den Klagen wegen Verletzung/Gesundheitsschädigung (38 Fälle). Damit waren Klagen wegen Prügelung eng verknüpft (26). Nur in ganz seltenen Fällen kann man den Gegenstand der Klage als Gesundheitsschädigung mit Todesfolge (2) charakterisieren. Dies zeigt, dass die meisten Fälle der Tötung im gewaltsamen Konflikt bei dem Stadtgericht als Mord angeklagt wurden, und zwar meist unabhängig vom tatsächlichen Verlauf des Konflikts. In die oben genannte Gruppe fallen auch ein Fall von Vergiftung und eine Klage wegen ungerechtfertigter Tortur.[32]

Die größte Gruppe der angeklagten Delikte bilden die Delikte gegen persönliche Rechte,[33] deren insgesamt 136 festgestellt wurden (35,3 %). Dieser Umstand ist vor allem darauf zurückzuführen, dass hier die Untergruppe der Delikte gegen die Ehre[34] ins Gewicht fällt, von denen insgesamt 121 vermerkt wurden (31,4 %), während die wegen Delikte gegen die persönliche Freiheit[35] (7 Fälle, d.h. 1,8 %) und wegen Delikte gegen die Ehe und sexueller Delikte[36] (8 Fälle, d.h. 2,1 %) eingereichten Klagen in bedeutend kleinerer Zahl auftreten.

Die innerhalb der Untergruppe der Delikte gegen die persönliche Freiheit eingereichten Klagen bezogen sich konkret auf die ungerechtfertigte Einkerkerung, gewaltsame Erzwingung einer Verpflichtung und die Beschränkung der persönlichen Freiheit.

[31] Dazu z.B. SCHUSTER, Eine Stadt vor Gericht 61–72, 86–104.

[32] AMP, SR, Hs. 1128, fol. 11r–11v (2r–2v).

[33] MALÝ, Trestní právo 201–261.

[34] Ebd. 205–231; BOROVSKÝ, u.a., Spory o čest.

[35] MALÝ, Trestní právo 201–204.

[36] Ebd. 231–246. Überwiegend für die Stadtgerichte KREUZ, Zur schweren Sexualdelinquenz.

Das am häufigsten angeklagte Delikt gegen die Ehre und zugleich das am häufigsten von den oben genannten Prager Gerichten in der jagiellonischen Zeit verhandelte Delikt war die Ehrenbeleidigung (95 Fälle). Mit großem Abstand folgten Klagen wegen sogenannter Schmähung (24 Fälle), die (kurz und ein bisschen vereinfacht gesagt) eine Beleidigung von geringerer Intensität darstellte, die keine direkte Anzweiflung der Ehre des Klägers war.[37]

In der Untergruppe Ehe- und Sexualdelikte treffen wir zwei Klagen wegen sogenannter Entlockung (ulouzení) einer verheirateten Frau oder eines verheirateten Mannes,[38] die auch die Form der Entführung der Ehefrau annehmen konnte, und auch zwei Klagen wegen Konkubinat. In zwei Fällen wurde eine Klage wegen schlechter Behandlung der Ehefrau vorgebracht, die konkret die Gestalt der Misshandlung der eigenen Frau gewann, beziehungsweise Verjagung der Ehefrau aus dem Hause. Die Unzucht wurde zum Klagegegenstand nur in einem Falle, ebenso die Vergewaltigung.

Das am häufigsten unter den vor dem Stadtgericht von Prager Altstadt beziehungsweise dem Stadtgericht der vereinigten Prager Städte in der jagiellonischen Zeit im Akkusationsverfahren verhandelte strafrechtliche Delikte stellte das Delikt der Ehrenbeleidigung dar (95). Mit großem Abstand folgen drei Delikte gegen das Leben und die Gesundheit, und zwar Verletzung (38), Mord (36) und Verprügelung (26). Die Reihe der fünf am häufigsten einen Gegenstand der Klage bildenden Delikte schließt die Schmähung ab (24). Von den restlichen Deliktsgruppen ist am häufigsten als Klagsgegenstand der Diebstahl zu nennen, und zwar in 21 Fällen. Von weiteren Delikten erreichten die zweistellige Vertretung nur Mordversuch (18), Androhung

[37] Vgl. auch KREUZ, Urážka na cti 141–143.

[38] Zu diesem Delikt MALÝ, Trestní právo 237–240; detaillierter KREUZ, Zur schweren Sexualdelinquenz 159–161.

(11) und Gewalt (11). Von den 40 Arten von angeklagten Straftaten, die bei den untersuchten Gerichten verzeichnet worden sind, entfielen also auf die relativ häufiger vorkommenden nur neun von ihnen. Von diesen wurden annähernd vier Fünftel der verhandelten Delikte gebildet.

Aufgrund der vorliegenden kurzen Übersicht wird deutlich, dass unter den aufgrund einer Privatklage im Akkusationsverfahren vor den untersuchten im jagiellonischen Prag tätigen Gerichten die Delikte gegen die Ehre und die Delikte gegen das Leben und die Gesundheit mehrheitlich in Erscheinung traten. Auf sie entfielen die meisten verhandelten Fälle, fast zwei Drittel aller vor die obengenannten Gerichte gelangenden Klagen. Die Delikte gegen das Leben und die Gesundheit kamen öfter im Zusammenhang mit einigen Delikten gegen die öffentliche Ordnung vor. Einen relativ häufiger vorkommenden Gegenstand stellten auch einige Straftaten aus dem Gebiet der Eigentumsdelikte dar, die schwieriger zu beweisen sein konnten. Schwer beweisbar waren manchmal auch die Klagen wegen Delikte gegen das Leben (insbesondere Mord).

Aus dem Gesichtspunkt der Entwicklung des Stadtrechts betrachtet, lässt sich während der jagiellonischen Epoche eine deutliche Vervollkommnung der Entscheidungstätigkeit und der Befundpraxis des Altstädter Stadtgerichts feststellen. Diese Vervollkommnung projizierte sich in die schon in der Regel formell der gewünschten Qualität entsprechende und umfangreiche Begründungen der Urteile und Befunde des Gerichts der vereinigten Prager Städte nach 1518 hinein. Während das Prager Altstädter Recht noch an der Schwelle der Zeit der Jagiellonnen von seiner Entwicklung her ein Recht sui generis, ein in erheblichem Maße autochtones Rechtssystem darstellte, das nur fallweise und unsystematisch die Normen des sächsischen oder Magdeburger Rechts, bzw. süddeutschen Rechts übernahm, standen die ersten Dezennien der jagiellonischen Epoche der Prager Altstadt im Zeichen der breiten und intensiven Rezeption des bei weitem vollkommeneren Brünner Stadtrechts und Brünner-Iglauer Rechts und durch ihre Vermittlung auch des römischen Rechts. Diese Rezeption, bzw. Annahme, die eine der bedeutsamen Voraussetzungen späterer Kodifikation des böhmischen Stadtrechts (1579) bildete, war in Prag an der Neige der jagiellonischen Epoche fast vollendet sowohl in theoretischer Ebene als auch in der Sphäre der Rechtspraxis.[39]

Korrespondenz:

Doz. DDr. Petr KREUZ
Archiv hlavního města Prahy
Archivní 6
CZ – 149 00 Praha 4
Česká republika
Petr.Kreuz@praha.eu
ORCID-Nr. 0000-0001-7484-4773

Abkürzungen:

AMP	Archiv hlavního města Prahy [Archiv der Hauptstadt Prag]
SR	Sbírka rukopisů [Handschriftensammlung]

Siehe auch das allgemeine Abkürzungsverzeichnis: [http://www.rechtsgeschichte.at/media/abk.pdf]

[39] Neu zu diesem Thema KREUZ, Pavel Kristián von Koldín Stadtgesetzbuch.

Literatur:

Tomáš BOROVSKÝ, Dalibor JANIŠ, Michaela MALANÍKOVÁ u.a., Spory o čest ve středověku a raném novověku (Brno 2010).

Jiří ČAREK u.a., Městské a jiné úřední knihy Archivu hlavního města Prahy (Přehled) (Praha 1956).

Jindřich FRANCEK, Tomáš ŠIMEK (Hgg.), Hrdelní soudnictví českých zemí. Soupis pramenů a literatury (Zámrsk, Pardubice 1995).

E. KAUFMANN, Fehde, in: Adalbert ERLER, Ekkehard KAUFMANN (Hgg.), Handwörterbuch zur deutschen Rechtsgeschichte, Bd. 1 (Berlin 19711) 1083–1093.

Jiří KEJŘ, Petr KREUZ, Prag, in: Albrecht CORDES u.a. (Hgg.), Handwörterbuch zur deutschen Rechtsgeschichte, Bd. 3 (Berlin ²2013) 711–718.

Petr KREUZ, Ženy v trestněprávních případech před městským soudem Starého Města pražského v letech 1548–1560, in: Documenta Pragensia 13 (1996) 101–134.

DERS., Urážka na cti v praxi komorního soudu Království českého a městského soudu Starého Města pražského v první polovině 16. století in: BOROVSKÝ, JANIŠ, MALANÍKOVÁ u.a., Spory o čest 127–150.

DERS., Spory Norimberčanů a Pražanů před městským soudem Starého Města pražského v době jagellonské, in: Olga FEJTOVÁ, Václav LEDVINKA, Jiří PEŠEK (Hgg.), Ztracená blízkost. Praha – Norimberk v proměnách století (= Documenta Pragensia 29, Praha 2010) 147–175.

DERS., Kouzelnictví a jeho pronásledování v jagellonské Praze. Příspěvek k počátkům kouzelnických a čarodějnických procesů v Čechách, in: Pražský sborník historický 40 (2012) 131–164.

DERS., Dějiny pozdně středověkého a raně novověkého městského soudnictví v českých zemích v české historiografii posledních dvaceti let, in: Olga FEJTOVÁ, Michaela HRUBÁ, Václav LEDVINKA, Jiří PEŠEK, Ludmila SULITKOVÁ (Hgg.), Města ve středověku a raném novověku jako badatelské téma posledních dvou desetiletí (= Documenta Pragensia 32/2, Praha 2013) 179–199.

DERS., Zur schweren Sexualdelinquenz vor den böhmischen Stadtgerichten im 16. und beginnenden 17. Jahrhundert, in: Gerhard AMMERER, Gerhard FRITZ, Jaromír TAUCHEN (Hgg.), Sexualität vor Gericht. Deviante geschlechtliche Praktiken und deren Verfolgung vom 14. bis zum 19. Jahrhundert (= Beiträge zur Rechtsgeschichte Österreichs 9/1, Wien 2019) 158–172.

DERS., Odraz rozhodovací činnosti městského soudu Starého Města Pražského a městského soudu spojených pražských měst v pražských městských knihách z doby jagellonské, in: Jan HRDINA, Kateřina JÍŠOVÁ (Hgg.), Úřední písemná kultura v českých a moravských městech ve středověku a raném novověku (Praha 2019) 339–348.

DERS., Pavel Kristián von Koldín Stadtgesetzbuch von 1579 und mittelalterliche Stadtrechte in den Böhmischen Ländern, in: Andreas DEUTSCH (Hg.), Stadtrechte und Stadtrechtsreformationen. Tagungsband vom Symposium in Heidelberg von 3. 4. bis 5. 4. 2019 (im Druck).

DERS., Arbitrážní (ubrmanské) výroky městského soudu Starého Města pražského a soudu spojených pražských měst z doby jagellonské. Příspěvek k poznání mediace a urovnávání sporů v pozdně středověké Praze, in: Pražský sborník historický 47 (2020, im Druck).

Václav LEDVINKA, Jiří Pešek, Praha (Praha 2000).

Karel MALÝ, Trestní právo v Čechách v 15. a 16. století (Praha ²1989).

Jaroslav PÁNEK, Městské hrdelní soudnictví v pozdně feudálních Čechách (Výsledky, problémy a perspektivy studia), in: Československý časopis historický 32 (1984) 693–728.

DERS., Die Halsgerichtsbarkeit der böhmischen Städte und Märkte vom 16. bis 18. Jahrhundert, in: MIÖG 96 (1988) 95–131.

Eva PROCHÁZKOVÁ, Současný stav výzkumu dějin kriminality a soudní praxe v éře decentralizovaného soudnictví, in: Jiří PEŠEK (Hg.), VIII. sjezd českých historiků. Hradec Králové 10.–12. září 1999 (Praha 2000) 178–189.

Peter SCHUSTER, Eine Stadt vor Gericht. Recht und Alltag im mittelalterlichen Konstanz (Paderborn u.a. 2000).

Josef TEIGE (Hg.), Zprávy o statcích a přech venkovských z archivu města Prahy, A–K, in: Archiv český čili staré písemné památky české i moravské sebrané z archivů domácích i cizích, Bd. 26 (Praha 1909).

DERS. (Hg.), Zprávy o statcích a přech venkovských z archivu města Prahy, L–Z, in: Archiv český čili staré písemné památky české i moravské sebrané z archivů domácích i cizích, Bd. 28 (Praha 1912).

BRGÖ 2020
Beiträge zur Rechtsgeschichte Österreichs

Ivan MILOTIĆ, Zagreb

The Resolution of Boundary Disputes between the Habsburgs and the Venetians in Istria by the Arbitral Decision of 1535

The Habsburgs' estates and the Venetian communes had a long boundary in northern Italy and Istria. Because of the specific circumstances in which the inter-state boundary was formed, it was constantly plagued by uncertainties and misunderstandings, which often resulted in local hostilities and violence. The escalation of boundary problems occurred at the beginning of the 16th century, simultaneously with the formation of the League of Cambrai and the war between its allies and Venice. The war incited the two political powers (and disputants) to search for a means of resolving the boundary disputes peacefully. For this, arbitration was arranged between them in Trento (Trident) in 1535, of which several archival sources have been preserved. The paper analyses the Trento Agreement of 1535 according to the manuscripts in the state archives in Venice and Vienna as well as some other fragmentary texts on local arbitration following the model of Trento. The author specifically examines arbitrations in which the boundary disputes were resolved in Istria.

Keywords: *Arbitration – boundary – the Habsburgs – Istria – League of Cambrai – Venice*

1. Introduction

At the beginning of the 16th century, the estates governed by the Habsburgs and the communes subjected to Venice came into direct territorial contact along the boundary which stretched from northern Italy to Istria. The boundary sometimes manifested as a line, in other places it was a strip of land or an area, while often it did not correspond to any jurisdictional delimitation.

This boundary was not drawn instantly. Initially, before the two powers came into territorial contact, these were separate local boundaries that had nothing to do with one another, and at that stage they were surely not intended to serve as the inter-state delimitation. They had their own traditional regimes, quarrels and disputes that were manifested in narrow local relations. Once their nature changed and they became inter-state frontiers, they were transformed into places of confrontation between the locals living on the opposite sides.

The idea of a boundary in the West was not the same at all times or in different circumstances. It had a permanently changing nature,[1] depending on the means and modes in which different rulers claimed the territory and placed territorial limits on what they claimed. In Roman times, it was manifested in private relations as a strip of land five feet wide,[2] while in interstate relations it might have been in the shape of a line or, in some specific areas (e.g. the African limes) it was fluid and conceived as a territory that functioned like a membrane within the seasonal migrations of people. In the West, the concept of the boundary in the ius commune was strongly

[1] KHAN, Territory 240–241.
[2] SCATTOLA, Die Grenze 43.

http://dx.doi.org/10.1553/BRGOE2020-2s174

conditioned by the wording of the Corpus iuris civilis.[3] The boundary served as the end of territorium, terrae spatium, but also as a jurisdictione munitum, which could refer to the separation of territories, but also to the separation of jurisdictions which did not necessarily coincide with territorial delimitations.[4] However, it is impossible to describe the actual boundary with reference to general perceptions of ius commune because its nature and shape were deeply conditioned by the very local circumstances in which it could take a wide variety of forms. For example, as a reaction to the plague epidemics in the 17th century (especially in the thirties), in certain areas, the boundary between the Habsburgs and the Venetians in Istria was in the shape of a strip of land two kilometres wide, which served as a cordone di sanità along the main road (Strada detta dell'impero), which connected to the territories.[5] It was simultaneously a wide sanitary and military boundary belt that served as a quarantine area fortified with sanitary and military stations.

This paper provides an insight into how the Habsburgs and Venetians attempted to resolve the boundary problem in 1535 by way of an arbitration arranged in Trento [Trient]. It examines several manuscripts in which the arbitration of 1535 is recorded, but it is primarily concerned with the boundary dispute resolution in Istria achieved in the arbitral awards of 1535 that were successively rendered in Pazin [Mitterburg] and Trieste. The paper demonstrates the results of the author's research of the boundary problem in Istria, and provides perspectives for further research and analysis of the Viennese manuscript (a copy from the Austrian State Archives).

2. Relevant historical background

The boundary between the Habsburgs' estates and the Venetian communes in northern Italy and Istria in the late Middle Ages has been qualified as a constantly disputed matter.[6] The problem involved not only the rulers from both sides, but also a large number of people living on the boundary or in its surroundings. The boundary between the Habsburgs and Venetians became an even larger issue after 1420, when the Patriarchate of Aquileia lost its civil authority over large portions of northern Italy and Istria. In most cases, the Venetians took possession of the properties of the Patriarchate and thereby came into direct territorial contact with the estates under the Habsburgs' rule.[7]

The formation of a boundary between the Habsburgs and the Venetians did not happen instantly. It was a result of a long-lasting political process in which, by diverse means and at different periods, the two supreme powers gradually seized the neighbouring communes and estates. In such circumstances, the pre-existing local boundary between two (or more) relatively small and insignificant territories became a strategic demarcation line between two universal powers. For this, at least in the late Middle Ages and up until the 16th century, the boundary line between the Habsburgs' and Venetian spheres of interest was not permanent; it was subjected to constant changes and redefinitions, resulting in extreme tensions and uncertainties. The shape of the boundary was never final because its formation was based on gaining or losing the su-

[3] MONTI, Tractatus 2
[4] Ibid. 17–19.
[5] Linea del Conf[ine] tra l'Istria Veneta, et Austriaca descritta [...] of 1713. A map with accurate descriptions of the relevant boundary is preserved in the State Archive in Venice and was published in ROSSIT, LAGO, Descriptio 211.

[6] JURIČIĆ ČARGO, Spopadi 45; LAW, The Venetian 153–154.
[7] CUSIN, Il confine 181–227; PASCHINI, Storia 727ff.

preme authority over a particular political unit, rather than on territorial conquest.[8]

Boundaries, whose formation occurred in this specific way, gave rise to multiple disputes. They inherited the pre-existing traditional quarrels and misunderstandings that represented a constant in the inter-communal relations of the Middle Ages. Even before the territorial (boundary) contacts of the Habsburgs and Venetians, medieval documents often refer to "differentiae". The term signifies not necessarily a boundary line, but an area near the boundary that was in a specific way attached to boundary disputes. "Differentiae" were areas which were not subject to a regular property regime because the inhabitants from both sides of the boundary traditionally used them, i.e. they were reserved for common use. In most cases, these areas encompassed vital natural goods such as water sources, woodlands, pastures, arable land etc. Their common use necessarily led to misunderstandings and to each side's desire to capture them for their own use, which resulted in their description as a disputed territory ("territorio contentioso").[9]

Because the boundary line between the Habsburgs and Venetians was not instantly fixed, it was often connected with uncertainties with regard to its precise position. The problem was even further aggravated by the fact that the territorial boundary in the Middle Ages did not necessarily correspond to the boundaries of the fiscal jurisdiction.[10] This was well-attested in the famous case of the village of Zamask [Zamasco/Zumesco] in Istria, where even after the boundary settlement of 1535, the Habsburgs' vassals owed certain tributes to the neighbouring Venetian commune of Motovun.[11] The case depicts a situation in which the fiscal jurisdiction stretched beyond the territorial limits. Initially, such challenges represented a local problem. However, once the local boundary between the two communes evolved into an inter-state delimitation, the "local irritations" evolved into potential triggers for potentially much larger-scale hostilities.

Istria in the late Middle Ages and the early Modern Age represents all the dangers that might emerge from an unclear boundary line. Its geographically compact territory was politically divided on the estates that recognized the supremacy of the Habsburgs, which covered 1/3 of the territory, while the communes, whose territories covered 2/3 of Istria, were subjected to Venice.

The devastating effects of such boundary situations, not only in Istria but also on the vast territories of northern Italy, became apparent after the formation of the League of Cambrai in 1508. The League's intention was to attack the Republic of Venice and divide its territories among the allies. The major battlegrounds were located in northern Italy and Istria because the allies predominately struggled for control over Venice's

---

[8] MILOTIĆ, Aspetti 111–145.

[9] IDEM, La Sentenza 350ff.

[10] Fiscal jurisdictions were not and even today often still do not correspond to the territorial boundaries of the administrative entities under canon law. E.g. the diocese does not necessarily have full or any fiscal jurisdiction over the monasteries on its territory and vice versa. Moreover, in the Middle and Modern Ages the church entities or higher church officials might assume civil powers (plenum ius) and dominion over territories (communes, estates etc.) and fully exercise them as if they were lay rulers, which additionally resulted in a lack of correspondence between territorial and fiscal jurisdictions. Outside canon law (as well as of church entities and officials), differences between territorial and fiscal jurisdictions were, in most cases, a result of a complex set of circumstances in the particular locality. On many occasions, these were conditioned by traditional (ancient) legal regimes or territorial holdings which were later changed or adapted, but the reflections of the previous jurisdictions remained. It seems that the former occurred in the case of the village of Zamask. See e.g. STEIGER, Von der Staatengesellschaft 357–381.

[11] JOKSIMOVIĆ, ŠIPOŠ, La Sentenza 300–301.

mainland (Terraferma), for which the inter-commune boundary line was of the utmost importance. The war eventually ended with the triumph of Venice (for it retained or regained the lost territories) despite its many military defeats.[12] The impacts of the war in Istria were felt on the boundary line or in places that were close to or attached to it. All modifications of the post-war boundary went in favour of Venice, which for the first time captured some small forts and villages of considerable strategic significance. Such small territorial advances provided Venice with an important psychological advantage in the forthcoming post-war events, which were all concentrated around the disputed boundary.

The War of the League of Cambrai put forth a problem of the undetermined boundary line between the Habsburgs' estates in the Istrian mainland and the Venetian communes located in the coastal regions. The War was a starting point of an overall escalation of violence along the boundary line, which both sides instantly detected as a point in their relations that they could not overcome. For this reason, in 1535 they attempted to resolve their boundary disputes by way of arbitration, which is the topic of this paper.

The real background of the conflict in Istria and in the areas of northern Italy which gravitated toward the Adriatic was always the strategic port of Trieste, its surroundings and the nearby salt pans which were controlled by the Habsburgs, although they were surrounded by the Venetian territories. The conflict was never constrained solely to these issues, but always had an impact on the whole boundary line, bringing permanent turmoil to the territories and populations living along it.

[12] FINLAY, Fabius 990–992; MEREGAZZI, Pauli 456–457.

3. Archival sources of the arbitration of 1535

The sources of the 1535 arbitration have survived in several manuscripts. Because the 1535 arbitration file is a collection of the principal arbitration of Trento and a large number of "local arbitrations" (which were arranged on its grounds for a specific section of the boundary), records of that dispute resolution exist in different forms. A number of shorter manuscripts depict arbitration procedures over certain smaller sections of the boundary or over a separate location or a strip of land that was highly disputed. These are extracts from the original Trento arbitration file which were purposefully copied. The manuscripts underwent language adaptations, thereby departing from the original wording in Latin. They are written in Italian or in the Istrian-Venetian dialect, or some other local idiom.[13]

The second form in which the 1535 arbitration appears is a manuscript in Latin, a copy of the original, containing summarized records (a sort of a catalogue) of many particular ("local") dispute resolutions in northern Italy and Istria. The manuscript is preserved in the Austrian State Archives[14] and deserves an in-depth examination in the future.

The third form in which the 1535 arbitration appears are collections of scripts containing local arbitrations for broader sections of the boundary line in a certain region or a separate territory. In 2017 a study of the Trento arbitration was published on the ground of an arbitration file which survived in the State Archive in Venice.[15] The

[13] BUDICIN, Contributo 223–268; KANDLER, Notizie 207–210; LUCIANI, Capo d'Istria 1891a, 155–202; IDEM, Capo d'Istria 1891b, 355–409; IDEM, Capo d'Istria 1892, 409–478.

[14] Austrian State Archives in Vienna [Wien], OeStA, HHStA, UR AUR 1535 VI 17.

[15] State Archive in Venice [Venezia], Deliberazioni Senato Rettori, busta Nr. 181 (further: ASV, D, b. 181).

file reveals arbitration on the most disputed sections of the boundary line in Istria.[16]

The Latin key wording of the archival source suggests that the arbitration was not about the land as such. It exclusively refers to "territorium", meaning the land under jurisdiction of one or other party to the dispute, i.e. an area under its full control.[17] The language of the arbitration, specifically the key words, reflects the terms which appeared in such legal contexts in late medieval Europe. This is additionally affirmed by the use of the word "dominium", signifying exclusive control over "territorium", which has the central place in it. It characterizes each disputant in the arbitration of 1535 as Il Stato, which fully corresponds to juridico-political trends and processes which were going on in Europe from the late Middle Ages onwards.[18]

4. Why arbitration?

In general terms, the Habsburgs and Venice were two different and completely incompatible rulers. They were independent from one another, separate and autonomous. They recognized no higher authority on their territories. For that reason, disputes among them could not be contested in any common court. Next, we come to the enforceability of a decision that a third person, entity or court would make in dispute between them. Because these were separate and independent powers, there would be no means to enforce such decision. Moreover, their legal traditions were incompatible: Venice explicitly rejected the ius commune and insisted that all its laws were self-designed within the discretion (arbitrium) and initiative of magistrates in the making and interpretation of the law,[19] while the Habsburgs' estates relied more on ius commune.

In such circumstances, any effective boundary settlement necessarily required an agreement of both sides (acting on equal footing), and thereby their voluntary subjection to an ad hoc court which they would establish for that particular matter. This meant that they could only employ inter-state arbitration. Arbitration was attractive for another reason: it enabled each party on equal footing to select one arbitrator, while the third (impartial) arbitrator was selected by both of them. The Tenor sententiae Tridentinae (which is the official name of the Trento arbitration) follows such pattern of appointing arbitrators, which evidently comes from Roman law. An option to have two arbitrators, each appointed by one disputant, was unsustainable in case of dissenting opinions, for which a third impartial arbitrator was required.[20]

The wording of the archival source at hand links the Trident arbitration to mediation by mentioning that the third impartial arbitrator is at the same time a mediator (not an amicabilis compositor). The source does not provide any reasoning or explanation of the precise meaning of bringing together the two means of dispute resolution. We believe that mediation might have been employed because the arbitration (arbitrium) in the Middle and Modern Ages was consistently modelled on the grounds of the classical Roman arbitration ex compromisso (which is substantially different to the classical arbitrium boni viri and medieval amicabilis compositio), which allowed the arbitrator to do nothing else in his award other than to ultimately proclaim who was right and who was wrong. Arbitration

[16] BRADARA, Il Confine.

[17] KHAN, Territory 231 – 232.

[18] SASSEN, Territory 123ff.

[19] POVOLO, Liturgies 534.

[20] Selecting multiple arbitri was associated with risks in case of dissenting opinions. It could be prevented by selecting an odd number of arbitri: each party selected his own arbiter, and afterwards they would reach a consensus on the third arbiter. D 4, 8, 17, 6.

at the time which is relevant for this paper, especially the one that addressed inter-state relations, did not allow the arbitrator to resort in his decision to negotiated justice or negotiated settlements, which, at the other hand, the boundary disputes often necessitated. We believe the indication of mediation should be interpreted as a means of compensation for the rigidity that deciding the case by arbitration may bring and which could potentially lead to an outbreak of hostilities between the disputants. However, only the third impartial arbitrator was vested with mediation powers, which most distinctively differentiated him from the two arbitrators, who were selected by the disputants.

5. Arbitration agreement

Different manuscripts focus on different aspects of the boundary line, ranging from a holistic approach to narrow considerations constrained to a certain place or area. Nevertheless, the initial part of all manuscripts reveals the process in which arbitration was arranged. They mention an act indicated as "litterae patentes" – signifying an arbitration agreement between "Serenissimi Romanorum Regis" and "Illustrissimi Dominii Veneti". The agreement is also indicated as compromissum, which additionally clarifies that the model of arbitration came from Roman law.[21] In the Romano-canonical procedure of the Middle Ages, compromissum signifies the legal foundation of an arbitrator's obligation to settle the dispute finally and with binding force,[22] while the parties should abide by it and proceed to implement it.[23]

"Litterae patentes" (or "compromissum") laid down the arbitration pattern and standard for all the local (forthcoming) arbitrations. The Trento arrangement was not intended to be directly operative. It only set out the model and provided an initiative for the local arbitrations to become operative. The Viennese manuscript records a large number of local arbitrations in northern Italy and Istria which were initiated on the grounds of the Trento Agreement to determine the boundary only between a single Habsburg estate and a Venetian commune.

The initial part of "litterae patentes" / "compromissum" records the selection of arbitrators ("nominatio et electio arbitratorum"), which corresponds with the standard contents of the ad hoc arbitration arrangements.[24] Both sides chose persons with a relevant legal background ("iurisconsulti"): the Habsburgs appointed the royal judge Antonius Queta while the Venetians selected Mathias Avogadro.[25] The persons appointed by the parties were not impartial or objective arbitrators. They were both high-level legal officials and office holders in the administration of the disputant who selected them, which is explicitly indicated. For this, a third person was required, who would then represent the disinterested factor of the arbitration at hand, its impartial and objective component. These two then reached an agreement over the third (impartial) person – Ludovicus Porro, a "superabiter", who together with the first two constituted the ad hoc arbitration court of three men (odd number). Ludovicus Porro is additionally referred to as "mediator communis", suggesting that he was not only an adjudicator. He may have acted as a mediator or a peacemaker between the two confronted parties. Ludovicus Porro apparently had two different

[21] E.g. D 4, 8, 1.; COING, Zur Entwicklung 35–46; ZIMMERMANN, Law of Obligations 528–530.

[22] ZIEGLER, Arbiter 376–381; ZIMMERMANN, Law of Obligations 528–530.

[23] FOWLER, Forms 144; FOWLER-MAGERL, Ordo iudiciorum 247–250.

[24] MILOTIĆ, La Sentenza 344; JOKSIMOVIĆ, ŠIPOŠ, La Sentenza 296.

[25] ASV, D, b. 181, 1; JOKSIMOVIĆ, ŠIPOŠ, La Sentenza 296.

roles because, in the civil procedure of the time, the arbitrator is a substantially contrasted mediator.[26] Any mention of a mediator in this arbitration must be interpreted in the legal context of the Early Modern Ages. His employment in the inter-state arbitration of that time had to prevent warfare among the disputing parties and sustain peace.[27] However, his employment blurs the distinction (even the nomenclature) between arbitration and mediation in the dispute at hand. This may be justified if, already at this point, a reference is made to the wording of the award of the Trident arbitration. One may distinguish different approaches to the settling of disputes for different sections of the boundary: somewhere the boundary was settled in a clear-cut resolution (e.g. the village of Zamask), elsewhere it was apparently negotiated with no unilateral preferences or firm regimes ("loca differentiarum"), while in other places the settlement was not reached at all. The same pattern of appointing arbitrators was mirrored in the local arbitrations that followed the Trento Agreement. For instance, in the arbitration of 8 October 1535 conducted in Pazin, a royal captain in Duino – Johannes Hoffer – was appointed superarbiter by the two arbitrators, each selected by one disputant (the Venetian commune of Montona and the Habsburgs' representative – Captain Luigi Moscon of Pazin).[28]

6. Arbitration in Istria

6.1. General remarks

The arbitration of Trento (Trident) of 17 June 1535 was fundamental and served as a model for subsequent local ones. As a model, it defined the structure, means of appointing arbitrators, their number and the procedural standards of arbitrations (especially with reference to evidence).

The Viennese manuscript covers all of the disputed areas, in relation to which it provides only a brief overview of the parties, basic facts and determinants of each case. Much differently, the Venetian manuscript gives an insight into a narrow disputed territory (of Istria), in relation to which it provides profound descriptions of the boundary section. Of such a manuscript we can make more use in order to identify how arbitration came to function in practice.

6.2. Disputed matters

The Trento arbitration addressed Istria with several provisions:

(1) The restoration of the possessions, income, expenses and damages as they were prior to the War of the League of Cambrai ("prout ante bellum" or "quemadmodum ante bellum").[29] The War of the League of Cambrai via facti remodelled the traditional division of the Habsburgs' and Venetians' communes in Istria. The intention of the Trident arbitration was to restore the territorial division and political supremacy which existed before the War. There is only a single case of the restoration of territory that the arbitration achieved and of which we are aware. The fort of Momiano, which had been captured by the inhabitants of Koper (who recognised the Venetian rule) in 1508, was – by means of the award – legally restored to the Raunichers, a German family, and simultaneously to the Habsburgs' supremacy. The Raunichers never returned to the fort; in 1521 they sold it to the Venetian family Rotta, whereby the fort changed the political supremacy as well.[30]

---

[26] DURANTIS, Speculum § 1, 3.

[27] KAMPMANN, Arbiter 14–15, 30–31; ZIEGLER, The influence 151–152.

[28] ASV, D, b. 181, 6; Joksimović, ŠIPOŠ, La Sentenza 311.

[29] ASV, D, b. 181, 1 and 4(2a).

[30] "Haeredes domini Bernardini Raunicher restituendos esse ad castrum Momiliani cum jurisdictionibus

(2) The fiscal regimes in the disputed boundary areas which were corrupted during and after the War. The Venetian commune of Montona traditionally had a certain fiscal jurisdiction over the income of the persons subjected to the Habsburgs' rule.[31] There were three types of such income ("terraticum", "herbaticum", "podestaria") to which the Venetian commune of Montona was entitled. In 1533 and 1534, which preceded the arbitration of Trident, the imperial vassals with no sustainable reason refused to perform their fiscal duties to the neighbouring Venetian commune, which gave rise to the typical property disputes not over the existence of these right and duties, but rather over the imperial vassals' failure to perform them. The fiscal rights originated in an earlier age – when the commune of Montona encompassed the territories which were later separated from it and attached to territorial units under the Habsburgs' rule. The initial fiscal regime, which is well recorded in the medieval statute of Montona, remained after these territories' separation from Montona and was considered to be the traditional income of the Venetian commune of Montona in the Modern Period. [32]

(3) The boundary definition in the village of Zamask, which was highly disputed and ultimately divided into two parts (Venetian Zumesco and Austrian Zamasco). The award settled the direction in which the division was performed.[33] The dispute over this strategic hilltop village had been over 200 years old, which means that it went back to the period when the Habsburgs' rule was established in Istria for the first time. Many unsuccessful attempts were made in the course of this period to determine its belonging, i.e. who possessed it – the Venetians or the Habsburgs – but they never produced an adequate result. The arbitration of Trident divided the village in two parts, which has survived ever since in communal divisions and in the cadastre of the 1820s.[34]

(4) The preservation of the legal interest of the captain of Pazin, who was an official the Habsburgs.[35] The provisions addressing the captain were formulated in a way that the boundary definition should not restrict or endanger his legal rights. Its formulation was justified on the grounds of peace achievement and its preservation ("pro bono pacis"). Such a provision immobilized the dispute resolution and award rendering to a substantial extent because all determinations should ultimately conform to the captain's interests.

(5) The prohibitory instruction to the parties to stay bound by the award and not to do anything to the contrary.[36]

The first local arbitration emerging from the Trento arbitration was conducted in Pazin on 8 October 1535. It consistently followed the model and tasks set out by the Trento arbitration. The three arbitrators undertook an inspection to gain a direct insight into the locations of the dispute. The arbitration dealt with "loca differentiarum" and "territorio contentioso".[37]

The second arbitration was conducted in Trieste on 18 October 1535. It principally dealt with the setting of the boundary markings according to the Trento and Pazin awards.[38]

infrascriptis et aliis redditis et pertinentiis suis". Tommasini, De Commentari 286; Milotić, Capitolare 66–74.

[31] ASV, D, b. 181, 4(2a) and 8(4a).

[32] Chapters Nr. 87, 185, 240, 247 and 262 of the Statute of Montona (Archeografo triestino, year 1894, 447–482 and year 1895, 5–120).

[33] ASV, D, b. 181, 1 (2).

[34] ASV, D, b. 181, 3 (2).

[35] ASV, D, b. 181, 6(3a).

[36] ASV, D, b. 181, 4(2a).

[37] ASV, D, b. 181, 9(5), 10(5a).

[38] ASV, D, b. 181, 10(5a), 11(6).

6.3. Arbitration procedures

The Trento arbitration file places disputants in an equal position which was consistently followed at the local levels. Arbitration on equal footing meant equality in the selection of arbitrators and subsequent equality of arms in the procedure. Such values are explicitly attested in the descriptions of the procedural request put before the arbitrators: "[...] responsione partis adverse, exceptionibus et oppositionibus utrinque factis, attestationibus, instrumentis, allegationibus, caeterisque iuribus, ab utraque parte productis, de quibus in actis ac aliis videndis [...]"[39] The procedure had to ensure equality when the claim and counterclaims were put forward. It demanded an adversarial and contradictory procedure with provisions, enabling each party to be instantly heard, i.e. to provide it with the possibility to directly respond to what the other disputant alleged and to simultaneously produce evidence for its counterclaim. The procedure was governed by immediacy, being applied not solely to discussions, but also to terrain-based inspections. The arbitration of Trento insisted that the arbitrators visit and see the disputed boundary line with their own eyes.

The procedural equality was facilitated in producing evidence: "[...] pars contendat se possedisse et testes super ea re contrarios, iuraque invicem repugnantia produxerint".[40] There were several main forms of evidence employed: on-site inspection, documents and witnesses. The arbitrators demanded that witnesses were "idoneis, notis, probis, uocatis, rogatis, et adhibitis".[41] Both sides were equally entitled to propose and produce evidence. Each arbitration court had powers to make judgments on witnesses' credibility. Witnesses (testes) were often explicitly mentioned in the awards while, on the other hand, there are no references to documents, inspections or any other type of evidence. It leads us to the conclusion that witnesses' statements were the most important, and that decisions were primarily witness-based.

6.4. Decision-making and enforcement

The principal task put before the arbitrator was to determine the disputed boundaries. This means that, after they had evaluated all pieces of evidence, the arbitrators were bound to define the boundary on site (confinatio). Next, they were bound to draw a boundary line on the terrain as a result of the inspection that they had previously undertaken. Finally, the two local arbitration awards (of Pazin and Trieste) recorded the placement of the boundary markings (terminus, confinium) on the exact place where the boundary line was determined. The three-year research we conducted, in which the boundary line in Istria was examined in all its aspects (maps, documents, material remains etc.) revealed that boundary definitions actually took place and that, at least in some parts or in certain locations, they were enforced and made visible by placing boundary markings (stones, crosses, piles of stones etc.). There is a reliable and accurate record of an award in which the village of Zamask was divided in two halves. Nowadays in the land registers and cadastre the small village is still administratively divided in two parts. However, we may with great certainty conclude that not all the sections of the boundary line were determined, or at least that they were not determined precisely. In the upcoming years, decades and centuries, this gave rise to an escalation of violence and severe hostilities.

There are several important reasons which prevented the award from being fully executed. It had no real binding force, which gave enough leeway for each party to depart from it wherever or at whatever occasion it was not satisfied with the wording of the award. There was no guarantor or third supreme authority who could con-

[39] ASV, D, b. 181, 1(2).
[40] ASV, D, b. 181, 2 (3).
[41] ASV, D, b. 181, 5 (3).

trol its enforcement or exert pressure on the parties to conform to what the arbitrators had decided. In some sections or specific localities along the boundary, no means of dispute resolution were adequate to reach a solution because the disputes were profound, long-lasting (traditional) and, additionally, in different sections the boundary might have manifested differently or appeared in different forms (such as a line, strip of land, corridor, vast undefined area, common goods such as the forest, pastures etc. which were traditionally used by the entire population that lived along the boundary etc.). Finally, there was never an adequate degree of willingness to resolve all the difficult issues along it. It seems, hypothetically, that the only means to resolve such a dispute would be a complex inter-state treaty that would require a lot of patience, negotiation, compromises and concessions, for which none of the disputants was ever ready.

The restoration of possessions and income (which was illegally collected by the Austrians in 1533 and 1534) was proclaimed in favour of the Venetian commune of Motovun, however, its full enforcement was not successful.

The regime over "loca differentiarum" and "territorium contentiosum", which was a true "cancer" of the boundary and a cause of the war in Istria, was not addressed by the awards. "Loca differentiarum" and "territorium contentiosum" remained a permanent "cancer" in local inter-state relations until 1797.

The two most complete manuscripts of the arbitration of 1535 (the Venetian and the Viennese) contain no record of its ratification. An overview of the other relevant archival sources (that reveal only partial records of the arbitration at hand) says nothing about the Tenor Sententiae Tridentinae once the decision was made. In this regard, there are strong grounds to claim that the Sententia Tridentina was not ratified. The arbitration arrangement of 1535 and the following arbitration procedure were surely not formally qualified or perceived as a peace treaty, although its real function was to make peace and to keep it along the boundary line. On several occasions, the wording of the arbitration indicates that peace-making was the principal motive and an ultimate goal of the procedure. Nevertheless, the wording of that arbitration is missing all the specific clauses which at the time were the standard and the most recognizable contents of peace treaties.[42]

The Trident arbitration of 1535 was a dispute resolution on contractual grounds, representing the specificity of arbitration. The archival file at hand is primarily a decision with only a brief reference to how the agreement (contract) was made. The arbitration award necessitated no approval or ratification once it was rendered because all the arrangements and approvals were made in the arbitration arrangement phase, most probably by signing and sealing the arbitration agreement and selecting arbitrators which, at least in theory (having in mind these two specific disputants), invoked its binding force.[43] At that point, the disputants took all the risks, including the risk that one of them might not conform to whatever the arbitrators would render. Otherwise, i.e. in case of its disappointment, each party could depart from the execution of the award by refusing to ratify it, arbitration would not be a sustainable means of resolving inter-state disputes. We believe that these are the main reasons why there is no evidence that the award was ratified.

7. Conclusions

The arbitration of 1535 between the Habsburgs and the Venetians was an attempt to settle the inter-state boundary dispute peacefully using rational legal means. In that particular inter-state dispute resolution, arbitration was exploit-

[42] LESSAFER, Peace Treaties 79ff.

[43] Ibid. 75–76.

ed in combination with mediation, which represents its unconventional use – in inter-state relations, i.e. outside the traditional arbitral ambient of private law.

Manuscripts which contain the text of the arbitration indicate a standardization and consistency in all the proceedings. Local arbitrations were fully governed by the principal arbitration of Trento. They are the local mirrors and derivations of the general settlements arranged in Trento. The manuscripts differ among themselves in the approach, i.e. whether they record the dispute resolution holistically (for the whole boundary like the Vienna manuscript) or for a particular section, area or even a specific position along the boundary. Each of the arbitrations most probably had its own file, i.e. a collection of texts that were of relevance for a particular dispute resolution in a certain place. Summarized versions of such particular arbitrations were collected and inserted into the principal Trento file, of which we have substantial data.

In Istria, we read of at least three local arbitrations (of two we have substantial knowledge from the State archive in Venice, while one is only indicated in the Viennese manuscript). These are sufficient materials to recognize a pattern of the dispute resolution which in all aspects consistently relied on common standards set in Trento and not on discretion or customary law perceptions of individual arbitration proceedings and the arbitrators involved.

Regardless of its final result (which failed to be achieved), arbitration in the boundary dispute of 1535 testifies that already at the beginning of the 16th century some states were in search of means of peaceful dispute resolution which would eliminate or at least reduce resorting to acts of violence. The arbitration attempt of 1535 indicates that the great political powers realized that such a search had to rely on certain standards, consistency and the law. Far more than its final result, such perceptions of the early 16th century sovereigns are worthy of research and studying because they are surely a part of the foundations of international law as we know it today.

Correspondence:

Prof. Dr. Ivan MILOTIĆ
University of Zagreb
Faculty of Law
Trg Republike Hrvatske 14,
HR – 10000 Zagreb
ivan.milotic@pravo.hr
ORCID 0000-0002-6766-8609

Abbreviations:

ASV Archivio die Stato Venezia [State Archive Venice]

Bibliography:

Tatjana BRADARA (ed.), Il confine veneto-austriaco in Istria (Pula 2017).

Marino BUDICIN, Contributo alla conoscenza della vertenza confinaria nelle „differenze" di Zumesco. L'episodio del 1717, in: Atti – Centro di Ricerche Storiche di Rovigno 39 (2009) 223–268.

Helmut COING, Zur Entwicklung des Schiedsvertrages im Jus Commune. Die amicabilis compositio und der Schiedsspruch ex aequo et bono, in: Festschrift für Heinz Hübner zum 70. Geburtstag (Berlin–New York 1974) 35–46.

Fabio CUSIN, Il confine orientale d'Italia nella politica europea del XIV e XV secolo (Trieste 1977).

Guilhelmus DURANTIS, Speculum iudiciale (manuscript), 1271 [edition: Aalen, 1975]. Also available at: München, Bayerische Staatsbibliothek – 2 Inc.c.a. 282-3/4.

Robert FINLAY, Fabius Maximus in Venice. Doge Andrea Gritti, the War of Cambrai, and the Rise of Habsburg Hegemony, 1509–1530, in: Renaissance Quarterly 53 (2000) 988–1031.

Linda FOWLER, Forms of Arbitration, in: Proceedings of the Fourth International Congress of Medieval Canon Law, MIC C/5 (Vaticano 1976) 133–147.

Linda FOWLER-MAGERL, Ordo iudiciorum vel ordo iudiciarius. Begriff und Literaturgattung. Ius Commune Sonderheft 19 (Frankfurt am Main 1984).

Milena JOKSIMOVIĆ, Jan ŠIPOŠ, La Sentenza Tridentina trascrizione e traduzione, in: Tatjana BRADARA (ed.), Il confine veneto-austriaco in Istria (Pula 2017) 289–334.

Danijela JURIČIĆ ČARGO, Spopadi na avstrijsko-beneški meji v Istri od 1535. do 1615. – obmejno ozemlje gospostva Lupoglav in Rašporskega kapetanata, in: Antonio MICULIAN (ed.), I confini militari di Venezia e dell'Austria nell'età moderna (Pirano 2005) 45–59.

Christoph KAMPMANN, Arbiter und Friedensstiftung. Die Auseinandersetzung um den politischen Schiedsrichter im Europa der Frühen Neuzeit (Paderborn 2001).

Pietro KANDLER, Notizie storiche di Montona (Trieste 1875).

Daniel-Erasmus KHAN, Territory and Boundaries, in: Bardo FASSBENDER, Anne PETERS, Simone PETER, Daniel HÖGGER (eds.), The Oxford Handbook of the History of International Law (Oxford 2012) 225–249.

John E. LAW, The Venetian Mainland State in the Fifteenth Century, in: Transactions of the Royal Historical Society 2 (1992) 153–174.

Randall LESAFFER, Peace Treaties and the Formation of International Law, in: Bardo FASSBENDER, Anne PETERS, Simone PETER, Daniel HÖGGER (eds.), The Oxford Handbook of the History of International Law (Oxford 2012) 71–94.

Tomaso LUCIANI, Capo d'Istria e provincia tutta. Intorno a confini suoi con Trieste e con il contado di Pisino et altre materie raccolte nell'anno 1732, in: Atti e Memorie della Societa Istriana di Archeologia e Storia Patria 7 (1891) 155–202, 355–409 and 8 (1892) 409–478.

Renzo MEREGAZZI (ed.), Pauli Iovii Opera, vol. 8: Elogia (Rome 1972).

Ivan MILOTIĆ, Aspetti giuridici della linea di demarcazione austro-veneziana in Istria e sua soluzione arbitrale con le Sentenze tridentine, in: Atti – Centro di ricerche storiche di Rovigno 45 (2016) 111–145.

IDEM, Capitolare di Momiano (Buje 2014).

IDEM, La Sentenza Tridentina. Analisi giuridica e interpretazione, in: Tatjana BRADARA (ed.), Il confine veneto-austriaco in Istria (Pula 2017) 335 –361.

Girolamo MONTI, Tractatus definibus regundis civitatum, castrorum, ac praediorum, tam urbanorum, quam rusticorum [...] (Colonia Agrippina [Köln], 1590).

Pio PASCHINI, Storia del Friuli (Udine 1975).

Claudio POVOLO, Liturgies of Violence. Social Control and Power Relationships in the Republic of Venice between 16th and 18th Centuries, in: Eric R. DURSTELER (ed.), A Companion to Venetian History, 1400–1797 (Leiden 2013) 513–542.

Claudio ROSSIT, Luciano LAGO, Descriptio Histriae, la peninsola Istriana in alcunimomenti significativi della sua tradizione cartografica sino a tutto il secolo XVIII (Trieste 1981).

Saskia SASSEN, Territory, Authority, Rights. From Medieval to Global Assemblages (Princeton 2006).

Merio SCATTOLA, Die Grenze der Neuzeit, in: Markus BAUER, Thomas RAHN (ed.), Die Grenze: Begriff und Inszenierung (Berlin 1997) 37–72.

Heinhard STEIGER, Von der Staatengesellschaft zur Weltrepublik? Aufsätze zur Geschichte des Völkerrechts aus vierzig Jahren (Studien zur Geschichte des Völkerrechts) (Baden–Baden 2008).

Giacomo Filippo TOMMASINI, De Commentari storici geografici della Provincia dell'Istria, libri otto (1644) (Trieste 2005).

Karl-Heinz ZIEGLER, Arbiter, arbitrator und amicabilis compositor, in: Zeitschrift der Savigny-Stiftung für Rechtsgeschichte, Romanistische Abteilung 94 (1967) 376–381.

IDEM, The influence of medieval Roman law on peace treaties, in: Peace Treaties and International Law in European History From the Late Middle Ages to World War One (Cambridge 2004) 147–161.

Reinhard ZIMMERMANN, Law of Obligations. Roman Foundations of the Civilian Tradition (Oxford 1996).

BRGÖ 2020
Beiträge zur Rechtsgeschichte Österreichs

Łukasz GOŁASZEWSKI, Warsaw

The Procedure at the Noble Courts of the Kingdom of Poland at the Turn of the 16th Century: the Ups and Downs*

Procedural law was the only branch of old Polish law that was regulated in a more complex manner by an act of parliament in the early modern period, and the law from 1523 remained in force until the partitions of the Polish-Lithuanian Commonwealth. The later laws changed or supplemented its rules merely in a fragmentary manner and a new comprehensive law was not issued.

The article presents this law in light of court records from the territory of Bielsk. These documents come from the turn of the 16th and 17th centuries. Consequently, the article describes some problems connected with the defendant's knowledge about citation and legal objections against it, as well as about the rules of evidence. But the most interesting aspect are the court's judgements concerning the admissibility of an appeal granted by judges contrary to statutory law. The court did not respect the defendants' written commitments in which they had waived their right to appeal.

This article attempts to evaluate the efficiency and effectiveness of these proceedings at the turn of 16th and 17th centuries. Unfortunately, Polish procedural law was full of formalities that delayed adjudication and execution. However, this does not mean that these proceedings had only disadvantages for the overall efficiency of judicial system.

Keywords: *court procedure in the Kingdom of Poland – history of Polish law – Old-Polish procedure law – Polish-Lithuanian Commonwealth*

Procedural law was the only branch of old Polish law[1] that was regulated in a more complex manner by an act of parliament in the early modern period. The law adopted in 1523 by the parliament (Sejm), which was initially to be applicable in Lesser Poland, and during the 16th century extended other parts of the kingdom as well, was formally binding until the partitions of the Polish-Lithuanian Commonwealth. This act – Formula processus iudiciarii[2] – was obviously modified in the following decades or supplemented by subsequent acts of the Sejm of the Kingdom of Poland, after 1569 the

* The project was financed from the funds of the Polish National Science Centre on the basis of decision number DEC-2013/11/N/HS3/04734.

[1] The Polish law examined here, also known as land law (lat. ius terrestre), was governed primarily by the nobility, which according to the latest findings constituted about 7 % of the population of the Commonwealth. Unfortunately, there is a scarcity of comprehensive studies of Polish law and court proceedings in languages other than Polish (only AUGUSTYNIAK, History 133–134, 139–140), with the exception of contemporary works in Latin (e.g. ŁĄCZYŃSKI, Loci communes; DREZNER, Processus; NIXDORFF, Compendium). The most important studies include: BALZER, Przewód; KUTRZEBA, Prawo; RAFACZ, Proces; PAULI, Jan Nixdorff; BUKOWSKA, Tomasz Drezner.

[2] Text: OHRYZKO, Volumina Legum 1, 202–213; GRODZISKI, DWORNICKA, URUSZCZAK, Volumina Constitutionum 1/1, 392–407. Literature: MAISEL, Formula 211–227; MONIUSZKO, Principles 442–444.

http://dx.doi.org/10.1553/BRGOE2020-2s186

Polish-Lithuanian Commonwealth. However, the changes and additions were not systematic, but fragmentary and occasional. Moreover, Formula processus iudiciarii was not a complete regulation – apart from a number of important issues, it significantly contributed to the development of legal customs that had to fill the gaps in statute law. Therefore, the importance of customary law in court procedure gradually increased.

This situation, combined with the adoption of new laws without considering a broader perspective, made the Polish court procedure increasingly vague and complicated. Throughout the 16th century, the nobility pointed to legal representatives providing paid services (lat. procuratores) as guilty of this state of affairs.[3] However, the Polish-Lithuanian Commonwealth did not decide to carry out a thorough reform, the consequence of which would have been the adoption of another act, comprehensively regulating the principles and institutions of court proceedings. The aforementioned procedure was applicable to both civil and criminal cases, whereas differences were of secondary importance.

To cover all issues related to Polish procedural law and the courts applying them at the turn of the 16th and 17th centuries would be beyond the scope of this study. Therefore, I decided to introduce selected, the most riveting or crucial aspects related to the procedure. The study is based on the evaluation of the court records of the Bielsk land – part of the Podlachian Voivodeship (pol. województwo podlaskie), located on the border of the Polish Kingdom . Best preserved are the files of the castle court (pol. sąd grodzki, lat. iudicium castrense)[4] in Brańsk (one of the cities of the Bielsk land), from which I extracted the examples of court proceedings between the clergy and the nobility from the turn of the 16th and 17th centuries.[5] The choice of this period is not accidental – it was the time when lively discussions on the reform of the applicable law were taking place in the Sejm (which, however, did not bring results) and also numerous studies of various nature were published on Polish law and court proceedings (both syntheses, drafts of laws and polemical letters).[6] The limitation of the research to one territory and two decades results from the character of the sources used in the study, i.e. court records. Each of the courts – castle court and land court (pol. sąd ziemski, lat. iudicium terrestre)[7] – within a decade could produce up to two or three dozen books of different categories, each containing hundreds of entries.[8] I decided

[3] See AUGUSTYNIAK, History 139. We can observe the criticism of the plenipotentiaries' activities in the 16th century literature. See e.g. JELICZ, Antologia 170; REJ, Wybór pism 53–54; URUSZCZAK, Próba kodyfikacji 30.

[4] The competence of the borough court was primarily: 1. cases subject to the so-called four articles (lat. quatuor articuli iudicii castrensis) – arson, rape, assault on a house of a nobleman, assault on a public road, 2. civil and criminal cases against nobles, who did not possess any real estates, 3. executing judgments of other courts. The remaining civil and criminal cases fell within the jurisdiction of the land courts (pol. sąd ziemski, lat. iudicium terrestre). The parties to civil law relations could, however, agree that all disputes arising from a concluded agreement would be settled in a borough or other court, even excluding the jurisdiction of the land court. See e.g. AUGUSTYNIAK, History 135–136; BARDACH, Historia 2, 151, 264; URUSZCZAK, Historia 1, 259, 271, 294–295, 357.

[5] This limitation resulted from the volume of individual books, often having two to three thousand cards for one year in several volumes. However, I also considered disputes involving the closest family of the clergy, especially siblings.

[6] Examples are: SUSKI, Korrektura; ŁĄCZYŃSKI, Loci communes; DREZNER, Processus; Ulanowski, Dwie broszury; ULANOWSKI, Trzy broszury; KOLANKOWSKI, Zapomniany prawnik (here was issued as an annex another work of Jan Łączyński, from 1594).

[7] See AUGUSTYNIAK, History 135–136.

[8] A typical phenomenon was that the court office kept several series of books, each of which had entries of a

to choose a territory that did not have much political significance and was dominated by numerous and poor nobility. Consequently, it is possible to show the micro-perspective of the daily struggle of an average nobleman with the judicial apparatus and procedures. It shall make it possible to illustrate the functioning of procedural institutions in practice and indicate their advantages and shortcomings.

In Polish law, from the end of the 14th century at the latest, the written form of the lawsuit against the nobleman-land possessor was obligatory (with a few exceptions). This document was drawn up in two copies, one each for the plaintiff and defendant; the latter had it delivered by the court usher (pol. woźny, lat. ministerialis).[9] At the end, the usher submitted a statement about the fulfilment of this obligation in the registry of the castle court[10] – although such a submission was not absolutely necessary before, in the period under study it started to be required that plaintiffs presented official excerpts with the text of the lawsuit from the registry. However, in the sources studied, most of the defendants appeared in person or represented by their plenipotentiary only at the last stage of the enforcement proceedings,[11] carried out in the castle court.[12] Appearing in court, they reported that they knew nothing about any trial, sentences or execution against them, even declaring to prove it by their oath.[13] Furthermore, even if the plaintiff (or his representative) produced the statement of the usher (thus, a sworn court official) about the effective delivery of the lawsuit,[14] the borough court of Brańsk allowed the other party to take the oath (which, in fact, meant that they had not received any lawsuit).[15] The consequence of the oath was that the court found the entire trial by default (both substantive and enforcement) invalid; hence, it was necessary to call the defendant to reply to the first lawsuit. In such a case, the plaintiff obviously incurred the costs of the trial by default , not to mention the inevitable loss of time.

Problems related to the parties' proving their claims are also of great importance. Unfortunately, the court records do not always inform us about the positions taken by the parties of the trial and the motives that prompted the court to

different nature. In the papers of the borough court, for example, we can distinguish: 1. judgements and reports of hearings (lat. libri decretorum), testimonies regarding civil law actions (lat. libri inscriptionum), reports on procedural acts, medical examinations, entries of third-party documents (lat. libri relationum).

9 About the ushers and their competences in the earlier period, see RAFACZ, Proces 79–83; RYMASZEWSKI, Woźny, and RYMASZEWSKI, Czynności. Unfortunately, there is no research on this office for the period from the end of the 16th century.

10 It did not matter to which court the lawsuit was addressed.

11 This applies not only to detailed investigations of disputes between the nobility and the clergy. The vast majority of entries in the judgement books of Brańsk (lat. libri decretorum) regarding the initial stages of enforcement proceedings indicate that the defendant did not appear and that the proceedings were conducted in absentia.

12 Regardless of court issuing the judgement to be enforced, the enforcement itself belonged to the competences of the castle court proper to location of the defendant's property. It was the place where the usher delivered the first lawsuit.

13 About the role of the oath in Polish procedure see MONIUSZKO, Oath 119–134; RAFACZ, Proces 172–177.

14 In case the defendant was absent on the first hearing, the procedural rules ordered the plaintiff to issue lawsuits for the next (the second, which was already pending and where the case was resolved, and possibly a third, intended for voluntary redress of the defendant's claim). The enforcement proceedings could, however, consist of three court hearings – if the defendant did not appear or did not satisfy the claim after the first, the plaintiff issued a lawsuit for another, etc.

15 See Nacyânalny gìstaryčny arhìŭ Belarusì (Mìnsk), fond 1708, vopìs 1, sprava 91, fol. 337r (sentence from 30. 4. 1601), fond 1708, vopìs 1, sprava 24, fol. 88r–88v (sentence from 5. 12. 1605); Archiwum Narodowe (Kraków), Zbiór Zygmunta Glogera, Hs. 5, pag. 213–216 (sentence from 28. 11. 1611).

issue specific judgements.[16] However, we can conclude that the court, when deciding on a claim, gave priority to one of the parties. This institution, known as proximitas probandi, literally proximity to the evidence (meaning the priority to submit evidence) enabled the privileged party to prove their claims, especially by an oath (the aforementioned claim of ignorance of the ongoing trial was settled in the same way).[17] The preliminary ruling[18] deciding this issue was therefore extremely important, because (unless the party endowed with this privilege failed in the proof) it determined the outcome of the trial – the final judgement.

Information about other means of proof, apart from the oath, can also be retrieved from the court records of Brańsk. For example, the borough court quite strictly stated that no obligation recorded in the court records can be considered fulfilled, unless the debtor presented the so-called receipts (lat. quietatio), i.e. the creditor's statement, also entered into such records.[19] Only sometimes did the judges state that it was also possible for the creditor to produce such a statement in writing.[20] There were two cases when the defendant presented such a private document in the court, whereas the plaintiff, alleging that it was forged, demonstrated their handwriting with a sample of writing produced in the presence of the court.[21] Finally, the court rejected the private document, not so much because of the difference of the handwriting, but – primarily – because of its form.[22] As for the court's practice on the admissibility of challenging ushers' statements, in one of their judgements, the judges indicated that the defendants could not challenge them by an oath.[23] However,

---

16 Even if we find such information, it is often short or the statements of one party, which did not submit it in writing to the court office within three days of the hearing, are missing.

17 As a rule, the disputing parties referred to various types of evidence (testimony of witnesses, documents presented or only mentioned). Sometimes, written law or custom would determine when a court should give priority to a claimant or defendant (RAFACZ, Proces 156–157). For example, the submission of a document by one of the parties to a case usually resulted in giving it the priority and admitting the oath. Similarly, the victim of a beating gained this right by presenting a description of the wounds in court (RAFACZ, Proces 157–158).

18 The Polish procedural rules provided that when addressing the claims (e.g. regarding the postponement) and the allegations of the parties (both or only the defendants'), the court issued a judgement, which rejected the allegations or considered them to be right, or adjourned the case (or not). The order in which these claims and allegations were raised was also shaped. The first information on the shaping of the order dates back to the turn of the 16th and 17th centuries. See ŁĄCZYŃSKI, Loci communes 2r; KOLANKOWSKI, Zapomniany prawnik 83–84; DREZNER, Processus Dr; ULANOWSKI, Trzy broszury 14; NIXDORFF, Compendium 69–70; BALZER, Przewód 119–125; KUTRZEBA, Prawo 78; BUKOWSKA, Tomasz Drezner 182; BARDACH, Historia 2, 387–390; PŁAZA, Historia 1, 445–446; URUSZCZAK, Historia 1, 278–279.

19 This is the position taken by a professor of law in Academy of Samosc , Tomasz Drezner, who pointed out that extracts from authentic records are always given faith that cannot be undermined. See DREZNER, Processus Dv: "Autentica documenta ex actis deprompta, utpote inscriptiones, quietationes, decreta et caetera id genus, quorum fides inconvincibilis", BUKOWSKA, Tomasz Drezner 183. See also KOLANKOWSKI, Zapomniany prawnik 101.

20 However, this seems to have been an isolated view. See Nacyânalny gìstaryčny arhìŭ Belarusì (Mìnsk), fond 1708, vopìs 1, sprava 20, fol. 320r–320v, fond 1708, vopìs 1, sprava 23, fol. 620v–621v, (trial from 1603 and 1604). In this case this view was expressed by the plaintiff and indirectly accepted by the court.

21 The plaintiff was a clergyman, so he was able to draw up the document and prove to the court that his handwriting did not match the hand that prepared and signed the document. However, we must remember that the vast majority of the nobility standing in the courts of the Bielsk land were illiterate.

22 See Nacyânalny gìstaryčny arhìŭ Belarusì (Mìnsk), fond 1708, vopìs 1, sprava 24, fol. 255r–257v and 258v–260r (sentences from 16. 1. 1606).

23 See Nacyânalny gìstaryčny arhìŭ Belarusì (Mìnsk), fond 1708, vopìs 1, sprava 24, fol. 255r–257v (sentence from 16. 1. 1606), another quite similar case: Archiwum

as I mentioned above, taking an oath was a much better solution to convince the court of the ignorance of the lawsuit than to accuse the usher of misleading the court with a false statement.

Yet, the most interesting are the court rulings regarding the admission of appeals.[24] The right to challenge the judgements was allowed against the Sejm Act of 1588,[25] which allowed appeals only in two situations: 1. when the final judgement was issued, 2. when a preliminary judgement that determined the outcome of the trial, was issued – for example, regarding the proximity to the evidence (see the example above) or rejecting evidence showing that the claim was satisfied before. Meanwhile, in Brańsk it was allowed to appeal in situations clearly beyond the limits of the laws of 1557 and 1588.[26] For example, according to the judges, the plaintiff could appeal in the following cases: 1. against the ruling granting the defendant the right to an oath affirming their ignorance about the pending trial, 2. when the court adjourned the trial because of the defendant's severe illness, 3. when the court ordered the plaintiff to document the course of the trial by default, which the defendant demanded, 4. when the court requested proof that the last lawsuit had been properly delivered (also upon the defendant's request). Neither of these cases qualifies as an appeal against the preliminary judgment determining the outcome of the dispute. Moreover, written law considered inadmissible appeals in enforcement proceedings,[27] a fact that the castle court in Brańsk apparently did not quite care about, often rejecting appeals against preliminary judgements but admitting those lodged against final judgements. In addition, in some cases, the judges did not heed the clause in contracts that the defendant waived the right to appeal. The borough court in Brańsk allowed the appeal if the creditor referred the case to the court, because of non-performance of the contract, and the defendant, regardless of the obligation, tried to appeal against an unfavorable judgement. However, there was a clear change in the second half of the first decade of the 17th century. The court of appeal, the Crown Tribunal (pol. Trybunał Koronny, lat. Iudicium Ordinarium Generale Tribunalis Regni),[28] not

Narodowe (Kraków), Zbiór Zygmunta Glogera, Hs. 4, pag. 539–545 (sentence from 5. 5. 1608).

[24] The appeal was introduced to the Polish court proceedings by the aforementioned Act of 1523 and only in part of the territory of the Kingdom of Poland (in Lesser Poland). However, in the course of the 16th century it was adopted in all provinces and lands. There is no doubt, however, that it had been used in judicial practice before. See BARDACH, Historia 2, 396–397; PŁAZA, Historia 1, 451–452; URUSZCZAK, Historia 1, 285–286.

[25] This was not the first regulation of this kind issued by the Sejm. The earlier ones were announced in 1543 and 1557 – see OHRYZKO, Volumina Legum 1, 281; URUSZCZAK, GRODZISKI, DWORNICKA, Volumina Constitutionum 1/2, 249; OHRYZKO, Volumina Legum 2, 12; GRODZISKI, DWORNICKA, URUSZCZAK, Volumina Constitutionum 2/1, 76.

[26] The Act of 1588 (OHRYZKO, Volumina Legum 2, 265; GRODZISKI, Volumina Constitutionum 2/2, 80), citing the law of 1557, only mentioned that the inability to appeal regarded the defendant, whereas the previous constitution did not contain such a restriction. The author of the mid-17th century Johannes Nixdorff, indicates that the plaintiff could appeal in any situation – see NIXDORFF, Compendium 172–173. This may suggest that subsequent practice considered the described cases of appeals by the plaintiff admissible.

[27] A contemporary lawyer commented on it in the following study: KOLANKOWSKI, Zapomniany prawnik 92. See also KUTRZEBA, Prawo 100. The enforcement proceedings consisted – in the absence of the defendant – of even three stages, each of which ended with a final judgement ordering the execution of the judgement under pain of specific penalties in the event of the defendant's resistance.

[28] About the Crown Tribunal see: AUGUSTYNIAK, History 136–137; BALZER, Geneza; BEDNARUK, Trybunał. Cases from Lesser Poland, Podlachia, Red Ruthenia, Volhynia and Ukraine were settled in Lublin during spring and summer. The Crown Tribunal decided the others (from Greater Poland, Pomerania and Mazovia) in Piotrków during autumn and winter.

agreeing with the above-mentioned position of the court in Brańsk, began to correct its judgements. As a result, the castle court began to treat the above-mentioned waivers of the right to appeal as well as the enforcement proceedings more seriously, preventing defendants from appealing in these cases.[29] Given that the essential records of the Crown Tribunal were burnt during World War II, this is a very important piece of information about the impact of the Tribunal rulings on the activities of local courts.

What was the efficiency and effectiveness of these procedures at the turn of the 16th and 17th centuries in the court in Brańsk? It is obvious that interested parties, especially the plaintiffs, sought to close the proceedings as soon as possible, naturally in their favour. It is also not surprising that some events such as epidemics, wars or vacancies at judicial offices hampered the activities of the courts.[30] Unfortunately, the Polish procedural rules were full of various formalities that delayed the delivery of the sentence or its enforcement. I have already mentioned the liberal approach to the admissibility of appeals or the annulment of sentences by default. Nevertheless, any serious mistake regarding the lawsuit (for example, if it was delivered too late)[31] meant that a lawsuit had to be reissued. In my opinion, the most serious problem was, however, the defendants' permanent absence at the time of the examination proceedings and in the first stages of enforcement. On the other hand, the enforcement proceedings envisaged specific financial and deprivation of honour imposed on absent debtors, whereas the final solution was to remove the non-cooperating debtor from his real estate and hand it over to the creditor for recovery.[32] However, as we already know, the defendant could easily disregard such an absence with little risk. As a consequence, the proceedings lasted several years, and some cases went to the Crown Tribunal more than once.

However, this does not mean that the described procedure was full of flaws only. It also had some advantages that are worth pointing out. First of all, it was still based on the principle of private prosecution, i.e. the victim's complaint. As a consequence, in the Kingdom of Poland a complaint process persisted, naturally dating back to the Middle Ages, used both in civil and criminal cases, with few instances of the use of the inquisitive model in the case of the latter. Extremely important for the nobility, especially the poorer (numerous in, for example, Podlachia or Mazovia), was the oral nature of the procedure used in noble courts.[33] The parties presented their claims in the land court, borough court or the Crown Tribunal in person or through

[29] We are dealing with the first such rulings in the last years of the 16th century – see e.g. Nacyânalny gìstaryčny arhìŭ Belarusì (Mìnsk), fond 1708, vopìs 1, sprava 18, fol. 35^{v}–36^{v} (sentence from 5. 4. 1599), fond 1708, vopìs 1, sprava 20, fol. 362^{r}–363^{v} (sentence from 26. 5. 1603), fond 1708, vopìs 1, sprava 24, fol. 258^{v}–260^{r} (sentence from 16. 1. 1606). However, they were not consistent – see Nacyânalny gìstaryčny arhìŭ Belarusì (Mìnsk), fond 1708, vopìs 1, sprava 93, fol. 330^{v}–332^{r} (sentence from 15. 3. 1604), fond 1708, vopìs 1, sprava 24, fol. 255^{r}–257^{v} (sentence from 16. 1. 1606 – sic!).

[30] In the examined period, in the years 1602–1603, the courts of the Bielsk land did not sit because of the plague. It was feared that meetings of the nobility in the court cities could contribute to the spread of the plague. See Nacyânalny gìstaryčny arhìŭ Belarusì (Mìnsk), fond 1708, vopìs 1, sprava 88, fol. 732^{r}–732^{v}, 800^{r}, 810^{v}, fond 1708, vopìs 1, sprava 20, fol. 4^{r}. See also MONIUSZKO, Mazowieckie sądy 63–66.

[31] As a rule, the usher was required to submit a lawsuit one week before the start of the court date. See ŁĄCZYŃSKI, Loci communes 2^{v}; DREZNER, Processus $B2^{r}$; BALZER, Przewód 94–95; RAFACZ, Proces 122; PAULI, Jan Nixdorff 145–146.

[32] About the enforcement proceedings see KUTRZEBA, Prawo 94–95; RAFACZ, Proces 200–216; PAULI, Jan Nixdorff 114, 125; BARDACH, Historia 2, 402–405; PŁAZA, Historia 1, 454–455; URUSZCZAK, Historia 1, 288.

[33] MONIUSZKO, Principles 444–451; RAFACZ, Proces 5–8; URUSZCZAK, Historia 1, 271.

plenipotentiaries. It is true that, as we have already pointed out, they should present their statements in writing within three days, but often they did not comply with this obligation, which, moreover, did not involve any sanctions.[34] Paradoxically, an important advantage of this procedure was that the parties could decide on the course of the proceedings. For example, they were allowed to postpone the examination of the case by mutual consent without any restrictions.[35] This practice made it possible to end the dispute by settlement;[36] also, the court could issue a final judgement only when the debtor was able to pay or secure the claim of the creditor.

However, one should not ignore the constant complaints of the nobility over slow court proceedings, unlawful appeals and the Crown Tribunal being clogged with cases.[37] We can find many such regrets and suggestions for solving individual problems in lists of matters to be discussed and resolved during subsequent parliamentary sessions.[38] These lists were prepared during the assemblies of nobles from individual lands and provinces held before the Sejms ("sejmiks"), and then handed to selected parliamentarians. Unfortunately, no major reform of the law of 1523 was carried out during the period under study, although a number of various types of proposals and bills were made, and subsequent parliaments raised the matter of correcting the law, even appointing special committees to deal with the matter. On the other hand, the current state of affairs was paradoxically convenient for the nobility, who appeared in the courts as creditors or victims, as well as debtors or accused persons. So radical changes worsening the situation of the latter were not necessarily in their interest. As a consequence, bringing a case to court resulted in a waste of time, money and nerves, but it was one of the methods of forcing the opposing party – the debtor or the perpetrator – to accept a settlement, which resulted in satisfying at least some of the claims or getting justice at least partially.

[34] However, it cannot be ruled out that failure to deliver these statements resulted in the impossibility of invoking the arguments of the first instance at the Tribunal. It is worth mentioning that until the last days of the Polish-Lithuanian Commonwealth, Latin remained the language of court records and lawsuits in the Kingdom of Poland (see RAFACZ, Proces 36).

[35] MONIUSZKO, Principles 450–451; RAFACZ, Proces 7–8.

[36] Settlement of disputes, often long-lasting, by adjudicators appointed by the parties was very popular in the Polish-Lithuanian Commonwealth, mainly due to the length of court proceedings. See e.g. AUGUSTYNIAK, History 136; KUTRZEBA, Prawo 80–81; PŁAZA, Historia 1, 435, 557.

[37] AUGUSTYNIAK, History 137, 139–140.

[38] See e.g. DWORZACZEK, Akta 221; KUTRZEBA, Akta 146, 276, 333, 358. See also MONIUSZKO, III Statut 63–74.

Correspondence:

Mag. Łukasz GOŁASZEWSKI
University of Warsaw
Faculty of Law and Administration
Krakowskie Przedmieście 26/28
PL – 00-927 Warszawa
Poland
lukaszgolaszewski@uw.edu.pl
ORCID-Nr.: 0000-0001-9803-1355

Bibliography:

Urszula AUGUSTYNIAK, History of the Polish-Lithuanian Commonwealth. State – Society – Culture (= Polish Studies – Transdisciplinary Perspectives 13, Frankfurt am Main 2015).

Oswald BALZER, Geneza Trybunału Koronnego. Studium z dziejów sądownictwa polskiego XVI wieku (Warszawa [2]2009).

IDEM, Przewód sądowy polski w zarysie (Lwów 1935).

Juliusz BARDACH (ed.), Historia państwa i prawa Polski, vol. 2: Od połowy XV wieku do r. 1795 (Warszawa [2]1966).

Waldemar BEDNARUK, Trybunał Koronny. Szlachecki sąd najwyższy w latach 1578–1794 (= Towarzystwo Naukowe Katolickiego Uniwersytetu Lubelskiego Jana Pawła II. Źródła i monografie 331, Lublin 2008).

Krystyna BUKOWSKA, Tomasz Drezner. Polski romanista XVII wieku i jego znaczenie dla nauki prawa w Polsce (= Dawni Polscy Pisarze Prawnicy 3, Warszawa 1960).

Tomasz DREZNER, Processus iudiciarius Regni Poloniae (Samosci 1601).

Włodzimierz DWORZACZEK (ed.), Akta sejmikowe województw poznańskiego i kaliskiego 1572–1632, vol. 1/1: 1572–1616 (Poznań 1957).

Stanisław GRODZISKI (ed.), Volumina Constitutionum, vol. 2/2: 1587–1609 (Warszawa 2008).

IDEM, Irena DWORNICKA, Wacław URUSZCZAK (eds.), Volumina Constitutionum, vol. 1/1: 1493–1526 (Warszawa 1996).

IDEM., Irena DWORNICKA, Wacław URUSZCZAK (eds.), Volumina Constitutionum, vol. 2/1: 1550–1585 (Warszawa 2005).

Antonina JELICZ (ed.), Antologia poezji polsko-łacińskiej 1470–1543 (Warszawa 1956).

Zygmunt KOLANKOWSKI, Zapomniany prawnik XVI wieku Jan Łączyński i jego „Kompendium sądów Króla Jegomości". Studium z dziejów polskiej literatury prawniczej (= Roczniki Towarzystwa Naukowego w Toruniu 63/2, Toruń 1960).

Stanisław KUTRZEBA, Dawne polskie prawo sądowe w zarysie (I. Prawo karne, II. Postępek sądowy) (Lwów–Warszawa–Kraków 1921).

IDEM (ed.), Akta sejmikowe województwa krakowskiego, vol. 1: 1572–1620 (Kraków 1932).

Jan ŁĄCZYŃSKI, Loci communes forenses iuris terrestris polonici [...] breviter conscripti anno Domini 1585, Biblioteka Zakładu Narodowego imienia Ossolińskich (Wrocław), Hs. 80, fol. 1r–4r.

Witold MAISEL, Formula processus iudiciarii-code polonaise de procédure civile de 1523, in: Právněhistorické Studie 19 (1975) 211–227.

Adam MONIUSZKO, Mazowieckie sądy ziemskie (1588–1648). Organizacja – funkcjonowanie – postępowanie (Warszawa 2013).

IDEM, The Oath as Evidence in Old-Polish Land Law Litigation in Early-Modern Period, in: Viktoria DRAGANOVA et al. (eds.), Inszenierung des Rechts. Law on Stage (München 2011) 119–134.

IDEM, Principles of polish civil procedure in the early modern period: remarks on law and legal practice, in: Javier BELDA INIESTA (ed.), Justice and judicial process. Evolution and development in the History of Law (Murcia 2020) 441–453.

IDEM, III Statut a próby kodyfikacji prawa koronnego za panowania Zygmunta III, in: Irena VALIKONYTĖ, Lirija STEPONAVIČIENĖ (eds.), Lietuvos Statutas Ir Lietuvos Didžiosios Kunigaikštystės bajoriškoji visuomenė. Straipsnių rinkinys (Vilnius 2015) 63–74.

Johannes NIXDORFF, Regni Poloniae Prussiaeque Regalis processus judiciarii compendium, in: Johannes NIXDORFF, Opuscula juridico-practica Regnum Poloniae terrasque Prussiae Regalis concernentia (Dantisci 1685).

Jozafat OHRYZKO (ed.), Volumina Legum, vol. 1 (Petersburg 1859).

IDEM (ed.), Volumina Legum, vol. 2 (Petersburg 1859).

Lesław PAULI, Jan Nixdorff (1625–1697). Pisarz prawa procesowego (= Dawni polscy pisarze prawnicy 2, Warszawa 1957).

Stanisław PŁAZA, Historia prawa w Polsce na tle porównawczym, vol. 1: X–XVIII w. (Kraków 1997).

Józef RAFACZ, Dawny proces polski (Warszawa 1925).

Mikołaj REJ, Wybór pism, edited by Anna Kochan (= Biblioteka Narodowa. Seria I 308, Wrocław–Warszawa–Kraków 2006).

Zygfryd RYMASZEWSKI, Z badań nad funkcjonowaniem sądów prawa polskiego w średniowieczu. Czynności woźnego sądowego (Warszawa 2010).

IDEM, Z badań nad organizacją sądów prawa polskiego w średniowieczu. Woźny sądowy (Warszawa 2008).

Jędrzej SUSKI, Korrektura prawa i processu polskiego, edited by Bolesław Ulanowski (Kraków 1888).

Bolesław ULANOWSKI (ed.), Dwie broszury prawne z r. 1602 i 1608 (= Biblioteka Pisarzów Polskich 75, Kraków 1920).

IDEM (ed.), Trzy broszury prawne z r. 1607 i 1612 (= Biblioteka Pisarzów Polskich 24, Kraków 1893).

Wacław URUSZCZAK, Historia państwa i prawa polskiego, vol. 1: 966–1795 (Warszawa 22013).

IDEM, Próba kodyfikacji prawa polskiego w pierwszej połowie XVI wieku. Korektura praw z 1532 r. (Warszawa 1979).

IDEM, Stanisław GRODZISKI, Irena DWORNICKA (eds.), Volumina Constitutionum, vol. 1/2: 1527–1549 (Warszawa 2000).

BRGÖ 2020
Beiträge zur Rechtsgeschichte Österreichs

Josef LÖFFLER, Wien

Die Auswirkungen der theresianisch-josephinischen Reformen auf die Stellung der Grundherrschaften

The impact of the Theresian-Josephine reforms on the manorial system
The purpose of this paper is to outline the fundamental developments in the position of the manors during the reform period in the Habsburg monarchy under the reign of Maria Theresa and Joseph II. The focus of the article is on the one hand on the different interventions of the emerging state in the sphere of the manors, and on the other hand on some aspects that illustrate the limits of the state´s influence on regional administration.
Keywords: *administration – jurisdiction – manorial system – state – subjects*

Mit[1] den Reformen Maria Theresias und Josephs II. wurden – so die gängige Ansicht der österreichischen Verfassungsgeschichtsschreibung – die Grundherrschaften der staatlichen Verwaltung „inkorporiert", sie wurden analog zu anderen autonomen Einheiten zwar „nicht vollständig beseitigt, so doch in ihrer Eigenständigkeit wesentlich eingeschränkt, in ihrer Wirksamkeit reduziert, jedenfalls aber an die Kandare des absoluten und bürokratischen Staates genommen und dessen Zwecken und Zielen dienstbar gemacht", kurz: die „Grundherrschaft wurde zur Herrschaft im Namen und im Auftrag des Staates."[2] Diese Auffassung beruht auf der in der Rechtstheorie seit Mitte des 18. Jahrhunderts herrschenden Meinung, dass es sich bei der sogenannten „politischen Verwaltung" und bei der Gerichtsbarkeit nicht um ein aus dem Patrimonialverhältnis abgeleitetes Recht handle, sondern dass hier die Grundherren in einem vom Staat übertragenen Wirkungsbereich agierten.[3] Die Ortsobrigkeit sei, so der vormärzliche Verwaltungsrechtskommentar von Schopf, „das wichtigste Organ der Staatsverwaltung",[4] während die Gerichtsbarkeit seit der Jurisdiktionsnorm Josephs II. laut Barth-Barthenheim „nicht mehr als ein Attribut der Grundobrigkeit, sondern als ein ex Delegatione speciali principis bestimmten Obrigkeiten auf dem Lande übertragenes Recht" zu verstehen sei.[5]

In einem gewissen Widerspruch dazu stehen Aussagen zeitgenössischer Systemkritiker im Vormärz. Karl Beidtel polemisierte beispielsweise gegen „die arbiträre Gewalt der herrschaftlichen Beamten über ihre Dorfschaften." Der

[1] Der vorliegende Beitrag basiert auf einem umfangreicheren Artikel des Verfassers zum Verhältnis von Grundherrschaft und Staat aus einer Raumperspektive (mit Schwerpunkt auf dem 19. Jahrhundert): LÖFFLER, Grundherrschaftliche Verwaltung 112–139. Die hier in Kürze gebotenen Thesen sind dort in eine weiterführende Argumentation eingebettet und mit Quellenbelegen untermauert.
[2] OGRIS, Joseph II. 122f.
[3] RIEGER, Grundherrschaft 34.
[4] SCHOPF, Verwaltung 22.
[5] BARTH-BARTHENHEIM, Verhältniß 1/2, 147.

http://dx.doi.org/10.1553/BRGOE2020-2s194

herrschaftliche Amtsträger habe demnach willkürlich befohlen „wer Soldat sein soll; er bestimmt den Zeitpunct, den Ort und die Gattung der Frohnarbeit, fo[r]dert nach Willkür zu seinen Amtstagen, verweigert die Darleihung von Waisen- und Stiftungsgeldern und giebt sie zu; er bestimmt, was der Grundbesitzer bedarf, um seinen Verpflichtungen an Staat, Herrschaft und Gemeinde gewachsen zu sein, vertheilt Vorspann und Einquartierung, verleiht Gewerbs- und Krämerbefugnisse, verhaftet und setzt in Freiheit; er schreibt endlich Sitten und Vermögenszeugnisse. Er schätzt die Gründe, ist Obervormund, Curator der Dorfgemeinden, Richter, Grundbuchsführer, spricht zuletzt auch über die Erbfolge u.s.w.“[6] Ähnlich argumentierte auch Hans Kudlich, der in seinen Memoiren nicht nur von schikanösen Übergriffen von grundherrschaftlichen Beamten auf die Untertanen berichtet, sondern der auch die Ansicht vertrat, dass im Bewusstsein der Bauern der Staat kaum eine Rolle gespielt habe, weil diese nur durch die Rekrutierung und das Steuerwesen in Verbindung mit ihm standen und ansonsten „die naheliegende Obrigkeit [...] das Denken und Fühlen vollständig“ ausgefüllt habe.[7]

Es soll im Folgenden nicht der Versuch unternommen werden, die in den einleitenden Ausführungen zu Tage tretende Divergenz zwischen Norm und Praxis konkret zu bestimmen,[8] sondern das Ziel des Beitrages ist es, beide Sichtweisen zu differenzieren und um weitere Aspekte zu ergänzen. Es sollen dabei zunächst die grundlegenden Entwicklungen der Stellung der Grundherrschaften während der theresianisch-josephinischen Reformen auf unterschiedlichen Ebenen skizziert werden, im Anschluss daran sollen einige Aspekte angeführt werden, die die postulierte These der Inkorporation der Grundherrschaften in den Verwaltungsaufbau des „böhmisch-österreichischen Kernstaates“ (Friedrich Walter) der Habsburgermonarchie relativieren.

Reformen in der Verwaltungsorganisation

Das Vordringen des Staates in die Sphäre der Grundherrschaften durch Reformen in der Verwaltungsorganisation auf der untersten Ebene hatte im Wesentlichen zwei Stoßrichtungen: Einerseits wurden mit den Kreisämtern neue Mittelbehörden installiert, andrerseits griff der Staat auch zunehmend in die innere Organisation der herrschaftlichen Verwaltungsapparate ein. Die Kreisämter gingen in ihren Vorläufern in Böhmen bereits auf das Hochmittelalter zurück, sie waren ursprünglich dem König und den Ständen gleichermaßen verpflichtet. Nachdem sie nach dem Ständeaufstand des Jahres 1620 dem Einfluss der Stände entzogen wurden, wurden sie zwischen den Jahren 1748 und 1751 endgültig der staatlichen Sphäre einverleibt.[9] Dem böhmischen Vorbild folgend, wurden zwischen den Jahren 1748 und 1754 auch in den österreichischen Ländern Kreisämter eingerichtet. Die Grenzen der neuen Kreise orientierten sich an den bereits seit dem Spätmittelalter als Organisationseinheiten der ständischen Landesdefension existierenden Landesviertel.[10] Der im Entstehen begriffene habsburgische Staat übernahm also bei der Reform der Verwaltungsorganisation vormals ständische Verwaltungsstrukturen, in die er eigene Behörden implementierte, deren Kernkompetenz in der Kontrolle der in der Regel in ständischem Besitz befindlichen Grundherrschaften lag.

[6] TEBELDI, Geldangelegenheiten 216. Karl Beidtel publizierte unter dem Pseudonym Albrecht Tebeldi.
[7] KUDLICH, Rückblicke 1, 58, ein Beispiel für Übergriffe 51.
[8] DINGES, Normsetzung 40f.
[9] RIEGER, Kreisverfassung 259f.
[10] Ebd. 260; STUNDNER, Kreisämter 9–13; OBERSTEINER, Kreisamt 195–197.

Den nach und nach mit ausgedehnteren Materien ausgestatteten Kreisämtern oblag die Kontrolle der Vollziehung der landesfürstlichen Verordnungen im gesamten Bereich der „Publica und Politica", worunter unter anderem die allgemeine Sicherheit, die Aufsicht über die Pfarren und die Religionsausübung, das Sanitätswesen, die Feuerpolizei oder die Überwachung der Lebensmittelpreise fielen. Außerdem hatten sie eine Aufsichtsfunktion bei der Steuereinhebung und im Marsch- und Quartierwesen und sie waren auch Beschwerde- und Rekursinstanz gegen Entscheidungen der grundherrschaftlichen Verwaltung.[11] Die zunehmende Eingliederung der Herrschaftsverwaltungen in den staatlichen Behördenaufbau zeigt sich darüber hinaus auch in der Verpflichtung, zahlreiche Berichte und Tabellen über verschiedenste Verwaltungsangelegenheiten an die übergeordneten Behörden zu übermitteln. Die Zentral- und Landesbehörden etablierten auf diese Weise eine Informationsquelle über die lokalen Zustände vor Ort und durchbrachen damit das bis dahin bestehende Wissensmonopol der Grundherrschaften über die Gegebenheiten am flachen Land.[12]

Die Kreisämter mit ihren territorial geschlossenen Verwaltungsbezirken waren die ersten Behörden modernen Typs auf der untersten Ebene, ihrem vornehmlich auf Kontrolle ausgerichteten Charakter nach und gemäß ihrer Stellung als untergeordnete Instanz der Zentral- und Landesbehörden fungierten sie aber nicht als Lokalverwaltung im eigentlichen Sinn. Diese verblieb im ländlichen Raum bis 1848 bei den Grundherrschaften.[13]

Ab Mitte des 18. Jahrhunderts wurde auch die innere Organisation der patrimonialen Verwaltung und Gerichtsbarkeit sukzessive das Ziel landesfürstlicher Eingriffe. Den Beginn machten die Systemalpatente für Böhmen und Mähren, mit denen die Amtsausübung der Steuerbeamten reglementiert und deren Tätigkeit dem unmittelbaren Einfluss der Grundherren entzogen wurde.[14] Auch das Dienstverhältnis zwischen Herrschaftsbeamten und Grundherren wurde zur landesfürstlichen Regelungsmaterie, unter anderem war bei Konflikten zwischen der Herrschaft und ihren Beamten zwingend das Kreisamt einzuschalten.[15]

In der Regierungszeit Josephs II. verdichtete sich die Abfolge staatlicher Eingriffe in die Organisation der grundherrschaftlichen Verwaltungen noch einmal beträchtlich. Nach der Einführung der Ortsgerichte durch die Jurisdiktionsnormen[16] mussten eigens geprüfte Justiziäre, denen die Zivilgerichtsbarkeit in Streitsachen oblag, angestellt werden.[17] Schließlich wurde den Grundherren im Jahr 1787 jegliche Einflussnahme auf die Amtsführung der Herrschaftsbeamten im Rahmen der politischen Verwaltung und der Gerichtsbarkeit untersagt. Sie hatten aber weiterhin eine Kontrollfunktion und sie hafteten auch für die Amtshandlungen der Beamten. Die Personalrekrutierung oblag zwar den Grundherren, Voraussetzung für eine Anstellung waren aber die vorgeschriebenen Prüfungen und es durften nur Personen eingestellt werden, die

[11] OBERSTEINER, Kreisamt 201–203.

[12] Vgl. BECKER, Kommunikation 306.

[13] REDLICH, Staats- und Reichsproblem 1, 434f. Zur Einschränkung der städtischen Autonomie vgl. die Entwicklung in Wien bei PAUSER, Verfassung 77–86.

[14] LÖFFLER, Verwaltung 267f. Die Systemalpatente finden sich bei LINDEN, Grundsteuerverfassung 1, 70–122 (Böhmen), 122–152 (Mähren) und 153–175 (Schlesien).

[15] LÖFFLER, Verwaltung 270f.

[16] Die Jurisdiktionsnormen wurden zwischen 1783 und 1785 für die einzelnen Länder gesondert erlassen, bereits 1788 kam es zu einer Reform derselben. Siehe z.B. Jurisdiktionsnorm für das Land unter der Enns (27. 9. 1783), in: Justizgesetzsammlung 1780–1784, 266–271; Hofdekret über die Regulierung der Justizbehörden (21. 8. 1788), in: Justizgesetzsammlung 1787–1788, 174–176.

[17] RIEGER, Grundherrschaft, 38f.; BEIDTEL, Staatsverwaltung 1, 333–339. Vgl. zur Gerichtsbarkeit LÖFFLER, Grundherrschaft.

gewisse Voraussetzungen erfüllten.[18] Solange die wirtschaftlichen Interessen nicht tangiert waren, gab es zumindest in josephinischer Zeit auch kaum Einwände der Grundherren gegen die Einschränkung ihrer Herrschaftsbefugnisse.[19]

Mit zunehmender Eingliederung der Herrschaftsverwaltungen als unterste Instanz im Verwaltungsaufbau des sich formierenden „böhmisch-österreichischen Kernstaats" ging noch eine weitere, für den Prozess der Staatsbildung nicht zu unterschätzende Entwicklung einher: Die vor allem in der Gerichtsbarkeit vorgeschriebene Verschriftlichung der Verfahren, die strengere Bindung der herrschaftlichen Verwaltung an die landesfürstlichen Gesetze ohne Rücksicht auf lokale Gewohnheiten und die strikte Unterordnung der grundherrschaftlichen Verwaltungsämter unter die staatlichen Behörden führten zu einer Machtverschiebung von den Herrschaftsbesitzern hin zu den Patrimonialbeamten. Diese führte unter den Grundherren zunehmend zu einer Prioritätenverschiebung hin zu einer rein ökonomischen Betrachtung ihres Grundbesitzes.[20]

Die Untertanengesetzgebung

Die zweite Ebene, auf der der Staat nachhaltig in die Sphäre der Grundherrschaften eingriff, war die sogenannte Untertanengesetzgebung. Es gab schon seit dem 16. Jahrhundert zahlreiche landesfürstliche Patente zur Verbesserung der sozialen Lage der Untertanen, mit den Kreisämtern existierte aber nun eine regional verankerte Kontrollinstanz, mit denen landesfürstliche Normen auch gegen den Widerstand der Herrschaften durchgesetzt werden konnten,[21] zumal die Untertanen mit dem neu geschaffenen Untertansadvokaten eine institutionalisierte Unterstützung bei Auseinandersetzungen mit ihrer Grundherrschaft erhielten.[22] Das gemeinsame und übergeordnete Ziel der vor allem von fiskalischen, volkswirtschaftlichen und bevölkerungspolitischen Erwägungen geleiteten Bauernschutzpolitik war die Sicherung der „Kontributionsfähigkeit" der Untertanen.[23] Bedeutend waren insbesondere die in den 1770er Jahren für die einzelnen Länder gesondert erlassenen Robotpatente. Die bis dahin abgeforderte Robot variierte zwischen den Ländern beträchtlich, die Patente der einzelnen Länder trugen diesem Umstand mit abweichenden Bestimmungen Rechnung. Vor allem den diesbezüglich besonders schlecht gestellten Untertanen in den böhmischen Ländern dürfte die nun auf drei Tage pro Woche festgelegte Robot eine Verbesserung gebracht haben, während beispielsweise in Niederösterreich die neu festgelegte Maximalrobot von 104 Tagen im Jahr auch vorher kaum üblich war.[24] Ein entscheidender Einschnitt in das Untertänigkeitsverhältnis war das Untertanenpatent für die böhmischen Länder vom 1. November 1781, das die Leibeigenschaft und somit auch die auf den Untertanenverband gegründeten Freiheitsbeschränkungen bezüglich Eheschließung, Berufswahl und Freizügigkeit beseitigte.[25] Ein zu den böhmischen Ländern vergleichbares Abhängigkeitsverhältnis existierte in den Alpen- und Donauländern nicht mehr, die in analoger Form erfolgte Publikation des Patents in den anderen Provinzen hatte deshalb eher einen deklaratorischen Charakter, sie war aber für die bäuerliche Bevölkerung ein bewusstseinsbildender Schritt hin zur staatsbür-

[18] SCHOPF, Rechte 1, 107f., 123–125; EBD. 3, 16f.

[19] BRUSATTI, Stellung 507.

[20] LÖFFLER, Grundherrschaftliche Verwaltung 122f; BEIDTEL, Staatsverwaltung 161–165; BRUSATTI, Stellung 506f.

[21] MATIS, Rolle 289.

[22] GEBHARDT, Advocatus 140–148.

[23] WINKELBAUER, Robot 185–188.

[24] FEIGL, Grundherrschaft 264; KOČI, Reformen 131f; VILFAN, Agrarsozialpolitik 8–10; RIEGER, Untertans- und Urbarialverhältnisse 48–50, 56f.

[25] RIEGER, Untertans- und Urbarialverhältnisse 52.

gerlichen Gesellschaft.[26] Als weitere wichtige Reformmaßnahmen zugunsten der Untertanen sind das Untertanenverfahrenspatent und das Untertanenstrafpatent aus dem Jahr 1781 zu nennen. Ersteres stärkte die Stellung der Untertanen in Auseinandersetzungen mit der Herrschaft, letzteres regelte die Strafbefugnisse der Obrigkeiten.[27]

Die Vermessung des Landes und der Bevölkerung

Auf einer dritten Ebene drang der Staat in die Sphäre der Grundherrschaften vor, indem er sich den ländlichen Raum zunehmend durch die systematische Beschaffung von Informationen aneignete. Abgesehen von den verschiedenen Berichten, die die Grundherrschaften an die Kreisämter und diese an die übergeordneten Behörden weiterleiten mussten, sind hier insbesondere die großen fiskalischen und militärischen Vermessungsprojekte zu nennen, vornehmlich das theresianische Gültbuch, der josephinische Kataster, die Volkszählungen sowie die josephinische Landesaufnahme. Mit der Beschreibung von Land und Leuten nach einheitlichen Vorgaben ging auch die Tendenz zu einer Nivellierung der Bevölkerungsgruppen einher. So wurden bei der Seelenkonskription in den Jahren 1770/1771 trotz des Widerstandes der ständischen Eliten für alle Gebäude, auch für die Schlösser und Klöster, Hausnummern eingeführt, womit man die Grundherren zumindest auf einer symbolischen Ebene gleich wie ihre Untertanen behandelte.[28]

Die theresianische Steuerreform beseitigte die Steuerfreiheit des herrschaftlichen Eigengrundbesitzes, dieser oblag aber weiterhin deutlich niedrigeren Steuersätzen als das Rustikalland. Sowohl bei den Katastern als auch bei den Volkszählungen waren die landesfürstlichen Behörden auf die Kooperation der lokalen Eliten angewiesen. Die Daten für die Anlage der Operate des noch nach Grundherrschaften gegliederten theresianischen Gültbuches wurden von grundherrschaftlichen Beamten erfasst und diese waren auch für die Subrepartition auf die einzelnen Untertanen zuständig.[29] Beim josephinischen Kataster wichen die Grundherrschaften als Verwaltungseinheit für die Grundsteuererfassung den neu eingeführten Katastralgemeinden, bei den Vermessungsarbeiten des (ohnehin nur kurz in Geltung stehenden) Katasters waren aber ebenfalls die Grundherrschaften maßgeblich beteiligt.[30]

Die Steuerkataster und die Volkszählungen brachten den landesfürstlichen Behörden eine bis zu diesem Zeitpunkt völlig unbekannte Fülle an Wissen über das Land und seine Bevölkerung. Abgesehen vom intendierten Hauptzweck, der Ausbeutung der Ressourcen und des Rekrutenreservoirs des ländlichen Raumes, waren die aggregierten Daten für verschiedenste politische Steuerungsabsichten einsetzbar. Erst durch die Erhebung der persönlichen Daten aller Untertanen wurde der Einzelne für die landesfürstlichen Behörden greifbar, erst dadurch wurde er eigentlich zum Staatsuntertan. Das in Tabellenform geordnete Wissen war auch Voraussetzung für die beabsichtigten Vereinheitlichungsvorhaben zwischen den Ländern.[31] Außerdem begünstigte die Zerschlagung des Wissensmonopols der Grundherrschaften über

[26] BRUCKMÜLLER, Sozialgeschichte 205f.

[27] Untertanen(verfahrens)patent (1. 9. 1781), in: KROPATSCHEK, Handbuch 1, 27–45 sowie Untertanenstrafpatent (1. 9. 1781), in: EBD. 48–53.

[28] Zur Volkszählung von 1770/71 TANTNER, Ordnung 67 sowie HOCHEDLINGER, TANTNER, Berichte XXII–LIII. Zur Nivellierung STOLLBERG-RILINGER, Maria Theresia 693.

[29] DROBESCH, Bodenerfassung 166. Weitere Literatur bei LÖFFLER, Grundherrschaftliche Verwaltung 119.

[30] DROBESCH, Bodenerfassung 167–169; MIKOLETZKY, Steuer- und Urbarialregulierung 318f., 323f.

[31] STOLLBERG-RILINGER, Maria Theresia 693, 697.

die ökonomischen Verhältnisse am Land den Staat gegenüber den Grundherrschaften in der Konkurrenz um die Abschöpfung des bäuerlichen Mehrproduktes.

Die Grenzen des staatlichen Einflusses

Angesichts der bisherigen Ausführungen liegt die These nahe, dass der habsburgische Staat in der zweiten Hälfte des 18. Jahrhunderts im ländlichen Raum der absolut dominante Akteur gewesen sei. Es spricht allerdings sehr viel dafür, dass es sich dabei – und zwar bis 1848 – um eine höchst eingeschränkte Staatlichkeit handelte, wofür ich zwei Argumente anführen möchte:

Obwohl die Kreisämter eine zentrale Funktion bei der Implementation staatlicher Normen hatten, war die Wirkmächtigkeit der kreisamtlichen Kontrolle in der Praxis durch die vorhandenen Ressourcen limitiert. Zweifelsohne wurde allein durch die Existenz und die zumindest punktuelle Präsenz des Kreisamtes vor Ort ein Drohpotential gegenüber den lokalen Amtsträgern aufgebaut. Ebenso war der Handlungsspielraum der Herrschaftsbeamten durch das ausgeprägte Berichtswesen relativ stark eingeengt. Allerdings sollte die Macht der Kreisämter auch nicht überschätzt werden. Sie hatten zwar als Kontrollbehörden den Umgang der Herrschaften mit den Untertanen zu überwachen und Missstände abzustellen, in unmittelbaren Kontakt mit den Untertanen selbst traten sie aber nur in Einzelfällen, und zwar erst im Falle einer Beschwerde, als Rekurs- und Appellationsinstanz oder wenn die Grundherrschaft militärische Assistenz anforderte.[32] So gab es zum Beispiel im Viertel ober dem Wienerwald mit seinen rund 33.000 Untertanenstellen und 193.000 Einwohnern im Jahr 1781 nur rund fünf Beschwerden pro Monat.[33] Das heißt, das Kreisamt wurde in der Regel erst dann eingeschaltet, wenn eine gewisse Eskalationsstufe überschritten war. Im Alltag traten die Untertanen den grundherrschaftlichen Beamten ohne Beteiligung des Kreisamtes entgegen, und zwar sowohl bei den im Auftrag des Staates vollzogenen Gerichts- und Polizeihandlungen als auch bei den – in der Regel konfliktträchtigeren – grundherrschaftlichen Angelegenheiten im engeren Sinn, wie beispielsweise bei der Einhebung der Abgaben oder der Einforderung der Robot.[34]

Angesichts des geringen Personalstandes war es den Kreisämtern auch kaum möglich, alle Herrschaftsverwaltungen in den relativ großen Kreisen permanent zu kontrollieren. So hatten beispielsweise die niederösterreichischen Kreisämter in josephinischer Zeit inklusive Schreibkräfte und Boten einen Personalstand von rund zwölf Personen.[35] Der Flächeninhalt der Kreise bewegte sich in Böhmen zwischen 2.300 und 4.600 Quadratkilometer, bei Einwohnerzahlen zwischen 150.000 und 450.000, in den österreichischen Ländern lagen die Bevölkerungszahlen bei vergleichbaren Flächen eher im unteren Bereich der genannten Spanne, wobei hier auch noch das Spezifikum einer ausgesprochenen Zersplitterung der Besitzverhältnisse dazukommt.[36]

Ein zweites Argument dafür, dass die Durchstaatlichung der Verwaltung auf der lokalen Ebene unvollständig war, ist die kaum vorhandene symbolische Präsenz des Staates. Die Herrschaftsbeamten handelten zwar funktional in

32 Löffler, Grundherrschaftliche Verwaltung 127f.

33 Bredow, Kreisämter 29. Zu den Häuser- und Einwohnerzahlen Klein, Ortslexikon: Niederösterreich 1, 5.

34 Löffler, Grundherrschaftliche Verwaltung 127f.

35 Der Beamtenstand stieg allerdings bis dahin kontinuierlich. Obersteiner, Kreisamt 201; Stundner, Kreisämter 14.

36 Die gerundeten Bevölkerungszahlen beziehen sich auf das Jahr 1846. Schnabel, Tafeln 1 und 2. Die Zahlen zu den österreichischen Ländern finden sich bei Klein, Ortslexikon.

staatlichem Auftrag, in den Amtskanzleien wurde diese Tatsache aber kaum durch materielle Dinge oder Symbole kenntlich gemacht. Es gab weder eine Verpflichtung, staatliche Hoheitszeichen anzubringen, noch war es vorgeschrieben, ein Bildnis des Landesfürsten aufzuhängen, während in den Kanzleiinventaren durchaus Porträts von Grundherren verzeichnet sind. Sichtbar war der Staat in den herrschaftlichen Amtsräumen vor allem durch die vorgeschriebene Ediktanschlagtafel.[37] Die in den Herrschaftskanzleien ausgefertigten Schriftstücke trugen ausschließlich grundherrschaftliche Siegel, auch wenn es sich um Schriftstücke aus dem „öffentlichen" Wirkungsbereich handelte, den Jusitziaren war es sogar explizit verboten, das k.k. Siegel zu verwenden.[38]Außerdem wurden auch die Gerichtsurteile nicht im Namen des Herrschers oder des Staates ausgefertigt.

Dass der Staat in der Verwaltungspraxis kaum sichtbar war, lag auch daran, dass die innere Verwaltung und die Gerichtsbarkeit eng mit der Eigenverwaltung der Herrschaften verzahnt war. In der Außenwirkung waren die Herrschaftsverwaltungen patrimoniale Einrichtungen, die Beamten repräsentierten den Grundherren, der sie beschäftigte. Für die Grundherrschaften hatte diese Tatsache auch eine negative Komponente, in der Wahrnehmung der Untertanen wurden nämlich unliebsame Verwaltungshandlungen in erster Linie mit den ausführende Herrschaftsbeamten verbunden, auch wenn sie diese in staatlichem Auftrag ausführten.[39]

Generell hatten die Herrschaftsbeamten einen schlechten Ruf, es finden sich in den Quellen auch zahlreiche Hinweise, dass die Unterdrückung von Untertanen ein verbreitetes Phänomen war. Dessen Ausmaß lässt sich allerdings nur schwer überprüfen, weil die Beschwerdeakten nur normabweichendes Verhalten und nicht die alltägliche Praxis wiedergeben, andererseits ist davon auszugehen, dass wohl auch viele alltägliche Übergriffe nicht aktenkundig wurden. Jedenfalls scheint das Narrativ, dass es sich bei den Herrschaftsbeamten um die eigentlichen Unterdrücker handelte, allgemein verbreitet gewesen zu sein, was implizit bedeutet, dass ihnen von Seiten der Untertanen auch eine erhebliche Machtstellung zugeschrieben wurde.[40]

Zusammenfassend lässt sich festhalten, dass sich das Vordringen des Staates zu Lasten der Grundherrschaften vor allem auf den Ebenen der Verwaltungsorganisation, der Normen, sowie der Wissensakkumulation bewegte, in der Verwaltungspraxis waren hingegen die grundherrschaftlichen Beamten auch nach den theresianischen-josephinischen Reformen dominante Akteure. Für eine konkretere Bestimmung des Ausmaßes der Divergenz zwischen Norm und Praxis sind umfangreichere empirische Untersuchungen notwendig.

Korrespondenz:

Dr. Josef LÖFFLER
Universität Wien
Institut für österreichische Geschichtsforschung
Universitätsring 1
A – 1010 Wien
josef.loeffler@univie.ac.at
ORCID-Nr.: 0000-0003-4101-038X

---

[37] LÖFFLER, Grundherrschaftliche Verwaltung 125f.
[38] BARTH-BARTHENHEIM, Verhältniß 1/2, 161.
[39] LÖFFLER, Grundherrschaftliche Verwaltung 126.
[40] Ebd. 126f.

Abkürzungen:

Siehe das allgemeine Abkürzungsverzeichnis: [http://www.rechtsgeschichte.at/media/abk.pdf]

Literatur:

Johann Ludwig Ehrenreich Graf von BARTH-BARTHENHEIM, Das politische Verhältniß der verschiedenen Gattungen von Obrigkeiten zum Bauernstande im Erzherzogthume Oesterreich unter der Enns, 4 Teile in 5 Bde. (Wien 1818).

Peter BECKER, Kommunikation, Netzwerke, Öffentlichkeit. Überlegungen zu einer Kommunikationsgeschichte der Verwaltung, in: Christina ANTENHOFER, Lisa REGAZZONI, Astrid von SCHLACHTA (Hgg.): Werkstatt Politische Kommunikation. Netzwerke, Orte und Sprachen des Politischen. Officina Comunicazione politica Intrecci, luoghi e linguaggi del „politico" (Göttingen 2010) 305–333.

Ignaz BEIDTEL, Geschichte der österreichischen Staatsverwaltung 1740–1848, 2 Bde. (Innsbruck 1896/1898).

Corinna von BREDOW, Die niederösterreichischen Kreisämter als Scharnier zwischen Landesregierung und Untertanen – Kommunikationsprozesse und Herrschaftspraxis, in: Stefan BRAKENSIEK, Corinna von BREDOW, Birgit NÄTHER (Hgg.), Herrschaft und Verwaltung in der Frühen Neuzeit (Berlin 2014) 25–36.

Ernst BRUCKMÜLLER, Sozialgeschichte Österreichs (Wien ²2001).

Alois BRUSATTI, Die Stellung der herrschaftlichen Beamten in Österreich in der Zeit von 1780 bis 1848, in: Vierteljahresschrift für Sozial- und Wirtschaftsgeschichte 45 (1958) 505–516.

Werner DROBESCH, Bodenerfassung und Bodenbewertung als Teil einer Staatsmodernisierung. Theresianische Steuerrektifikation, Josephinischer Kataster und Franziszeischer Kataster, in: Histoire des Alpes – Storia delle Alpi – Geschichte der Alpen 14 (2009) 165–184.

Helmut FEIGL, Die niederösterreichische Grundherrschaft vom ausgehenden Mittelalter bis zu den theresianisch-josephinischen Reformen (St. Pölten ²1998).

Helmut GEBHARDT, Zur Einrichtung der Untertansadvokaten von 1750–1848, in: Kurt EBERT (Hg.), Festschrift zum 80. Geburtstag für Hermann Baltl (Wien 1998) 139–154.

Michael HOCHEDLINGER, Anton TANTNER (Hg.): ...der größte Teil der Untertanen lebt elend und mühselig. Die Berichte des Hofkriegsrates zur sozialen und wirtschaftlichen Lage der Habsburgermonarchie 1770–1771 (Innsbruck 2005).

Kurt KLEIN, Historisches Ortslexikon. Statistische Dokumentation zur Bevölkerungs- und Siedlungsgeschichte, in: Österreichische Akademie der Wissenschaften. Research Groups. Demography of Austria [https://www.oeaw.ac.at/vid/research/research-groups/demography-of-austria/historisches-ortslexikon/] (15. 1. 2020).

Josef KOČÍ, Die Reformen der Untertänigkeitsverhältnisse in den böhmischen Ländern unter Maria Theresia und Joseph II., in: Richard PLASCHKA u.a. (Hgg.): Österreich im Europa der Aufklärung. Kontinuität und Zäsur in Europa zur Zeit Maria Theresias und Josephs II., Bd. 1 (Wien 1985) 121–137.

Hans KUDLICH, Rückblicke und Erinnerungen, 3 Bde. (Wien 1873).

Joseph LINDEN, Die Grundsteuerverfassung in den deutschen und italienischen Provinzen der österreichischen Monarchie mit vorzüglicher Berücksichtigung des stabilen Katasters, 2 Bde. (Wien 1940).

Josef LÖFFLER, Die Verwaltung der Herrschaften und Güter der Fürsten von Liechtenstein in den böhmischen Ländern (von der Mitte des 18. Jahrhunderts bis 1948), in: Christoph Maria MERKI, Josef LÖFFLER (Hgg.), Das Haus Liechtenstein in den böhmischen Ländern vom Mittelalter bis ins 20. Jahrhundert. Güter, Rechte, Verwaltung (Vaduz 2013) 169–372.

DERS., Grundherrschaftliche Verwaltung, Staat und Raum in den österreichischen und böhmischen Ländern der Habsburgermonarchie vom ausgehenden 18. Jahrhundert bis 1848, in: Administory, Zeitschrift für Verwaltungsgeschichte 2 (2017) 112–139 [https://doi.org/10.2478/ADHI-2018-0018] (25. 1. 2020).

DERS., Grundherrschaft, Gerichtsbarkeit und Regionalverwaltung bis 1848, in: Elisabeth LOINIG, Oliver KÜHSCHELM, Willibald ROSNER, Stefan EMINGER (Hgg.), Niederösterreich im 19. Jahrhundert (in Vorbereitung, Erscheinungsjahr 2020).

Herbert MATIS, Die Rolle der Landwirtschaft im Merkantilsystem – Produktionsstruktur und gesellschaftliche Verhältnisse im Agrarbereich, in: Herbert MATIS (Hg.), Von der Glückseligkeit des Staates. Staat, Wirtschaft und Gesellschaft in Österreich im Zeitalter des aufgeklärten Absolutismus (Berlin 1981) 269–293.

Lorenz MIKOLETZKY, Der Versuch einer Steuer- und Urbarialregulierung unter Kaiser Joseph II., in: Mitteilungen des Österreichischen Staatsarchivs 24 (1971) 310–346.

Gernot P. OBERSTEINER, Kreisamt und Kreishauptmann in der Steiermark nach 1748, in: Herwig EBNER, Horst HASELSTEINER, Ingeborg WIESFLECKER-FRIEDHUBER (Hgg.), Geschichtsforschung in Graz. Festschrift zum 125-Jahr-Jubiläum des Instituts für Geschichte der Karl-Franzens-Universität Graz (Graz 1990) 195–208.

Werner OGRIS, Joseph II., Staat- und Rechtsreformen, in: Peter F. BARTON (Hg.), Im Zeichen der Toleranz. Aufsätze zur Toleranzgesetzgebung des 18. Jahrhunderts in den Reichen Joseph II., ihren Voraussetzungen und ihren Folgen. Eine Festschrift (Wien 1981) 109–151.

Josef PAUSER, Verfassung und Verwaltung der Stadt, in: Peter CSENDES, Ferdinand OPLL (Hgg.), Wien. Geschichte einer Stadt, Bd. 2: Karl VOCELKA, Anita TRANINGER (Hgg.), Die frühneuzeitliche Residenz (16. bis 18. Jahrhundert) (Wien–Köln–Weimar 2003) 47–90.

Josef REDLICH, Das österreichische Staats- und Reichsproblem. Geschichtliche Darstellung der inneren Politik der habsburgischen Monarchie von 1848 bis zum Untergang des Reiches, Bd. 1: Der dynastische Reichsgedanke und die Entfaltung des Problems bis zur Verkündigung der Reichsverfassung von 1861 (Leipzig 1920).

Bohuslav RIEGER, Grundherrschaft, in: Ernst MISCHLER, Josef ULBRICH (Hgg.), Österreichisches Staatswörterbuch. Handbuch des gesamten österreichischen öffentlichen Rechtes, Bd. 1 (Wien [2]1905) 33–43.

DERS., Untertans- und Urbarialverhältnisse, in: Ernst MISCHLER, Josef ULBRICH (Hg.), Österreichisches Staatswörterbuch. Handbuch des gesamten österreichischen öffentlichen Rechtes, Bd. 1 (Wien [2]1905), 43–58.

DERS., Kreisverfassung in Böhmen, in: Ernst MISCHLER, Josef ULBRICH (Hgg.), Österreichisches Staatswörterbuch. Handbuch des gesamten österreichischen öffentlichen Rechtes, Bd. 3 (Wien [2]1907) 250–271.

Georg Norbert SCHNABEL, Tafeln zur Statistik von Böhmen (Prag 1848).

Franz Joseph SCHOPF, Die organische Verwaltung der Provinz Böhmen und die landesverfassungsmäßigen Verhältnisse der Bewohner als Einleitung zur politischen Gesetzeskunde (Praha 1847).

DERS., Die Rechte auch Pflichten der Grundherren und der Wirkungskreis der grundobrigkeitlichen Wirtschaftsämter im Lande Böhmen, 4 Teile in 3 Bde. (Prag 1847).

Franz STUNDNER, Die Kreisämter als Vorläufer der politischen Behörden erster Instanz, in: Johannes GRÜNDLER (Hg.), 100 Jahre Bezirkshauptmannschaften in Österreich, Festschrift (Wien 1970) 9–17.

Albrecht TEBELDI (Pseudonym von Karl BEIDTEL), Die Geldangelegenheiten Oestreichs (Leipzig 1848).

Sergij VILFAN, Die Agrarsozialpolitik von Maria Theresia bis Kudlich, in: Dan BERINDEI u.a. (Hgg.), Der Bauer Mittel- und Osteuropas im sozioökonomischen Wandel des 18. und 19. Jahrhunderts (Köln 1973) 1–52.

Thomas WINKELBAUER, Robot und Steuer. Die Untertanen der Waldviertler Grundherrschaften Gföhl und Altpölla zwischen feudaler Herrschaft und absolutistischem Staat (vom 16. Jahrhundert bis zum Vormärz) (Wien 1986).

BRGÖ 2020
Beiträge zur Rechtsgeschichte Österreichs

Marta BARANOWSKA, Toruń

Proceedings of the Rhine Province Assembly in Karl Marx's articles as a source of knowledge about political and legal debates in the mid-nineteenth century

Research on the history of democracy and the rule of law also includes a history of debates on censorship and freedom of speech. The subject of the research paper is to analyze the issues raised by Karl Marx, who as a young journalist reported on the proceedings of the Sixth Rhine Province Assembly. In the articles published in the "Rheinische Zeitung" Marx touched upon several fundamental issues: criticism of censorship, especially the ban on publishing the Assembly proceedings, freedom of the press and press law. Interesting are also considerations about the status of the Rhine Province Assembly in the socio-political order. This research paper shows that Marx's articles published in the "Rheinische Zeitung" not only allow for getting to know his views, but also are a valuable source of historical knowledge about the political debates of those times.

Keywords: *censorship – freedom of the press – Karl MARX – press law – Rheinische Zeitung,*

I. Introduction

Research on the history of democracy and the rule of law also includes a history of debates on censorship and freedom of speech. The subject of the research paper is to analyze the issues raised by Karl Marx, who as a young journalist reported on the proceedings of the Sixth Rhine Province Assembly, which was held from 23 May to 25 July 1841 in Düsseldorf.[1] It is worth knowing his considerations, because he was undoubtedly one of the greatest political thinkers of the 19th century, whose books were and are the subject of debates around the world. According to Étienne Balibar, "he was a philosopher of eternal beginning", that is why it is important to study his texts paying attention to the specificity of each stage of the formation of his worldview.[2] In 1841 Marx joined the "Rheinische Zeitung für Politik, Handel und Gewerbe". This newspaper was first issued on 1 January 1842 with Moses Hess serving as edi-

[1] "In 1823, Prussia formed eight Assemblies of the estates. They embraced the heads of princely families, representatives of the knightly estate, the nobility, of towns and rural communities. The election system based on the principle of landownership provided for a majority of the nobility in the assemblies. The competency of the assemblies was restricted to questions of local economy and administration. They also had the right to express their desires on government bills submitted for discussion. They were largely powerless ("advisory") however, could only summoned [sic] by the Prussian government, and then they were held in secret. Furthermore, a two-thirds majority was required to pass resolutions. Since the knightly (aristocratic) estate held 278 of the 584 parliamentary votes (the towns estate had 182 and the rural estate 124), nothing could be done against its wishes". Marx/Engels Internet Archive, Freedom of the Press 4.

[2] BALIBAR, Filozofia Marksa 11.

http://dx.doi.org/10.1553/BRGOE2020-2s203

tor. Marx was a chief editor from 15 October 1842 to 17 March 1843.[3] Oscar J. Hammen wrote: "Although it is commonly claimed that the 'Rheinische Zeitung' adopted an increasingly revolutionary and democratic tone after Marx became the chief editor in the fall of 1842, actually he followed a disciplined editorial course that avoided any open declaration of principles".[4] However, for the authorities, the published articles that criticized the government and postulated democratization were too radical. On 19 January 1843, the Prussian government issued a decree prohibiting the publication of the "Rheinische Zeitung" and from then on introducing particularly severe censorship. Newspaper publishers aimed to win the authorities' favour and to take a more moderate line. Marx disagreed and resigned from the editor's function on 31 March 1843. The "Rheinische Zeitung" was however terminated by Prussian state censorship two weeks later.[5]

Marx devoted three series of articles to the debates of the Sixth Rhine Province Assembly, only the first and the third were published. The second series of articles "Debates on the Prussian Government and the Catholic Church" dealt with the conflict between church and state. The piece was banned by the censors and has never been found. In the third series of articles Marx published "Debates on the Law on the Theft of Wood". The first series of articles, "Proceedings of the Sixth Rhine Province Assembly. Debates on Freedom of the Press and Publication of the Proceedings of the Assembly of the Estates" appeared in issue No. 125, on 5 May 1842. He discussed issues of freedom of the press, censorship and press law. He analyzed also the Assembly of the Estates as the institution of the representative system.

I would like to point out that Marx's articles published in the "Rheinische Zeitung" not only provide access to his views, but also are a valuable source of historical knowledge about the political debates of those times.

II. Marx's Polemics with the Arguments of Opponents of the Freedom of the Press

The starting point for Marx's consideration was the issue of the publication of the proceedings of the Assembly of the Estates. He criticized the views of the government newspaper "Preussische Staatszeitung", which supported political authority and censorship. The young Marx sarcastically criticized the arguments of this newspaper, but he pointed out that in the government's newspaper's petition one sentence is extremely apt: "The publication of the Assembly proceedings will only become a reality when they are treated as 'public facts', i.e., as subject-matter for the press".[6] Marx was convinced that

[3] „From the very outset of his career Marx created a profound impression on men like Moses Hess who saw him as a Voltaire, Rosseau, and Hegel blended into one person." MCGOVERN, Karl Marx` First Political Writings 19.

[4] HAMMEN, Young Marx 111. "Marx showed his genius for tactics by advocating and later directing an editorial policy that criticised the existing government by indirection, interspersing the articles with praise of certain Prussian institutions without ever revealing the positive views of the newspaper. Late in August 1842, Marx warned Dagobert Oppenheim (connected with the management of the paper) against any ‚clear demonstration against the foundations of the existing order' that would merely provoke a tightening of censorship, perhaps even the suppression of the paper." Ibid.

[5] Matthew Bunn wrote that "the assault on leftwing or 'Young' Hegelianism in 1842–1843 was the major censorship case of the decade. Banning the Deutsche Jahrbücher, Rheinische Zeitung, and Leipziger Allgemeine Zeitung was part of a significant, coordinated effort to undermine a small but a influential faction of radical social critics". BUNN, Censorship 375.

[6] MARX, Proceedings 10 ("Die Veröffentlichung der landständischen Verhandlungen wird erst eine Wahrheit, wenn dieselben als `öffentliche Thatsachen`

the full transparency of the proceedings of the Assembly was extremely important and he wanted to convince the readers of the "Rheinische Zeitung" to accept his beliefs. To this end, he quoted debates on the publication of the Assembly proceedings. As he wrote himself, he took a double role. As a historical spectator, he quoted the arguments of the representatives of the province. Thanks to that we have excellent source material regarding the deliberations and political views of those times. Marx, however, not only reported the debate, but also gave his own positive view of this question as a participant. He believed that it was justified to support one of the parties, because the defenders of press freedom were in the minority and "they have never come to know freedom of the press as a vital need. For them it is a matter of the head, in which the heart plays no part".[7] It is worth emphasizing that Marx pointed to the importance not only of rational arguments, but also emotions. It is feelings that give people the greatest motivation to act. He wrote: "Goethe once said that the painter succeeds only with a type of feminine beauty which he has loved in at least one living being. Freedom of the press, too, has its beauty — if not exactly a feminine one — which one must have loved to be able to defend it. If I truly love something, I feel that its existence is essential".[8]

behandelt, d.h. Gegenstand der Presse werden." MARX, ENGELS, Gesamtausgabe 125.)

[7] MARX, Proceedings 10 ("Sie haben die Freiheit der Presse nie als Bedürfniß kennen gelernt. Sie ist ihnen eine Sache des Kopfes, an der das Herz keinen Theil hat." MARX, ENGELS, Gesamtausgabe 125.)

[8] MARX, Proceedings 10 ("Göthe sagt einmal, dem Maler glückten nur solche weiblichen Schönheiten, deren Typus er wenigstens in irgend einem lebendigen Individuum geliebt habe. Auch die Preßfreiheit ist eine Schönheit — wenn auch grade keine weibliche — die man geliebt haben muß, um sie vertheidigen zu können. Was ich wahrhaft liebe, dessen Existenz empfinde ich als eine nothwendige." MARX, ENGELS, Gesamtausgabe 126.)

Marx in his articles polemized against the opponents of the freedom of the press, and showed the absurdity of their arguments. For example, they believed that the laws against freedom of the press were a refutation of freedom of the press. The existence of censorship justified its necessity. Once people were convinced that there should be censorship, it was the best solution now and forever. According to Marx, this is a "diplomatic" argument against all reform. Marx considered the illogical argument that censoring meant improving the press. To show the absurdity of this thesis, he asked the question: "Mirabeau — developed his talent in prison. Are prisons on that account schools of eloquence?"[9] Marx pointed out: "The spiritual development of Germany has gone forward not owing to, but in spite of, the censorship".[10]

III. Guarantees of freedom of the press: abolition of censorship and press law

The condition for freedom of the press is the complete abolition of censorship. Marx in his first article „Comments on the Latest Prussian Censorship Instruction" criticized the Zensurinstruktion proclaimed by the Prussian government on 24 December 1841.[11] Then, as the editor of the "Rheinische Zeitung", he was constantly dealing with censorship. In "Debates on Freedom of the Press" Marx put forward the thesis

[9] MARX, Proceedings 13 ("Mirabeau hat sich in Gefängnissen gebildet. Sind deswegen Gefängnisse die Hochschulen der Beredtsamkeit?" MARX, ENGELS, Gesamtausgabe 128.)

[10] MARX, Proceedings 13 ("Entwicklung Deutschlands ist nicht durch, sondern trotz der Censur vor sich gegangen. MARX, ENGELS, Gesamtausgabe 128.)

[11] This article was first confiscated by the censor and then published in February 1843 in Switzerland in the collective work of "Anekdoten zur neuesten deutschen Philosophie und Publicistik, vol. 1".

that the Zensurinstruktion is not a law, it is a police measure. He pointed out that censorship was preventive: texts intended for publication needed to be submitted to the censor for approval.[12] Meanwhile, according to Marx, there are no preventive laws: law prevents only as a command. The law only becomes effective if it is infringed. "Laws are rather the positive, clear, universal norms in which freedom has acquired an impersonal, theoretical existence independent of the arbitrariness of the individual. A statute-book is a people's bible of freedom".[13] This argument, published in an article on 12 May 1842 shows that he not only formulated his remarks about censorship as a journalist, but also as a lawyer. He criticized the Prussian censorship legislation of 1841 on the grounds not merely of its injustice but also of its illegality.

It should be noted that at the request of his father, Marx studied law in Bonn and then at the University of Berlin.[14] According to Donald R. Kelly: "Too little attention has been paid to the profession first chosen by Marx, namely, that of the law. For centuries the law had been represented by its practitioners as the most direct path to the 'common good' (bonum publicum)".[15] Kelly also pointed out that Marx did not distinguish between law and philosophy. "'Jurisprudence is the true philosophy' is a formula taken from the very first sentence of the Pandects, that seminal collection of classical jurisprudence which Marx had not only studied (with Savigny the previous year) but had even begun to translate into German".[16]

As an editor of the "Rheinische Zeitung", he had the opportunity to contribute to the 'common good', defending the freedom of the press. His arguments were both legal and philosophical. Marx was convinced that, "freedom is so much the essence of man that even its opponents implement it while combating its reality; they want

[12] "Since the Rheinische Zeitung was a morning paper, the copy had to be delivered to the censor in the evening. The editors would wait for the copy marked in red pencil to return and might work on the definitive newspaper into the wee hours. The Rheinische Zeitung wore out four censors over the course of its existence. Police commissioner Laurenz Dolleschall had a strange experience with Marx. Dolleschall had spent the entire evening waiting for the copy. He was impatient, as he planned to attend a ball. At his wits end, he took a coach to Marx's home. In response to his nervous ring at the door Marx opened an upstairs window and blandly reported that the next day's edition of the paper had been cancelled. During Dolleschall's term as a censor, protests from the editors to Regierungs-Präsident von Gerlach, Prussia's governor in the Rhineland, against articles rejected by the censor were regularly honoured. Of course these incidents compromised the prestige of the authorities". SANDERS, Prussian Censorship.

[13] MARX, Proceedings 31 ("Die Gesetze sind vielmehr die positiven, lichten, allgemeinen Normen, in denen die Freiheit ein unpersönliches, theoretisches, von der Willkühr des Einzelnen unabhängiges Dasein gewonnen hat. Ein Gesetzbuch ist die Freiheitsbibel eines Volkes." MARX, ENGELS, Gesamtausgabe 150.)

[14] "Marx was declared 'diligent` and even 'very diligent and attentive` (sehr fleissig und aufmerksam) in all ten of the courses during 1835–36, six of which dealt with branches of law and legal history". After his transfer to the University of Berlin in the fall of 1836 "he studied 'Pandekten' with Savigny and ‚Kriminalrecht' with Gans, and there is little doubt that their altercation had a shaping effect on Marx's own developing social views". KELLY, Metaphysics 351–352. For Marx`s student years in Berlin, see MILLER, SAWADZKI, Karl Marx in Berlin 35-115; CHRYSIS, 'True Democracy' 29–32.

[15] KELLY, Metaphysics 350.

[16] Ibid. "The justification for this identification had been two-fold: first, that law constituted a true 'science' (civilis scientia), since it was universal and viewed the world in terms of cause and effect, and, second, that unlike natural science it proposed as its principal object the common good of society. From the thirteenth century to Marx's own time the theme iurisprudentia est vera philosophia was pursued by jurists, commentators, and systematizers of law, including contributors to the French Civil Code of 1804. Whatever the relations between mature Marxism and classical 'civil science', the young Marx, at least the very young Marx, started in the old tradition". Ibid.

to appropriate for, themselves as a most precious ornament what they have rejected as an ornament of human nature. No man combats freedom; at most he combats the freedom of others. Hence every kind of freedom has always existed, only at one time as a special privilege, at another as a universal right".[17]

Marx therefore stated that freedom is part of human nature, and true law is the one that makes natural human freedom the state law. According to Marx, freedom of the press always exists. Where there is censorship, freedom of the press exists, though not as a universal law, but as a privilege for the few, that is for the government and its supporters. Marx wrote: "The essence of the free press is the characterful, rational, moral essence of freedom. The character of the censored press is the characterless monster of unfreedom; it is a civilised monster, a perfumed abortion".[18] When each text must be approved by the censor, then journalists and writers become secretaries of censors, who are omnipotent editors. In his first article, Marx criticized The Zensurinstruktion for its lack of precise rules and leaving great freedom to censors who could be guided by their subjective judgment. Marx wrote: "The writer, therefore, has fallen victim to the most frightful terrorism, and is subjected to the jurisdiction of suspicion. Laws against tendency, laws giving no objective standards, are laws of terrorism, such as were invented owing to the emergency needs of the state under Robespierre and the corruption of the state under the Roman emperors".[19]

Of course, such practices, that is, the creation of imprecise legal regulations and giving broad possibilities of their interpretation to officials, are an effective tool of power. Often these are special measures of the legislator, and not the result of incompetence in legislating.[20] Slavoj Žižek made interesting observations about this type of practice, although in a different context, namely the functioning of totalitarian states.[21] These states constitute very restrictive laws, so in the event of their strict enforcement, most citizens would end up as criminals, and therefore they are never fully applied. This measure, however, is intentional because the authorities can at the same time show their mercy and constantly use a very real threat to discipline society (for example, we could arrest you, but for now we will only book you – the effect of intimidation is achieved). Žižek gave the example of Art. 133 of the Criminal Code of former Yugoslavia, which stated that an author whose text could cause anxiety or dissatisfaction of its readers would be punished. The article did not specify the terms "anxiety" or "dissatisfaction" and it was possible to interpret them freely and thus provide by charges against political opponents. It was precisely on this type of practice of legislators striving for absolute power that Marx drew attention, pointing to the imprecise wording con-

---

[17] MARX, Proceedings 26 ("Die Freiheit ist so sehr das Wesen des Menschen, daß sogar ihre Gegner sie realisiren, indem sie ihre Realität bekämpfen; daß sie als kostbarsten Schmuck sich aneignen wollen, was sie als Schmuck der menschlichen Natur verwarfen. Kein Mensch bekämpft die Freiheit; er bekämpft höchstens die Freiheit der andern. Jede Art der Freiheit hat daher immer existirt, nur einmal als besonderes Vorrecht, das andremal als allgemeines Recht." MARX, ENGELS, Gesamtausgabe 143.)

[18] MARX, Proceedings ("Das Wesen der freien Presse ist das charaktervolle, vernünftige, sittliche Wesen der Freiheit. Der Charakter der censirten Presse ist das charakterlose Unwesen der Unfreiheit, sie ist ein civilisirtes Ungeheuer, eine parfümirte Mißgeburt." MARX, ENGELS, Gesamtausgabe 146.)

[19] MARX, Prussian Censorship 15 ("Der Schriftsteller ist also dem furchtbarsten Terrorismus, der Jurisdiction des Verdachts anheim gefallen. Tenc/enzgesetze, Gesetze die keine objectiven Normen geben, sind Gesetze des Terrorismus, wie sie die Noth des Staats unter Robespierre und die Verdorbenheit des Staats unter den römischen Kaisern erfunden hat. MARX, ENGELS, Gesamtausgabe 107.)

[20] BARANOWSKA, Pierwsza walka 171–183.

[21] ŽIŽEK, Przemoc 163.

tained in the Zensurinstruktion and the possibility of its free interpretation by the censors.

Marx, referring to Hegel's philosophy, argued that censorship is contrary to the essence of state and law. It is a police measure against freedom, so it is not law, but lawlessness. Marx did not postulate the legal deregulation of the functioning of the press, but he considered the press law necessary. He wrote: „Laws are in no way repressive measures against freedom, any more than the law of gravity is a repressive measure against motion, because while, as the law of gravitation, it governs the eternal motions of the celestial bodies, as the law of falling it kills me if I violate it and want to dance in the air".[22]

V: The Assembly of the Estates and the representative system

Marx was convinced that the full transparency of the proceedings of the Assembly was extremely important and should be guaranteed by law. It is a form of control of the Assembly, which is of great importance for the existence of a representative system. Formally, representatives of the province were to represent its interests in the Assembly, however, they formed an elite who actually cared only for themselves[23]. Marx pointed out that they represented not provinces but the classes to which they belonged: princes, nobility, the bourgeoisie.

The Assembly's policy boiled down to the fact that it gave itself more and more powers and privileges that limited the rights of the province. "Thus the estates of the Middle Ages appropriated for themselves all the country's constitutional rights and turned them into privileges against the country. [...] In this way, the rights of the Provincial Assembly are no longer rights of the province, but rights against the province".[24]

Statements of representatives showed that they did not feel themselves to be representatives of the province. Marx perfectly captured this by citing the debate on the openness of the press. The representatives argued that the demand of the province to publish the reports on the debates was an unjustified pressure from 'outside'. The decision was supposed to belong solely to them. Marx commented: "It is truly the lan-

[22] MARX, Proceedings 31. ("Gesetze sind keine Repressivmaßregeln gegen die Freiheit, so wenig wie das Gesetz der Schwere eine Repressivmaßregel gegen die Bewegung ist, weil es zwar als Gravitationsgesetz die ewigen Bewegungen der Weltkörper treibt, aber als Gesetz des Falls mich erschlägt, wenn ich es verletze und in der Luft tanzen will." MARX, ENGELS, Gesamtausgabe 150.) Padmaja Shaw believes that the arguments formulated by Marx are still valid, especially regarding the guarantee of the freedom of the press in a country like India. "Revisiting the free speech debate in the context of Marx's analysis makes it clear that it is necessary to ensure that independent constitutional authorities like the judiciary and the Election Commission are strengthened; strong press laws are enacted and enforced without curtailing freedom of the press; and censorship is challenged in all its forms, as it puts arbitrary power in the hands of the bureaucracy. The Indian experience also indicates that independent journalism that highlights the interests of the working class, despite the challenges it faces, can play a significant and historical role in politics of democratization and liberation". SHAW, Marx As Journalist 631.

[23] "Wenn die Provinz verfassungsmässig Stände ernennt, um ihre allgemeine Intelligenz zu repräsentiren, so hat sie sich selbst eben damit alles eignen Urtheils und Verstandes völlig begeben, die nun einzig in den Auserwählten inkorporirt sind. Wie Sagen gehen, daß große Erfinder getödtet, oder, was keine Sage ist, lebendig auf Festungen vergraben wurden, sobald sie ihr Geheimniß dem Machthaber mitgetheilt, so stürzt sich die politische Vernunft der Provinz jedesmal in's eigne Schwerdt, sobald sie die große Erfindung der Landstände gemacht hat, allerdings um als Phönix für die folgenden Wahlen neu zu erstehen." MARX, ENGELS, Gesamtausgabe 138.)

[24] Marx, Proceedings 19 ("So hatten die Stände des Mittelalters alle Rechte des Landes in sich absorbirt und wendeten sie als Vorrechte gegen das Land. [...] Die Rechte des Landtags sind auf diese Weise nicht mehr Rechte der Provinz, sondern Rechte wider die Provinz." MARX, ENGELS, Gesamtausgabe 134.)

guage of a ruler, which naturally has a pathetic flavour when coming from a modern baron. [...] Of course, the province has the right, under prescribed conditions, to create these gods for itself, but as soon as they are created, it must, like a fetish worshipper, forget that these gods are its own handiwork".[25] The Assembly was treated as a "closed club" in which there were family-like relations. They did not want to allow the publication of the debates, because then they would be judged and held responsible by the provinces whose interests they had to represent. They wanted full autonomy, that is, more power. They also considered giving consent to the publication of reports, but on condition that they would censor their content. Marx criticized this idea. "A publication of the Assembly proceedings that depends on the arbitrary ruling of the Assembly of the Estates, however, is worse than none at all, for if the Assembly tells me not what it is in reality, but what it wants to seem to be in my eyes, I shall take it for what it gives itself out to be, for mere semblance, and things are bad when semblance has a legal existence".[26]

Marx concluded that representation that operates outside the represented knowledge is not a representation. He disagreed with the argument that such practices can be justified by the fact that parliamentary freedom was in its first period of development. He also pointed out that opposition shows us the level of a political assembly, just as the opposition in general shows the level of development that a society has reached.

VI. Conclusion

The main topic of the articles "Debates on Freedom of the Press" was the criticism of Prussian absolutism and censorship, especially the ban on publishing the Assembly proceedings. The articles provide an intriguing study into the history of press freedom debates.

Marx's goal is not simply the freedom of the press. "One form of freedom governs another just as one limb of the body does another. Whenever a particular freedom is put in question, freedom in general is put in question".[27] Freedom is for Marx the most important value and essence of man. Reading Marx's first articles allows for getting to know the first stage of his work, which covered the period up to 1844/1845. The main topic of his deliberations was the formation of man, his creative potential and the category of alienation. For Marx the human essence is free original thinking and the need for expression, which is why freedom, including freedom of the press, is so important. According to Lotar Rosiński, the most significant motif of Marx's philosophy is his concept of criticism as "reform of consciousness". Thanks to critical thinking, a person can perceive the "illusion of understanding one's social situation".[28] Marx always cut himself off from philosophy and theory; he wanted to change the world, not describe it. For this reason, he fought for the free-

[25] MARX, Proceedings 20 ("Es ist vollständige Herrschersprache, die allerdings im Munde eines modernen Standesherrn einen rührenden Beischmack hat. [...] Allerdings hat die Provinz das Recht, unter vorgeschriebenen Bedingungen, sich diese Götter zu machen, aber gleich nach der Schöpfung muß sie, wie der Fetischdiener vergessen, daß es Götter ihres Händewerks sind." MARX, ENGELS, Gesamtausgabe 135.)

[26] MARX, Proceedings 21 ("Eine Publikation der Landtagsverhandlungen aber, die der Willkühr der Landstände anheim gefallen ist, ist schlechter, als gar keine, denn wenn der Landtag mir giebt, nicht, was er ist, sondern was er für mich scheinen will, so nehme ich ihn als das, als was er sich giebt, als Schein und es ist schlimm, wenn der Schein gesetzliche Existenz hat." MARX, ENGELS, Gesamtausgabe 134.)

[27] MARX, Proceedings 46 ("Jede Gestalt der Freiheit bedingt die andere, wie ein Glied des Körpers das andere. So oft eine bestimmte Freiheit in Frage gestellt ist, ist die Freiheit in Frage gestellt." MARX, ENGELS, Gesamtausgabe 168.)

[28] RASIŃSKI, Krytyka społeczna 95.

dom of the press and, through it, he fought for the world to change.

Marx believed that freedom of the press was important for every person, but also for the well-being of society and the state. He wrote: "A country which, like ancient Athens, regards lickspittles, parasites and flatterers as exceptions to the good sense of the people, as fools among the people, is a country of independence and self-reliance. But a people which, like all peoples of the good old times, claims the right to think and utter the truth only for court-jesters, can only be a people without independence or personality".[29]

Marx emphasized the importance of the freedom to publish the Assembly's debates and the possibility of criticism of the authorities. Freedom of the press is the foundation of representative democracy.[30] Nevertheless, the Assembly was only a dummy and not a real representative of the province. Cut off from society, they were unable to make just laws, which was one of the topics raised in the third series of articles, "Debates on the Law on the Theft of Wood". Marx, as a young man, perceived perfectly well the hypocrisy of the authorities and was indignant at it, particularly at the differences between their declarations and reality. At that time, Marx still believed that democracy could be introduced by democratic methods: rational arguments criticizing power and urging politicians to change their way of acting. That is why freedom of the press was so valuable to him as a tool for fighting for change. Reading Marx's press articles is necessary to capture the sense and purpose of his views. Marx initially had believed that the democratic methods could change the system and only the repression of the authorities prompted him to change his views on the means by which the actual realization of freedom would be possible.

Correspondence:

Prof. Dr. Marta BARANOWSKA
Nicolaus Copernicus University in Toruń
Faculty of Law and Administration
Ul. Władysława Bojarskiego 3
PL – 87-100 Toruń
mb1@law.umk.pl
ORCID-Nr.: 0000-0002-0365-1023

---

[29] MARX, Proceedings 12 („Ein Land, welches wie das alte Athen, Speichellecker, Parasiten, Schmeichler als Ausnahmen von der Volksvernunft, als Volksnarren traktirt, ist das Land der Unabhängigkeit und Selbstständigkeit. Ein Volk, welches, wie alle Völker der besten Zeit, das Recht, die Wahrheit zu denken und auszusprechen, den Hofnarren vindicirt, kann nur ein Volk der Abhängigkeit und Selbstlosigkeit sein." MARX, ENGELS, Gesamtausgabe 126.)

[30] It is worth noting that in the countries of the Eastern Bloc, although all of Marx's works were published, his writings from the first period of creativity were omitted in the scientific and political discourse. Zdeněk Mlynář (from 1946 a secretary of the Czechoslovak communist party, who supported "Prague spring" in 1968, so in 1969 he was removed from the party) wrote about it in the book „Mráz přichází z Kremlu". Mlynář studied law at the University of Moscow, but only after returning to Czechoslovakia did he have the opportunity to learn about the writings of young Marx. "Marxism itself appeared to me suddenly in a different light than it was before due to the choice of Marxist literature at the Moscow State University. This choice was extensive [...] but it was nevertheless censored; Marx's works from the early period were missing, and there was no mention of Gramsci or Rosa Luxemburg". MLYNÁŘ, Mróz ze wschodu 34. He also described how, only after 1956, some of the communists with Stalinist views but "able to think", studying Marx's works, began to discover that many of his thoughts were in a fundamental contradiction with the interpretation of Marxism by party members. They were aware of Marx's humanism, whose philosophy focused on the issues of human freedom and emancipation, and class struggle was only a means to achieve these goals. Mlynář stressed, however, that he saw both the similarities and differences between Marx's writings and the official communist ideology.

Bibliography:

Étienne BALIBAR, Filozofia Marksa (Warszawa 2007).

Marta BARANOWSKA, Pierwsza walka Karola Marksa, czyli Uwagi dotyczące nowej instrukcji o cenzurze, in: Przegląd Filozoficzny. Nowa Seria 4 (2018) 171–183.

Matthew BUNN, „Censorship is Official Critique". Contesting the Limits of Scholarship in the Censorship of the Hallische Jahrbücher, in: Central European History 47 (2014) 375–401.

Alexandros CHRYSIS, 'True Democracy' as a Prelude to Communism. The Marx of Democracy (Cham 2018).

Oscar J. HAMMEN, The Young Marx. Reconsidered, in: Journal of the History of Ideas 31/1 (1970) 109–120 (28. 6. 2019).

Hanno HARDT, Communication is Freedom: Karl Marx on Press Freedom and Censorship, in: Javnost / The Public 7 (2000) 85-99.

Donald R. KELLY, The Metaphysics of Law. An Essay on the Very Young Marx, in: The American Historical Review 83 (1978) 350–367.

Karl MARX, Comments on the Latest Prussian Censorship Instruction, in: Marx/Engels Internet Archive, [https://www.marxists.org/archive/marx/works/1842/02/10.htm] (1988 / 6. 6. 2019).

IDEM, Proceedings of the Sixth Rhine Province Assembly. Debates on Freedom of the Press and Publication of the Proceedings of the Assembly of the Estates, in: Marx/Engels Internet Archive [http://www.marxists.org/archive/marx/works/1840/free-press/index.htm] (23. 8. 2000 / 15. 6. 2019).

Marx/Engels Internet Archive, On Freedom of the Press. General Introduction [https://www.marxists.org/archive/marx/works/download/Marx_Rheinishe_Zeitung.pdf] (23. 8. 2000 / 15. 6. 2019).

Karl MARX, Friedrich ENGELS, Gesamtausgabe (MEGA). Erste Abteilung: Werke – Artikel – Entwürfe, Bd. 1 (Berlin 1975).

Arthur F. MCGOVERN, Karl Marx` First Political Writings: The Rheinische Zeitung, 1842–1843, in: Frederick J. ADELMANN, Demythologizing Marxism. A Series of Studies on Marxism (Dordrecht 1969) 19-63.

Horst MEWES, On the Concept of Politics in the Early Work of Karl Marx, in: Social Research 43 (1976) 276-294.

Sepp MILLER, Bruno SAWADZKI, Karl Marx in Berlin (Berlin 1956).

Zdenek MLYNÁŘ, Mróz ze wschodu (Warszawa 1989).

Lotar RASIŃSKI, Krytyka społeczna jako „reforma świadomości". próba reinterpretacji Marksowskiego projektu krytyki, in: Paweł RUDNICKI, Marcin STARNAWSKI, Mirosława NOWAK-DZIEMIANOWICZ (eds.), Władza, sens, działanie. studia wokół związków ideologii i edukacji (Wrocław 2012) 93–105.

Huub SANDERS, Prussian censorship and Karl Marx's brief career as an editor for the „Rheinische Zeitung", in: International Institute of Social History [http://www.iisg.nl/collections/rheinischezeitung/history.php] (3. 4. 2009 / 1. 7. 2019).

Padmaja SHAW, Marx As Journalist. Revisiting The Free Speech Debate, in: Triple C. Cognition. Communication. Co-operation 10 (2012) 618–632.

Slavoj ŽIŽEK, Przemoc. Sześć spojrzeń z ukosa (Warszawa 2010).

BRGÖ 2020
Beiträge zur Rechtsgeschichte Österreichs

Thomas SIMON, Wien

Sprachenvielfalt und Länderautonomie in Österreich-Cisleithanien

Ein schwieriges Verhältnis

Linguistic Diversity and the Autonomy of the Crownlands – a tense Relationship

The essay describes the emergence and the sources of the law on languages as a very specific legal-cultural phenomenon of the late Habsburg Monarchy, i.e. under the banner of the December Constitution. The many regulations concerning the languages which had to be used in administration, legislation and at the courts were an attempt of the Austrian state to defuse the ethnic struggle which threatened to disintegrate the Monarchy. However, it was an attempt which was thwarted by the autonomy of the "Länder" and even more so of the local communities. Especially the latter tried to establish uniform linguistic spaces within the respective municipalities. This kind of municipal language policy seriously aggravated the ethnic struggle in the Monarchy.

Keywords: *Ethnic struggle – Language dispute – Linguistic diversity – Self-Government of Crownlands and Urban Communities – State language*

I.

Cisleithanien war nicht nur ein Staat ohne richtigen Namen,[1] sondern auch ein Staat ohne einheitliche Staatssprache – ein Unikum in Europa – schon was die Vielfalt der Sprachen anbelangt, die die Bürger dieses Staates sprachen. Besser ausgedrückt: Cisleithanien war ein Staat, dessen faktische Staatssprache in der zweiten Hälfte des 19. Jahrhunderts mehr und mehr in Frage gestellt wurde, so dass sich die „Sprachenproblematik" zu einem ganz zentralen und höchst gravierenden Problem der Habsburger Monarchie auswuchs.[2] Faktisch hatte sich das Deutsche am Ende des 18. Jahrhunderts als Behörden- und Gerichtssprache in der Habsburger Monarchie weitgehend durchgesetzt.[3] Dies galt selbst für solche Länder, wie etwa Böhmen und Galizien, in denen es schon vor der Eingliederung in den habsburgischen Länderkomplex eine einheitliche tschechische („böhmische") bzw. polnische Sprachenpraxis in der Verwaltung und Gerichtsbarkeit gegeben hatte.[4] Lediglich in Ungarn ist das Projekt der Herstellung sprachlicher Einheitsstaatlichkeit gescheitert.[5] Die Vorrangstellung des Deutschen beruhte zum Teil auf dem Umstand, dass das Deutsche bis dahin im mittelosteuropäischen Raum die allgemein anerkannte Bildungs- und Kultursprache war.[6] Insbesondere in Böhmen war die Durchsetzung der durchgehenden deutschen Verwaltungs-

[1] Dazu STOURZH, Dezemberverfassung 257.

[2] HASLINGER, Sprachenpolitik 81.

[3] STOURZH, Gleichberechtigung 84.

[4] Zur allmählichen Durchsetzung einer deutschen Verwaltungssprache in Böhmen nach 1628 siehe SCHAFFGOTSCH, Geschäftssprache 371f.

[5] HASLINGER, Sprachenpolitik, 88.

[6] SUTTER, Die politische und rechtliche Stellung der Deutschen 154; HASLINGER, Sprachenpolitik 92.

http://dx.doi.org/10.1553/BRGOE2020-2s212

und Gerichtssprache seit dem 17. Jahrhundert aber auch ein Teil der absolutistischen Vereinheitlichungs- und Zentralisierungspolitik gewesen.[7] Eine besondere Situation ergab sich lediglich in den neu erworbenen, überwiegend exvenezianischen Gebieten des Mittelmeerraumes mit einer alten Tradition italienischer Staats- und Verwaltungssprache.[8]

Mit dem Aufkommen der slawischen Nationalbewegungen begann die traditionelle Akzeptanz des Deutschen als Staats- und Verwaltungssprache „aus Gewohnheit" zu schwinden. Die überkommene Bevorzugung des Deutschen wurde nun zum Symbol deutscher Dominanz und Hegemonie über die Slawen, in klarem Widerspruch zum Grundsatz der „Gleichberechtigung der Nationalitäten".[9] In Österreich war dieser Grundsatz von Anfang an auf das engste mit dem Konstitutionalismus verbunden: Seit dem Kremsierer Entwurf war er in allen Verfassungen enthalten: In der oktroyierten Märzverfassung ebenso wie in der Dezember-Verfassung 1867; dort niedergelegt im berühmten Art. 19 des StGG über die Allgemeinen Rechte der Staatsbürger (im Folgenden: StGG-ARStB), demgemäß „alle Volksstämme des Staates gleichberechtigt" sein sollten und jedem „Volksstamm ein unverletzliches Recht auf Wahrung und Pflege seiner Nationalität und Sprache" zuerkannt wurde. Und „Gleichberechtigung der Volksstämme" bedeutete natürlich auch Gleichberechtigung der Sprachen. Damit war die traditionelle Vorrangstellung des Deutschen in Frage gestellt.

In Reaktion hierauf suchten die Deutschen ihre tradierte sprachliche Vorrangstellung im Wege (verfassungs-)gesetzlicher Festlegung zu sichern. Erstmals kommt dieses Bestreben nach dem Ausgleich im Vorfeld der Dezember-Verfassung aufs Tapet, als die Deutsch-Liberalen versuchen, die Rolle der Deutschen als „herrschende Nation" in Cisleithanien festzuschreiben[10] und mittels einer einheitsstaatlich-zentralistisch gewichteten Verfassung einen „Damm gegen die Slawisierung Österreichs" zu errichten.[11] In diesem Zusammenhang tauchen dann auch die ersten Initiativen auf, Deutsch als Staatssprache in die Verfassung aufzunehmen, um auf diese Weise die überlieferte faktische Vorrangstellung des Deutschen zu sichern. Es müsse „doch irgend eine gemeinsame Staatssprache vorhanden sein", so forderten es damals die (Deutsch-)Liberalen, ansonsten werde „der Staat in Atome aufgelöst". Und für die Liberalen war es selbstverständlich, dass dies in Cisleithanien nur die deutsche Sprache sein konnte, „weil sie die vorgeschrittenste" sei, „weil sie die Sprache eines Culturvolkes von 40 Millionen" und weil sie auch „die Sprache der Dynastie" sei. Das Deutsch könne deshalb „mit Recht fordern", dass es „als Staatssprache behandelt werde", wie es der liberal-autonomistische Abgeordnete Karl Rechbauer formuliert hat.[12] Die Initiative der deutschliberalen Abgeordneten ist damals bekanntlich am Widerstand der slawischen Völker Österreichs gescheitert; insbesondere die ansonsten kompromissbereiten Polen hatten ihre Zustimmung zur Dezember-Verfassung verständlicherweise davon abhängig gemacht, dass diese nationalpolitisch neutral formuliert ist und demzufolge auch keine Be-

[7] Dazu eingehend HASLINGER, Sprachenpolitik 82–86.

[8] STOURZH, Gleichberechtigung 84: De facto „Primat des Deutschen zumal als Dienstsprache der Verwaltung der staatlichen Verwaltung" mit „auf Grund alter Übung geduldeter Ausnahmen" im italienischsprachigen Raum (Welschtirol, Istrien, Dalmatien).

[9] In Istrien und Dalmatien war es das seit jeher von den städtischen Oberschichten gesprochene Italienisch, dessen überlieferte Vorherrschaft nun von kroatischer Seite angegriffen wurde; dazu eingehend KALWODA, Dalmatien 170ff.

[10] Dazu eingehend RUMPLER, Eine Chance für Mitteleuropa 409.

[11] STOURZH, Dezemberverfassung 250.

[12] Zitat bei STOURZH, Gleichberechtigung 85.

vorzugung *einer* Sprache als Staatssprache enthält. Demzufolge wurde dann die Forderung nach einer formellen Festlegung der deutschen Staatssprache auch rasch fallen gelassen.[13] Ab den frühen 1880er Jahren sind dann aber weitere deutschliberale Initiativen zur gesetzlichen Regulierung der Staatssprache zu verzeichnen, denen der damalige Ministerpräsident Taaffe freilich ausgesprochen reserviert gegenüber stand, weil er das Konfliktpotential sah, das damit selbst dann verbunden gewesen wäre, wenn sich eine Reichsratsmehrheit für solche Pläne gefunden hätte. Er hat deshalb „eine Verständigung unter den verschiedenen Nationalitäten und politischen Parteien" zur Voraussetzungen für ein Sprachengesetz gemacht und sich im Übrigen auf Art. 19 StGG zurückgezogen, mit dem die Festlegung einer einzigen Sprache als Staatssprache „nicht in Einklang gebracht" werden könne.[14] Auch bei den zahlreichen späteren Initiativen, das Deutsche als Staatssprache festzulegen,[15] trat immer deutlicher zutage, dass sich in Österreich-Cisleithanien unter den Bedingungen des Konstitutionalismus keine konsensfähige Regelung mehr durchsetzen ließ, die *eine* Sprache auch nur in die *Nähe* einer einheitlichen Staatssprache für ganz Cisleithanien gerückt hätte.

Es war dann im Grunde nur noch ein Rückzugsgefecht, wenn von deutsch-liberaler Seite schließlich der Versuch unternommen wurde, die alte Vorrangstellung des Deutschen mit dem Argument zu retten, das Deutsche sei per Gewohnheitsrecht zur Staatssprache in Cisleithanien geworden; so hat auch Joseph Unger argumentiert.[16] Denn je länger desto mehr fehlte diesem Argument die faktische Grundlage: Gewohnheitsrecht setzt eine weitgehend unwidersprochene faktische Übung voraus und eben daran fehlte es in der Sprachenfrage, je mehr sich das 19. Jahrhundert seinem Ende zuneigte. Man sieht das sehr deutlich bei der Frage der Verhandlungssprache im Parlament: 1848 gab es, soweit ersichtlich, noch keine Diskussionen in der Frage, in welcher Sprache der Reichstag zu verhandeln habe. Aber im Reichs*rat* war dann die faktische Stellung des Deutschen als parlamentarische Verhandlungssprache nicht mehr unangefochten – und zwar von Anfang an: 1861 wird die erste Rede im Abgeordnetenhaus in serbischer Sprache gehalten, und zwar von einem Abgeordneten aus Dalmatien;[17] das konnte man durchaus als demonstrativen Akt werten. Die faktische Vorrangstellung des Deutschen blieb allerdings zunächst noch dadurch gewahrt, dass nur die in Deutsch gehaltenen Reden protokolliert wurden. Auch im Reichsgesetzblatt hat sich der Vorrang des Deutschen länger gehalten, da die Gesetze zwar in allen Sprachen im Reichsgesetzblatt publiziert wurden, aber nur die deutsche Fassung als die authentische akzeptiert war.[18] Im stärker traditionsverhafteten Herrenhaus blieb es sogar gänzlich beim überlieferten Monopol der deutschen Sprache.[19] Dies hat aber nichts daran geändert, dass die Ansprachen in *nicht*deutschen Sprachen, vor allem solche in Tschechisch,[20] rasch zunahmen, insbesondere seit der Badeni-Krise 1897, die den Sprachenstreit in dramatischer Weise eskalieren ließ.[21] 1917 wird dann die wortgetreue Aufnahme aller Ansprachen einge-

[13] STOURZH, Gleichberechtigung 86, vermutet auch, dass den deutschen Abgeordneten „der *tatsächliche* Primat des Deutschen" damals noch ausreichend gefestigt schien, so dass der Verzicht auf eine (verfassungs-) gesetzliche Regelung auch von daher leichter fiel.

[14] STOURZH, Gleichberechtigung 87.

[15] Eingehend zu diesen Anläufen: STOURZH, Gleichberechtigung 88ff.

[16] MATHIASCHITZ, Handeln 82.

[17] STOURZH, Gleichberechtigung 92.

[18] Ebd. 93.

[19] Ebd. 92.

[20] Ebd.

[21] Eingehend SUTTER, Badenischen Sprachenverordnungen.

führt.[22] Insgesamt war eine deutliche Erosion der Vorrangstellung des Deutschen zu beobachten.

Dies hat nun einen geradezu sprunghaft steigenden Bedarf an sprachenrechtlicher Regulierung per Gesetz bewirkt: Was in einem klassischen Nationalstaat vollkommen selbstverständlich ist und daher auch keiner gesetzlichen Festlegungen bedarf, verlor in Cisleithanien gegen Ende des 19. Jahrhunderts rasch an Selbstverständlichkeit: In welchen kommunikativen Relationen kann oder muss oder darf welche Sprache gesprochen werden? Verlust an Selbstverständlichkeit bedeutet: Das Herkommen büßt seine normative Kraft ein, so dass die Gesetzgebung die Lücke schließen muss.

Zwei besonders wichtige, da politisch besonders brisante, sprachenrechtliche Regelungsfelder lassen sich ausmachen: Zum einen das Problem der Staatssprache, und zwar in jedem der drei klassischen staatlichen Funktionsbereiche, also in der Gesetzgebung, in der Verwaltung und in der Justiz. Zum anderen, nicht minder brisant, das Sprachenproblem im Bildungssystem:[23] Wo werden welche Fächer an welchen Schultypen in welchen Sprachen unterrichtet? Nicht zu vergessen das Minderheitenschulproblem: Wie viele Kinder einer sprachlichen Minderheit in einem bestimmten Ort mussten zusammenkommen, dass ein Anspruch gem. Art. 19 III StGG auf die Begründung zumindest einer Elementarschule in der Minderheitssprache entstand?[24]

Im Bereich der Gesetzgebung waren zwei sprachenrechtliche Fragen zu klären:[25] Zum einen die Verhandlungssprache, also die Sprache, in der die parlamentarischen Debatten stattfinden sollten: In welchen Sprachen wird im Reichsrat debattiert, in welchen Sprachen in den Landtagen,[26] in welchen Sprachen in den Gemeindevertretungen? Zum anderen ging es um die Sprache der Gesetze selbst, die Sprache also, in der die Gesetze zu publizieren waren, natürlich wiederum getrennt nach (gesamt-)staatlichen Gesetzen, Landesgesetzen und kommunalem Statutarrecht.[27]

Noch erheblich heikler und konfliktträchtiger war die Frage der Verwaltungs- und der Gerichtssprache, weil der Alltag der Bevölkerung davon erheblich stärker und unmittelbarer betroffen war.[28] Außerdem ist hier auch die Frage der sprachlichen Beamtenqualifikation angesprochen: In welchen Gebieten macht man die Beherrschung welcher Sprachen zur Einstellungsvoraussetzung in den Beamtendienst?[29] Es ging dabei immer auch um Ressourcenverteilung: Wie teilt man die sicherlich nicht besonders üppig besoldeten, aber ein hohes Maß an sozialer Sicherheit verheißenden Beamtenstellen unter den Nationalitäten auf?

---

[22] STOURZH, Gleichberechtigung 93.

[23] Eingehend ebd. 166ff.

[24] Als Ausführungsgesetz zu Art. 19 III StGG erging 1869 das Reichsvolksschulgesetz. Gem. § 59 dieses Gesetzes waren die jeweiligen Schulträger „unter allen Umständen" zur Errichtung einer solchen Schule verpflichtet, „wenn sich im Umkreis einer Stunde und nach einem fünfjährigen Durchschnitte mehr als 40 Kinder vorfinden, welche eine über vier Kilometer entfernte Schule besuchen müssen". Dies galt allerdings nur innerhalb des allgemein geltenden Grundsatzes, dass jeweils nur die „landesüblichen Sprachen" zu berücksichtigen sind.

[25] Eingehend STOURZH, Gleichberechtigung 91ff.

[26] Zur Sprachenfrage in den Landtagen siehe die einschlägigen Artikel in der Habsburgermonarchie, Bd. VII/2 von RAHTEN, Krainer Landtag; KRAHWINKLER, Landtage von Istrien, Görz und Gradisca; BUCZYNSKI, Dalmatinischer Landtag; MALÍŘ, Mährischer Landtag; Überblick bei HELLBLING, Landesverwaltung 243ff.

[27] Zum Sprachenproblem in den Gemeindevertretungen ethnisch gemischter Gebiete siehe URBANITSCH, Gemeindevertretungen 2266ff.

[28] STOURZH, Gleichberechtigung 98ff. und 140ff.

[29] Ebd. 101.

II.

Man wird dem cisleithanischen Staat attestieren müssen, dass er gerade auch in der Sprachenfrage redlich um eine Entschärfung des Nationalitätenkonflikts bemüht war. Aber dies war ein überaus schwieriges Unterfangen, weil dabei zwei gegenläufigen Regelungszielen Rechnung getragen werden musste – zwei Regelungsziele, die vielfach im Widerstreit miteinander lagen: Auf der einen Seite der aus Art. 19 StGG ableitbare Anspruch einer jeden „Nationalität", in ihrer eigenen Sprache mit der Verwaltung verkehren zu können – jedenfalls soweit diese jeweils „landesüblich" war. Aber es musste eben andererseits gleichzeitig auch ein Minimum an sprachlicher Einheitlichkeit des Verwaltungsapparates erhalten bleiben, damit die behördeninterne Kommunikation halbwegs reibungsfrei über die Bühne gehen konnte – ein Minimum an sprachlicher Einheitlichkeit des Verwaltungsapparates war und ist die unabdingbare Voraussetzung für eine zentral steuerbare, effizient arbeitende Verwaltungsorganisation.

Einen Ausweg aus diesem Dilemma suchte man bekanntlich durch die regulative Differenzierung zwischen „äußerer", „innerer" und „innerster" Amtssprache: Die „äußere Amtssprache" war die Sprache, in der der Bürger Österreich-Cisleithaniens mit der für ihn zuständigen Behörde verkehren konnte oder musste, in der er Schriftsätze einreichen konnte und in der er „verbeschieden" wurde. Die innere Amtssprache hingegen betraf die behörden*interne* Sprache mit Ausnahme allerdings der Kommunikation der Zentralstellen mit den nachgeordneten Behörden; diese zentralen Kommunikationsvorgänge hatten in der „innersten Behördensprache" über die Bühne zu gehen.[30] Für die äußere Behördensprache galt der aus Art. 19 StGG ableitbare Grundsatz, dass jedem österreichischen Bürger das Recht zukomme, in seiner Sprache mit den Behörden kommunizieren zu können, soweit es sich um eine am jeweiligen Ort der Behörde „landesübliche" Sprache handelt. Damit war nun allerdings noch nicht sehr viel an Klarheit gewonnen, denn es stellte sich sofort die Frage: Welche Sprache ist in welchen Teilen eines jeweiligen Landes „landesüblich"? Sind – um zwei Beispiele herauszugreifen – in Böhmen Deutsch und Tschechisch im ganzen Land gleichmäßig „landesüblich" oder jeweils nur in den deutschen bzw. den tschechischen Sprachgebieten Böhmens?[31] Ist in Niederösterreich angesichts einer ausgeprägten Wanderungsbewegung von Tschechen nach Wien infolge der Industrialisierung nun auch das Tschechische „landesüblich", so dass in Wien Schulen in tschechischer Unterrichtssprache zuzulassen sind?[32] Macht es einen Unterschied, dass es sich im letzteren Fall ganz überwiegend um tschechische Arbeitsmigranten handelt, die nicht „von alters her" in Wien „gewohnt" haben?

Alle diese Fragen bedurften nun einer gesetzlichen Entscheidung und Festlegung. In der Tat ist in Österreich-Cisleithanien ein höchst ungewöhnliches und umfangreiches Sprachenrecht entstanden. Dieses war allerdings nicht nur höchst umfangreich – es war auch an Komplexität kaum noch zu überbieten. Zum einen durch seine starke räumliche Differenzierung, zum anderen durch die Vielfalt der Normquellen: Bedingt durch die überaus schwierige Durchsetzbarkeit einheitlicher Regelungen für den Gesamtstaat, hat sich das österreichische Sprachenrecht weitgehend dezentral entwickelt und dies wiederum bedeutet: Es entwickelte sich inhaltlich von Land zu Land, ja von Ort zu Ort unterschiedlich. Im Sprachenrecht waren die Normgebung der Landtage und vor allem auch

[30] Überblick bei STOURZH, Gleichberechtigung 100ff.; im Einzelnen: SCHAFFGOTSCH, Geschäftssprache 371ff.

[31] STOURZH, Gleichberechtigung 120.

[32] Dazu eingehend HAMANN, Hitlers Wien 437ff.; zu dem höchst erbittert geführten Schulenstreit in Wien siehe 455ff.

das kommunale Satzungsrecht mindestens so wichtig wie die staatlichen Verordnungen.[33] Auch die vom Gesamtstaat erlassenen Verordnungen hatten i.d.R. einen räumlich begrenzten Geltungsbereich, waren also i.d.R. auf einzelne Länder, nicht auf den Gesamtstaat bezogen. Generelle Regelungen mit Geltung für den Gesamtstaat gab es demgemäß kaum; diese beschränkten sich auf einige wenige Grundsätze, wie etwa den Art. 19 StGG-ARStB.

Die entscheidende sprachenrechtliche Normquelle war allerdings weniger die Gesetzgebung als vielmehr die Justiz: Das Reichsgericht nämlich, dem wenig später der 1873 instituierte Verwaltungsgerichtshof zur Seite trat. Zwei Gerichtshöfe, die sich mit ihrer Entscheidungstätigkeit zu einer sprachenrechtlichen Normquelle ersten Ranges entwickelt haben; auch das lässt sich der eingehenden Untersuchung des österreichischen „Sprachenrechts" durch Gerald Stourzh entnehmen. Ein Großteil dessen, was man das „Sprachenrecht" Österreich-Cisleithaniens nennen kann, entstand durch justizielle Konkretisierung des Art. 19 StGG. Und es waren umgekehrt die zahllosen Sprachenstreitigkeiten, die das Reichs- wie das Verwaltungsgericht weitaus am meisten in Anspruch genommen haben, weit mehr, als der Schutz aller anderer Grundrechte.[34] Man darf vermuten, dass die zentrale Bedeutung, die den beiden altösterreichischen Gerichten des Öffentlichen Rechts bei der Ausbildung des Sprachenrechts zukam, nicht zuletzt durch die Entscheidungsschwäche des Reichsrates auf dem politisch so brisanten Gebiet der Sprachenpolitik bedingt war. Die von Stourzh ausgewerteten Beratungsprotokolle des Reichsgerichts zeigen, wie dieses Gericht allmählich mangels einer entsprechenden „Ausführungsgesetzgebung" zu Art. 19 StGG in die Rolle einer zentralen sprachenrechtlichen Regulierungsinstanz hineinwächst, die allerdings innerhalb des Gerichts unter den Richtern zunehmend umstritten war. Zunächst ging das Reichsgericht augenscheinlich davon aus, dass es sich bei Art. 19 StGG um eine *unmittelbar* anwendbare Bestimmung handelt, die den Bürgern Cisleithaniens ein subjektiv-öffentliches Recht gewähre, das *unmittelbar*, also ohne Zwischenschaltung eines Ausführungsgesetzes, beim Reichsgericht eingeklagt werden kann. Dies wurde zu allem hin auch noch dahingehend ausgeweitet, dass nicht nur natürliche Personen, sondern darüber hinaus auch die Kommunen, ja sogar die „Nationalitäten" kollektiv als aktivlegitimiert für eine auf Art. 19 StGG gestützte Klage betrachtet wurden. Freilich wurde das letztlich normtheoretische Problem der Geltungsweise der im StGG verankerten „allgemeinen Rechte" der Staatsbürger nicht weiter reflektiert. Erst gegen Ende des 19. Jahrhunderts ist dann in diesem Punkt eine erstaunliche Kehrtwende zu beobachten. Nunmehr kam das Argument ins Spiel, dass es sich bei Art. 19 StGG um ein bloßes „Verheißungsgesetz" handele, aus dem sich ohne eine konkretisierende Ausführungsgesetzgebung keine unmittelbaren Rechte und Ansprüche herleiten ließen. Gleichzeitig machte sich im Reichsgericht zunehmend der Standpunkt breit, das Gericht mische sich mit seiner *unmittelbar* auf Art. 19 gestützten Judikatur in einen Funktions- und Kompetenzbereich ein, der dem Gesetzgeber vorbehalten bleiben müsse – ein Standpunkt, der nicht zuletzt von Josef Unger in seiner Eigenschaft als Präsident des Reichsgerichts nachdrücklich vertreten wurde. Dieser Bewertungswandel könnte

---

[33] Treffend VILFAN, Zivilprozessordnung 5: „Das cisleithanische Sprachenrecht bestand aus allgemeinen Grundsätzen, mehr oder weniger kasuistischen Normen, vor allem aber aus einer Fülle von Judikaten, von internen Weisungen oder Beschlüssen, von tatsächlich eingebürgerten Gepflogenheiten und irgendwie durchgesetzten Neuerungen, was alles je nach Ländern, Gerichtssprengeln und sogar Orten verschiedene Situationen hervorbringen konnte. Das ganze Gefüge bestand also aus einigen spröden Quadern und einer Masse winziger Bausteine [...]".

[34] STOURZH, Gleichberechtigung 11.

damit zusammenhängen, dass sich überhaupt erst gegen Ende des 19. Jahrhunderts ein Bewusstsein für die unterschiedliche Normqualität von einfachgesetzlichen und verfassungsrechtlichen Normen, insbesondere im Bereich der „Grundrechte", herauszubilden begann.

III.

Fasst man nun die sprachenrechtlichen Streitfälle beim Reichsgericht und beim VwGH näher ins Auge, insbesondere die Parteien, die sich dabei gegenüberstanden, dann muss als Erstes auffallen, dass es gar nicht der Staat war, der in diesen Prozessen zuvorderst den Beklagten abgab. Es waren vielmehr ganz überwiegend die Länder und Kommunen, gegen die in den sprachen- und nationalitätenrechtlichen Prozessen bei den beiden Grundrechtsgerichtshöfen Altösterreichs Klage erhoben wurde.[35] Der Gesamtstaat suchte demgegenüber in vielen Fällen die Rolle des Vermittlers zu spielen; er war vielfach *selbst* redlich darum bemüht, Länder und Kommunen in ihre sprachenrechtlichen Schranken zu weisen,[36] indem er die von den Organen der autonomen Gebietskörperschaften gefassten Beschlüsse unter Verweis auf deren Rechtswidrigkeit, insbesondere wegen eines Verstoßes gegen Art. 19 StGG, sistierte.[37] Und in dieser Rolle wurde der Staat dann vielfach auch *selbst* zum Klagegegner, und zwar gerade auch der Kommunen, die sich gegen behauptete Beeinträchtigungen ihres Selbstverwaltungsrechtes zur Wehr setzten. Hintergrund dieses Befundes war eine insbesondere in den gemischten Sprachgebieten nicht selten anzutreffende Unduldsamkeit gegenüber den jeweiligen sprachlichen Minderheiten in den Ländern und den Kommunen, die häufig in diametralem Widerspruch zur Vorgabe des Art. 19 StGG stand.[38] Die einfacheren Mehrheitsverhältnisse in den Landtagen und den Kommunalvertretungen boten ganz andere Möglichkeiten zur Durchsetzung einer reichlich rigiden Sprachenpolitik, die zur Gegenwehr mittels einer gerichtlichen Klage geradezu herausforderten. Unter Verweis auf ihr „nationales Selbstbestimmungsrecht" versuchten insbesondere die Gemeinden mit ihrer Satzungsgebung eine teilweise außerordentlich restriktive sprachliche Vereinheitlichungspolitik zu praktizieren.[39] Etwa das Verbot, im öffentlichen Raum (selbst auf Grabsteinen!) irgendwelche Inschriften anzubringen, die nicht der „Gemeindesprache", also der in der betreffenden Kommune mehrheitlich gesprochenen Sprache entsprechen. Ein anderes gleichfalls nicht seltenes Beispiel war die Weigerung seitens einer Stadt- oder einer autonomen Landesverwaltung, auf irgendwelche Eingaben oder Zuschriften, die nicht in der Mehrheitssprache der Stadt oder des Landes verfasst waren, auch nur zu antworten und dies selbst dann, wenn, wie in einem aus Kärnten beim Reichsgericht anhängig gewordenen Fall, der in Slowenisch verfassten Eingabe eine deutsche Übersetzung beigegeben war![40] Die Länder haben dadurch Öl ins Feuer des Nationalitätenkonfliktes gegossen und mussten sich den Vorwurf gefallen lassen, mit der von ihnen bewirkten Eskalation des sprachlichen Nationalitätenstreites zur Desintegration des Gesamtstaates beizutragen.

---

[35] Ebd. 127.

[36] Ebd.

[37] Zur Sistierung rechtswidriger Beschlüsse von Gemeinde- und Landesausschüssen siehe TEZNER, Administrativverfahren 389. Von den Landtagen verabschiedete *Gesetze* konnten notfalls mittels eines kaiserlichen Vetos unschädlich gemacht werden.

[38] STOURZH, Gleichberechtigung 108: „Vorpreschen nationaler Majorisierungstendenzen"; dazu auch STOURZH, Gleichberechtigung 120, 126; URBANITSCH, Gemeindevertretungen 2266ff.

[39] HASLINGER, Sprachenpolitik, 105.

[40] Siehe hierzu den bei STOURZH, Gleichberechtigung 115 erwähnten Fall.

Von der Vielfalt der in den Ländern jeweils ausgetragenen Sprachenkonflikte und dem Ausmaß der dabei an den Tag tretenden emotionalen Mobilisierung der Beteiligten kann man sich kaum noch eine Vorstellung machen. Die Sprache war das Herzstück des Nationalbewusstseins. Die Identität einer Nation, das, was sie gewissermaßen „ausmacht", sie kennzeichnet, ergab sich in hohem Maße aus der Sprache; sie ist insbesondere im kulturell getönten Nationsbegriff das primäre Erkennungsmerkmal, über das die Zuordnung zu einer bestimmten ethnischen Gruppe, einer „Nationalität", erfolgt. Demzufolge war gerade die Sprachen- und Bildungspolitik in ganz besonderer Weise emotionalisiert.[41] Auf den ersten Blick ging es dabei aus heutiger Sicht in sehr vielen Fällen um reine Bagatellen und mutet die Erbitterung, mit der diese Streitigkeiten ausgetragen wurden, geradezu komisch an. Wenn zum Beispiel ohne Ende darüber gestritten wurde, ob die Bahnhofsbezeichnung in Eger [Cheb] nur deutsch oder auch tschechisch (Cheb) sein dürfe – das Ergebnis dieses Streites war dann übrigens, dass gar kein Schild aufgehängt wurde. Oder wenn sich die Schalterbeamten in Klagenfurt vielfach weigerten, Fahrkarten zu verkaufen, die auf Slowenisch verlangt wurden. Als die Eisenbahnverwaltung dazu übergehen wollte, die Schalterbeamten mit Bahnhofsverzeichnissen in slowenischer Sprache auszustatten, intervenierte die Stadt Klagenfurt dagegen![42]

Rational nachvollzuziehen sind diese Konflikte in der historischen Rückschau nur, wenn man sich die Motive klarmacht, die hinter solchen Bemühungen standen, das jeweilige Gemeindegebiet vom sprachlichen Einfluss der jeweiligen ethnischen Minorität möglichst frei zu halten: Dahinter wird ein quasi-nationalstaatliches Konzept sichtbar, das hier auf den kleinen Raum der Gemeinde übertragen wurde. Im Zentrum stand dabei die Vorstellung, dass jeder Gemeinde ein bestimmter „nationaler Charakter" zukäme, der gleichermaßen schützenswert sei, wie der nationale Charakter eines Individuums. In den Konflikten mit dem Staat beriefen sich die Gebietskörperschaften ebenso auf das „politische Recht" des Art. 19. StGG-ARStB wie eine Einzelperson. Bereits 1877 hat sich das Reichsgericht auf diese Argumentation eingelassen: Die Gemeinden wurden als Träger der aus Art. 19 StGG fließenden „nationalen Rechte" und damit als aktivlegitimiert für eine auf diese Bestimmung gestützte Klage anerkannt.[43] Dies folgerte man aus dem „Selbstbestimmungsrecht der Gemeinden" im autonomen Bereich der eigenen Angelegenheiten.[44] Nach der ständigen Rechtsprechung des Reichsgerichts schloss dies das Recht einer Kommune ein, jedenfalls im Selbstverwaltungsbereich die Amtssprache durch Satzung festlegen zu können. Dem stand freilich das Recht jedes Einzelnen gegenüber, auch in einer anderen Sprache als der kommunalen Amtssprache seitens der Gemeinde verbeschieden zu werden, wenn die Eingabe an die Gemeinde in einer „landesüblichen Sprache" abgefasst *und* diese Sprache auch in der betreffenden Gemeinde üblich war.[45] Mit der Berufung auf Art. 19 StGG und ihr kommunales „Selbstbestimmungsrecht" nahmen die Gemeinden aber auch ganz generell das Recht für sich in Anspruch, ihren „nationalen Charakter" festzuschreiben und diesen gegen schleichende Veränderungen und gegen „Unterwanderung" durch zunehmenden Gebrauch der Minderheitssprache im öffentlichen Raum und in öffentlichen Einrichtungen abschirmen zu können. Verbunden war dies mit dem Anspruch an die jeweiligen Minderheiten, sich an die Mehrheitssprache anzupassen. Insbesondere in Böhmen,

---

41 Höchst anschaulich hierzu HAMANN, Hitlers Wien 399ff.

42 STOURZH, Gleichberechtigung 138f.

43 Ebd. 68.

44 Ebd. 112.

45 Ebd. 109f.

durchaus auch in der Stadt Wien, nicht minder aber auch in den vom Italienischen dominierten Ländern Istrien und Triest (die Kommunalvertretung war hier zugleich Landtag) war der politische Diskurs zunehmend von dem Bestreben geprägt, die sprachlich-kulturelle Identität bestimmter Kommunen oder eines bestimmten Landes zu konservieren. Auch die sog. „nationale Schutzgesetzgebung" der ganz oder überwiegend deutschsprachigen Länder war an diesem Ziel ausgerichtet. Es handelt sich dabei zum großen Teil um symbolische Gesetzgebung, deren „Regelungsziel" sich in der demonstrativen Manifestation des „deutschen Charakters" der betreffenden Länder erschöpfte. Zu dieser Art von „nationaler Schutzgesetzgebung" zählt auch jene bekannte Bestimmung aus dem Gemeindestatut der Stadt Wien von 1900, die den Neubürgern bei der Verleihung des Bürgerrechts das Gelöbnis abforderte, „den deutschen Charakter der Stadt nach Kräften aufrechterhalten zu wollen".[46] Auf diese Weise suchten die Nationalitäten im kleineren, ethnisch homogeneren Raum der Kommune oder ggf. auch des Landes zu verwirklichen, was ihnen auf gesamtstaatlicher Ebene verwehrt war: Nämlich einen Nationalstaat soz. „im Kleinen", indem nun die autonomen Subeinheiten des Staates als national eindeutige Räume definiert werden – mit einer örtlich „herrschenden Mehrheitsnation", deren Sprache den öffentlichen Raum beherrscht, und mit entsprechenden Anpassungsforderungen an die lokalen Minderheiten. Als Vorbild konnte hier Ungarn dienen, das alsbald nach der Erringung faktisch weitgehender Selbständigkeit nach dem Ausgleich dazu überging, just eine solche Politik sprachlicher Homogenisierung zu praktizieren, beginnend mit der Festlegung der ungarischen Sprache als Staatssprache und endend mit dem sich stetig verstärkenden Bemühen, die anderen Sprachen möglichst zur Gänze aus dem Bildungssystem zu eliminieren, um irgendwann das Ziel einer auch sprachlich-kulturell einheitlichen ungarischen Nation erreichen zu können.

Korrespondenz:

Prof. Dr. Thomas SIMON
Universität Wien
Juridicum
Schottenbastei 10–16
A – 1010 Wien
thomas.simon@univie.ac.at
ORCID-Nr. 0000-0002-3216-7919

Abkürzungen:

Siehe das allgemeine Abkürzungsverzeichnis:
[http://www.rechtsgeschichte.at/media/abk.pdf]

[46] Ebd. 94, 113; GLETTLER, Wiener Tschechen 293. Hintergrund war die von vielen Deutschen befürchtete „Slawisierung" Wien vor allem durch die tschechische Zuwanderung, HAMANN, Hitlers Wien 430, 437ff.

Literatur:

Alfred ABLEITINGER, Ernest von Koerber und das Verfassungsproblem im Jahre 1900 österreichische Nationalitäten- und Innenpolitik zwischen Konstitutionalismus, Parlamentarismus und oktroyiertem allgemeinem Wahlrecht (Wien–Graz 1973).

Alexander BUCZYNSKI, Der Dalmatinische Landtag, in: Helmut RUMPLER, Peter URBANITSCH (Hgg.), Die Habsburgermonarchie 1848–1918, Bd. VII/2: Verfassung und Parlamentarismus. Die regionalen Repräsentativkörperschaften 1951–1989 (Wien 2000).

Monika GLETTLER, Die Wiener Tschechen um 1900. Strukturanalyse einer nationalen Minderheit in der Großstadt (Wien 1972).

Brigitte HAMANN, Hitlers Wien. Lehrjahre eines Diktators, München 1996.

Peter HASLINGER, Sprachenpolitik, Sprachendynamik und imperiale Herrschaft in der Habsburger Monarchie 1740–1914, in: Zeitschrift für Ostmitteleuropa-Forschung 57 (2008), 81–111.

Ernst C. HELLBLING, Die Landesverwaltung in Cisleithanien, in: Adam WANDRUSZKA, Peter URBANITSCH (Hgg.), Die Habsburgermonarchie 1848–1918, Bd. II: Verwaltung und Rechtswesen, 190–269 (Wien 2003).

Johannes KALWODA, Parteien, Politik und Staatsgewalt in Dalmatien (1900–1918) (phil. Diss., Univ. Wien 2017).

Harald KRAHWINKLER, Die Landtage von Görz-Gradisca und Istrien, in: Helmut RUMPLER, Peter URBANITSCH (Hgg.), Die Habsburgermonarchie 1848–1918, Bd. VII/2: Verfassung und Parlamentarismus. Die regionalen Repräsentativkörperschaften 1873–1918 (Wien 2000).

Jiří MALÍŘ, Der Mährische Landtag, in: Helmut RUMPLER, Peter URBANITSCH (Hgg.), Die Habsburgermonarchie 1848–1918, Bd. VII/2: Verfassung und Parlamentarismus. Die regionalen Repräsentativkörperschaften 2057–2103 (Wien 2000).

Michael Alexander MATHIASCHITZ, Handeln auf eigene Gefahr (jur. Diss., Univ. Wien 2017).

Andrej RATHEN, Der Krainer Landtag, in: Helmut RUMPLER, Peter URBANITSCH (Hgg.), Die Habsburgermonarchie 1848–1918, Bd. VII/2: Verfassung und Parlamentarismus. Die regionalen Repräsentativkörperschaften 1739–1768 (Wien 2000).

Helmut RUMPLER, Österreichische Geschichte 1804 – 1914. Eine Chance für Mitteleuropa: Bürgerliche Emanzipation und Staatsverfall in der Habsburgermonarchie (Wien 1997).

Andreas Graf SCHAFFGOTSCH, Geschäftssprache der Behörden, in: Ernst MISCHLER, Josef ULBRICH (Hgg.), Österreichisches Staatswörterbuch. Handbuch des gesamten österreichischen öffentlichen Rechts, Bd. 2: F–J (Wien 1906) 371–387.

Gerald STOURZH, Die österreichische Dezemberverfassung von 1867, in: Ders. (Hg.), Wege zur Grundrechtsdemokratie. Studien zur Begriffs- und Institutionengeschichte des liberalen Verfassungsstaates (Wien 1989), 239–258.

DERS., Die Gleichberechtigung der Nationalitäten in der Verfassung und der Verwaltung Österreichs 1848–1918 (Wien 1985).

Berthold SUTTER, Die Badenischen Sprachenverordnungen von 1897. Ihre Genesis und ihre Auswirkungen vornehmlich auf die innerösterreichischen Alpenländer, 2 Bde. (Graz–Köln 1960–65).

DERS., Die politische und rechtliche Stellung der Deutschen in Österreich 1848–1918, in: Adam WANDRUSZKA, Peter URBANITSCH (Hgg.), Die Habsburgermonarchie 1848–1918, Bd. III: Die Völker des Reiches 154–339 (Wien 1980).

Friedrich TEZNER, Handbuch des österreichischen Administrativverfahrens (Wien 1896).

Peter URBANITSCH, Die Gemeindevertretungen in Cisleithanien in: Helmut RUMPLER, Peter URBANITSCH (Hgg.), Die Habsburgermonarchie 1848–1918, Bd. VII/2: Verfassung und Parlamentarismus. Die regionalen Repräsentativkörperschaften 2199–2281 (Wien 2000).

Sergij VILFAN, Die österreichische Zivilprozessordnung von 1895 und der Gebrauch der slowenischen Sprache vor Gericht (Graz 1970).

BRGÖ 2020
Beiträge zur Rechtsgeschichte Österreichs

Johannes KALWODA, Wien

Aspekte der österreichischen staatlichen Verwaltung in Dalmatien am Beginn des 20. Jh.

Aspects of the Austrian State Administration in Dalmatia at the Beginning of the 20th Century

Looking at the old Austrian political and state administration, you can largely describe it as elegant. Although its administrative organs in Dalmatia and Vienna also had to safeguard general state interests, they were largely objective. They operated basically supranationally, knew how to deal with crises in a country, tried to balance interests between disputing parties, performed mediation tasks and rejected rather inappropriate desires on the part of the military administration. The success of a smooth administration which saw itself as a hinge between the interests of Vienna and Dalmatia depended to a large extent on the spirit of the various Statthalter (civil representatives of the crown land). These Austrian administrative efforts can only be recognized through an intensive study of unprinted government administrative files.

Keywords: *administrative history – civil representatives of the crown land – Dalmatia – Habsburg monarchy*

1. Einleitung

Dalmatien, das 634.855 Personen einheimischer Bevölkerung im Jahr 1910 zählte, war neben Salzburg das jüngste Kronland. Beide Kronländer wurden, nach einem kurzen Intermezzo im Zuge der napoleonischen Kriege, am Wiener Kongress der österreichischen Reichshälfte der Habsburgermonarchie definitiv angeschlossen.[1] Dalmatien war mit einem Steueraufkommen von 18 Kronen (K.) pro Kopf und Jahr (1904) auch das ärmste Kronland; danach folgten Galizien (21 K.) und die Bukowina (25 K.). Im Vergleich dazu hatten die beiden Kronländer mit der höchsten Steuerleistung ein Aufkommen pro Person von 108 K. (Niederösterreich) bzw. 62 K. (Salzburg).[2] Diese Armut hatte u.a. mit der agrarischen Prägung und der geopolitischen Position des Landes zu tun. In gewissen verwaltungstechnischen Belangen stand Dalmatien hingegen nicht unbedingt an letzter Stelle, mitunter war es besser gestellt als andere der 13 staatlichen Landesverwaltungseinheiten. So lag es z.B. hinsichtlich des Anteils an Postämtern mit Telegraphenanschluss mit 75 Prozent im Mittelfeld (Salzburg: 94 %, Galizien: 50 %), auch hinsichtlich der Versorgung mit Postämtern. Bezüglich der Dichte der untersten staatlichen Verwaltungsstruktur nahm Dalmatien mit 14 Bezirkshauptmannschaften[3] den vierten Rang von oben ein (durchschnittlich 45.347 Einwohner pro Bezirkshauptmannschaft), hinter Salzburg (ca. 34.800), Tirol (35.000) und Krain (43.400). Wohl verkehrstechnisch zu begründen ist der Umstand, dass Dalmatien ein eigenes Oberlandesgericht besaß (so auch das Küstenland, ca. 830.000 Einwohner), während das OLG in Graz die Länder Steiermark, Kärnten und Krain (ca. 2,3 Mio. Einwohner) oder das OLG in Wien die Länder Nieder-

[1] STERGAR, Nationswerdungsprozesse 101.

[2] G. FREYTAG's Reichsrats-Wahlkarte.

[3] Siehe Text bei Fn. 27.

http://dx.doi.org/10.1553/BRGOE2020-2s222

österreich, Oberösterreich und Salzburg zu betreuen hatten (ca. 4,3 Mio. Einwohner). Auf kirchlicher Verwaltungsebene gab es in Dalmatien das engmaschigste Netz an katholischen Diözesen. Die Katholiken (83,5 %) hatten ein Erzbistum in Zara [Zadar] sowie fünf weitere Bistümer (in Cattaro [Kotor], Lesina [Hvar], Ragusa [Dubrovnik], Sebenico [Šibenik], Spalato [Split]-Makarska), somit ca. 106.000 Katholiken pro Diözese. Dazu kamen zwei griechisch-orientalische Bistümer (eines in Zara für Dalmatien und Istrien, das andere für Cattaro und Ragusa). Nur halb so privilegiert waren die zweitgereihten Katholiken des Küstenlands (ca. 203.000 Katholiken pro Diözese), am geringsten war die Dichte in Niederösterreich bzw. Böhmen (ca. 1,5 bzw. 1,6 Mio. Katholiken pro Diözese).[4]

Der vorliegende Artikel präsentiert Erkenntnisse der noch nicht publizierten Dissertation des Autors.[5] In ihr wird das Beziehungsgeflecht zwischen staatlich-politischer Verwaltung und politischer Repräsentanz Dalmatiens im frühen 20. Jahrhundert betrachtet. Gleichzeitig will sie eine Lücke in der deutschsprachigen wissenschaftlichen Literatur zwischen den Forschungsergebnissen von Günter Schödl (bis 1907) und Aleksandar Jakir (ab 1918) zu Politik und Verwaltung verkleinern.[6] Dies erfolgt einerseits im Überblick zur politischen Geschichte Dalmatiens, andererseits mittels sog. „exemplarischer Tiefenbohrung" bei einzelnen Themen, um das Agieren der Beteiligten näher unter die Lupe zu nehmen (z.B. anhand der Reichsrats- und Landtagswahlen, des Sprachenausgleichs oder der Gemeinderatsauflösungen).[7]

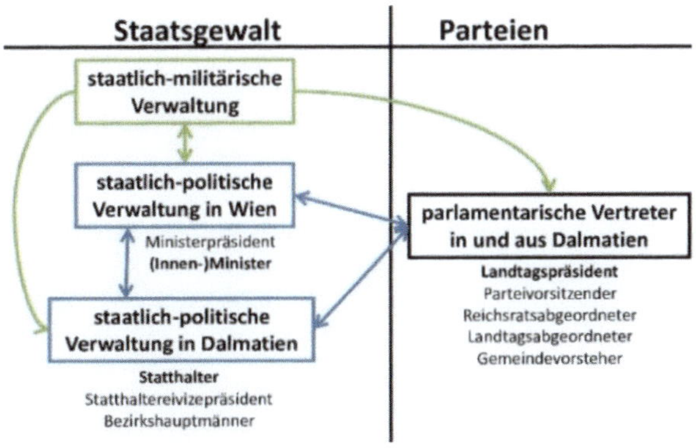

Abb. 1: *Beziehungsgeflecht zwischen Staatsgewalt und Parteien*

In diesem Aufsatz sei zunächst auf den Kern des dalmatinischen Parteienwesens zwischen 1900 und 1918 eingegangen, bevor wesentliche Elemente staatlichen Agierens derselben Zeitspanne besprochen werden. Eine sog. exemplarische Tiefenbohrung bildet den Abschluss dieser Arbeit. Gerade Letztere belegt, dass die staatlich-österreichische Verwaltung Dalmatiens vielfach negativ gesehen wird. Dies ist deshalb der Fall, weil von dalmatinischen Politikern vorwiegend Defizite aufgezeigt und diese vielfach überzeichnet worden sind. Diese politische Sicht auf die österreichische Verwaltung wird von der Historiographie dann übernommen, wenn sie vorrangig auf Egodokumente von Politikern oder auf politische Äußerungen zurückgreift, die in Zeitungen oder Stenographischen Protokollen wiedergegeben sind (vgl. Kap. 4). Eine neue Perspektive auf die österreichische Verwaltung ist dann zu gewinnen, wenn, ganz im Sinne von Ivan Pederin, die dalmatinische Geschichte auch „aus der Sicht des Statthalters und der Wiener Ministerien" betrachtet wird.[8]

[4] Die Berechnungen erfolgten aufgrund der Angaben im Hof- und Staats-Handbuch 1015ff., 451ff., 576ff., 594ff., 604ff., 642ff., 652ff., 663ff., 694ff., 729ff., 849ff., 895ff., 907ff., 998ff. Sie sind daher nicht exakt, geben aber Annäherungswerte an. Bei den Berechnungen zu den Bezirkshauptmannschaften sind Statutarstädte den Bezirkshauptmannschaften gleichgestellt.

[5] Kalwoda, Parteien. Die Publikation ist für 2021 geplant.

[6] Schödl, Kroatische Nationalpolitik; Jakir, Dalmatien zwischen den Weltkriegen.

[7] Kalwoda, Parteien.

[8] Pederin, Austrijska vlast 7 f.

2. Parteien(-interessen)

Das dalmatinische Parteiengefüge ab 1900 ist nicht linear darstellbar. Die Zeitspanne bis zum Untergang der Monarchie war von unterschiedlichen Bündnissen zwischen Parteien, von Abspaltungen und Fusionen gekennzeichnet. Details sind hier nicht aufrollbar.[9] Von Interesse ist die Frage, welche grundsätzlichen Forderungen parlamentarische Vertreter gegenüber der staatlichen Verwaltung aufstellten. Hier gab es, je nach Partei- und Nationszugehörigkeit, unterschiedliche Ziele.

Ziel aller Dalmatiner, unabhängig von der Nationalitätszugehörigkeit, war der Wunsch, dass die Staatsverwaltung massiv in die Infrastruktur und in die wirtschaftliche Hebung des Landes investiere. Da gab es eine lange Latte an konkreten Verbesserungsvorschlägen. Die Eisenbahnverbindungen innerhalb des Landes und über seine Grenzen hinaus, der Straßenausbau, die Erhaltung von Kulturgütern und Kirchen, die Intensivierung des Fremdenverkehrs oder die Förderung der Landwirtschaft seien hier exemplarisch erwähnt.

Weiters gab es Ziele aller Kroaten, die zunächst nicht unbedingt auch von den Serben geteilt, von Italienern aber entschieden abgelehnt wurden. Dazu zählten v.a. national-politische Forderungen. An oberster Stelle der Wunschliste stand die Vereinigung der kroatischen Länder von Zis- und Transleithanien, dem sich in der Resolution von Zara[10] 1905 auch die Serben anschlossen. Spätestens im Verlauf des Ersten Weltkriegs etablierte sich ein slawisch-parteiübergreifender Konsens nach Einigung aller südslawischen Gebiete der Monarchie im trialistischen Sinne. Diese Forderungen scheiterten am österreichisch-ungarischen Dualismus. Eine weitere national-politische Forderung der dalmatinischen Slawen war, ein Ende der Bevorzugung alles Italienischen im Land zu erzielen, v.a. die innere italienische Dienstsprache bei den staatlichen Behörden zu beseitigen.

Freilich verfolgten die slawisch-dalmatinischen Parteien auch unterschiedliche Ziele. Die Landesrepräsentanz (Landtag, Dalmatinski sabor) blieb, anders als in anderen Kronländern der Monarchie, eine Interessensvertretung ohne eine allgemeine Wählerkurie.[11] Letztere wurde, trotz Verhandlungen durch viele Jahre hindurch, nicht eingeführt, weil sie Vertreter der Italienischen Partei [Partito autonomo italiano] und der Kroatischen Partei [Hrvatska stranka] verhinderten. Die Kroatische Partei galt lange Zeit als konservative Honoratiorenpartei, die mit großen Mandatseinbußen zugunsten der Reinen Rechtspartei [Čista stranka prava] bzw. der Josip-Smodlaka-Partei (Kroatische Volks- und Fortschrittspartei [Hrvatska pučka napredna stranka]) rechnen musste. Sozial bedingte Interessensgegensätze zeigten sich auch in unterschiedlichen wirtschaftspolitischen Forderungen kroatischer Parteien. An der Beseitigung bzw. Milderung der Auswirkungen des Kolonatwesens[12] hatten die besitzenden Gesellschaftsschichten, die vornehmlich in der Kroatischen und in der Italienischen Partei vertreten waren, wenig Interesse. So gesehen verwundert die Aussage des aus Böhmen stammenden, tschechisch sozialisierten dalmatinischen Statthaltereivizepräsidenten Franz von Thun-Hohenstein vom Febru-

[9] SCHÖDL, Kroatische Nationalpolitik; KALWODA, Politik; JAKIR, TROGRLIĆ, Dalmatien.

[10] AVA MdI-Präs 22/gen, Kart. 2012, 7009-1905, Nardelli an MdI (20. 10. 1905). Zum Wortlaut der Resolution z.B. BAKOTIĆ, Srbi u Dalmaciji 142 f.

[11] Es bestanden die Wählerkurien der Höchstbesteuerten, Handelskammern, Städte, und Landgemeinden. PERIĆ, Dalmatinski sabor; BUCZYNSKI, Der dalmatinische Landtag.

[12] Die Kolonen (Landwirtschaft betreibende, persönlich freie, wirtschaftlich vielfach von einem Grundherrn abhängige Pächter) waren bestrebt, die Abgabenquoten an den Grundeigentümer zu reduzieren. SCHULLERN-SCHRATTENHOFEN, Kolonat; SCHWIEDLAND, Interministerielle Dalmatinische Kommission.

ar 1912 nicht, dass der Landtag in Dalmatien „hier ebenso wenig vom Fleck wie der in Böhmen u[nd] vielen anderen Ländern“ gehe.[13]

Die dalmatinischen Parteien unterschieden sich ganz wesentlich in der Form, wie sie die politischen Ziele erreichen wollten. Die einen versuchten es über die sog. positive Politik, um sich im Konsens mit der Staatsverwaltung den politischen Zielen in behutsamen Schritten zu nähern, ohne Wien zu verärgern (beispielsweise in der Frage der Dualismusüberwindung). Die Regierung in Wien wiederum, oft bloß auf eine knappe Mehrheit im Abgeordnetenhaus des Reichsrats gestützt, war gerade ab der Obstruktionsphase sehr auf diese Positivisten angewiesen, wollte sie Gesetzesvorlagen durchbringen. Die andere Gruppe an Abgeordneten übte sich in der Fundamentalopposition gegenüber Wien bzw. der staatlichen Verwaltung im Land und wurde hiebei teilweise von politischen Versprechungen aus Ungarn gelockt.

3. Das staatliche Agieren

Die Akteure auf Seiten der staatlichen Verwaltung sind in hierarchischer Gliederung leicht dingfest zu machen: In der Zentralregierung in Wien spielten Ministerpräsidenten und von den Ministern v.a. die Innenminister eine wesentliche Rolle. Auf Landesebene waren es allen voran die jeweiligen Statthalter (Emil von David-Rhonfeld, Erasmus von Handel, Nikolaus Nardelli, Marius von Attems-Heiligenkreuz) mit ihrem Stab in der Statthalterei in Zara, wozu an vorderster Front der Statthaltereivizepräsident (Stellvertreter) und der Präsidialist zählten. Eine weitere Ebene darunter waren als verlängerter Arm bzw. als Zuarbeiter der Statthalterei die Bezirkshauptmänner angesiedelt. Im staatlichen Agieren lassen sich nun mehrere Funktionen wahrnehmen, von denen folgende herausgenommen werden.

Sowohl die Ministerien in Wien als auch die Statthalterei arbeiteten supranational, indem sie auf berechtigte Forderungen von Nationalitäten eingingen, Forderungen aber ablehnten, wenn sie aus gesamtstaatlicher Sicht nicht rechtfertigbar waren oder eine Bevorzugung einer Nationalität bedeutet hätten. So verlangten z.B. 1906 die dalmatinischen Italiener (knapp 3 Prozent der Bevölkerung) einen eigenen Reichsratsabgeordneten bei den Verhandlungen um die neue Reichsratswahlordnung oder 1909 größere Zugeständnisse bei den Ausnahmsbestimmungen hinsichtlich der Sprachenverordnung, bevor in der Verordnung vom April 1909 in Dalmatien das Kroatische bzw. Serbische als innere Dienstsprache bei den staatlichen Behörden anstelle des Italienischen eingeführt wurde. Die Regierung lehnte die italienischen Ansinnen ab, weil dies die numerische Größe der Italiener in Dalmatien nicht rechtfertige. Die gestatteten Ausnahmsbestimmungen sollten dem „spezifischen Gewicht“ (der sozialen und kulturellen Bedeutung) der Italiener Rechnung tragen.[14] Andererseits schützten Statthalter und Minister im Ersten Weltkrieg die Minderheitenrechte der Italiener auch nach dem Kriegseintritt von Italien. Hier gab es Wünsche der Kroaten oder der Militärverwaltung, italienische Ortsbezeichnungen durch kroatische zu ersetzen, alle italienischen Vereine aufzulösen oder die Ausnahmsbestimmungen zugunsten der Italiener in der Sprachenverordnung von 1909 zu streichen.[15]

Die Statthalterei sah sich als Bindeglied zwischen Wiener Zentrale und gewählten Repräsentanten Dalmatiens, weshalb sie sich um einen

[13] Státní oblastní archiv Litoměřice, Zweigstelle Děčín, FA Thun-Hohenstein, Linie Tetschen: NL Franz Thun, A-3 XXIII, H I/a, Nr. 41, Franta an Franz Thun (3. 2. 1912).

[14] StPrAH-Beil., 17. Sess., Nr. 2727 (12. 6. 1906), 240f.; Kalwoda, Parteien 94–96, 182, 187, 208; Fremden-Blatt Nr. 154 v. 6. 6. 1909, Morgen-Blatt 1.

[15] Kalwoda, Parteien 286f.

Ausgleich zwischen beiden Interessenspolen bemühte. Dies hieß, der Statthalter intervenierte wiederholt und vehement in Wien, dass einerseits dalmatinische Landesinteressen umgesetzt werden. Er tat dies andererseits aber auch, um mögliche Nachteile von der staatlichen Verwaltung fernzuhalten, damit z.B. radikalen Abgeordneten nicht politische Munition geliefert wurde, die sich gegen die Regierung oder gegen weniger oppositionelle Abgeordnete richtete. Wien reagierte meistens im Sinne des Landes, wenn auch mitunter zeitverzögert. Die Belege für eine Intervention der Statthalter zugunsten des Landes sind zahlreich. Beispielsweise forderten sie bei den dalmatinischen Parteien und in Wien stets aufs Neue ein Weiterverhandeln ein, damit eine neue Regelung des Sprachengebrauchs bei den staatlichen Zivilbehörden in Dalmatien vorangetrieben werde.[16] Im Jänner 1909 richtete Nardelli wiederum an Wien den Appell, die Verhandlungen zum Sprachengebrauch auch zum Abschluss zu bringen, damit die Regierung bei einer weiteren Verzögerung nicht Gefahr laufe, „die Sympathien der Kroaten und Serben im Lande, welche bereits durch 30 Jahre auf die Realisierung dieser ihrer Forderung warten, gänzlich" zu verwirken.[17] Allen staatlichen Verwaltungsebenen war aber auch klar, dass die Sprachenfrage vor Einberufung des Landtags (diese erfolgte im Herbst 1909) zu lösen sei, weil sonst „ein normales Funktionieren des dalmatinischen Landtages kaum zu erwarten" gewesen wäre.[18]

Die Statthalterei wirkte weiters auf Abgeordnete ein, damit der Gesamtstaat leichter seine Interessen wahren konnte. So nahmen sie z.B. im Vorfeld von Wahlen Einfluss zugunsten weniger oppositioneller oder konservativer Reichsratskandidaten, damit die Regierung von Abgeordneten ferngehalten werde, die ihr durch Wortmeldungen oder Stimmverhalten im Parlament Verlegenheit bereiten könnten. Doch taten dies nicht alle Statthalter, so Statthalter Handel nicht, als ihn Teile der politischen Elite vor der Reichsratsergänzungswahl von 1904 baten, den oppositionellen Kandidaten Ante Tresić-Pavičić zu verhindern. Handel griff in Wahlvorbereitungen aus prinzipiellen Gründen nicht ein.[19] Beim Thema Sprachengebrauch bei den staatlichen Zivilbehörden beharrten die Statthalter wiederum auf der Einhaltung der innersten deutschen Dienstsprache im Verkehr mit Zentralstellen in Wien. Während dies Statthalter Handel in seinem Regierungsentwurf explizit tat und ihm deshalb ein Entrüstungssturm von allen dalmatinischen Parteien entgegenblies, bestand Nardelli lediglich implizit darauf und bekam dafür auch den Segen der maßgeblichen dalmatinischen Verhandler.[20]

Die Statthalter und die Regierung in Wien nahmen zusehends eine Mediatorenfunktion zwischen den Parteien ein, wenn Parteien zwar Veränderungen in ihrem Verhältnis zueinander anstrebten, sich über das Wie aber nicht einigen konnten. So gingen Abänderungswünsche von Landtagswahlordnungen von den jeweiligen Landtagen selbst aus. Auch die dalmatinischen Parteien (die Initiative lag v.a. bei der Reinen Rechtspartei und der Smodlaka-Partei) bemühten sich um einen Kompromiss der unterschiedlichen Interessen, beispielsweise in den Belangen der Wahlrechtserweiterung oder der Besei-

[16] Ebd. 176–186; z.B. auch AVA MdI-Präs 3/Sprache, Kart. 1307, 6419-1908, Nardelli an MdI (9. 7. 1908).

[17] AVA MdI-Präs 3/Sprache, Kart. 1308, 741-1909, Nardelli an MdI (12. 1. 1909) sub 742-1909; ähnlich unter ebd., 742-1909, Nardelli an MdI (14. 1. 1909); ebd., 2670-1909, Nardelli an MdI (26. 2. 1909); AVA MRP, Kart. 108, 4866-1908 (2. 11. 1908) sub 4124-1910.

[18] AVA MdI-Präs 3/Sprache, Kart. 1308, 2888-1909, Nardelli an MdI (2. 3. 1909); Neue Freie Presse, Nr. 13990 v. 25. 2. 1909, Abendblatt 3; AVA MRP, Kart. 108, 4866-1908 (2. 11. 1908) sub 4124-1910.

[19] KALWODA, Staatliche Einflussnahme; DERS., Parteien 49f.

[20] TROGRLIĆ, Erazmo Handel 93–96; KALWODA, Parteien 176f., 178–192.

tigung des Kolonatwesens. Kurz vor Ausbruch des Weltkriegs stand man vor einer Einigung, schaffte diese aber nicht bis zum Schlusspunkt. Als Statthalter Attems Parteivertretern anbot, die Statthalterei werde einen Kompromissvorschlag als Entwurf ausarbeiten, wurde dies von allen Parteien begrüßt. Ende April 1914 war er fertig. Der Krieg machte ein Zuendeverhandeln unmöglich.[21]

Hinsichtlich des Verhältnisses zwischen staatlich-politischer und staatlich-militärischer Verwaltung ist vor dem Weltkrieg zu beobachten, dass die politische Verwaltung allzu große zentralistische Begehrlichkeiten der militärischen Verwaltung nicht aufkommen ließ. Als im Vorfeld des Sprachenausgleichs von 1909 in einer interministeriellen Konferenz das Reichskriegs- und das Landesverteidigungsministerium von der staatlich-politischen Verwaltung in Dalmatien einforderten, alle administrativen Ausfertigungen von militärischem Interesse hätten samt betreffenden Akten und Beilagen ins Deutsche übersetzt zu werden, verwies der Innenminister auf die politische und administrative Undurchführbarkeit des Ansinnens. Er sagte lediglich zu, sich dafür einzusetzen, dass der wesentliche Inhalt eines Gegenstandes in deutscher Übersetzung Militärbehörden zugeschickt werde. Die Zusammenarbeit dieser beiden staatlichen Pole war während des Weltkriegs allerdings ambivalent: Die Statthalterei arbeitete am Beginn des Ersten Weltkriegs eng und kritiklos mit der Militärverwaltung zusammen. Dies änderte sich aber relativ rasch und Statthalter Attems bekam dabei stets Rückendeckung aus Wien.[22]

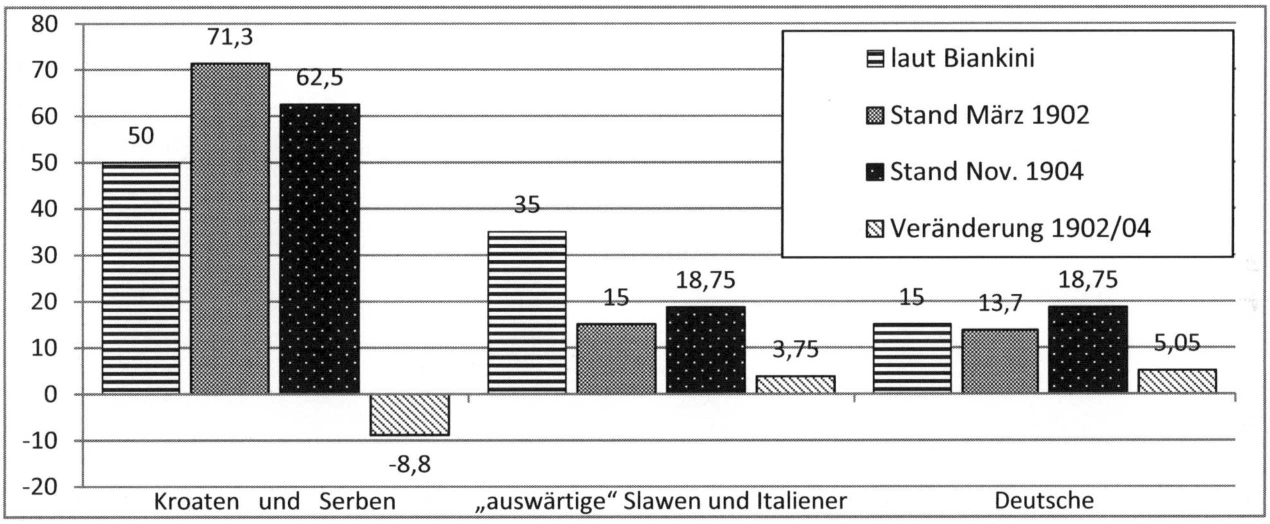

***Abb. 2:** Relative Verteilung der staatlich-politischen (Konzepts-)Beamten in Dalmatien*

[21] KALWODA, Parteien 264–267; AVA MdI-Präs 31/Dalm, Kart. 2175, MF 33, 6996-1914 sub 7015-1914, Statth. Telegramm an MdI (21. 6. 1914); ebd., 7015-1914, Attems an MdI (21. 6. 1914).

[22] AVA MdI-Präs 3/Sprache, Kart. 1308, 248-1909, Protokoll interministerielle Beratung (7. 1. 1909); KALWODA, Engherzige Beurteilung; KALWODA, Nationale Schlagseiten; KALWODA, Parteien 270–276, 278–281, 319f.

4. Germanisierende Statthalterei?

Was den Ruf der Statthalterei und der Staatsgewalt im Land angeht, so war dieser viel schlechter, als sie es verdient hätten. Dafür gab es zwei Gründe: Vielfach sah man dalmatinischerseits die Bemühungen der Statthalterei um die Wohlfahrt des Landes nicht, weil man dies teils auch nicht wollte. Auf der anderen Seite bemühten sich auch staatliche Stellen zu wenig, ihr Wirken für das Land gehörig publik zu machen, wodurch das „Marketing“ in eigener Sache zu wenig nachhaltig war. Beides lässt sich anhand des nachfolgenden Beispiels belegen:

Die Statthalterei war wiederkehrend mit dem Vorwurf konfrontiert, sie betreibe eine Personalpolitik, die die staatlich-dalmatinische Verwaltung germanisiere. Abgeordneter Juraj Biankini unterlegte 1904 diese These auch mit Zahlen. Er behauptete im Abgeordnetenhaus, in der politischen Verwaltung Dalmatiens gebe es „50 Prozent fremde Beamte“ und „von diesen mindestens 30 Prozent Deutsche“, „von welchen aber 20 Prozent die kroatische Sprache nicht kennen.“[23] Diese Zahlen Biankinis sind zwar falsch, die Relationen, die er aufzeigt, aber nicht ganz. Faktum war, der Anteil der kroatischen und serbischen Dalmatiner bei den politischen Konzeptsbeamten sank in einem Zeitraum von fast drei Jahren (zwischen März 1902 und Ende November 1904) von 71,3 auf 62,5 Prozent.[24] Der Anteil der deutschen Konzeptsbeamten wiederum stieg von fast 14 auf 19 Prozent. In diesem Zeitraum vermehrte sich das Konzeptsbeamtenpersonal in Summe zwar von 80 auf 96, aber bei Kroaten und Serben nicht in dem Ausmaß wie bei den Kategorien „auswärtige Slaven und Italiener“ bzw. Deutsche. Somit kann festgehalten werden, Biankinis Relationen stimmen in der Grundaussage, dass der Anteil der Slawen abgenommen habe. Ganz falsch war aber Biankinis Sicht auf das Motiv, das er der österreichischen Verwaltung unterstellte, wenn er festhielt, die Statthalterei germanisiere absichtlich die staatliche Verwaltung in Dalmatien. Diese Sicht Biankinis übernahm mitunter die jüngere Literatur sehr unkritisch, wenn sie sich ausschließlich auf gedruckte Quellen bezog.[25]

Der Grund für die prozentuelle Abnahme an slawischen Beamten war das geringe Interesse von Slawen am politischen Staatsdienst, auch an der Justizverwaltung, das es unmöglich machte, „alle systemisierten Posten des politischen Konzeptsdienstes“ zu besetzen. Erkrankungen, Todesfälle, Erschöpfungszustände aufgrund von Arbeitsüberlastung und Ausfälle aufgrund von Krankheiten wie Malaria- oder Fieberbefall verschärften darüber hinaus die misslichen Personalverhältnisse. Die Statthalterei sah in der Überbürdung der politischen Beamten einen Mitgrund, „dass sich von heimischen sprachenkundigen jungen Leuten Niemand diesem Dienste“ zuwandte.[26]

Diesem Trend trachtete die Statthalterei vor und zur Jahrhundertwende gegenzusteuern. Sie schnürte ein Bündel an Maßnahmen zur Behebung des Mangels an Nachwuchs Einheimischer. Dabei wurde sie in ihren Bemühungen vom Innenministerium tatkräftig unterstützt.

Zum einen sollten günstigere Beförderungsaussichten herbeigeführt werden. Die Statthalterei begründete dies damit, dass sich die politischen Beamten aufgrund der „nicht behebbaren Schwierigkeiten und Widrigkeiten“ des Dienstes dadurch „wenigstens zum Theile schadlos“ halten könnten. Dazu gehörte jedenfalls, diverse Posten neu zu systemisieren. Statthalter David

[23] Biankini: StPrAH, 17. Sess. (23. 11. 1904), 25668.

[24] Basis der Berechnung von Herkunft und Nationalität der Beamten seitens der Statthalterei waren die Personalstandesausweise: AVA MdI-Präs 4/Dalm, Kart. 1395, MF 4, 8442-1904, Handel an MdI (27. 11. 1904).

[25] Unkritisch z.B. bei LACMANOVIĆ-HEYDENREUTER, Dalmatien 198–203.

[26] AVA MdI-Präs 4/Dalm, Kart. 1394, MF 3, 6073-1900, David an MdI (8. 10. 1900).

stellte daher beim Innenminister den Antrag zur Neusystemisierung einer Statthaltereivizepräsidentenstelle bei gleichzeitiger Einziehung eines Hofratspostens, weiters den Antrag zur Systemisierung von drei Statthaltereiratsposten gegen Einziehung einer Bezirkshauptmannstelle. Schließlich beantragte er die Systemisierung einer Statthaltereisekretärsstelle, von zwölf Bezirkskommissärstellen, von neun Statthaltereikonzipistenstellen sowie die Errichtung einer 14. Bezirkshauptmannschaft in San Pietro [Supetar] und die Reaktivierung der politischen Expositur in Crkvice. Belegbar ist die Neusystemisierung der BH San Pietro auf der Insel Brazza [Brač] im Jahre 1903.[27]

Zum anderen bemühte sich die Statthalterei, Studenten aufzunehmen, die im Studium bereits fortgeschritten waren. Aufnahmebedingung war, die fehlenden Prüfungen innerhalb einer Frist positiv zu absolvieren. Dies war der Fall beispielsweise bei Leonidas Franić, absolvierter Hörer der technischen Hochschule in Wien, der ausnahmsweise als Baupraktikant in den Staatsbaudienst für Dalmatien aufgenommen wurde, sich allerdings zu verpflichten hatte, innerhalb von drei Monaten die zweite Staatsprüfung aus dem Ingenieur- und Hochbaufach „mit gutem Erfolge“ abzulegen, andernfalls werde er aus dem Dienst entlassen. Enthebungen aufgrund nicht nachgebrachter Erfordernisse wurden auch in Dalmatien exekutiert.

Weiters verlieh das Ministerium seit 1894 Staatsstipendien, und zwar ausschließlich an dalmatinische Studenten des Rechts, die beide Landessprachen beherrschten und sich verpflichteten, nach Studienabschluss in den politischen Verwaltungsdienst einzutreten.[28]

Die Bemühung, Beamte aus anderen Kronländern nach Dalmatien abzuwerben, war nicht erfolgreich. Hier gab es die Schwierigkeit, dass die Voraussetzung, beide Landessprachen zu beherrschen, fehlte oder es bestand bei Interessenten die Sorge, „die rechte Zeit zum Rückweg aus Dalmatien zu versäumen“.[29]

Der Bitte des Statthalters, von Abberufungen politischer Konzeptsbeamter aus Dalmatien abzusehen, kam das Innenministerium bedingt nach. Es sagte zu, diesem Wunsch im eigenen Wirkungskreis „nach Thunlichkeit Rechnung“ zu tragen und diesen auch anderen Zentralstellen mitzuteilen.[30]

Die Auswirkung solcher Maßnahmen bedarf noch einer genaueren Untersuchung. Zusammenfassend lässt sich aber hier bereits festhalten, dass das Innenministerium und die Statthalterei alles Mögliche taten, um das Defizit an politischem Verwaltungspersonal – auch mit Kroaten und Serben – aufzufüllen. Eine staatlich gelenkte Germanisierungstendenz ist für die Zeit ab 1900 jedenfalls nicht zu erkennen.

5. Schlussfolgerung

Welche Schlussfolgerung ist nun aus dem Dargestellten zu ziehen? Zunächst sei ein Vergleich gestattet. Als in Österreich im Frühling 2019 die Koalition zwischen ÖVP und FPÖ in Brüche ging, lobte Bundespräsidenten Alexander van der Bellen unmittelbar danach die „Eleganz, ja die Schönheit“ der österreichischen Verfassung und merkte weiters an, es gebe keinen Grund zur Besorgnis, weil in ihr genau „verankert“ sei,

[27] Ebd., Kart. 1395, MF 4, 2522-1900, David an MdI (24. 4. 1900); Kart. 1394, MF 5, 6512-1903, Statth. an MdI (11. 9. 1903); 7180-1903.

[28] Ebd., Kart. 1395, MF 4, 2520-1900, David an MdI (25. 4. 1900).

[29] Ebd., Kart. 1394, MF 4, 2522-1900, Statth. an MdI (24. 4. 1900).

[30] Ebd., MF 3, 6073-1900, Statth. an MdI (8. 10. 1900); MdI an Statth. (27. 12. 1900); MdI an HM, Ackerbaumin., MfLV, Eisenbahnmin. (27. 12. 1900); ebd., MF 4, 2715-1902.

welche Schritte bei Regierungskrisen vorzunehmen seien.[31]

Lässt sich dieses Bild von der Eleganz einer Verfassung nun auch auf die österreichische staatlich-politische Verwaltung für die Zeit ab 1900 übertragen? Die lauten Stimmen der zeitgenössischen politischen Opposition hätten dies entschieden verneint (s. stellvertretend den Germanisierungsvorwurf). Auch technisch gesehen besteht ein Unterschied zur Verfassung, denn die in der Verwaltung zu unternehmenden Schritte waren nicht bis in alle Details normiert, sodass man nicht für jeden Anlass leitfadenartig vorgehen hätte können. Trotzdem kann man weitgehend von einer eleganten österreichischen Verwaltung sprechen, denn obwohl oder gerade weil die staatlich-politischen Verwaltungsorgane in Dalmatien und Wien auch Gesamtstaatsinteressen zu wahren hatten, waren sie weitgehend objektiv. Sie operierten grundsätzlich supranational, sie wussten mit Krisen in einem Land umzugehen, sie waren um Interessensausgleich zwischen Streitparteien bemüht, sie nahmen Mediationsaufgaben wahr oder wehrten allzu große Wünsche der militärischen Verwaltung ab. Ganz wesentlich hing der Erfolg einer „eleganten" oder guten Verwaltung im Land vom Geist der Statthalterei ab, die sich als Scharnier zwischen den Interessen von Wien und Dalmatien verstand. Dieses österreichische Bemühen um eine gute, objektive Verwaltung, die vielen Partei- und Nationalitätenwünschen gerecht werden will, ohne das Gesamtstaatswohl aus dem Auge zu verlieren, kann nur mittels intensiven Studiums ungedruckter staatlicher Verwaltungsakten erkannt werden.

[31] [https://www.bundespraesident.at/aktuelles/detail/news/gespraech-mit-bundeskanzler-sebastian-kurz/] (21. 5. 2019 / 1. 10. 2019).

Korrespondenz

Dr. Johannes KALWODA,
Bauernfeldgasse 4/1/18
A – 1190 Wien
johannes.kalwoda@gmail.com
ORCID-Nr.: 0000-0002-4919-2547

Abkürzungen

MdI: Ministerium des Innern, Minister des Innern;
MF: Mikrofilm;
MRP: Ministerratspräsidium;
NL: Nachlass;
Präs: Präsidiale.
StPrAH: Stenographische Protokolle des Hauses der Abgeordneten des österreichischen Reichsrats.

Siehe auch das allgemeine Abkürzungsverzeichnis: [http://www.rechtsgeschichte.at/media/abk.pdf]

Archive

ÖStA, AVA, MdI-Präsidiale.
ÖStA, AVA MRP.
Státní oblastní archiv Litoměřice, Zweigstelle Děčín, FA Thun-Hohenstein.

Literatur:

Lujo BAKOTIĆ, Srbi u Dalmaciji od pada Mletačke republike do ujedinjenja [Die Serben in Dalmatien vom Untergang der Venezianischen Republik bis zur Gründung des Jugoslawischen Staates] (Beograd 1938).

Alexander BUCZYNSKI, Der Dalmatinische Landtag; in: Helmut RUMPLER, Peter URBANITSCH (Hgg.), Die Habsburgermonarchie 1848–1918 VII/2: Verfassung und Parlamentarismus. Verfassungsrecht, Verfassungswirklichkeit. Die regionalen Repräsentativkörperschaften (Wien 2000) 1951–1981.

G. FREYTAG's erste Reichsrats-Wahlkarte 1907. Auf Grundlage des gleichen und allgemeinen Wahlrechtes … (Wien 1907).

Hof- und Staats-Handbuch der Österreichisch-Ungarischen Monarchie für das Jahr 1912 (Wien 1912).

Aleksandar JAKIR, Dalmatien zwischen den Weltkriegen. Agrarische und urbane Lebenswelt und das Scheitern der jugoslawischen Integration (München 1999).

DERS., Marko TROGRLIĆ, Dalmatien; in: Oliver JENS SCHMITT, Michael METZELTIN (Hgg.), Das Südosteuropa der Regionen (Wien 2015) 91–132.

Johannes KALWODA, Eine engherzige Beurteilung und Würdigung der militärischen Interessen sollte man der Regierung nicht vorwerfen. Reibungspunkte zwischen militärischer und ziviler Verwaltung in Dalmatien während des Ersten Weltkriegs, in: Heeresgeschichtlichen Museum / Militärhistorischen Institut (Hg.), Beiträge zur österreichischen Militärgeschichte 864–2019 (Wien 2019) 415–442.

DERS., Nationale Schlagseiten in der österreichisch-dalmatinischen Verwaltung im Ersten Weltkrieg? Deutungsansatz am Beispiel von Statthalterei und Bezirkshauptmännern, in: Martin KLEČACKÝ (Hg.), Úředník sluhou mnoha pánů? Nacionalizace a politizace veřejné správy ve střední Evropě 1848–1948 [Der Beamte als Diener vieler Herren? Die Nationalisierung und Politisierung der öffentlichen Verwaltung in Mitteleuropa 1848–1948] (Praha 2018) 147–172.

DERS., Staatliche Einflussnahme bei Reichsratswahlen in Dalmatien vor wie nach der Wahlrechtsreform von 1907 und das politische Umfeld aus Statthaltereisicht, in: Thomas SIMON (Hg.), Hundert Jahre allgemeines und gleiches Wahlrecht in Österreich. Modernes Wahlrecht unter den Bedingungen eines Vielvölkerstaates (Frankfurt a.M u.a. 2010) 287–353.

DERS., Parteien, Politik und Staatsgewalt in Dalmatien (1900–1918). Zur Wechselwirkung zwischen staatlicher Verwaltung und parlamentarischer Vertretung (phil. Diss., Univ. Wien 2017).

Haira LACMANOVIĆ-HEYDENREUTER, Dalmatien in Wien. Die dalmatinischen Abgeordneten im Wiener Reichsrat 1867–1918 (Hamburg 2011).

Ivan PEDERIN, Austrijska vlast u dalmatinskoj politici (1878.–1914.) [Österreichische Herrschaft in der dalmatinischen Politik (1878–1914)] (Zadar 2009).

Ivo PERIĆ, Dalmatinski sabor [Dalmatinischer Landtag]. 1861–1912/18 (Zadar 1978).

Günter SCHÖDL, Kroatische Nationalpolitik und ‚Jugoslavenstvo'. Studien zu nationaler Integration und regionaler Politik in Kroatien – Dalmatien am Beginn des 20. Jahrhunderts (München 1990).

Hermann von SCHULLERN-SCHRATTENHOFEN, Das Kolonat (Colonat) in Görz und Gradisca, in Istrien, in Dalmatien und in Tirol (Wien ²1909).

Eugen SCHWIEDLAND, Interministerielle Dalmatinische Kommission. Zur Kolonatsfrage. Äußerungen und Anträge des Kommissionsmitgliedes (Wien 1911).

Rok STERGAR, Nationswerdungsprozesse und neue Grenzen. Der Zusammenbruch der französischen Herrschaft in den Illyrischen Provinzen und ihre (Re-)Integration in das Kaisertum Österreich, in: Brigitte MAZOHL, Karin SCHNEIDER, Eva Maria WERNER (Hgg.), Am Rande der großen Politik. Italien und der Alpenraum beim Wiener Kongress (Innsbruck 2017) 97–122.

Marko TROGRLIĆ (Hg.), Erazmo Handel, Sjećanja [Erasmus Handel, Erinnerungen] (Zagreb 2007).

BRGÖ 2020
Beiträge zur Rechtsgeschichte Österreichs

Dóra FREY, Budapest

Vom Nationalitätenministerium bis zur Vertreibung

Die rechtshistorische Aufarbeitung der Ungarndeutschen in der ersten Hälfte des 20. Jahrhunderts

From the Ministry of Ethnic Affairs to the expulsion of the German Minority. The fate of the Germans in Hungary in the first half of the 20th century from a legal historical perspective.

The topic of this article is the history of the German minority in Hungary in the first half of 20th century from the point of view of the legal history. After the First World War, Hungary became a nation state, in which the approximately half a million Danube Swabians were the biggest minority. Directly after the First World War, Hungary tried to implement another minority policy than at the time of the Austro-Hungarian Monarchy, and concepts of autonomy were made. This period ended after the peace treaty of Trianon, and the so-called Horthy regime was characterised by the return to the traditions of the period of the dual monarchy. This changed before the Second World War, as Nazi Germany made the German minorities abroad an instrument of its politics. The Germans founded the Volksbund, a national-socialistic oriented ethnic organisation, Germans got cultural autonomy but were forced to enlist in the German armed forces. After the Second World War, the deprivation of rights of the Germans begun: in 1945–1946, 60,000 were transported to the Soviet Union for forced labour; in 1946–1948 approximately 166,000 were forced to leave Hungary, and the 200,000 left in Hungary had no citizens' rights at all.

Keywords: *Danube Swabians – forced migration – German minority – minority rights*

I. Die Vorgeschichte

In den letzten Jahrzehnten der Österreichisch-Ungarischen Monarchie lebten auf dem Gebiet des Königreiches Ungarn 1,99 Millionen Deutsche – Tendenz leicht rückläufig, um die Jahrhundertwende verloren die Deutschen ihre Stellung als zweitgrößte Minderheit an die Slowaken.[1] Die Deutschen galten im von Nationalitätenkonflikten geprägten Land als die „gute Minderheit" – da sie kaum Forderungen an kollektiven Rechten formulierten, über keine landesweite politische oder gesellschaftliche Organisation verfügten. Dieser Umstand ist damit zu erklären, dass die Deutschen nicht in einem einheitlichen, zusammenhängenden Siedlungsgebiet lebten, zudem waren die Angehörigen der deutschen Minderheit hinsichtlich der Abstammung sehr vielfältig.[2] Große Vielfalt existierte auch in der Religion, in der ökonomischen sowie sozialen Situation, woraus sich auch sehr unterschiedliche Interessen und grundlegend unterschiedliche Möglichkeiten der Vertretung der eigenen Interessen ergaben.

[1] KATUS, Nemzetiségi adatsorok 195.

[2] SEEWANN, Geschichte 2, 92.

http://dx.doi.org/10.1553/BRGOE2020-2s232

II. Die Regelung der Rechtsstellung der Ungarndeutschen

Den Zeitraum meiner Untersuchungen habe ich in vier Epochen unterteilt, die erste ist die Zeit des Versuchs einer beispielhaften Nationalitätenpolitik unmittelbar nach dem ersten Weltkrieg (1918–1920), die zweite ist von der Rückkehr zum Erbe der Donaumonarchie in der Nationalitätenpolitik gekennzeichnet (1920–1938), die dritte Periode 1938–1945, in der je nach Sichtweise eine privilegierte Stellung oder die Verbesserung der rechtlichen Lage der ungarndeutschen Bevölkerung zu verzeichnen war – tatsächlich haben die Kriegsereignisse immer stärkeren Einfluss genommen. Schließlich begann ab 1945 die Epoche der Entrechtung, die de jure bis 1950 dauerte und auch die Vertreibung von etwa der Hälfte der Ungarndeutschen 1946–1948 mit beinhaltete.

Die Entwicklung war also nicht linear, und allgemeine Aussagen und Tendenzen über einen Zeitraum von 50 Jahren sind schwer festzustellen. Für die rechtliche Regelung war aber während der ganzen Epoche bezeichnend, dass Parlamentsgesetze eher die Ausnahme waren. Vielmehr wurden die Rechte der nationalen Minderheiten in niederrangigen Rechtsnormen, wie Regierungs- oder Ministerialverordnungen geregelt. Oft sind wichtige Vorschriften in Pseudonormen ausgelagert worden, wie Weisungen, Bekanntmachungen, interne Vorschriften, oder sogar Rundbriefe, die zwar einen normativen Charakter hatten, jedoch formlos herausgegeben worden sind, und für die Betroffenen nicht zugänglich waren. Die politischen Ziele und Intentionen hinter den verschiedenen Rechtsnormen waren von Epoche zu Epoche, teilweise auch innerhalb einer Epoche, unterschiedlich und beeinflussten die Gesetzgebung maßgeblich. Die erzielten Ergebnisse hingen von der Einstellung sowie Durchsetzungskraft der Verwaltung ab, es gab viele Regelungen, die nur auf dem Papier bestanden, und keine tatsächliche Wirkung entfalten konnten – mangels Zeit, oder mangels Willens und Möglichkeiten der Durchsetzung.

III. Der Versuch einer beispielhaften Nationalitätenpolitik

Territoriale und kulturelle Autonomiekonzepte

Die Zeit nach dem ersten Weltkrieg ist in Ungarn von tiefgreifenden Veränderungen und einer äußerst instabilen und wechselhaften politischen Lage gekennzeichnet. Die aufeinander folgenden politischen Regime – Erste Republik, Räterepublik, anfängliche Horthy-Ära – verfolgten verschieden Ansätze und Konzepte der Nationalitätenpolitik, nur ihr Ziel war gleich: die territoriale Integrität von Ungarn möglichst zu wahren.

Die Erste Ungarische Republik (die sich als Ungarische Volksrepublik bezeichnete) war von den 14 Punkten des US-amerikanischen Präsidenten Wilson beeinflusst und folglich dem Selbstbestimmungsrecht der Völker verschrieben.[3] Entsprechend erfolgte eine Abkehr von dem Konzept der „einzigen politischen Nation" der Dualismus-Zeit, die eine Hegemonie- und Vormachtstellung des ungarischen Volkes in Ungarn postulierte.[4] Etwas idealistisch ging man davon aus, dass die Auflösungserscheinungen der Monarchie und die Unabhängigkeitsbestrebungen der Nationalitäten aufgehalten werden könnten. Juristisch erfasst wurden diese Gedanken hinsichtlich der deutschen Minderheit im Volksgesetz Nr. 6 über die Ausübung des Selbstbestimmungsrechts des ungarndeutschen Volkes. Erlassen am 28. Januar 1919, hat das Gesetz die Deutschen als Nation anerkannt, ihnen eine breite kulturelle Autonomie und in den geschlossenen Siedlungsgebieten auch eine territoriale Autonomie zugestanden. Es sollte eine eigene Deutsche Nationalversammlung gewählt werden, sowie

---

[3] FISCHER, Oszkár Jászi und Mihály Károlyi 66–80.

[4] SCHLETT, Eötvös József 267.

eine anteilige Repräsentation der Deutschen in der ungarischen Nationalversammlung erfolgen, ein Landesregierungsausschuss für die Deutschen in Ungarn gebildet und ein deutscher Minister in die ungarische Regierung ernannt werden.[5] Ein provisorischer Landesregierungsausschuss wurde mit der Leitung von Dr. Guido Gündisch gebildet und Johann/János Junker wurde zum deutschen Minister ernannt, aber ansonsten konnten die Vorschriften des Gesetzes nicht vollzogen werden.[6]

Nicht zuletzt, weil am 21. März 1919 die Ungarische Räterepublik entstand, die sich als kommunistischer und föderaler Staat verstand, wie die Verfassung vom 23. Juni 1919 darlegt.[7] Da zu diesem Zeitpunkt das historische Staatsgebiet bereits zerfallen war, bedeutete es praktisch eine deutsche und ruthenische Autonomie. Die Deutschen erhielten ein eigenes Deutsches Volksamt, Henrik Kalmár, ein deutschstämmiger Sozialdemokrat, wurde Volkskommissar. Es wurde freier Sprachgebrauch zugesichert, ein Deutscher Kulturbund für Ungarn gegründet, es wurde versprochen, 450 deutsche Schulen zu errichten und drei autonome Bezirke der Deutschen aufzustellen, West mit Sopron, Mitte mit Budapest und Süd mit Bonyhád als Sitz.[8] Die stets umkämpfte Räterepublik konnte diese Versprechen jedoch nicht erfüllen – da sie nur 133 Tage lang bestand.

Nach Fall der Räterepublik und Einmarsch der rumänischen Truppen begann eine Konsolidierung der Lage und Miklós Horthy, der spätere Reichsverweser, übernahm faktisch die Macht. Da es zu dieser Zeit bereits als sicher galt, dass das gesamte historische Staatsgebiet Ungarns nicht mehr zu halten war, war nunmehr das Ziel, möglichst günstige Verhandlungspositionen bei den Friedensverhandlungen zu erzielen. In diesem Sinne wurde das so genannte Nationalitätenministerium gegründet – rechtlich gesehen wurde ein für die nationalen Minderheiten zuständiger Minister ohne Geschäftsbereich ernannt, der jedoch über ein eigenes Amt verfügte. Zum Minister wurde am 15. August 1919 Prof. Jakob Bleyer, ein Germanistikprofessor ungarndeutscher Abstammung, ernannt.[9] Er war persönlich zwar dem früheren ungarischen Staatskonzept verschrieben, sollte jedoch in seiner Position für die territoriale Autonomie von Deutsch-Westungarn (dem heutigen Burgenland) werben, um dieses Gebiet für Ungarn erhalten zu können.[10] Es wurde auch ein neues Regelwerk über die Rechte der nationalen Minderheiten erlassen, die Regierungsverordnung 4044/1919. M.E., die als Gleichberechtigungsverordnung bekannt wurde. In der Verordnung ist zwar keine Rede mehr von einer einheitlichen ungarischen politischen Nation, es stand aber dennoch teilweise im Sinne des Nationalitätengesetzes von 1868, es sah nur – wenn auch breit gefasste – individuelle Rechte vor, vor allem auf Gebrauch der Muttersprache und Schulunterricht in der Muttersprache.[11] Ob jemals politischer Wille zum tatsächlichen Vollzug dieses Regelwerkes (mit den ergänzenden Ministerialverordnungen) bestand, kann wohl nicht abschließend beantwortet werden. Denn diese vergleichsweise liberale Nationalitätenpolitik und Gesetzgebung nahm schnell ein Ende, als deren Erfolglosigkeit – die Friedensverhandlungen konnten nicht wie erwünscht beeinflusst werden – klar wurde.

[5] BELLÉR, A Magyar Népköztársaság 5–6.
[6] SEEWANN, Geschichte 2, 184.
[7] BELLÉR, A Magyar Népköztársaság 8.
[8] Ebd. 12.
[9] VITÁRI, Új kisebbségpolitika ellenérzésekkel 193.
[10] TILKOVSZKY, A Bleyer-portré problematikus vonásai 261.
[11] SEEWANN, Geschichte 2, 186.

IV. Rückkehr zum Erbe der Monarchie

Nationalitätengesetzgebung in der Horthy-Ära

Mit dem Friedensvertrag von Trianon am 4. Juni 1920 verlor Ungarn fast zwei Drittel seines Staatsgebietes an die Nachbarstaaten, und aus dem Vielvölkerstaat Ungarn wurde ein Nationalstaat, 89 % der Bevölkerung hatten Ungarisch als Muttersprache, die Deutschen bildeten mit etwa 550.000 Personen die größte nationale Minderheit.[12]

Die als Zugeständnisse aufgefassten Rechte, die weiter gingen als jene in der Zeit des Dualismus, wurden schnell zurückgenommen, allgemein herrschte ein „nationalitätenfeindliches" Klima, obwohl faktisch kaum mehr nationale Minderheiten in Ungarn lebten – sie wurden ja für den Zerfall des Landes verantwortlich gemacht.[13] Das spiegelte sich schnell in der Staatsorganisation und in der Gesetzeslage wider. Das Nationalitätenministerium wurde aufgelöst, nachdem Bleyer am 16. Dezember 1920 aus der Regierung ausschied,[14] und auch die liberale Gleichberechtigungsverordnung wurde zurückgenommen. Die Rechte der Nationalitäten wurden mit der Regierungsverordnung 4800/1923. M.E. neu geregelt. Sie war formell die Vollzugsverordnung zum Friedensvertrag von Trianon; die dort normierten völkerrechtlichen Verpflichtungen Ungarns wurden damit ins ungarische Recht inkorporiert.[15] Sie gestattete den Sprachgebrauch auf lokaler Ebene, wenn ein Fünftel der Bevölkerung zu einem der Minderheiten gehörte, jedoch konnten Anträge und Eingaben bei der zuständigen Behörde in der Muttersprache eingereicht werden – und mussten auch so beantwortet werden. Das Recht zur Schulbildung in der Muttersprache wurde zugestanden, die Verordnung des Ministers für Bildung und Kultus 110.478/1923 VKM regelte drei Typen der Nationalitätenschulen: Typ „A" hatte die Minderheitensprache als Unterrichtssprache, die ungarische Sprache wurde als Lehrfach unterrichtet, in den Schulen Typ „B" erfolgte der Unterricht zweisprachig, bei dem Typ „C" war Ungarisch die Unterrichtssprache, die Nationalitätensprache wurde lediglich als Lehrfach unterrichtet.[16] Die Entscheidung darüber sollte eine eigens dafür einberufene Elternkonferenz treffen, jedoch konnte diese Entscheidung vom Schulträger revidiert werden – entsprechend wenig Schulen von Typ „A" und „B" wurden errichtet,[17] weiterführende Schulen mit deutscher Unterrichtssprache fehlten komplett.[18]

Trotz der im Vergleich zu der Ära der Doppelmonarchie kaum verbesserten Lage gab es von der Seite der ungarndeutschen Gemeinschaft weiterhin keine politischen Forderungen – in dieser Hinsicht blieben sie weiterhin die „gute Minderheit". Der von der Neuausrichtung der Nationalitätenpolitik enttäuschte Jakob Bleyer trat weiterhin für die Ungarndeutschen ein, er gründete 1921 eine Wochenzeitung, das „Sonntagsblatt für das deutsche Volk in Ungarn",[19] und 1923 die erste landesweite Organisation der Ungarndeutschen, den Ungarländischen Deutschen Volksbildungsverein.[20]

V. Privilegierte (Rechts)Stellung?

Die Ungarndeutschen im Schatten des Dritten Reiches

Ab Mitte der 1930er Jahre erfolgten Veränderungen in der Lage der Ungarndeutschen, die vorerst noch nicht in der Gesetzgebung ihre

[12] SEIDE, Die Deutschen in Ungarn 148.
[13] SEEWANN, Geschichte 2, 187.
[14] BELLÉR, Az ellenforradalmi 1308.
[15] SEIDE, Die Deutschen in Ungarn 151.
[16] Ebd. 153.
[17] SEEWANN, Geschichte 2, 240.
[18] BLEYER, A hazai német kisebbség kérdéséről 74.
[19] TILKOVSZKY, Német nemzetiség 46.
[20] Zu Lebenswerk Bleyers: HAMBUCH, Jakob Bleyer; SEIDE, Die Deutschen in Ungarn 156.

Abdrücke fanden, aber tiefgreifende Prozesse in Gang brachten. Zum einen stieg nach der Machtübernahme der Nationalsozialisten im Deutschen Reich 1933 das Interesse am ausländischen Deutschtum – auch als politisches Instrument gegen die jeweiligen Heimatstaaten.[21] Gleichzeitig vollzog sich ein Generationswechsel in der ungarndeutschen Elite, der zugleich ein Streit um das Erbe des 1933 verstorbenen Bleyer bedeutete,[22] und einen Richtungswechsel mit sich zog. Es trat eine Gruppe – teilweise in Deutschland ausgebildeter – junger Akademiker in Erscheinung, die eher der völkischen Richtung zuzuordnen waren,[23] und sich in der Volksdeutschen Kameradschaft organisierten.[24] Auf Druck des Dritten Reiches wurde 1938 der Volksbund der Deutschen in Ungarn als Volksgruppenorganisation gegründet, wobei der nationalsozialistische Charakter damals noch verborgen blieb.[25]

Eine Änderung in der Rechtstellung der deutschen Minderheit in Ungarn bedeutete das Volksgruppenabkommen, abgeschlossen am 30. August 1940 (quasi als „Gegenleistung" von Ungarn für den sogenannten zweiten Wiener Schiedsspruch). Es sicherte den Deutschen in Ungarn ein eigenes Schulwesen zu, ermöglichte die Gründung von eigenen gesellschaftlichen und wirtschaftlichen Organisationen, einen ungehinderten Kontakt mit Deutschland, sowie ein freies Bekenntnis zum nationalsozialistischen Gedankengut und verbot jegliche Maßnahmen zur Madjarisierung.[26] Entgegen den deutschen Bestrebungen war die ungarische Regierung nicht bereit, der Organisation einen öffentlichrechtlichen Status zu gewähren, und weigerte sich auch, das Volksgruppenabkommen – das als völkerrechtlicher Vertrag abgeschlossen wurde – in einem Gesetz zu verkünden. Das erfolgte schließlich mit der Regierungsverordnung 8490/1940 ME.[27]

Die durchaus zu verzeichnenden positiven Veränderungen – es wurden deutschsprachige Schulen, auch Gymnasien errichtet – waren dadurch überschattet, dass Deutschland die Ungarndeutschen als zusätzliche Ressource betrachtete. Die ungarische Regierung willigte mit Notenwechsel zu den Rekrutierungen zur Waffen-SS 1942[28] und 1943[29] ein, nach der deutschen Besatzung erfolgte dies nicht mehr auf freiwilliger Basis, laut des Notenwechsels vom 14. April 1944 konnten Ungarndeutsche zu den deutschen Streitkräften zwangsverpflichtet werden.[30]

Es ist anzumerken, dass, genauso wie die vorherigen Regelungen, auch das Volksgruppenabkommen und die Rekrutierungsabkommen nicht komplett umgesetzt wurden, die ungarische Verwaltung zeigte auch in diesem Fall wenig Eifer. Vor allem die Rekrutierung zur Waffen-SS wurde bewusst und gezielt behindert,[31] oft auf Wunsch der Betroffenen. Eine Vielzahl der Ungarndeutschen war den nationalsozialistischen Gedanken, soweit sie ihr überhaupt bekannt waren, eher abgeneigt und betrachtete Ungarn als ihre Heimat.

VI. Die Entrechtung und Vertreibung der Ungarndeutschen

Die die deutsche Minderheit schwer benachteiligenden Maßnahmen begannen bereits am 22. Dezember 1944 als der Befehl Nr. 0060 der

[21] Dazu ausführlich: TILKOVSZKY, Teufelskreis.
[22] Nachruf: GRATZ, 12–16.
[23] ROZS, A népinémet mozgalom erősödése 399.
[24] SPANNENBERGER, Nemzetiszocialista népcsoportpolitika 428.
[25] Ausführlich dazu: SPANNENBERGER, A magyarországi Volksbund.
[26] BALOGH, SIPOS, KARDOS, A magyar állam 295–296.
[27] SEEWANN, Geschichte 2, 326.
[28] TILKOVSZKY, SS-toborzás Magyarországon 39.
[29] Ebd. 136.
[30] SPANNENBERGER, A magyarországi Volksbund 362.
[31] FÜZES, ÚJVÁRI, Mentsvár 43.

Roten Armee ausgegeben wurde.[32] Er verpflichtete alle Deutschen, Arbeitsdienst in unmittelbarer Frontnähe zu leisten, tatsächlich wurden aber aufgrund dieses Befehls etwa 60.000–65.000 Deutsche in die Sowjetunion verschleppt, wo sie jahrelang Zwangsarbeit leisten mussten.[33] Die so genannte „Malenkij Robot" („malenkaja rabota", Russisch für „ein wenig Arbeit") entbehrte jeglicher Rechtsgrundlage im ungarischen Recht, die ungarische Provisorische Nationalregierung war aber nicht in der Lage, den eigenen Staatsangehörigen Schutz zu leisten.[34]

Die Benachteiligung der Ungarndeutschen begann formal mit der Bodenreform, verkündet am 15. März 1945, die die Konfiszierung des Grundbesitzes von Landesverrätern, Volksbundmitgliedern und Kriegs- und volksfeindlichen Verbrechern vorschrieb. Als Landesverräter, kriegs- und volksfeindlicher Verbrecher war anzusehen, „[...] der nach freiwilliger Meldung in einer deutschen faschistischen Militär- oder Ordnungseinheit eingetreten ist; [...], der seinen deutsch klingenden Familiennamen wieder angenommen hat."[35] Vor allem eine vermutete Volksbundmitgliedschaft – die oft nicht bewiesen werden konnte – führte dazu, dass vielen ungarndeutschen Familien ihre Lebensgrundlage entzogen wurde.[36]

Die Ungarndeutschen wurden auch vom Wahlrecht ausgeschlossen, das Gesetz Nr. 8 von 1945 schloss von dem ansonsten allgemeinen Wahlrecht all diejenigen aus,[37] deren Grundbesitz konfisziert wurde, die Mitglieder, Anführer oder Unterstützer des Volksbundes oder der Hitlerjugend waren, sowie alle, die sich zur deutschen Nationalität bekannt haben – praktisch also sämtliche Ungarndeutschen.[38]

Die Vertreibung der Deutschen aus Ungarn erfolgte in einem formal juristisch geregelten Prozess, eine „wilde Vertreibung" gab es nicht.[39] Die Regelung erfolgte in Regierungs- und Ministerialverordnungen, die eine Besonderheit gegenüber ähnlichen Rechtsnormen in anderen Staaten der Region haben: sie verzichteten bewusst auf den Begriff „kollektive Schuld", um den Nachbarstaaten, die gegenüber der dortigen ungarischen Bevölkerung ähnliche Maßnahmen getroffen haben, keine Argumente zu liefern; der Effekt war aber damit der gleiche.[40] Das Regelwerk war komplex, richtete sich aber praktisch gegen alle Ungarndeutschen. Die wichtigste Norm war die Regierungsverordnung 12.3300/1945 ME., verkündet am 29. Dezember 1945, die als „Aussiedlungsverordnung" bekannt wurde. § 1 lautete: „Nach Deutschland überzusiedeln verpflichtet ist derjenige ungarische Staatsbürger, der bei der letzten Volkszählung sich zur deutschen Nationalität oder deutschen Muttersprache bekannt hat, oder seinen madjarisierten Namen in einen deutsch klingenden geändert hat, der Mitglied des Volksbundes oder irgendeiner deutschen bewaffneten Einheit war." Demnach sollten alle Deutschen Ungarn verlassen, die Maßnahmen wurden in Verordnungen des Innenministers konkretisiert.[41] Es erfolgten zahlreiche Änderungen, die den Kreis der Betroffenen verringerten, so wurden diejenige ex lege ausgenommen, die als Nationalität bei der Volkszahlung 1941 Ungarisch angegeben hatten.[42]

Letztendlich wurden etwa 166.000 Ungarndeutsche vertrieben, 1946 in die amerikanische, 1947–48 in die sowjetische Besatzungszone, wei-

[32] ZIELBAUER, Verschleppung 1944/45 10.

[33] FÜZES, Modern rabszolgaság 21.

[34] STARK, Malenki robot 75.

[35] Verordnung 600/1945. ME. § 5 (Zur Gesetzeskraft erhoben mit dem Gesetz Nr. 6 von 1945).

[36] TÓTH, Földreform 5018.

[37] MEZEY, Magyar alkotmánytörténet 189.

[38] Gesetz Nr. 8 von 1945 § 5.

[39] SEEWANN, A németek Kelet-Európából 349.

[40] ROMSICS, Az 1947-es párizsi békeszerződés 128.

[41] Verordnung des Innenministers 70.010/1946. BM.

[42] Verordnung 12.200/1947. Korm.

tere 80.000 waren nach Westen geflüchtet, in die Sowjetunion verschleppt oder galten als verschollen.[43] Dass nicht alle Deutschen aus Ungarn vertrieben wurden, lag nicht an der ungarischen Gesetzgebung oder Verwaltung, sondern daran, dass die Besatzungsmächte in Deutschland nicht in der Lage waren, weitere Vertriebene aus Ungarn aufzunehmen.[44]

Die formelle rechtliche Benachteiligung der Deutschen in Ungarn dauerte bis 1950, mit der Verordnung des Ministerrates 84/1950 MT. wurde normiert, dass die sich in Ungarn aufhaltenden Deutschen „ungarische Staatsbürger und mit den anderen in aller Hinsichten gleichberechtigten Bürger der Volksrepublik Ungarn" seien, und die vorherigen restriktiven Vorschriften nicht mehr anzuwenden seien, die bereits eingetretenen Rechtsfolgen aber unberührt bleiben.[45] Die Ungarndeutschen erfuhren weiterhin Nachteile, deutschen Schulunterricht gab es bis 1952 nicht,[46] ein landesweiter Dachverband konnte erst 1955 gegründet werden.[47] So ist es nicht verwunderlich, dass sich bei der Volkszählung 1949 nur 2600 Personen zur deutschen Nationalität bekannt haben.[48]

VII. Juristische Aufarbeitung des Schicksals der Ungarndeutschen

Die politische und juristische Aufarbeitung der Entrechtung begann in den 1980er Jahren, und beschleunigte sich mit der politischen Wende 1989–90. Noch vor den ersten demokratischen Wahlen, im Frühjahr 1990 erklärte das ungarische Parlament die Verschleppung und Vertreibung der Deutschen in Ungarn für Unrecht und drückte sein Beileid für die Angehörigen der dabei Verstorbenen und sein Mitgefühl für alle Betroffenen aus.[49] Die Opfer der Zwangsarbeit in der Sowjetunion bekamen finanzielle Entschädigung[50] und es erfolgte eine schrittweise Auseinandersetzung mit den Vertreibungen. Ungarn bekannte sich zu seiner Verantwortung und das ungarische Parlament erklärte 2012 den 19. Januar (am 19. Januar 1946 begann die Vertreibung) zum Gedenktag der Verschleppung der Ungarndeutschen.[51]

Ein wichtiger Schritt in der juristischen Aufarbeitung war, als 2007 das ungarische Verfassungsgericht in einem Beschluss erklärt hat, dass die Verordnungen 12.330/1945 ME. und 12.200/1947 Korm. verfassungswidrig geworden sind, folglich nicht anwendbar sind, und auf ihnen keine Ansprüche mehr gegründet werden können.[52]

VIII. Zusammenfassung

Wie oben dargestellt, änderte sich die Regelung über die Rechtstellung und Rechte der Ungarndeutschen in der ersten Hälfte des 20. Jahrhunderts relativ oft, sie folgte immer den veränderten politischen Zielen und Vorgaben. Die betroffene ungarndeutsche Bevölkerung war eher Objekt als Subjekt der Vorgänge, deren Meinung wurde kaum gefragt, ihre politische Interessenvertretung während der ganzen Epoche schwach, vielfach waren sie über die Rechtsnormen, die die Rechte der nationalen Minderheiten betrafen, nicht oder nicht hinreichend informiert. Die Ereignisse nach dem Zweiten Weltkrieg halbierten die ungarndeutsche Ge-

---

43 CZIBULKA, HEINZ, LAKATOS, A magyarországi németek 183.

44 SEEWANN, Geschichte 2, 349; TÓTH, Települések Magyarországon 177.

45 Verordnung 84/1950. MT. § 3 Abs. 1.

46 FÖGLEIN, Etnicum és educatio 92.

47 SEEWANN, Geschichte 2, 383.

48 Központi Statisztikai Hivatal, 1949, 11.

49 Parlamentsbeschluss Nr. 34/1990. OGY.

50 Gesetz Nr. 29 von 1997 i.V.m. Verordnung 267/2000. Korm.

51 Parlamentsbeschluss Nr. 88/2012. OGY.

52 Beschluss des Verfassungsgerichts 92/2007. (XI. 22.) AB, in: Magyar Közlöny 159 (2007).

meinschaft und trugen zur fortschreitenden Assimilation der in Ungarn Verbliebenen bei. In der politischen und juristischen Aufarbeitung der Geschehnisse ist Ungarn wohl am weitesten unter den an der Vertreibung beteiligten Staaten, dies kann das Geschehene zwar nicht ungeschehen machen, ermöglicht aber ein friedliches Zusammenleben, und ist in der ganzen Region als beispielhaft zu bezeichnen.

Korrespondenz

Dr. Dóra FREY
Andrássy Universität Budapest
Pollack Mihály tér 3.
H – 1088 Budapest
dora.frey@andrassyuni.hu
ORCID-Nr.: 0000-0002-7075-3185

Abkürzungen:

AB	Alkotmánybíróság (Verfassungsgericht)
BM	Belügyminisztérium (Innenministerium)
Korm.	Kormány (Regierung)
ME	Miniszterelnök (Ministerpräsident)
MT	Minisztertanács (Ministerrat)
OGY	Országgyűlés (Landesversammlung)

Siehe auch das allgemeine Abkürzungsverzeichnis: [http://www.rechtsgeschichte.at/media/abk.pdf]

Literaturverzeichnis

Sándor BALOGH, Levente SIPOS, József KARDOS (Hgg.), A magyar állam és a nemzetiségek. A magyarországi nemzetiségi kérdés történetének jogforrásai 1948–1993 (Budapest 2002).

Béla BELLÉR, Az ellenforradalmi rendszer első éveinek nemzetiségi politikája (1919–1922), in: Századok 6 (1963) 1279–1318.

DERS., A Magyar Népköztársaság és a Tanácsköztársaság nemzetiségi kultúrpolitikája, in: Történelmi Szemle 1–2 (1969) 1–22.

Jakob BLEYER, A hazai német kisebbség kérdéséről, in: Magyar Szemle 9 (1933) 72–77.

Zoltán CZIBULKA, Ervin HEINZ, Miklós LAKATOS (Hgg.), A magyarországi németek kitelepítése és az 1941. évi népszámlálás (Budapest 2004).

Holger FISCHER, Oszkár Jászi und Mihály Károlyi. Ein Beitrag zur Nationalitätenpolitik der bürgerlich-demokratischen Opposition in Ungarn von 1900 bis 1918 und ihre Verwirklichung in der bürgerlich-demokratischen Regierung von 1918 bis 1918 (München 1978).

Gizella FÖGLEIN, Etnicum és educatio. A magyarországi nemzetiségek és alsó fokú oktatásuk állami szabályozása 1945–1985 (Budapest 2006)

Miklós FÜZES (Hg.), Modern rabszolgaság „Malenkij Robot". Magyar állampolgárok a Szovjetunió munkatáboraiban 1945–1949 (Budapest 1990).

DERS., András ÚJVÁRI, Mentsvár. A pécsi 8/III. pótzászlóalj németajkú önkéntesei 1944-ben (Pécs 1996).

Gusztáv GRATZ, Bleyer Jakab, in: Magyar Szemle v. 4. 1. 1936, 12–16.

Vendel HAMBUCH (Hg.), Jakob Bleyer. Ein Leben für das Ungarndeutschtum (1874–1933) (Budapest 1994).

László KATUS, Nemzetiségi adatsorok a dualizmus korában, in: Ferenc GLATZ (Hg.), Magyarok a Kárpát-medencében (Budapest 1989) 193–200.

Központi Statisztikai Hivatal (Hg.), 1949. Évi népszámlálás, Bd. 9: Demográfiai eredmények (Budapest 1950).

Barna MEZEY (Hg.), Magyar alkotmánytörténet (Budapest 2003).

Ignác ROMSICS, Az 1947-es párizsi békeszerződés (Budapest 2006).

András ROZS, A népinémet mozgalom erősödése az Anschlusst követően a Dunagőzhajózási Társaság pécsvidéki bányatelepein, in: László SZITA (Hg.), Baranyai Történetírás 1990/1991. A Baranya Megyei Levéltár Évkönyve (Pécs 1992) 395–410.

István SCHLETT, Eötvös József (Budapest 1987).

Gerhard SEEWANN, Geschichte der Deutschen in Ungarn, Bd. 2: 1860–2006 (Marburg 2012).

DERS., A németek Kelet-Európából való elűzésének tipológiai sajátosságai, in: István LENGVÁRI, József VONYÓ, Népek együttélése Dél-Pannóniában. Tanulmányok Szita László 70. születésnapjára (Pécs 2003) 343–354.

Gernot SEIDE, Die Deutschen in Ungarn zwischen den beiden Weltkriegen, in: Ungarn Jahrbuch 6 (1974–1975) 148–161.

Norbert SPANNENBERGER, A magyarországi Volksbund Berlin és Budapest között 1938–1944 (Budapest 2005).

DERS., Nemzetiszocialista népcsoportpolitika Délkelet-Európában a II. világháború kitöréséig, in: István LENGVÁRI, József VONYÓ, Népek együttélése Dél-

Pannóniában. Tanulmányok Szita László 70. születésnapjára (Pécs 2003) 411–433.

Tamás STARK, „Malenki robot". Magyar kényszermunkások a Szovjetunióban, in: Kisebbségkutatás 1 (2005) 65–75.

Lóránt TILKOVSZKY, A Bleyer-portré problematikus vonásai, in: Történelmi Szemle 3–4 (1993) 259–277.

DERS., Német nemzetiség – magyar hazafiság. Tanulmányok a magyarországi németség történetéből (Pécs 1997).

DERS., SS-toborzás Magyarországon (Budapest 1974).

DERS., Teufelskreis. Die Minderheitenfrage in den deutsch-ungarischen Beziehungen 1933–1938 (Budapest 1989).

Ágnes TÓTH, Telepítések Magyarországon 1945–1948 között. A német kitelepítés, a belső népmozgások és a szlovák-magyar lakosságcsere összefüggései (Kecskemét 1993).

DIES., Földreform, internálás, belső telepítés Magyarországon 1945 után, in: Barátság 3 (2006) 5018–5023.

Zsolt VITÁRI, Új kisebbségpolitika ellenérzésekkel? Etnopolitikai irányváltások Magyarországon 1918 és 1920 között, in: Krisztina SCHLACHTA, Gábor BÁNKÚTI, József VONYÓ (Hgg.), Sed intelligere. Tanulmányok a hatvanöt éves Gyarmati György tiszteletére (Pécs 2016) 181–199.

György ZIELBAUER, Die Verschleppung ungarländischer Deutscher 1944/45. Erste Station der kollektiven Bestrafung (Budapest 1990).

BRGÖ 2020
Beiträge zur Rechtsgeschichte Österreichs

László KOMÁROMI, Budapest

Eine ungarische Debatte aus dem Jahr 1926 über die Funktion der Volksabstimmung im politischen System

Hintergrund, Standpunkte und die spätere Entwicklung

A Hungarian Debate from 1926 about the role of referendums in the political system
Background, standpoints and the later development
In 1926, the publicist Hugó Ignotus (1869–1949) and the sociologist Róbert Braun (1879–1937) debated in the Hungarian journal "Nyugat" the possible and desirable roles of referendums in the political system. This debate was unique because institutions of direct democracy were neither regulated nor practiced in Hungary at that time; not even in-depth scientific or political discussions took place about the issue. Ignotus was of the opinion that referendums could – at least partly – take over the role of the parliament and be used as a controlling power against authoritarian leaders. He proposed to enable citizens to directly elect and dismiss the political leader and to lay down the guidelines for the government in referendums; the government should only elaborate and implement detailed regulations. Braun argued in his response that institutions of direct democracy cannot replace the representative power and that citizens should not be overburdened by too frequent referendums. Direct democracy may work as a corrective to the parliament but it is not suitable for preventing authoritarian tendencies. He also emphasized the importance of political maturity as a prerequisite for a convenient use of referendums and popular initiatives. Later developments justified Braun's opinion. The article presents the standpoints of the discussion partners and places their views in the context of preceding and subsequent evolution.
Keywords: *direct democracy– Hungary – interwar period – plebiscite – popular initiative – referendum*

1. Einführung

Die Debatte, die im Jahr 1926 zwischen dem Publizisten Hugó Veigelsberg (1869–1949) und dem Soziologen Róbert Braun (1879–1937) in der ungarischen Zeitschrift „Nyugat" („West") veröffentlicht wurde, ist eine der sehr wenigen Schriften, die sich in der Zwischenkriegszeit in Ungarn mit der Funktion der Volksabstimmung und anderen direktdemokratischen Institutionen beschäftigten. Moderne Instrumente der direkten Demokratie erschienen erstmals in der zweiten Hälfte des 18. Jh. in den ehemaligen britischen Kolonien in Neuengland,[1] tauchten dann in den französischen Verfassungen der bürgerlichen Revolution auf[2] und wurden im 19. Jh. auch in der Schweiz, zuerst in den Kantonen, dann auch auf Bundesebene, eingeführt und weiterentwickelt.[3] Nach dem Ersten Welt-

[1] LOBINGIER, The People's Law 163–203; AUER, Le référendum 71–76.
[2] FREI, Direkte Demokratie 4–12.
[3] VATTER, Kantonale Demokratien 228–240; DERS., Direkte Demokratie 72–77.

http://dx.doi.org/10.1553/BRGOE2020-2s241

krieg kam es zu ihrer ersten größeren Verbreitung, als in vielen neuen Demokratien, wie der Weimarer Republik, der Republik Österreich, den Baltischen Staaten und im Irischen Freistaat verschiedene Arten von Referenden, Volksinitiativen und Plebisziten in die neuen Verfassungen aufgenommen wurden.[4] Zu einer ähnlichen Entwicklung kam es in Ungarn nicht, obwohl die Idee der direkten Machtausübung des Volkes seit der Französischen Revolution auch in Ungarn bekannt war.[5] Die ungarische Elite war aber solchen Ideen gegenüber sehr zurückhaltend.[6] Als die bürgerliche Volksvertretung im Jahre 1848 eingeführt wurde, wurden das Repräsentativprinzip und das freie Mandat der Abgeordneten unbestreitbar in der ungarischen Gesetzgebung. Weder mit dem österreichungarischen Ausgleich im Jahre 1867 noch mit dem Gesetzesartikel Nr. I. von 1920 wurde das geändert. Verschiedene Kräfte der politischen Opposition strebten vor allem nach der Erweiterung des Wahlrechts und nicht nach direkter Demokratie. Nur die Ungarische Sozialdemokratische Partei und die Bürgerliche Radikale Partei nahmen „die direkte Volksgesetzgebung auf dem Wege der Initiative und des Referendums" in ihre Parteiprogramme in den Jahren 1903[7] bzw. 1914[8] als Forderung auf. Die politische Realität war von diesen direktdemokratischen Forderungen weit entfernt. Weder wurden tiefgehende wissenschaftliche Diskurse über das Thema geführt, noch hat sich damit die populärwissenschaftliche Literatur beschäftigt. In diesem Zusammenhang ist die publizistische Debatte aus dem Jahr 1926 ein interessanter Ausnahmefall. In der folgenden Untersuchung werden zuerst die Teilnehmer dieser Debatte vorgestellt, dann ihre Standpunkte im internationalen Kontext präsentiert, schließlich die späteren Entwicklungstendenzen kurz geschildert, damit die Stichhaltigkeit der Argumente der Diskussionspartner beurteilt werden kann.

2. Die Disputanten

Hugo Veigelsberg, geboren im Jahre 1869 in Pest, war ein ungarischer Dichter, Schriftsteller, Literaturkritiker und Publizist. Er schrieb unter dem literarischen Pseudonym „Ignotus". Er war Mitgründer und zwanzig Jahre lang erster Chefredakteur der Zeitschrift „Nyugat", die zwischen 1908 und 1941 als wichtigstes Organ für progressive Dichter und Schriftsteller galt. Eine ganze Epoche der ungarischen Literaturgeschichte wurde nach dieser Zeitschrift benannt. Ignotus studierte Rechtswissenschaft in Budapest. Nach seinem Studium arbeitete er als Journalist und schrieb Berichte aus Deutschland, aus der Türkei, dem Balkan und aus den USA für die Tageszeitung „Magyar Hírlap". 1919 emigrierte er nach Wien, nahm aber auch von dort aktiv am ungarischen Literaturleben teil. 1938 flüchtete er wegen den Judengesetzen nach London und 1941 in die USA. Erst 1948 kehrte er schwerkrank nach Budapest zurück, wo er ein Jahr später gestorben ist.[9]

Róbert Braun, geboren im Jahre 1879 in Arad, war ein ungarischer Soziologe, Bibliothekar,

[4] KOMÁROMI, Parliaments 58–60.

[5] Siehe z.B. den im Jahre 1793 verfassten Verfassungsentwurf von Ignác Martinovics, der direktdemokratische Elemente enthielt (veröffentlicht in: BENDA, A magyar jakobinus mozgalom 897–908).

[6] Siehe z.B. die Aussage des ungarischen Publizisten, László Szalay, aus dem Jahr 1844: SZALAY, Diéta 204–205, in englischer Übersetzung zitiert von KOMÁROMI, Popular Rights 3.

[7] ERÉNYI, A magyar munkásmozgalom 140. Die Verfasser des Programms der Ungarischen Sozialdemokratischen Partei waren wahrscheinlich vom Eisenacher Programm der Deutschen Sozialdemokratischen Arbeiterpartei (1869) inspiriert, die ebenfalls die „Einführung der direkten Gesetzgebung (das heißt Vorschlags- und Verwerfungsrecht) durch das Volk" vorsah, siehe MOMMSEN, Parteiprogramme 312.

[8] PAJKOSSY, Magyarország története 884.

[9] KENYERES, Életrajzi lexikon, „Ignotus, Veigelsberg Hugó"; HEGEDÜS, Arcképcsarnok, „Ignotus".

Dorfforscher und Lexikograph. Er studierte in Budapest und Paris, ab 1907 unterrichtete er an der Handelsfachmittelschule in Siebenbürgen, in Neumarkt am Mieresch [Marosvásárhely, Targu Mures]. 1911 kehrte er nach Budapest zurück und arbeitete als Vizedirektor der Stadtbibliothek bis 1918. Nach der Räterepublik von 1919 wurde er ins Gefängnis geworfen. Später arbeitete er als Lektor, Übersetzer und Redakteur bei verschiedenen Zeitschriften. Er publizierte über soziologische und wirtschaftliche Themen und übersetzte unter anderem die Werke des US-amerikanischen Ökonomen Henry George (1839–1897) und die über die US-amerikanische Demokratie geschriebenen Teile der zweibändigen Monographie[10] des britischen Juristen, Historikers und Politikers James Bryce (1838–1922).[11]

Weder Ignotus, noch Braun war ein Fachexperte im Bereich Demokratiegeschichte, direkter Demokratie, Rechts- oder Politikwissenschaften. Aber beide waren Männer mit einer hohen Ausbildung, die sich für gesellschaftliche und politische Probleme interessierten und im Allgemeinen auch überdurchschnittlich informiert waren, nicht nur bezüglich Ungarn, sondern auch über die ausländischen, internationalen Ereignisse und Entwicklungstendenzen. Auch ihre Debatte fokussierte vor allem nicht auf Ungarn, sondern auf den internationalen Kontext.

3. Der Kontext der Debatte

Dieser Kontext war der Folgende: Im Laufe des 19. Jh. entstanden in den meisten europäischen Staaten die Grundlagen der demokratischen Entwicklung und der parlamentarischen Regierungsform. Die Parlamente wurden aufgrund des allgemeinen Wahlrechts gewählt und die Verfahren, wodurch die Regierungen zur Verantwortung gezogen werden konnten, waren festgelegt. Das Funktionieren der Parlamente warf jedoch auch Probleme auf. Obstruktion, das Vertreten von Partikularinteressen, Beeinflussung durch Großindustrie und Finanzkapital – um nur einige Probleme zu nennen. Außerdem waren die Parlamentsparteien in vielen Ländern nur kaum disziplinierte Klubs, auf welche man eine stabile parlamentarische Regierung nicht stützen konnte. Besonders dieser letzte Faktor, die politische Instabilität der Regierungen, die häufigen Regierungswechsel, wurden nach dem Ersten Weltkrieg sehr deutlich. Die neuen Demokratien gerieten in eine schwierige Lage.[12] Töne, die eine stärkere Regierung bzw. eine einflussreichere Exekutivgewalt forderten, wurden immer lauter. Dementsprechend begann die Erosion der neuen, nach dem Ersten Weltkrieg gegründeten Demokratien. Die wirtschaftliche und die damit verbundene politische Krise hat diese Entwicklung beschleunigt. Die Macht der Regierungen bzw. Staatsoberhäupter wurde erweitert, die Kompetenzen des Parlaments eingeschränkt. Die Forderung nach einem starken Führer war aber immer noch gut vernehmbar und das Schlimmste in dieser Hinsicht – die Umformung der demokratischen Ordnungen in totalitäre Regime – ließ noch auf sich warten. Im Jahre 1926 waren nur die ersten Zeichen, z.B. in Italien, zu sehen.

4. Standpunkte und Argumente

Manche Aspekte dieses Themenkomplexes wurden von Ignotus in seinem Artikel mit dem Titel „Der große Schrei nach dem Diktator“ [13] erörtert. In diesem Artikel stellte Ignotus fest, dass die Politik, die Exekutive von Natur aus zur Führung geeignete Politiker brauchte, die ihren Willen auch auf andere Menschen übertragen können. Wenn solche begabten Politiker nicht

[10] BRYCE, Modern Democracies.

[11] KENYERES, Életrajzi lexikon, „Braun Róbert“.

[12] Siehe dazu GUSY, Demokratie in der Krise.

[13] IGNOTUS, A nagy sikoly.

zu finden sind oder nicht von selbst auftreten, taucht der Wunsch nach einem Diktator, besonders in schweren Zeiten auf. Das Problem der Parlamente ist, sagte Ignotus, dass sie gerade gegen Autokraten als Garantie erfunden wurden, aber mit den Volksvertretungen nur solche politischen Führer erfolgreich zusammenarbeiten können, die die Gabe der Autokraten – den anderen zu diktieren – haben. Sonst unterliegt der politische Führer im Kampf mit dem Parlament und kann seine Ziele nicht verwirklichen. Wie, mit welchem Instrument könnte man die Vorzüge der Autokratie zur Geltung bringen und zur selben Zeit auch die Demokratie aufrechterhalten? Die Parlamente scheinen dazu nicht geeignet zu sein. Ignotus fand dieses Instrument in der Volksabstimmung und meinte, dass ein starker politischer Führer, der vom Volk gewählt und abgewählt werden kann, auf der einen Seite, und das Volk, das die wichtigsten Fragen direkt entscheidet, auf der anderen Seite, zusammen eine gute Kombination bilden könnten. Richtlinien für die Politik der Regierung sollten mittels Volksabstimmung gegeben werden; die Detailfragen zu entscheiden und die Durchführung der Beschlüsse gehören zur Kompetenz des politischen Führers und seiner Regierung. Ignotus meinte auch, dass die Elemente dieser Konzeption bereits vorhanden waren: der US-Präsident, einerseits, regiert unabhängig vom Kongress, fast wie ein Diktator; die in England praktizierte häufige Parlamentsauflösung vor unvorhersehbaren oder grundlegenden Entscheidungen, andererseits, wirkt wie eine Volksabstimmung. Diese zwei Komponenten solle man miteinander verknüpfen.

Die Grundidee dieses Lösungsvorschlags führte Ignotus bereits 23 Jahre früher, 1903, in einer längeren Studie in der Zeitschrift „Huszadik Század" („Zwanzigstes Jahrhundert") aus. In diesem Artikel, der unter dem Titel „Die zukünftige Gesetzgebung"[14] erschienen ist, untersuchte Ignotus verschiedene Krisensymptome des Parlamentarismus: die Unbrauchbarkeit der parlamentarischen Verfahren, mit denen man die Regierung zur Rechenschaft ziehen sollte; der Einfluss verschiedener Interessengruppen auf den Entscheidungsprozess; die Gehaltlosigkeit der parlamentarischen Debatten und der Niedergang des Stils der Parlamentsreden; die Obstruktion; die Schwierigkeiten der Kommunikation zwischen Abgeordneten der verschiedenen Nationalitäten und die Instabilität der von der Laune der Parteien abhängigen Regierung. Er kam zum Schluss, dass die Parlamente den Volkswillen nicht richtig repräsentieren können und dass das auf Vertretung basierende Gesetzgebungsmodell durch die direkte Volksgesetzgebung abgelöst werden soll. Parlamente können nur eine Vorbereitungs-, Deliberations- und Beratungsfunktion erfüllen. Lokale Fragen solle man in den verschiedenen territorialen Autonomien – so Ignotus – ebenfalls durch Volksabstimmung entscheiden.

Róbert Braun kritisierte in seiner Antwort („Oligarchie in der Demokratie"[15]) den ersterwähnten Artikel von Ignotus vor allem im Hinblick darauf, dass Ignotus politische Führerschaft und Diktatur miteinander vermischt. Es sei gar nicht egal, meinte Braun, ob der Machtinhaber seine Politik im Einklang mit dem Volkswillen oder davon unabhängig durchführte, ob er gewaltsam oder auf gütlichem Wege regierte. Braun wies auch darauf hin, dass nicht nur Diktaturen, sondern auch die meisten Demokratien oligarchische (elitäre) Züge aufweisen. Es sei nicht schwer, sagte er, nicht organisierte Volksmassen gegen ihre eigenen Interessen zu führen. Eine solche Politik hat aber auch ihre Grenzen. Die Volksabstimmung ersetzt nicht einmal in jenen Ländern das Parlament, wo direkte Demokratie

[14] VEIGELSBERG, A jövendő törvényhozás.
[15] BRAUN, Oligarchia.

häufig praktiziert wird, wie in der Schweiz, in den westlichen Gliedstaaten der USA und in Australien. So eine Rolle wird von der Volksabstimmung auch nicht erwartet. Braun warnte davor, direktdemokratische Instrumente ohne Berücksichtigung der verschiedenen kulturellen und politischen Verhältnisse in andere Staaten umzusetzen. Er war auch in der Frage mit Ignotus nicht einig, welche Faktoren den Wunsch nach dem Diktator hervorrufen. In den lateinischen Staaten trugen dazu die schwache demokratische Kultur, der Mangel an Selbstverwaltung und das Fehlen der großen Parteien auch bei. Also, die Krise war – so Braun – nicht generell der Institution des Parlaments zuzuschreiben.

Ignotus machte in seiner Replik („Diktatur und Volksabstimmung“[16]) klar, dass er nicht für die Diktatur plädierte, sondern nur die Antwort auf die Frage suchte, wie man den Menschen, die heute Diktatur fordern, eine wirksame Regierung ohne die Nachteile der Diktatur (wie z.B. die Ausgeliefertheit an die Willkürherrschaft) gewähren kann. Er wiederholte seinen Standpunkt, dass das Parlament, trotz wiederkehrender Reformversuche, nur eine Kommission unter anderen Machtfaktoren (wie Presse, Interessenverbände und sonstige Institutionen) sei, und dass die Volksabstimmung die Rolle des Parlaments als letztentscheidende Instanz in der Gesetzgebung übernehmen könne. Wenn das von der Volksabstimmung nicht erwartet wird, was kann man dann von diesem Instrument erwarten? – fragte abschließend Ignotus.

Braun stellte in seiner Antwort („Gesetzgebung ohne Parlament“[17]) die zwei wichtigsten Institutionen der modernen direkten Demokratie dar. Das Referendum, mit dem ein vom Parlament bereits verabschiedetes Gesetz vom Volk bestätigt oder verworfen werden kann, und die Volksinitiative, wodurch die Initiatoren mittels Unterschriftssammlung über ihren eigenen Gesetzesentwurf eine Volksabstimmung herbeiführen können und so die Gesetzgebung auch ohne die Willensäußerung des Parlaments möglich ist. Diese zwei Instrumente – fügt Braun hinzu – ersetzen jedoch nirgendwo das Parlament. Im parlamentarischen Regierungssystem, wo das Parlament den Willen des Stimmvolks repräsentiert, kann die Volksabstimmung als ein technisches Korrektiv des Parlaments funktionieren: wenn eine neue Frage auf die politische Tagesordnung gesetzt wird, worüber sich die Stimmbürgerschaft bei den letzten Parlamentswahlen nicht äußern konnte, können die Stimmbürger auch ohne Parlamentswahlen gefragt werden. In so einem Fall wird die Auflösung des Parlaments politisch nicht nötig sein, sondern das Stimmvolk entscheidet direkt über die Frage. Das Referendum kann auch gegen die Interessendurchsetzung einer Minderheit in der Regierungsmehrheit eingesetzt werden, wenn diese Minderheit die Mehrheit mit dem Austritt aus der Regierungskoalition erpresst. Falls die Mehrheit – unter dem Druck der Minderheit – ein Gesetz verabschiedet, kann man nachher gegen dieses Gesetz mittels Referendum ein Volksveto erheben. Diese und ähnliche Verbesserungen bedeuten jedoch keine wesentliche Umgestaltung des parlamentarischen Systems. Dort, wo sie eingeführt wurden, wie in der Schweiz und in den US-Gliedstaaten, werden diese Instrumente seltener benutzt oder nehmen an den Volksabstimmungen weniger Stimmbürger teil, als am Anfang. Braun wies schließlich darauf hin, dass die Volksabstimmung eine viel größere politische Reife erfordert als der reine Parlamentarismus. Wo diese Reife fehlt, wird das Instrument von einem Demagogen missbraucht, wie es unter der Herrschaft von Napoleon III. in Frankreich passierte.

Soweit die Debatte. Auf den zweiten Artikel von Braun kam keine Antwort mehr von Ignotus. Die Diskussion zwischen den Autoren fand kein Echo in politischen Kreisen oder Zeitungen.

---

[16] IGNOTUS, Diktatúra.

[17] BRAUN, Parlament.

5. Spätere Entwicklung und Schlussfolgerungen

Inwieweit bestätigte die spätere Entwicklung die Standpunkte der beiden Publizisten? In der direkten Nachfolgezeit wurden Initiativen und Referenden in manchen neuen Demokratien benutzt, wie z.B. in der Weimarer Republik, wo 1926 („Fürstenenteignung") und 1929 („Young-Plan") zwei landesweite Volksabstimmungen abgehalten wurden, die aber wegen des hohen Teilnahmequorums ungültig waren.[18] Extremistische Kräfte, auch die NSDAP hielten die Volksinitiative für ein attraktives Instrument, wodurch sie ihre Popularität verstärken wollten. Nach Hitlers Machtübernahme haben die Nazis von unten kommende Volksinitiativen und Referendumsverfahren nicht mehr erlaubt, die Volksabstimmung wurde eine politische Waffe der Regierung, ganz wie in der napoleonischen Ära in Frankreich.[19] Ein zweites Beispiel ist Estland, wo die Regierungsmehrheit die politische Instabilität durch Verfassungsänderungen bekämpfen wollte. Diese Versuche scheiterten aber am Instrument des obligatorischen Verfassungsreferendums, da das Stimmvolk die Verfassungsänderungen nicht guthieß. Schließlich konnte die Veteranenliga, eine rechtsextremistische Gruppe, ihren eigenen Verfassungsentwurf mittels Volksinitiative durchsetzen. Diese neue Verfassung erweiterte die Machtkompetenzen des Staatsoberhauptes und beschränkte drastisch die Macht des Parlaments. Diese Ereignisse ebneten aber letztendlich den Weg für Konstantin Päts, der die Veteranenliga auflöste und ein autoritäres Regime einführte.[20] Auf Grund dieser Entwicklungen lässt sich feststellen, dass direktdemokratische Institutionen, ohne Tradition und geeignete politische Kultur, auch gefährlich wirken können, insbesondere in Zeiten politischer und wirtschaftlicher Krise. Es stellte sich auch heraus, dass die Volksabstimmung an sich kein wirksames Instrument gegen den Diktator ist, vielmehr besteht die Gefahr, dass ein autoritäres Regime von oben angeordnete Volksabstimmungen für seine eigenen Machtzwecke missbraucht. Róbert Brauns Warnung war in dieser Hinsicht zutreffend.

Nach dem Zweiten Weltkrieg wurden direktdemokratische Instrumente auch in anderen Staaten, oft mit Vorsicht, eingeführt. In Italien z.B. dauerte es bis in die 70er Jahre, dass die direktdemokratischen Instrumente der Verfassung von 1947 implementiert und ihre Benutzung begonnen wurde.[21] Nach dem politischen Systemwandel in Ostmitteleuropa wurden verschiedene Institutionen auch in diesen Ländern, auch in Ungarn eingeführt.[22] Die Parlamente bestehen und funktionieren aber auch weiterhin. Direktdemokratische Prozesse können das Parlament – im Gegensatz zur Erwartung des Ignotus – nicht ersetzen. Auch in der Schweiz wird über nicht mehr als 7 % aller Parlamentsvorlagen ein fakultatives Referendum durchgeführt, etwa 93 % der parlamentarischen Gesetzesentwürfe werden ohne direkte Einflussnahme des Volkes verabschiedet.[23] Dabei spielt auch eine Rolle, was Róbert Braun kurz erwähnt hat: die Belastbarkeit der Stimmbürgerschaft ist begrenzt. Alle Gesetze kann man nicht der Volksabstimmung unterbreiten. Auch heute nicht, wenn die Informationen auf verschiedenen Wegen der Kommunikation technisch einfacher und schneller erreichbar sind als vor etwa 100 Jahren. Ignotus war in dieser Hinsicht zu opti-

[18] Siehe dazu SCHIFFERS, Elemente 212–215, 231–233; DERS., Weimarer Erfahrungen 55–56, 59–60.

[19] Siehe dazu JUNG, Plebiszit und Diktatur; DERS., Volksabstimmungen.

[20] KOMÁROMI, Parliaments 71–74.

[21] Siehe dazu CAPRETTI, Direkte Demokratie in Italien 158–163.

[22] Über ihre Regelung und Praxis siehe AUER, BÜTZER, Direct Democracy; MARCZEWSKA-RYTKO, Handbook; DIES., Civic Participation.

[23] LINDER, Direkte Demokratie 119.

mistisch. Dann bleiben aber die Institutionen direkter Demokratie, und das sieht man auch in der heutigen Praxis, höchstens Korrektive des Parlaments – wie das Braun bereits 1926 feststellte. In den meisten Fragen hat die spätere Entwicklung seinen Standpunkt bestätigt.

Korrespondenz:

Dr. László KOMÁROMI,
Budapest
Katholische Péter Pázmány Universität
Szentkirályi u. 28–30.
H – 1088 Budapest
komaromi.laszlo@jak.ppke.hu
ORCID-Nr. 0000-0002-2381-3755

Abkürzungen:

Siehe das allgemeine Abkürzungsverzeichnis: [http://www.rechtsgeschichte.at/media/abk.pdf]

Literatur:

Andreas AUER, Le référendum et l'initiative populaires aux Etats-Unis (Bâle–Francfort-sur-le-Main 1989).

DERS., Michael BÜTZER (Hgg.), Direct Democracy. The Eastern and Central European Experience (Aldershot 2001).

Kálmán BENDA (Hg.), A magyar jakobinus mozgalom iratai (= A magyar jakobinusok iratai Bd. 1, Budapest 1957).

Róbert BRAUN, Oligarchia a demokráciában, in: Nyugat 19 (1926/16) 322–324.

DERS., Parlament nélküli törvényhozás, in: Nyugat 19 (1926/22) 794.

James BRYCE, Modern Democracies, 2 Bde. (New York 1921).

Anna CAPRETTI, Direkte Demokratie in Italien, in: Hermann K. HEUßNER, Otmar JUNG (Hgg.), Mehr direkte Demokratie wagen. Volksentscheid und Bürgerentscheid: Geschichte / Praxis / Vorschläge (München ²2009) 157–177.

Tibor ERÉNYI u.a. (Hgg.), A magyar munkásmozgalom a 20. század első éveiben és az 1905–1907-es forradalmi válság idején (Budapest 1955).

Christoph FREI, Direkte Demokratie in Frankreich: Wegmarken einer schwierigen Tradition (= Vorträge am Liechtenstein-Institut, Kleine Schriften 22, Vaduz 1995).

Christoph GUSY (Hg.), Demokratie in der Krise. Europa in der Zwischenkriegszeit (Baden–Baden 2009).

Géza HEGEDÜS (Hg.), A magyar irodalom arcképcsarnoka (Budapest 1976)

Hugó IGNOTUS, A nagy sikoly a diktátor után, in: Nyugat 19 (1926/15) 229–232

DERS., Diktatúra és népszavazás, in: Nyugat 19 (1926/17) 405–406.

Otmar JUNG, Die Volksabstimmungen der Nationalsozialisten, in: Hermann K. HEUßNER, Otmar JUNG (Hgg.), Mehr direkte Demokratie wagen. Volksentscheid und Bürgerentscheid: Geschichte / Praxis / Vorschläge (München ²2009) 91–102.

DERS., Plebiszit und Diktatur: die Volksabstimmungen der Nationalsozialisten. Die Fälle »Austritt aus dem Völkerbund« (1933), »Staatsoberhaupt« (1934) und »Anschluß Österreichs« (1938) (= Beiträge zur Rechtsgeschichte des 20. Jahrhunderts 13, Tübingen 1995).

Ágnes KENYERES (Hg.), Magyar életrajzi lexikon (Budapest 1967) [https://www.arcanum.hu/hu/online-kiadvanyok/Lexikonok-magyar-eletrajzi-lexikon-7428D] (24. 1. 2020).

László KOMÁROMI, Parliaments and Popular Law-making. The German and Estonian Experience in the Interwar Years, in: Parliaments, Estates and Representation 34 (2014/1) 55–75.

DERS,, Popular Rights in Hungary. A Brief Overview of Ideas, Institutions and Practice from the Late 18th Century until Our Days, in: C2D Working Paper Series 35 (2010).

Wolf LINDER, Direkte Demokratie, in: Ulrich KLÖTI u.a. (Hgg.), Handbuch der Schweizer Politik (Zürich [2]1999) 109–130.

Charles Sumner LOBINGIER, The People's Law or Popular Participation in Law-making from Ancient Folk-moot to Modern Referendum (New York 1909).

Maria MARCZEWSKA-RYTKO u.a. (Hgg.), Civic Participation in the Visegrad Group Countries after 1989 (Lublin 2018).

Maria MARCZEWSKA-RYTKO (Hg.), Handbook of Direct Democracy in Central and Eastern Europe after 1989 (Opladen–Berlin–Toronto 2018).

Wilhelm MOMMSEN (Hg.), Deutsche Parteiprogramme (= Deutsches Handbuch der Politik 1, München 1964).

Gábor PAJKOSSY (Hg.), Magyarország története a 19. században. Szöveggyűjtemény (Budapest 2003).

Reinhard SCHIFFERS, Elemente direkter Demokratie im Weimarer Regierungssystem (Düsseldorf 1971).

DERS., Schlechte Weimarer Erfahrungen? in: Hans Herbert von ARNIM (Hg.), Direkte Demokratie. Beiträge auf dem 3. Speyerer Demokratieforum vom 27. bis 29. Oktober 1999 an der Deutschen Hochschule für Verwaltungswissenschaften (= Schriftenreihe der Hochschule Speyer 140, Berlin 2000) 51–65.

László SZALAY, A' schweitzi diéta 's a' foederatív-rendszer, in: Pesti Hírlap Nr. 368 v. 11. 7. 1844, Nachruck: DERS. (Hg.), Publicistai dolgozatok, Bd. 1: 202–205 (Pest 1847).

Adrian VATTER, Direkte Demokratie in der Schweiz, in: Markus FREITAG, Uwe WAGSCHAL (Hgg.), Direkte Demokratie. Bestandaufnahmen und Wirkungen im internationalen Vergleich (= Policy-Forschung und Vergleichende Regierungslehre 3, Berlin 2007) 71–113.

DERS., Kantonale Demokratien im Vergleich. Entstehungsgründe, Interaktionen und Wirkungen politischer Institutionen in der Schweizer Kantonen (Opladen 2002).

Hugó VEIGELSBERG, A jövendő törvényhozás. Adalék a parlamentarizmus kérdéséhez, in: Huszadik Század 4 (1903/7) 1–17.

BRGÖ 2020
Beiträge zur Rechtsgeschichte Österreichs

Patrícia Dominika NIKLAI, Pécs

Die Volksunterrichtspolitik von Bálint Hóman und die Schulgründungen im Komitat Baranya zwischen 1932 und 1942

The Public Education Policy of Bálint Hóman and the School Establishments in Baranya County between 1932 and 1942

Bálint Hóman played an important role in the history of Hungarian education. He was Minister of Religion and Education twice between 1932 and 1942, at a time when Europe was experiencing rapid changes in many areas of life, including education. The issue of establishing schools was a significant part of his public education policy in accordance with the Christian-national ideology of the era. In order to evaluate the plans for school building created within the framework of a central education policy, it is necessary to examine their implementation through specific local examples. In my study I am looking for an answer for how the cultural policy of Bálint Hóman appeared in Baranya County: the Baranya County Archives of the Hungarian National Archives provide good examples of the implementation but also the obstacles of establishing schools at a local level.

Keywords: *Christian-national education – education policy – school establishments*

I. Einleitung

Die Modernisierung des Volksunterrichtssystems und die kirchliche Interessendurchsetzung in diesem Prozess in Ungarn nach 1848 im Vergleich zur Rechtsentwicklung in Österreich wird von der Verfasserin dieses Beitrages seit vier Jahren erforscht.[1] Ein besonders bemerkenswerter Teil der ungarischen Volksunterrichtspolitik der Zwischenkriegszeit bzw. der Jahre des Zweiten Weltkriegs war die Frage der Schulgründungen. Um die im Rahmen der zentralen Unterrichtspolitik erstellten Schulgebäudepläne zu bewerten, muss deren Umsetzung anhand konkreter lokaler Beispiele geprüft werden. Im folgenden Aufsatz wird untersucht, wie sich die Kulturpolitik des Ministers für Kultur und Unterricht, Bálint Hóman, im Komitat Baranya ausgewirkt hat: In den Dokumenten der Schulaufsicht von Pécs und Baranya, die im Komitatsarchiv Baranya des Ungarischen Landesarchivs (im Weiteren: MNL BaML) aufbewahrt wurden, kann man gute Beispiele für die lokale Umsetzung und auch die Hindernisse dieser Zielsetzungen finden, die zu der – in der ungarischen historischen und rechtshistorischen Fachliteratur bisher lückenhaften – Aufarbeitung des Themas beitragen können.

[1] Weitere Aufsätze in deutscher Sprache: Die Modernisierung des Volksunterrichts in Ungarn – Umsetzung des Gesetzes über den Volksunterricht im Komitat Baranya nach 1868 (Journal on European History of Law 2018); Unterrichtspolitik – kirchliche Interessendurchsetzung in Ungarn nach 1848 (Krakowskie Studia z Historii Panstwa i Prawa 2017).

http://dx.doi.org/10.1553/BRGOE2020-2s249

II. Die Grundlagen der sogenannten nationalen Bildung

Die Bildungskonzepte im Ungarn der Zwischenkriegszeit waren durch die christlich-nationale Denkweise geprägt. Das Wesen der ungarischen kulturellen Überlegenheit war, dass Ungarn seine Position gegenüber den umliegenden Völkern durch Hebung seiner nationalen Kultur stärken konnte. Die Kultusminister István Haller[2] und József Vass[3] hatten bereits den Schwerpunkt auf religiöse, patriotische und nationale Erziehung gelegt, doch Kuno Klebelsberg[4] entwickelte das Konzept der kulturellen Überlegenheit. Die Unterrichtspolitik von Bálint Hóman basierte auch auf den Ideen seiner Vorgänger, er entwickelte diese Ideen jedoch weiter und versuchte sie in die Praxis umzusetzen.[5]

Nach dem Friedensdiktat von Trianon zogen Lehrer aus den angrenzenden Regionen in das Mutterland; so wurde dieser Beruf (auch) überfüllt. Ein Aspekt für die Auswahl von Lehrern war, ob sie ihrer Verpflichtung zur christlichen Erziehung erfüllt hatten. Dieses Kriterium wurde nicht nur bei der Anklage von konfessionellen Lehrern nach der Räterepublik (sog. *Tanácsköztársaság*) untersucht, sondern man blickte auch auf frühere Jahre zurück, in denen diese Erwartung selbst noch nicht formuliert worden war.[6] Religiöse, patriotische, nationale Erziehung wurde Teil der christlich-nationalen Ideologie,[7] und die Lehrer mussten dies rückwirkend nachweisen. Dementsprechend hatte die Erziehung in der Schule einen höheren Stellenwert als der Unterricht. Die Erwartungen an die Lehrer zeigten sich auch im Wortlaut ihres obligatorischen Eides, der insbesondere an dessen Ende zum Ausdruck kommt: „Ich schwöre bei Gott, dass ich Ungarn, der ungarische Verfassung und dem ungarischen Gouverneur fest und unentwegt treu bleibe, ich werde immer die ungarischen Gesetze und Gewohnheiten einhalten, sowie die konstitutionellen Regierungsvorschriften und meine Lehrpflichten zuverlässig, pflichttreu und pünktlich erfüllen. Ich werde die mir anvertraute Jugend im Geiste der Liebe zur Heimat und der religiös-moralischen Bildung erziehen."[8]

Die kulturpolitische Auffassung der Zwischenkriegszeit charakterisieren die folgenden Sätze aus dem Artikel vom 15. Januar 1934 des Volkslehrerblatts: „Und wenn die Zukunft der Nation vor uns steht: Dem Kind müssen wir nicht nur das praktische Denken in seiner Seele verankern, sondern auch die idealen Gedanken in ihm erwärmen. Wir müssen es zum moralischen Bewusstsein führen, damit es die feinsten Schattierungen von Gut und Böse beurteilen kann. Und vertiefen wir in seiner Seele die instinktive Kraft der moralischen Belastbarkeit. Glühen wir seine Seele zu hartem Stahl, härten wir seinen Charakter offen und entwickeln wir sein Weltbild in die richtige Richtung. Legen wir großen Wert auf eine zielorientierte nationale Bildung. Jedes Kind soll das Gefühl haben, dass wir den anderen Nationen im Bereich der Kultur gegenüber weit voraus sind, sie sind auch beteiligt und sie können darauf stolz sein, Ungarn zu sein."[9] In diesen Zeilen fühlt man die Leidenschaft für die Ideale der nationalen Bildung und der ungarischen kulturellen Überlegenheit, die die ganze Unterrichtspolitik durchdrangen.

[2] Im Amt 24. 11. 1919–16. 12. 1920.
[3] Im Amt 16. 12. 1920–16. 6. 1922.
[4] Im Amt 16. 6. 1922–24. 8. 1931.
[5] Zu den Reformen von István Haller, József Vass, Kunó Klebelsberg und der ungarischen kulturellen Überlegenheit siehe MANN, Oktatáspolitikusok 15–73.
[6] NAGY, A növekvő állam 249.
[7] Siehe HERGER, Auf dem Weg 69–95.
[8] Weitere Eide siehe z.B.: MNL BaML VI. 502. 1496/1942, 1614/1942, 1940/1942, 2017/1942, 2090/1942, 2254/1942, 2802/1942, 3753/1942, 3241/1943.
[9] ANONYMUS, A kultúrfölény 41.

III. Die Kulturpolitik von Bálint Hóman und der Schulbau

In den dreißiger Jahren vertrat der Kultusminister Bálint Hóman[10] auch das Ideal der nationalen Bildung. Er spielte eine bestimmende Rolle in der Geschichte des ungarischen Volksunterrichts: Er war zweimal Kultusminister (1. 10. 1932–13. 5. 1938 und 16. 2. 1939–3. 7. 1942) in Zeiten, als überall in Europa – in vielen Bereichen des Lebens – rasche Veränderungen eingetreten waren, so auch in der Bildung. Die Presse seiner Zeit hielte Hóman für eine besonders positiv zu beurteilende Persönlichkeit. Die folgenden Zeilen im Volkslehrerblatt geben einen Überblick über diese Tatsache: „Wir sind stolz darauf, dass der hochklassige Wissenschaftler, der große Staatsmann, die hervorragende Persönlichkeit unseres wissenschaftlichen, gesellschaftlichen, politischen Lebens nach einer kurzen Unterbrechung wieder unser Führer wurde. Er, der große produktive Minister kennt alle kleinen Punkte unseres Volksunterrichtssystems. Er weiß, wo was gut und richtig ist, wo was schlecht ist, und er, als tiefblickender Wissenschaftler und Kulturpolitiker, findet sofort einen Weg, um zu helfen und zu verbessern. Wir, die ungarischen Lehrer, haben uns schon vielmal geäußert und wir haben immer das Gefühl gehabt, dass die Fäden der Dankbarkeit uns für immer mit Bálint Hóman verbunden haben."[11] Um ein ganzes Bild von Hóman als Politiker zu bekommen, muss man auch andere Teile seiner Tätigkeit betrachten. Heutzutage gibt es immer noch unterschiedliche Meinungen[12] zu seiner Person, in erster Linie bezüglich seiner Rolle bei der Schaffung der sogenannten Judengesetze. Nach dem Zweiten Weltkrieg wurde er vor das Volksgericht gestellt, welches ihn als Kriegsverbrecher verurteilte.[13] Überraschend für die Nachwelt ist, dass der Grund nicht die Manifestation seiner antisemitischen Ansichten war, sondern Folgendes: Er hatte an der Kabinettssitzung teilgenommen, die den Kriegszustand zwischen Ungarn und der Sowjetunion billigte. Es steht jedoch außer Zweifel, dass er als Kultusminister dauerhafte Erfolge erreicht hat: Mit seinem Namen sind – neben der Neuorganisation der Hochschul- und Sekundarbildung – die Einführung des achtjährigen Elementarunterrichts, die Lehrplanreform und die Entwicklung des institutionellen Systems der Volksbildung verbunden.[14]

Um die nationale Bildung auszuführen, betonte Hóman, dass er die Entwicklung von Schulen nachdrücklich unterstützen werde: „Die wichtigste Voraussetzung und auch die Grundlage der christlichen, nationalen Politik ist die Bestrebung für Modernisierung und Vertiefung der Volksbildung, die wir verfolgen müssen. Ich möchte die Arbeit von Eötvös und Wlassics, Apponyi und Klebelsberg[15] fortsetzen. Meine Zielsetzung ist die Vertiefung der Volksbildung durch Bereitstellung materieller Voraussetzungen, Verbesserung von Bildung und Erziehung [...], die Entwicklung des christlich-ungarischen Geistes und der Lebensanschauung."[16]

Der Grund für den Schulbau war, dass es in Ungarn nicht genug Schulen gab, und diese wenigen Schulen waren auch nicht in einem guten Zustand, was dem Ideal der nationalen

[10] *Budapest, 29. 12. 1885, † Vác, 2. 6. 1951; Lebenslauf von Hóman siehe Országgyűlési Almanach 196–200.

[11] DROZDY, Gróf Teleky Pál – Hóman Bálint 150.

[12] Siehe MANN, Oktatáspolitikusok; UJVÁRY, Történeti átértékelés.

[13] Siehe UJVÁRY, Hóman Bálint és népbírósági pere.

[14] Siehe HÓMAN, Magyar sors; HÓMAN, Művelődéspolitika; MANN, Oktatáspolitikusok 79–126.

[15] József Eötvös (7. 4. 1848–11. 9. 1848 und 20. 2. 1867–2. 2. 1871), Gyula Wlassics (15. 1. 1895–3. 9. 1903), Albert Apponyi (8. 4. 1906–17. 1. 1910), Kuno Klebelsberg (16. 6. 1921–24. 8. 1931) waren vorbildliche Kultusminister von Ungarn an der Wende des 19.–20. Jahrhunderts. Siehe BÖLÖNY, Magyarország kormányai.

[16] JÓBORÚ, Köznevelés 196–197.

Bildung nicht entsprach. Der Bau von Schulen blieb ein zentrales Thema während der zweiten Amtszeit von Hóman, die Ausrichtung seiner Unterrichtspolitik wurde aber maßgeblich durch die Neuordnung der Bildung in den durch die Wiener Beschlüsse[17] wiedergewonnenen Regionen bestimmt. In diesen Regionen (Siebenbürgen, Oberland – sog. Erdély, Felvidék) war es wichtig, sie in die Bildungsverwaltung des Mutterlandes zu integrieren und die Regulierung zu vereinheitlichen.

Nach der Rezession aufgrund der Wirtschaftskrise stellte Hóman größere Summen für den Schulbau bereit. Zwischen 1935–1940 wurden mehr als 2000 Volksschulen gegründet.[18] Hóman dachte, dass die Überfüllung in Schulen und der schlechte Zustand von Schulgebäuden immer noch wichtige Probleme waren. Ein Vertreter stellte für den Kultusminister die Daten zusammen, damit er den Grad der Überfüllung prüfen konnte: Mehr als 1200 Lehrer unterrichteten in Klassen mit 70–80 Schülern, mehr als 500 Lehrer in Klassen mit 80–100, und mehr als 100 Lehrer in Klassen, in denen es 100–120 Kinder gab. Aufgrund der zur Verfügung stehenden landesweiten Daten in der Fachliteratur konnte man feststellen, dass bis 1940 von den geplanten 3000 Schulen nur 2200 gebaut wurden.[19] Dies war jedoch im Verhältnis zur benötigten Anzahl und zur Bevölkerung des Landes bedeutungslos.

IV. Schulgründungen im Komitat Baranya[20]

Die Dokumente der Schulaufsicht von Pécs und Baranya des MNL BAML berichten in dem Zeitraum, der hier behandelt wird, darüber, dass viele Gemeinden um staatliche Beihilfen für Schulbau oder die Erhaltung ihrer Schulgebäude baten – mit mehr oder weniger Erfolg. Sie begründeten ihre Anträge zum Beispiel mit der Anzahl der schulpflichtigen Kinder vor Ort und mit Karten mit Angaben über den Wohnort der Schüler, detaillierten Kostenplänen bzw. mit Unterstützungserklärungen der lokalen kirchlichen oder weltlichen Behörden. In Ermangelung von Staatsbeihilfen suchten die Schulbehörden – Kirchen, Gemeinden oder Vereine – mit finanziellen Schwierigkeiten nach einer anderen Lösung: Es war üblich, die staatliche Erhaltung der Schulen durch gemeindliche oder kirchliche Behörden zu initiieren. Neben diesen, von unten organisierten Bestrebungen findet man von oben, von der Ministerebene, organisierte Verstaatlichungen und Schulbauten. Hier werden Beispiele für alle diese Fälle genannt, aber es sollte hinzugefügt werden, dass es in den Archiven zahlreiche Fälle gab, von denen nur die typischsten für diesen Aufsatz ausgewählt wurden.

1. Von unten initiierte staatliche Beihilfen bzw. Verstaatlichungen

Es gab im Allgemeinen zwei Formen der staatlichen Unterstützung für den Schulbau, die von den gemeindlichen Behörden initiiert wurden: einerseits die nicht rückzahlungspflichtigen staatlichen Beihilfen und andererseits das komplementäre Darlehen.

Im August 1932 beantragte die römisch-katholische Schule von Siklós beim Ministerium die Erlassung ihres Darlehens (8000 pengő). Der Abteilungsleiter des Ministeriums informierte die Gemeinde jedoch, dass er „der Bitte der Kirchengemeinde grundsätzlich nicht nachkommen könne, jedoch gewähre er eine Stundung der Rückzahlung des Darlehens bis zum 1. Januar 1933, im Hinblick darauf, dass der Antrag begründet sei." Dies bedeutete nicht, dass die ganze Schuld ein halbes Jahr später fällig gewesen

[17] 2. 11. 1938 und 30. 8. 1940.

[18] MANN, Oktatáspolitikusok 95.

[19] JÓBORÚ, Köznevelés 195–196.

[20] Komitat Baranya liegt in Südtransdanubien, zu dieser Zeit an der jugoslawischen Grenze.

wäre, sondern dass die Pfarrei eine tilgungsfreie Zeit hatte, um die Rückzahlung bis dahin zu beginnen. In seinem Brief an die Schulaufsichtsbehörde fügte das Ministerium hinzu, warum das Darlehen nicht erlassen werden konnte: „Die Rückzahlung der vom Nationalen Volksschulbaufonds bewilligten Darlehen wurde bei der weiteren Durchführung des Volksschulbaus berücksichtigt und ist in jedem Fall unverzichtbar. Die Kirchengemeinde musste ihre finanziellen Möglichkeiten bei der Annahme der Rückzahlungsverpflichtung berücksichtigen, umso mehr, weil ich die römisch-katholische Kirchengemeinde von Siklós bei diesem Bau außerordentlich weitreichend unterstützt habe."[21] Der letzte Punkt des Ministeriums ist gerechtfertigt: In den anderen untersuchten Fällen war die Höhe der staatlichen Beihilfen nicht so hoch wie in diesem Fall. Die Kirchengemeinde von Siklós bekam das Dreifache des Darlehens als staatliche Beihilfe (also 24000 pengő). Um die Maßnahmen ausführlicher darzustellen: Die römisch-katholische Kirchengemeinde von Beremend bekam zum Beispiel 5000 pengő als Beihilfe und 3000 pengő als Darlehen.[22] Wenn man die Höhe der Beihilfen und das Darlehen bewerten möchte, darf man natürlich nicht vergessen, dass es sich um unterschiedlich große Gemeinden und eine andere Anzahl von schulpflichtigen Kindern handelt, in Anbetracht dessen kann man jedoch sagen, dass die staatliche Beihilfe für Siklós besonders hoch war.

Die römisch-katholische Kirchengemeinde in Vajszló bekam eine kleinere Menge für den Schulbau: 15000 pengő als staatliche Beihilfe und 6000 pengő als Darlehen; neben diesen Summen erhielt die Gemeinde 9000 pengő vom Ungarischen Katholischen Religionsfonds. Auch in diesem Fall gab es eine häufige Warnung, dass die Gemeinde, wenn sie mehr baue als bisher angenommen (z.B. eine größere Lehrerwohnung, mehr Klassenzimmer), die zusätzlichen Kosten selbst tragen müsste, da sie ursprünglich nicht im Antrag enthalten waren. In diesem Fall wissen wir auch mehr über den Nationalen Volksschulbaufonds: Das Darlehen musste zu einem Zinssatz von 6 % an den Fonds zurückgezahlt werden.[23] Aus diesem Fonds wurde also der kontinuierliche Schulbau finanziert – wie schon vorher erwähnt, wurde aufgrund dessen die Schule von Siklós nicht von ihren Schulden befreit.

Das Verfahren zur Beantragung staatlicher Beihilfen lässt sich am Beispiel der Schule von Alsószentmárton nachvollziehen: Im Dezember 1938 reichte die römisch-katholische Kirchengemeinde von Alsószentmárton über die Verwaltungskommission des Komitats Baranya beim Kultusministerium einen Antrag auf Errichtung eines Klassenzimmers und einer Lehrerwohnung ein. Im April 1939 erhielt sie dafür 12000 pengő staatliche Beihilfe. Im November 1939 forderte der Hauptberater des staatlichen Architekturbüros den Minister auf, den Betrag der staatlichen Beihilfe von 12000 auf 16500 zu erhöhen; er fügte hinzu, dass der Gesamtbetrag 21000 pengő betragen würde, was sich um 1500 reduzieren ließe, wenn die Wände teilweise aus Lehm bestünden und die Kirchengemeinde nicht mehr als 3000 zum Schulbau beitragen könnte. Der Bau wäre jedoch sehr wichtig, da sich im Klassenzimmer 70 Kinder auf 50 Quadratmetern befänden und die Benutzung der Lehrerwohnung bereits die Erkrankung eines Familienmitglieds des Lehrers verursacht hätte. Ein Monat später, im Dezember 1939, gab die Kirchengemeinde ihren Plan auf, eine Schule zu bauen, weil sie die Kosten nicht decken konnte. Anschließend entschied sich das Ministerium für die ausnahmsweise Anhebung der staatlichen Beihilfen für den Bau

21 MNL BaML VI. 502. 2042/1932.
22 Ebd. 1149/1933.
23 Ebd. 2055/1932.

um 6000 auf 18000 pengő wegen der schwierigen finanziellen Situation der Kirchengemeinde.[24] Die Frage ist, warum sich der Minister schließlich dazu entschied, das Maß der staatlichen Beihilfen zu erhöhen, aber dies ermöglichte die Errichtung einer Schule in Alsószentmárton.

Neben der Menge der staatlichen Beihilfen und dem Verfahren zu deren Beantragung ist es wichtig, den Prozess der Gründung einer Schule selbst zu untersuchen, wenn eine Schule von unten, auf Initiative der lokalen Gemeinschaft gegründet wurde.

Die Organisationsarbeit dauerte mehrere Jahre in den Gemeinden Kölked, Debrina und Karapancsa in der Nähe von Mohács. Die Bildung der Kinder in der Region war aufgrund der größeren Entfernung zwischen den Höfen und den schwierigeren Straßenverhältnissen ein Problem. Der Antrag zur Errichtung der Schule wurde vom Lehrer József Gadányi zusammen mit einigen Einwohnern eingereicht. Sie begründeten ihren Antrag – neben der ungünstigen geographischen Lage der Gemeinden – mit nationalen Beweggründen. Sie sagten, dass die Errichtung der Schule in nationaler Hinsicht wichtig sei, weil diese Region nur von Ungarn bewohnt war. Angesichts der nach Trianon verbleibenden ethnischen Minderheiten war es besonders nötig, in ungarischer Sprache zu unterrichten und so viele ungarische Bildungseinrichtungen wie möglich einzurichten. Die gewaltsame Magyarisierung begann schon in der zweiten Hälfte des 19. Jahrhunderts, aber es kann festgestellt werden, dass sie im Einklang mit den Idealen der nationalen Bildung und der ungarischen kulturellen Überlegenheit immer noch als wesentliche Frage angesehen wurde. Nach dem Antrag wurden mehrere Behörden an dem Organisationsprozess beteiligt: Das Kultusministerium bat den Schulinspektor über die Verwaltungskommission, sich mit einem Mitglied des staatlichen Architekturbüros mit den Betroffenen über die Errichtung einer Schule zu beraten und den am besten geeigneten Ort für die Schule zu bestimmen. Dann erhielt der Schulinspektor von Baranya einen Brief des Hauptstuhlrichters des Bezirks Mohács, in dem der Hauptstuhlrichter ihn darum bat, über den Termin der lokalen Verhandlung informiert zu werden, da er zusammen mit dem Notar daran teilnehmen würde. Der Hauptstuhlrichter bemerkte, dass der Notar über die lokale Bevölkerung und die Bauernhöfe wertvolle Informationen geben könne. Der Schulinspektor des Komitats Bács-Bodrog nahm an dem Organisationsprozess teil, da es sich um ein Gebiet an der Grenze der Komitate handelte. Der Bürgermeister von Mohács bestätigte die Verbindung zwischen den Komitaten, indem er bekannt gab, dass die Mehrheit der schulpflichtigen Kinder der 44 Familien, die zur Mohács-sziget gehörten, in Hercegszántó, einer Gemeinde von Bács-Bodrog, zur Schule gingen. Der Notar übersandte auch einen Bericht über die Kinder der 57 Familien, die zu den anderen Gemeinden in der Nähe (Karapancsa, Debrina) gehörten, wo sie derzeit die Schule besuchten. Demzufolge könne festgestellt werden, dass diese Kinder in verschiedenen Siedlungen zur Schule gehen mussten, sodass es ratsam wäre, für sie eine gemeinsame Schule zu gründen. Die Dokumentation über die Errichtung der Schule ist bis zu dem Punkt verfügbar, wo das Ministerium eine abweisende Antwort gab: „Für die Ausgaben der Schule gibt es keine Deckung, somit kann ich diesen Wunsch nicht erfüllen".[25] Dies war ein Antrag eines lokalen Lehrers und der Anwohner gewesen, eine öffentliche Schule zu errichten, sodass diese als eine der von unten initiierten Schulgründungen angesehen werden kann.

Im Interesse der nationalen Bildung kam die Idee der Verstaatlichung von konfessionellen

[24] Ebd. 481/1940.

[25] Ebd. 502. 3005/1935.

Schulen durch die gemeindlichen oder kirchlichen Behörden auf. Am 12. Juli 1939 schrieb der evangelische Geistliche an den Schulinspektor des Komitats Baranya hierzu Folgendes: „Während meiner Zeit bei Ihnen sprachen wir über den Wunsch, Volksschulen an der Grenze zu Jugoslawien im Süden von Baranya zu verstaatlichen, sowohl aus nationalen Gründen als auch aus Sicht der einheitlichen ungarischen Jugendbildung." Er drängte, dass die konfessionellen Schulen von Borjád und Magyarbóly nach Zustimmung der evangelischen und der römisch-katholischen Kirche vom Staat übernommen werden sollten. Der Geistliche erläuterte die Umsetzung: Die Schule von Borjád mit 70 evangelischen und 30 römisch-katholischen Kindern in drei oder vier Klassenzimmern sollte verstaatlicht werden. Im Hinblick auf die religiöse Zugehörigkeit der Kinder wurden zwei evangelische und ein römisch-katholischer Lehrer beschäftigt. Über Magyarbóly sprach der Geistlicher sehr wenig; er erwähnte nur, dass „wir die Schule dem Staat überlassen wollen".[26] Es gab mehrere Gründe dafür, dass die Kirche ihre Schulen dem Staat überlassen wollte. Entweder glaubten sie tatsächlich an das Ideal der nationalen Bildung und betrachteten die Verstaatlichung als das beste Instrument, wie der Geistliche schrieb, oder sie konnten die Schulen einfach nicht erhalten und waren gezwungen, sie zu verstaatlichen.[27]

2. Von der Ministerebene organisierte Verstaatlichung und Schulbau

Im Bereich der von oben organisierten Verstaatlichungen tauchte die Frage der Kirche bzw. Gemeinden als Erhalter auf. 1932 schrieb der Abteilungsleiter des Ministeriums an den Schulinspektor von Baranya über die schulpflichtigen Kinder von Kárászpuszta. Darin erinnerte er den Schulinspektor daran, dass „der Unterricht in Kárászpuszta seit dem 1. September 1930 pausiert und 32 Schüler ohne Bildung sind." Er fügte auch Folgendes hinzu: „Die Konfessionen sind nur berechtigte Schulerhalter; wenn sie dieses Recht nicht ausüben wollen, dann tritt gemäß § 23. der GA 1868:XXXVIII die Verpflichtung der politischen Gemeinden in Kraft. Es steht jedoch außer Zweifel, dass nicht nur die Interessen der religiös-moralischen Erziehung, sondern auch finanzielle Erwägungen den weiteren Bestand der bewährten konfessionellen Schulen garantieren." Anschließend forderte er den Schulinspektor dazu auf, einen Kompromiss zwischen der lokalen Kirchengemeinde und der „politischen" (weltlichen) Gemeinde zu erreichen, und er sollte darauf hinweisen, dass es für die Gemeinde immer noch vorteilhafter sei, konfessionelle Schulerhalter neben „pädagogischen Erwägungen" auch finanziell stärker zu unterstützen, als die Schule alleine zu erhalten. Er fügte hinzu, dass der Schulinspektor, falls dieser Kompromissversuch erfolglos wäre, die Verwaltungskommission kontaktieren sollte, um „die politische Gemeinde zu verpflichten, eine Schule mit der gleichen Größe wie die Zahl der Schüler zu errichten." Im Januar 1933 kam die Anfrage des Ministeriums über das Ergebnis der Einschreibung von schulpflichtigen Kindern an. Am 20. April 1933 schickte der Notar von Dencsháza (Kárászpuszta gehörte verwaltungsrechtlich zu Dencsháza) dem Schulinspektor die Dokumente, die für die Organisation der Schule angefordert worden waren, und verband den Fall von Kárászpuszta mit dem Ideal der nationalen Bildung: „Schließlich möchte ich Sie sehr bitten, dass der Fall der Schule von Kárászpuszta, der schon seit vier Jahren anhängig ist, schnell gelöst wird, denn die traurige Tatsache ist, dass 50–60 Kinder jetzt schon im vierten Jahr ungebildet sind, und niemand kann das gleichgültig mitansehen, wenn es um die Erziehung

[26] Ebd. 502. 1489/1938.

[27] Andere Verstaatlichungen von konfessionellen und gemeindlichen Schulen im Komitat Baranya an der Wende des 19.–20. Jahrhunderts siehe in NIKLAI, Die Modernisierung.

von ungarischen Kindern geht." Eng verbunden mit unserem Thema über das abenteuerliche Schicksal der Schule ist nur die Tatsache, dass das alte Schulgebäude schließlich vom Nationalen Landeskreditinstitut für Kleinbauern zurück gemietet wurde und die Gemeinde von Dencsháza der Schulerhalter wurde. Wahrscheinlich wurde mit den Konfessionen kein Kompromiss gefunden, oder dies war das Ergebnis des Kompromisses, das kann anhand der Dokumente nicht genau geprüft werden.[28]

Im Januar 1942 begann eine großflächige, auf Ministerebene organisierte Schulbau-Aktion; in Baranya wurden mehr als 40 Schulen eingerichtet. Der Oberstudiendirektor informierte im März den Schulinspektor über die Gemeinden, in denen der Staat eine Schule plante, und darüber, wie viele Lehrerstellen eingerichtet werden sollten. In der zweiten Tabelle finden sich diese Daten. Die meisten Schulen wurden mit ein bis zwei Lehrern organisiert, für kleinere Siedlungen, die den dringendsten Bedarf an Schulen hatten. In mehreren Dörfern wurde, wie bereits erwähnt, die Bedeutung der ungarischen Sprache stärker, und man versuchte, dies nach Trianon im Einklang mit dem Ideal der nationalen Bildung zu betonen. Interessant ist, dass man in Bellye nicht nur die Einrichtung der ungarischen Sektion einforderte, sondern auch die sofortige Umlenkung der ungarischsprachigen Kinder von der deutschen Sektion.[29]

V. Zusammenfassung

Im Kern der ungarischen Kulturpolitik stand im untersuchten Zeitraum die christlich-nationale Ideologie und die ungarische kulturelle Überlegenheit; diese bildeten die Grundlage der Volksunterrichtspolitik von Bálint Hóman. Die Schulgründungen basierten auf den Schlüsselwörtern der Ära: patriotische, nationale, religiösmoralische Erziehung. Die zentrale Unterrichtspolitik war aber etwas ehrgeiziger als ihre Umsetzung, was anhand lokaler Beispiele geprüft wurde. Es gab sowohl von unten (Gemeinden und andere Schulerhalter) organisierte Bestrebungen, als auch von oben, von der Ministerebene organisierte Verstaatlichung und Schulbau. Die Rolle des Staates war eine immer wiederkehrende Frage in der Geschichte der Schulen seit dem 19. Jahrhundert. Ab Anfang der 1930er Jahre gibt es Beispiele für Verstaatlichungen, bei denen die staatliche Übernahme dazu führte, dass der konfessionelle Charakter einer Schule verloren war, weil sie keinen angemessenen Schulbesuch ermöglichte. Im Bereich der staatlichen Schulgründungen wurden 1942 – in Bezug auf das Komitat Baranya – gewaltige Arbeiten angefangen und mehr als 40 Einrichtungen von staatlichen Schulen vorbereitet.

[28] MNL BaML VI. 502. 1152/1940.
[29] Ebd. 502. 939–1088/1942.

Tabellen:

	R. k.	G. kath.	Ref.	Ev.	Unit.	G. kel.	Bapt.	Izr.
Àllami	4681	17	398	155	2	66	20	17
Községi	1716	2	236	26	-	1	-	4
Római katolikus	19397	64	161	119	7	33	41	34
Görög katolikus	-	-	-	-	-	-	-	-
Református	1055	4	1727	61	1	5	28	7
Eevangélikus	36	-	12	1203	-	3	45	-
Görögkeleti	-	-	-	-	-	13	-	-
Izraelita	1	-	-	-	-	-	-	147
Egyesületi	101	-	1	7	-	-	4	-
Társulati	1220	3	61	49	3	1	3	2
	28207	90	2596	1620	13	122	141	211

Tabelle 1: „Konfessionelle Verteilung der Schüler nach Erhalter der Schulen" im Komitat Baranya

Senkrecht – Erhalter: Staat, Gemeinde, römisch-katholische, griechisch-katholische, reformierte, evangelische, griechisch-orthodoxe, israelitische Konfession, Verein, Sozietät

Waagrecht – Konfessionen: römisch-katholische, griechisch-katholische, reformierte, evangelische, unitarische, griechisch-orthodoxe, baptistische, israelitische Konfession

(Laki, A népiskolák fejlődése 220)

Gemeinden, wo Schule eingerichtet wurde	Lehrer	Weitere Bemerkung
Petárda-Zrínyi vitézi telep, Benge, Jenőfalva, Kő, Dárda-Uglyespuszta, Kisdárda, Baranyavár-Cukorgyárnál, Bolmány-Ujbolmány, Bolmány-Horthy M. vitéz telep	1	
Várdaróc, Újbezdán, Keskend, Izsép, Laskó-Keskenyerdő, Kopács, Sepse, Nagybodolya, Bolmány, Baranyaszentistván, Benge-Braidaföld puszta	2	
Torjánc, Hercegmárok	2	„Einrichtung einer ungarischen Sektion für ungarische Kinder"
Darázs, Laskó, Hercegszöllős, Csuza, Lőcs	3	
Petárda, Baranyavár, Albertfalu, Dályok	3	„Einrichtung einer ungarischen Sektion für ungarische Kinder"
Bellye	3	„3 ungarisch sprachige Kinder besuchen die deutsche Sektion. Sofort in die ungarische Sektion umleiten."
Vörösmart, Hercegszöllős-Frigyesföld, Karancs	4	
Baranyabán	5	
Laskafalu	5	„Einrichtung einer ungarischen Sektion für ungarische Kinder"
Kiskőszeg, Dárda	6	
Kázsfalu	6	„Einrichtung einer ungarischen Sektion für ungarische Kinder"
Pélmonostor	7	„Einrichtung einer ungarischen Sektion für ungarische Kinder"

Tabelle 2. Dateien über den von Ministerebene organisierenden Schulbauen im Komitat Baranya im Jahr 1942

(Sammeln der Verfasserin nach MNL BaML VI. 502. 939 – 1088/1942)

Korrespondenz:

Dr. Patrícia Dominika NIKLAI
Universität Pécs
Staats- und Rechtswissenschaftliche Fakultät
Dezső-Márkus-Forschungsgruppe für Vergleichende Rechtsgeschichte
48-as tér 1
H – 7622 Pécs
niklai.dominika@ajk.pte.hu
ORCID-Nr: 0000-0003-4532-3199

Abkürzungen:

MNL BaML = Komitatsarchiv Baranya des Ungarischen Landesarchivs VI. 502. Bvm. és Pécs v. Tanfelügyelőségének iratai

Siehe auch das allgemeine Abkürzungsverzeichnis: [http://www.rechtsgeschichte.at/media/abk.pdf]

Literatur:

ANONYMUS, A kultúrfölény és a jellemnevelés, in: Néptanítók Lapja 67/2 (15. 1. 1934) 41–42.

J. BÖLÖNY, Magyarország kormányai 1848–1975 (Budapest 1978).

Gy. DROZDY, Gróf Teleky Pál – Hóman Bálint, in: Néptanítók Lapja 72/5 (1. 3. 1939) 149–151.

E. Cs. HERGER, Auf dem Weg zur Autokratie? Kirchenpolitik in der Horthy-Ära in Ungarn. Krakowskie Studia z Historii Panstwa i Prawa 10 (2017) 69–95.

B. HÓMAN, Magyar sors – magyar hivatás (Budapest 1942).

DERS., Művelődéspolitika (Budapest 1938).

M. JÓBORÚ, Köznevelés a Horthy-korszakban (Budapest 1972).

J. LAKI, A népiskolák fejlődése, illetve stagnálása a két világháború közötti Baranyában, in: J. SZITA (Hg.), Baranyai helytörténetírás (Pécs 1983) 213–254.

M. MANN, Oktatáspolitikusok és koncepciók a két világháború között (Budapest 1997).

P. T. NAGY, A növekvő állam árnyékában. Oktatás, politika 1867–1945 (Budapest 2011).

P. D. NIKLAI, Die Modernisierung des Volksunterrichts in Ungarn. Umsetzung des Gesetzes über den Volksunterricht im Komitat Baranya nach 1868, in: Journal on European History of Law 2 (2018) 231–235.

Országgyűlési Almanach az 1939–44. évi Országgyűlésről (Budapest 1940). G. UJVÁRY (Hg.), Hóman Bálint és népbírósági pere (Budapest 2019).

G. UJVÁRY (Hg.), Történeti átértékelés. Hóman Bálint, a történész és a politikus (Budapest 2011).

BRGÖ 2020
Beiträge zur Rechtsgeschichte Österreichs

Jaromír TAUCHEN, Brünn

Das Protektorat Böhmen und Mähren und seine Rechtsordnung (1939–1945)

The Protectorate of Bohemia and Moravia and its Legal System (1939–1945)
After the establishment of the Protectorate of Bohemia and Moravia, a dual legal system was implemented on the territory of Bohemia and Moravia – Protectorate law (autonomous) and German law (imperial). Its application was usually based on the citizenship of the subjects of the legal relations. Along with the introduction of legal dualism, a German judiciary was also established, parallel to the comprehensive German occupation administrative apparatus led by the Reich Protector. Throughout the existence of the Protectorate, German officials kept intervening into the autonomous law, therefore the often proclaimed 'autonomy' was gradually fading away. In the contribution, the collections of publications in which provisions of the imperial law as well as the autonomous law were published, will be introduced.
Keywords: *autonomous law – imperial law – legal system – Protectorate of Bohemia and Moravia – publication of legal regulations*

1. Einführung

Als Ende September 1938 das Münchner Abkommen zwischen den vier europäischen Großmächten geschlossen wurde und die Tschechoslowakei auf Grund des Abkommens gezwungen war, ihre umfangreichen Grenzgebiete an das Deutsche Reich abzutreten, versicherten die deutschen Vertreter der Weltöffentlichkeit, „das tschechische Problem" sei damit gelöst und das Deutsche Reich werde keine weiteren Gebietsansprüche gegenüber der Tschechoslowakei erheben. Wie sich jedoch gleich im Frühjahr des kommenden Jahres zeigte, hielt sich das Deutsche Reich nicht an diese Ankündigung.

Bei den Verhandlungen mit Adolf Hitler in der Nacht vom 14. auf 15. März 1939 in der Reichskanzlei war der Präsident der zweiten Tschechoslowakischen Republik Dr. Emil Hácha gezwungen, eine Erklärung zu unterzeichnen, in welcher er das Schicksal des tschechischen Volkes und des Staates in die Hände des Führers des deutschen Volkes legte. Für deutsche Propagandazwecke war dieser Akt von großer Bedeutung, er sollte den Schein der Freiwilligkeit und damit auch der Legalität erwecken, was einerseits für künftige staatsrechtliche Begründung des Protektorats und andererseits für die Rechtfertigung der Besetzung sehr wichtig war.[1]

[1] Zur Errichtung des Protektorats im deutschsprachigem Schrifttum z.B. RILL, Böhmen und Mähren 904ff. oder BRANDES, Die Tschechen.

http://dx.doi.org/10.1553/BRGOE2020-2s260

2. Der Erlass des Führers und Reichskanzlers über das Protektorat Böhmen und Mähren

Die Rechtsgrundlage des Protektorats war Hitlers Erlass[2] vom 16. März 1939, der im Rundfunk verkündet, in fast allen tschechischen Tageszeitungen abgedruckt und auch in einigen amtlichen Verkündungsblättern[3] verlautbart wurde. Dieser Erlass bestand aus einer Präambel und 13 Artikeln und war sehr unklar und unkonkret formuliert, sodass seine Bestimmungen eine Doppelauslegung zuließen, was von den Besatzern auch ausgenutzt wurde. Im Laufe des Jahres 1939 wurde der Führererlass über das Protektorat Böhmen und Mähren noch durch zwei Rechtsvorschriften verfassungsrechtlichen Charakters ergänzt.[4] Die tschechoslowakische Verfassung von 1920 wurde nicht direkt aufgehoben, jedoch traten ihre dem Sinne der Übernahme des Schutzes durch das Deutsche Reich widersprechenden Bestimmungen außer Kraft. Welche Vorschriften außer Kraft zu treten hatten, wurde vom Reichsprotektor festgesetzt.[5]

Die Präambel als nicht normativer Teil des Erlasses wies direkt auf die Zugehörigkeit der böhmisch-mährischen Länder zum Reich hin und rekapitulierte die historische Entwicklung zwischen den böhmischen Ländern und dem Reich so, wie diese von den deutschen Vertretern gesehen wurde.[6] Das neu errichtete und als „Protektorat Böhmen und Mähren" bezeichnete Gebilde genoss den Schutz des Deutschen Reiches und Hitlers Erlass deutete die Existenz der Autonomie dieses geschaffenen Staatengebildes an. Das Protektorat Böhmen und Mähren wurde also für autonom erklärt und sollte das Recht haben, sich selbst zu verwalten, wobei seine Hoheitsrechte im Einklang mit den politischen, militärischen und wirtschaftlichen Belangen des Reiches ausgeübt werden mussten. Diese seitens der Deutschen oft betonte Autonomie galt jedoch nur auf dem Papier und konnte von den Nationalsozialisten jederzeit verletzt, beschränkt oder völlig liquidiert werden (s. Art. 5 und 11 des Erlasses), was darin zum Ausdruck gebracht wurde, dass das Reich Rechtsvorschriften mit Geltung für das Protektorat erlassen konnte. Nach und nach griffen die Nationalsozialisten immer mehr in diese „Autonomie" ein, bis sie diese in einigen Gebieten völlig abgeschafft hatten. Das Protektorat Böhmen und Mähren war also de facto ein Vasallenstaat und kein Protektorat in dem Sinne, in welchem es vom Völkerrecht verstanden wird.[7]

Die volksdeutschen Bewohner des Protektorates wurden deutsche Staatsangehörige und nach den Vorschriften des Reichsbürgergesetzes vom 15. September 1935 (RGBl. I, S. 1146) auch Reichsbürger. Sie waren aus der Zuständigkeit der autonomen (tschechischen) Gerichtsbarkeit ausgenommen und unterstanden nur der deutschen Gerichtsbarkeit.[8] Nach dem Erlass Hitlers

---

[2] Zur Entstehungsgeschichte des Erlasses des Führers und Reichskanzlers vom 16. 3. 1939 s. ausführlich MARŠÁLEK, Pod ochranou hákového kříže 16–25.

[3] In deutscher Fassung in der Nr. 47 des Reichsgesetzblattes (dRGBl. I, S. 485) vom 16. 3. 1939, in deutscher und tschechischer Fassung in der Nummer 2 des Verordnungsblattes für Böhmen und Mähren (VBl., S. 7) vom 21. 3. 1939 und am 17. 3. 1939 im 18. Stück unter der Nr. 75 der Sammlung der Gesetze und Verordnungen.

[4] Es handelte sich um die Durchführungsverordnung vom 22. 3. 1939 (dRGBl. I, S. 542) und die Verordnung über den Aufbau der Verwaltung und die Deutsche Sicherheitspolizei im Protektorat Böhmen und Mähren vom 1. 9. 1939 (dRGBl. I, S. 1681).

[5] Verordnung über das Rechtsetzungsrecht im Protektorat Böhmen und Mähren vom 7. 6. 1939 (dRGBl. I, S. 1039).

[6] Zur Beziehung des tschechischen Staates und des Reiches und zu ihrer Auffassung in der Zeit des Protektorats s. ausführlich: TAUCHEN, Vztah českého státu 106–120.

[7] MARŠÁLEK, Pod ochranou hákového kříže 23.

[8] Diese Ausnahme wurde aufgrund folgender Verordnungen des Reichsjustizministers vom 14. 4. 1939 durchgeführt: Verordnung über die deutsche Ge-

wurden die übrigen Bewohner von Böhmen und Mähren (Tschechen) Staatsangehörige des Protektorates, was eine Äußerung der gewährten Autonomie war. Die Staatsangehörigen des Protektorats waren den deutschen Staatsangehörigen jedoch nicht gleichgestellt, die Tschechen verfügten über keine politischen Rechte und waren in einigen Rechtsgebieten (z.B. im Arbeits- und Sozialrecht) eklatant benachteiligt.

3. Die Geltung des autonomen Rechts und des Reichsrechts

Auf dem Gebiet des Protektorats galten zwei Rechtsysteme: das sog. autonome Recht, d.h. die aus der Zeit der Ersten und Zweiten Tschechoslowakischen Republik übernommenen und die neu von den autonomen Organen erlassenen Rechtsvorschriften, und das Reichsrecht, bzw. einige seiner Rechtsnormen.

Ob das autonome oder das Reichsrecht angewendet wurde, war üblicherweise davon abhängig, welche Staatsangehörigkeit das Rechtsubjekt besaß. Für die Protektoratsangehörigen war das rezipierte bisherige tschechoslowakische Recht einschlägig, jedoch musste dieses in den neuen staatsrechtlichen Verhältnissen im Geiste der Ideologie des nationalsozialistischen Großdeutschen Reiches ausgelegt werden.[9] Die deutschen Staatsangehörigen, die ihren Wohnsitz im Protektorat hatten, besaßen zusätzlich auch die Rechte der tschechischen Staatsangehörigen des Protektorats.

Weder für die Staatsangehörigen des Protektorats noch für deutsche Staatsangehörige galt das Reichsrecht als ein Ganzes, ein einheitliches Recht in dem gesamten Gebiet des Großdeutschen Reiches gab es nämlich nicht.[10] Auf die Rechtsverhältnisse deutscher Staatsangehöriger war im Protektorat ihr Heimatrecht (also das im alten Reichsgebiet, in der Ostmark oder im Reichsgau Sudetenland geltende deutsche Recht) anzuwenden, soweit dieses Recht die Gesetze des Heimatstaates für anwendbar erklärte. Demgemäß galt das Heimatrecht insbesondere auf dem Gebiet des Personen-, Familien- und Erbrechts. Die Rechtsverhältnisse von Personen, welche die deutsche Staatsangehörigkeit im Zusammenhang mit der Errichtung des Protektorats erworben hatten, wurden nach dem deutschen Recht, wie es im Reichsgau Sudetenland galt, beurteilt, soweit dieses Recht die Gesetze des Heimatstaates für anwendbar erklärte.[11]

4. Das autonome Recht

Die erste Gruppe des auf dem Protektoratsgebiet geltenden Rechts stellt das sog. autonome Recht dar. Nach dem Ermächtigungsgesetz vom

richtsbarkeit im Protektorat Böhmen und Mähren (dRGBl. I, S. 752), Verordnung über die Ausübung der Strafgerichtsbarkeit im Protektorat Böhmen und Mähren (dRGBl. I, S. 754) und Verordnung über die Ausübung der bürgerlichen Rechtspflege im Protektorat Böhmen und Mähren (dRGBl. I, S. 759).

[9] KRIESER, Die deutsche Gerichtsbarkeit 1745; ein Beispiel für die unterschiedliche Auslegung in der Zeit der Ersten Tschechoslowakischen Republik und im Protektorat stellt das Gesetz zum Schutze der Republik von 1923 dar.

[10] Verordnung über die Anwendung deutschen Rechts auf deutsche Staatsangehörige im Protektorat Böhmen und Mähren vom 20. 7. 1939 (dRGBl. I, S. 1309); aus dem Schrifttum dazu z.B. ŠTAJGR, Druhé nařízení 177–181.

[11] Aus den sich auf die allgemeine Rechtsentwicklung im Protektorat beziehenden Werken s. vor allem MARŠÁLEK, Pod ochranou hákového kříže 109–134, DERS., Protektorát Čechy a Morava 89–108; JANEČKOVÁ, Státoprávní uspořádání 108–152; aus dem deutschsprachigen Schrifttum s. vor allem SCHELLE, TAUCHEN, Recht und Verwaltung 101–120; KRIESER, Das neue Recht.

15. Dezember 1938 (Nr. 330/1938 Slg.)[12] war der Präsident ermächtigt, auf einstimmigen Vorschlag der Regierung Dekrete zur Verfassungsänderung zu erlassen. Die Regierung konnte zwei Jahre lang mit Zustimmung des Präsidenten Verordnungen mit Gesetzeskraft erlassen. Nach dem Ablauf der Ermächtigung wurde diese durch den Reichsprotektor Konstantin von Neurath im Dezember 1940 bis auf Weiteres verlängert, was die Abhängigkeit der tschechischen Regierung von den deutschen Reichsorganen noch betonte.[13]

Auch in der Zeit des Protektorats oblag die gesetzgebende Gewalt dem Staatspräsidenten und der Regierung. Die Nationalversammlung wurde vom Staatspräsidenten Hácha am 21. März 1939 aufgelöst. Die Ermächtigung zum Erlass von Verfassungsdekreten wurde von dem Staatspräsidenten Hácha nur ein einziges Mal, und zwar im März 1940, genutzt.[14] Zum ausschließlichen Gesetzgeber wurde also die Protektoratsregierung, welche die Regierungsverordnungen erließ. Vom Beginn des Protektorats hatten also deutsche Organe die „autonome" Normbildung des Protektorats wesentlich beeinflusst.

In das autonome Recht konnte auch der Reichsprotektor durch seine legislative Tätigkeit eingreifen; er war befugt, sich über alle Maßnahmen der Regierung des Protektorates unterrichten zu lassen und ihr Ratschläge zu erteilen. Er konnte gegen Maßnahmen, die das Reich zu schädigen geeignet waren, Einspruch einlegen und bei Gefahr im Verzug die im gemeinsamen Interesse notwendigen Anordnungen treffen. Die Verkündung von Gesetzen, Verordnungen und sonstigen Rechtsvorschriften sowie der Vollzug von Verwaltungsmaßnahmen und rechtskräftigen gerichtlichen Urteilen war auszusetzen, wenn der Reichsprotektor Einspruch einlegte. Die Verordnung über das Rechtssetzungsrecht im Protektorat Böhmen und Mähren vom 7. Juni 1939 (RGBl. I, S. 1039) erkannte dem Reichsprotektor das Recht zu, durch Verordnung das autonome Recht zu ändern, soweit das gemeinsame Interesse es erforderte. Bei Gefahr im Verzug konnte er Rechtsvorschriften jeder Art erlassen.

Die Rechtsvorschriften des Reichsprotektors, sowie alle Maßnahmen von Reichsbehörden waren einer Nachprüfung durch die Gerichte und Verwaltungsbehörden der autonomen Verwaltung entzogen.

Im Zusammenhang mit der Ernennung des neuen Reichsprotektors kam es im August 1943 zur Änderung seiner Stellung, Aufgaben und Kompetenzen. Die Vertretung der Interessen des Reiches im Protektorat ging auf das neu errichtete Deutsche Ministerium für Böhmen und Mähren über.[15]

Aus dem oben Erwähnten ist also klar ersichtlich, dass die Autonomie der Protektoratsregierung nur eine leere Phrase war, denn die legislative Tätigkeit der Regierung und der Ministerien des Protektorats unterstand der strengen Aufsicht des Amtes des Reichsprotektors. Die Ministerialbeamten arbeiteten oft unter der Aufsicht der Bevollmächtigten des Reichsprotektors und sie waren gezwungen, ihre Anweisungen zu befolgen. Das Aufsichtsrecht erstreckte sich auch auf den Erlass von Rechtsvorschriften durch autonome Organe auf Landes- und Be-

[12] Dazu ausführlich TAUCHEN, Ermächtigungsgesetzgebung 437–438.

[13] Verordnung des Reichsprotektors in Böhmen und Mähren vom 12. 12. 1940 über die Verlängerung und Abänderung einiger Bestimmungen des Verfassungsermächtigungsgesetzes vom 15. 12. 1938 (VBl.RProt. S. 604).

[14] Dekret des Staatspräsidenten vom 8. 3. 1940 Nr. 83/1940 Slg., über den Amtseid der Regierungsmitglieder, der öffentlichen Angestellten und sonstiger Organe der öffentlichen Verwaltung.

[15] Erlass des Führers über den Deutschen Staatsminister für Böhmen und Mähren vom 20. 8. 1943 (dRGBl. I, S. 527; zum Deutschen Staatsminister s. ausführlich KÜPPER, Karl Hermann Frank 31–52;

zirksebene. In den ersten drei Jahren des Protektorats wurde das Aufsichtsrecht von außenstehenden deutschen Beamten durchgeführt, erst nach der Realisierung der Heydrich'schen Verwaltungsreform im Jahre 1942 kam es zur Besetzung der autonomen Behörden mit deutschen Beamten, wodurch nun direkt auf die Gesetzgebung Einfluss genommen werden konnte.

Im Februar 1942 wurde die Tätigkeit der Regierung als kollektives Organ eingestellt und ihre Zuständigkeit ging auf die einzelnen Minister über.[16] Es waren nun zwei Typen von Verordnungen zu unterscheiden: Regierungsverordnungen und ministeriale Verordnungen. Die Verordnungen der Regierung des Protektorats mit Gesetzeskraft wurden, im Gegensatz zu früher, als die gesamte Regierung beteiligt war, künftig nur vom Vorsitzenden der Regierung und den mit ihrer Durchführung betrauten Ministern beschlossen und unterfertigt. Die anderen Ministerien nahmen am Gesetzgebungsprozess nur unter Ausübung ihres Rechts, Stellungnahmen zu den Entwürfen abzugeben, teil. Das den Entwurf einer Regierungsverordnung ausarbeitende Ministerium hatte die Zustimmung des Reichsprotektors einzuholen. Die ministerialen Verordnungen hatten die Minister zu erlassen, welche in der Regierungsverordnung mit der Durchführung betraut wurden.

Der letzte und schwerwiegendste Eingriff in die autonome Rechtsetzung wurde im Zusammenhang mit der Ausrufung des totalen Krieges im Sommer 1944 vorgenommen, als die fachlich zuständigen Minister ermächtigt wurden, „alle Verfügungen, die in ihrem Bereich zur Durchführung des totalen Kriegseinsatzes erforderlich waren und zu denen sonst ein Gesetz oder eine Regierungsverordnung notwendig wäre, im Verordnungswege selbst zu treffen".[17]

Zum Hauptverkündungsinstrument der autonomen Rechtssetzung gehörte die Sammlung der Gesetze und Verordnungen des Protektorats Böhmen und Mähren, wo Regierungsverordnungen, Verfassungsdekrete des Staatspräsidenten, ministeriale Verordnungen und Verordnungen allgemeinen Charakters der zentralen Behörden verkündet wurden. Bis zum 6. August 1940 erschien die Sammlung nur in tschechischer Sprache, danach zweisprachig. Der deutsche Text befand sich in der linken, der tschechische Text in der rechten Spalte. Da bis August 1940 keine offizielle Übersetzung des autonomen Rechts ins Deutsche zur Verfügung stand, wurde die deutsche Fassung der wichtigsten Rechtsvorschriften bis Ende 1942 in der Zeitschrift „Prager Archiv für Gesetzgebung und Rechtsprechung"[18] veröffentlicht. Zu weiteren Verkündungsblättern des Protektorats gehörten: Das Amtsblatt des Protektorats Böhmen und Mähren, die Verordnungsblätter einzelner Ministerien, das Landesverordnungsblatt für Böhmen und das Landesverordnungsblatt für Mähren und Schlesien. Es erschienen nicht alle Verlautbarungsblätter zweisprachig.

5. Die im Protektorat geltenden Reichsdeutschen Rechtsvorschriften

Wie schon oben angeführt, galten die Rechtsvorschriften des Reiches auf dem Protektoratsgebiet nicht einheitlich, sondern nur, wenn es sich aus ihrem Inhalt ergab oder wenn es in einer Rechtsvorschrift des Reiches ausdrücklich fest-

[16] Verordnung des Reichsprotektors in Böhmen und Mähren vom 12. 12. 1940 über die Verlängerung und Abänderung einiger Bestimmungen des Verfassungsermächtigungsgesetzes vom 15. 12. 1938 (VBl.RProt. S. 604).

[17] Regierungsverordnung vom 22. 8. 1944 Nr. 177/1944 Slg., über die Ermächtigung der Minister zu außerordentlichen Verfügungen zur Durchführung des totalen Kriegseinsatzes.

[18] HUSTY, Prager Archiv.

gesetzt wurde.[19] Im Falle einiger Rechtsvorschriften war ihr Geltungsbereich schon aus dem Titel offensichtlich, oder in der Rechtsvorschrift wurde dem Geltungsbereich auf dem Protektoratsgebiet ein besonderer Teil gewidmet. Es gab jedoch auch Fälle, in denen aus der Formulierung hergeleitet werden musste, dass die Rechtsvorschrift für das gesamte Gebiet des Großdeutschen Reiches erlassen wurde. Es kam jedoch oft vor, dass nicht eindeutig ersichtlich war, ob und in welchem Umfang sich die reichsdeutsche Rechtsvorschrift auch auf das Gebiet des Protektorats bezog. Die in den tschechischen juristischen Fachzeitschriften veröffentlichten Kommentare beschrieben den Inhalt der reichsdeutschen Rechtsvorschriften mit einer Feststellung zum Schluss, dass „es nicht sicher sei, ob diese Rechtsnormen auch auf dem Gebiet des Protektorats Geltung haben."

Unklarheit herrschte auch darüber, ob sich die reichsdeutschen Rechtsnormen nur auf deutsche Staatsangehörige im Protektorat oder auch auf die tschechischen Staatsangehörigen des Protektorats beziehen sollten. Damit die tschechische juristische Fachöffentlichkeit überhaupt eine Übersicht über das im Protektorat geltende Reichsrecht hatte, wurden die Verzeichnisse der reichsdeutschen Vorschriften regelmäßig in tschechischen juristischen Fachzeitschriften abgedruckt sowie Übersichtssammlungen dieser Rechtsnormen herausgegeben.[20]

Der Geltungsbereich der Verkündungsblätter des Reichs erstreckte sich auch auf das Protektorat. Die Rechtsvorschriften des Reichs, die für das Protektorat Gültigkeit hatten und die in den Verkündungsblättern des Reichs verkündet werden, traten im Protektorat mit dem auf die Verlautbarung in den Verkündungsblättern des Reichs folgenden Tag in Kraft.[21]

Zu den reichsdeutschen Verkündungsblättern mit Geltung für das Protektorat gehörten vor allem das Reichsgesetzblatt, der Deutsche Rechtsanzeiger und der Preußische Staatsanzeiger und die Ministerialblätter, wobei das Ministerialblatt des Reichs- und Preußischen Ministeriums des Innern das Wichtigste war. Da diese reichsdeutschen Verkündungsblätter selbstverständlich nur in deutscher Fassung herausgegeben wurden, stellte diese Tatsache ein relativ großes Hindernis dar, denn nicht alle Angehörige juristischer Berufe im Protektorat beherrschten das Juradeutsch auf einem so guten Niveau, dass sie den Wortlaut der reichsdeutschen Rechtsvorschriften verstanden.

Die breitere tschechische juristische Öffentlichkeit hatte oft nur einen beschränkten Zugang zu den reichsdeutschen Verkündungsblättern (vor allem zu ihren älteren Ausgaben), sodass nicht jeder die Möglichkeit hatte, sich mit dem Wortlaut der entsprechenden Rechtsnormen vertraut zu machen. Aus diesem Grund wurden ausgewählte reichsdeutsche Vorschriften mit Geltung für das Protektorat zusammen mit ihren offiziellen Übersetzungen ins Tschechische im Verordnungsblatt des Reichsprotektors abgedruckt. Die tschechischen offiziellen Übersetzungen wurden hier bis Ende 1941 abgedruckt, danach erfolgte keine Übersetzung mehr. Im Falle des Fehlens einer offiziellen Übersetzung in die tschechische Sprache wurden oft Privatübersetzungen angefertigt und in juristischen Fachzeitschriften oder Fachpublikationen veröffentlicht.

Ein Sonderamtsblatt für die Verkündung der reichsdeutschen Normen im Protektorat wurde schon mit der Bekanntmachung des Oberbefehlshabers des deutschen Heeres vom

[19] Zum im Protektorat geltenden Reichsrecht s. näher SVATUŠKA, Říšskoněmecký právní řád 230.

[20] Z.B. VESELÝ, Říšské právo oder PUMPR, Rejstřík německých právních norem.

[21] Verordnung des Reichsministers des Innern vom 3. 4. 1939 über Rechtsvorschriften des Reichs für das Protektorat Böhmen und Mähren (dRGBl. I, S. 704).

15. März 1939 errichtet.[22] Im Verordnungsblatt für Böhmen und Mähren wurden Rechtsvorschriften und Anordnungen allgemeiner Art verkündet, die vom Oberbefehlshaber des Heeres in den unter den Schutz der deutschen Wehrmacht gestellten Gebieten getroffen wurden. Das Verordnungsblatt für Böhmen und Mähren gehörte auch zu den Verkündungsblättern des Reichs.

Im Zusammenhang mit der Beendigung der militärischen Verwaltung und mit dem Antritt des ersten Reichsprotektors wurde die Bezeichnung des Verkündungsblatt zu Verordnungsblatt des Reichsprotektors in Böhmen und Mähren geändert.[23] Zwischen 1939 und 1941 erschien das Verordnungsblatt zweisprachig, in der linken Spalte befand sich die offizielle deutsche Fassung und in der rechten Spalte ihre tschechische Übersetzung. Seit 1942 wurde es nur auf Deutsch herausgegeben. Nach der Errichtung des Amtes des Deutschen Staatsministers für Böhmen und Mähren wurden, ab dem 20. August 1943, die Rechtsvorschriften im Verordnungsblatt des Deutschen Staatsministers für Böhmen und Mähren verkündet, welches das Verordnungsblatt des Reichsprotektors in Böhmen und Mähren ersetzte.

Wenn es aus Gründen der Dringlichkeit notwendig war, wurden die reichsdeutschen Rechtsnormen auch in der Tagespresse (in den Zeitungen „Der Neue Tag" oder „Prager Abend"),[24] durch öffentliches Aushängen[25] oder im Rundfunk[26] verkündet.

6. Fazit

Das Grundproblem der im Protektorat Böhmen und Mähren geltenden Rechtsordnung bestand in ihrer Unübersichtlichkeit. Auf dem Gebiet Böhmens und Mährens galt eine Reihe von reichsdeutschen Rechtsnormen, die jedoch nicht nur im Reichsgesetzblatt, sondern auch in weiteren Verlautbarungsblättern des Reichs verkündet wurden, die im Protektorat schwieriger zugänglich waren. Das zeitgenössische Schrifttum wies auch immer wieder darauf hin, dass es sich aus den reichsdeutschen Rechtsvorschriften nicht ganz klar ergab, ob sich ihr Anwendungsbereich auch auf das Protektorat und gegebenenfalls auch auf die tschechische Bevölkerung bezog.

Im autonomen Recht oblag die rechtsetzende Gewalt dem Staatspräsidenten und der Protektoratsregierung, die zum „Treibzentrum" sämtlicher Legislative und Verwaltung wurde.[27] Die Autonomie der Rechtsetzung wurde mit jedem weiteren Monat der Existenz des Protektorats ausgehöhlt und von Seiten des Amtes des Reichsprotektors und den Oberlandräten wurde in diese immer mehr eingegriffen.

In der Zeit des Protektorats erfuhren einige Rechtsgebiete keine wesentlicheren Änderungen, wie z. B. das Zivil- oder Handelsrecht, wäh-

22 Bekanntmachung des Oberbefehlshabers des Heeres vom 15. 3. 1939 über das Verordnungsblatt für Böhmen und Mähren (VBl. S. 3).

23 Diese Umbenennung wurde erst rückwirkend in der Verordnung über das Rechtsetzungsrecht im Protektorat Böhmen und Mähren vom 7. 6. 1939 (RGBl. I, S. 1039) verankert.

24 Als Beispiel kann die Verordnung des Reichsprotektors vom 21. 6. 1939 über jüdisches Vermögen dienen, welche am Tage ihrer am 22. 6. erfolgten Veröffentlichung in Prager Zeitung „Der Neue Tag" in Wirksamkeit trat. Die Verkündung im Verordnungsblatt des Reichsprotektors erfolgte erst am 7. 7. 1939.

25 Die Verkündung durch öffentliches Aushängen erfolgte z. B. im Falle der Verordnung des Reichsprotektors vom 26. 8. 1939 gegen Sabotagehandlungen (VBl.RPRot. S. 83).

26 Z.B. wurde die Verordnung des Reichsministers der Luftfahrt vom 1. 9. 1939 über das Verbot des gesamten Luftverkehrs über deutschem Hoheitsgebiet durch Rundfunk über den Deutschlandsender am 1. 9. 1939 um 4:45 Uhr verkündet und trat damit zu diesem Zeitpunkt in Wirksamkeit. Der Zeitpunkt des Inkrafttretens wurde auch im Verordnungsblatt des Reichsprotektors (S. 104) veröffentlicht.

27 HOFFMANN, Nové zákony a nařízení 1942, 158.

rend das Arbeitsrecht auf eine völlig neue Grundlage gestellt wurde. Während der Zeit der deutschen Besetzung in den böhmischen Ländern blieben die noch aus dem 19. Jahrhundert stammenden und nach 1918 aus der österreichischen Rechtsordnung übernommenen Gesetzbücher in Kraft und galten bis zu ihrer Aufhebung am Ende der vierziger Jahre. Es handelte sich um das Allgemeine Bürgerliche Gesetzbuch (1811), das Allgemeine Handelsgesetzbuch (1863), das Strafgesetzbuch (1852), die Zivilprozessordnung (1895) und die Strafprozessordnung (1873). Diese Gesetzbücher erfuhren nur geringfügige Änderungen und für die Durchführung wesentlicher Eingriffe in bestimmte Rechtsgebiete wurde die Form der selbstständig erlassenen Regierungsverordnungen gewählt.[28]

Korrespondenz:

Doc. JUDr. Jaromír TAUCHEN, Ph.D., LL.M.
Masaryk-Universität
Juristische Fakultät
Lehrstuhl für Staats- und Rechtsgeschichte
Veveří 70
CZ – 611 80, Brünn
jaromir.tauchen@law.muni.cz
ORCID-Nr. 0000-0001-9400-9484

[28] Aus dem deutschsprachigen Schrifttum zur Entwicklung der einzelnen Rechtsgebiete s. VOJÁČEK, SCHELLE, TAUCHEN, Die Entwicklung 119–124, 176–180, 223–229, 255–259; TAUCHEN, Die Grundcharakteristik 56–60; DERS., Einige Bemerkungen 50–54; DERS., Die Anwendung 141–152.
Zu den konkreten Rechtsgebieten des auf dem Gebiet des Protektorats geltenden Rechts s. aus zeitgenössischem Schrifttum HOFFMANN, Nové zákony a nařízení 1939–1945; LORENZ, SCHINNERER, Das deutsche Strafrecht; VESELÁ, Trestní právo; SOLNAŘ, Trestní právo 93ff; SVATUŠKA, Právní vývoj 57–58.

Abkürzungen:

dRGBl.	Deutsches Reichsgesetzblatt
Slg.	Sammlung der Gesetze und Verordnungen der Tschechoslowakischen Republik/ des Protektorats Böhmen und Mähren
VBl.	Verordnungsblatt für Böhmen und Mähren
VBl.RProt.	Verordnungsblatt des Reichsprotektors in Böhmen und Mähren

Siehe auch das allgemeine Abkürzungsverzeichnis: [http://www.rechtsgeschichte.at/media/abk.pdf]

Literatur:

Detlef BRANDES, Die Tschechen unter deutschem Protektorat, Bd. 1: Besatzungspolitik, Kollaboration und Widerstand im Protektorat Böhmen und Mähren bis Heydrichs Tod (1939–1942) (München–Wien 1969).

Josef HOFFMANN (Hg.), Nové zákony a nařízení Protektorátu Čechy a Morava (Prag 1939–1945).

Franz HUSTY (Hg.), Prager Archiv für Gesetzgebung und Rechtsprechung (Prag 1939–1942).

Eva JANEČKOVÁ, Státoprávní uspořádání Protektorátu Čechy a Morava (1939–1945) (Pilsen 2013).

Helmut KRIESER (Hg.), Das neue Recht in Böhmen und Mähren (1.–3. Teil) (Prag 1943).

DERS., Die deutsche Gerichtsbarkeit im Protektorat Böhmen und Mähren. Ausübung und Umfang, in: Deutsches Recht, Ausgabe A, 10 (1940) 1745–1754.

René KÜPPEL, Karl Hermann Frank als Deutscher Staatsminister für Böhmen und Mähren, in: Monika GLETTLER, Ľubomír LIPTÁK, Alena MÍŠKOVÁ, Geteilt, besetzt, beherrscht: die Tschechoslowakei 1938–45: Reichsgau Sudetenland, Protektorat Böhmen und Mähren, Slowakei (Essen 2004) 31–52.

Max LORENZ, Erich SCHINNERER, Das deutsche Strafrecht im Reichsgau Sudetenland und im Protektorat Böhmen und Mähren (Prag 1940).

Pavel MARŠÁLEK, Pod ochranou hákového kříže: nacistický okupační režim v českých zemích 1939–1945 (Prag 2012).

DERS., Protektorát Čechy a Morava: státoprávní a politické aspekty nacistického okupačního režimu v českých zemích 1939–1945 (Prag 2002).

Tomáš PUMPR, Rejstřík německých právních norem vydaných v době od 15. března 1939 do 30. dubna 1940 s platností pro Čechy a Moravu a norem recipovaných (Prag 1939).

Bernd RILL, Böhmen und Mähren. Geschichte im Herzen Mitteleuropas, Bd. II: Von der Romantik bis zur Gegenwart (Gernsbach 2006).

Karel SCHELLE, Jaromír TAUCHEN, Recht und Verwaltung im Protektorat Böhmen und Mähren (München 2009).

Vladimír SOLNAŘ, Trestní právo německé a protektorátní, in: Právník 81 (1942) 93–100.

Ladislav SVATUŠKA, Říšskoněmecký právní řád v Protektorátu Čechy a Morava, in: Moderní stát. Revue pro vědy státní 12 (1939) 225–231.

DERS., Právní vývoj v Protektorátu Čechy a Morava, in: Všehrd 21 (1940) 57–58.

František ŠTAJGR, Druhé nařízení o výkonu občanského soudnictví v Protektorátu, in: Všehrd 21 (1940) 177–181.

Jaromír TAUCHEN, Die Anwendung des deutschen Strafrechts im Protektorat Böhmen und Mähren, in: Publicationes Universitatis Miskolcinensis. Sectio Juridica et Politica 29 (2011) 141–152.

DERS., Die Grundcharakteristik des Privatrechts im Protektorat Böhmen und Mähren, in: Journal on European History of Law 2 (2011) 56–60.

DERS., Einige Bemerkungen zur Entwicklung des Arbeitsrechts im Protektorat Böhmen und Mähren, in: Journal on European History of Law 1 (2010) 50–54.

DERS., Ermächtigungsgesetzgebung in der Tschechoslowakei, in: Beiträge zur Rechtsgeschichte Österreichs 8 (2018) 428–440.

DERS., Vztah českého státu k Říši a jeho využití a zneužití v Protektorátu Čechy a Morava, in: Jaromír TAUCHEN, Karel SCHELLE (Hgg.), Státoprávní vztahy českého státu a římskoněmecké říše ve středověku a jejich důsledky pro další vývoj (Ostrava 2012) 106–120.

Jarmila VESELÁ, Trestní právo německé všeobecně platné na území Protektorátu Čechy-Morava (Prag 1939).

Vilém VESELÝ, Říšské právo v Čechách a na Moravě: soubor říšských právních norem platných v Protektorátu Čechy a Morava a souvisejících a příbuzných předpisů protektorátních (Prag 1940–1943).

Ladislav VOJÁČEK, Karel SCHELLE, Jaromír TAUCHEN (Hgg.), Die Entwicklung des tschechischen Privatrechts (Brünn 2011).

BRGÖ 2020
Beiträge zur Rechtsgeschichte Österreichs

Andrzej DZIADZIO, Krakau

Der Code civil in der Rechtsprechung der Freien Stadt Krakau (1815–1846)

Zwischen französischer und österreichischer Rechtskultur*

The Code civil in the Jurisprudence of the Free City of Kraków (1815–1846)
Between the French and Austrian legal cultures
Selected examples from the jurisprudence of the courts of the Free City of Krakow prove that the application of the Code civil was often based on an interpretation of regulations which did not meet the intention and content of the French codification. On the one hand, the courts, through an original interpretation of legal norms, aimed to deliberately circumvent French law in order to weaken its rigor in relation to the rights of women or illegitimate children. On the other hand, the erroneous interpretation of the law showed that the courts were not always able to abandon the way of legal thinking which corresponded to the assumptions of Austrian legislation, but differed from the systemic regulations of the Code civil. An important role in the control of courts over the application of French law was played by the Faculty of Law of the Jagiellonian University. At the request of the parties to court proceedings it checked the compliance with substantive and formal law of two rulings of different court instances on the same content. In the opinions issued, the Law Faculty instructed the courts in such fundamental matters as e.g. the form of legal action for evidentiary purposes (ad probationem).
Keywords*: adultery – divorce – Code civil – Free City of Krakow – illegitimate children – principle of freedom of contract*

I. Einleitung.

Das Rechtssystem der Freien Stadt Krakau ist für polnische Rechtshistoriker deswegen von Interesse, da es der seltene Fall der Koexistenz verschiedener Rechtsordnungen war, die sich wiederum auf unterschiedliche axiologische Grundlagen stützten.[1] Dieses unterschiedliche Recht der Republik Krakau wird insbesondere darin sichtbar, dass die zivilrechtlichen Verhältnisse durch den Code Napoleon und die französische Zivilrechtsordnung geregelt, Strafsachen jedoch vor Krakauer Gerichtshöfen auf Grundlage des österreichischen Strafrechts von 1803 abgehandelt wurden. Die Rechtsordnung fußte außerdem auch auf von der Abgeordnetenversammlung verabschiedeten Gesetzen, wie zum Beispiel dem Gesetz über Privilegien und Hypotheken von 1822. Die Rechtsprechung an Krakauer Gerichtshöfen in Zivilsachen zeichnete sich außerdem noch dadurch aus, dass sie sich sowohl auf die Vorschriften des österreichischen Gesetzbuches für Westgalizien von 1797 als auch auf das vormalige polnische Recht bezog.

---

* Dieser Artikel entstand im Rahmen des Forschungsprojektes Nr. 2017/27/B/HS5/01308 des Nationalen Wissenschaftszentrums [Narodowe Centrum Nauki].
[1] Siehe MACIEJEWSKI, Ustrój konstytucyjny; KLIMASZEWSKA, GAŁĘDEK, Stosowanie norm francuskiego 135–146; vgl. weiters MALEC, Wpływy Code Civil 69ff.; PAULI, Austriacki kodeks karny; BARTEL, Ustrój; GRODZISKI, Rzeczpospolita Krakowska.

http://dx.doi.org/10.1553/BRGOE2020-2s269

Das Besondere bei der Gerichtspraxis der Freien Stadt Krakau wiederum bestand in der kurzen Umstellungsphase für die Krakauer Richter, während derer das Bürgerliche Gesetzbuch für Westgalizien Gültigkeit hatte (bis 1810) und sie sich auf die Anwendung des französischen Code civil umstellen mussten. Zwar basierten diese beiden zivilrechtlichen Gesetzbücher auf dem Naturrecht, trotzdem gab es zwischen ihnen fundamentale Unterschiede hinsichtlich des Personen-, Ehe-, Erb- oder Schuldrechts. Es darf also – wenn auch etwas metaphorisch – behauptet werden, dass die Krakauer Gerichtshöfe zum Versuchsgelände für das Austesten der naturrechtlichen Axiologie dieser beiden ersten neuzeitlichen europäischen Gesetzbücher wurden.

Ziel dieses Aufsatzes ist darzustellen, wie die Krakauer Richter, deren Ausbildung von der österreichischen Rechtskultur geprägt war, mit der Auslegung des französischen Zivilrechts zurechtkamen. Es stellte sich nämlich heraus, dass sie Schwierigkeiten hatten, die Institutionen und Begriffe des französischen Rechts zu verstehen. Die Analyse ausgewählter Urteile soll auch nachweisen, wie sie versuchten, die Strenge der Vorschriften bzw. den übermäßigen Formalismus des französischen Gesetzbuches im Vergleich zum österreichischen abzumildern. Dies betraf hauptsächlich die Anwendungen bezüglich des Scheidungsrechts, des Rechtsstatus von außerehelichen Kindern und der Freiheit bei Vertragsabschlüssen. In diesen Fällen fällten die Richter Urteile, die eher den Prinzipien des Naturrechts als den Buchstaben des Gesetzes entsprachen.

II. Ehebruch als Scheidungsvoraussetzung laut Code civil in der Rechtsprechung Krakauer Gerichtshöfe

Hinsichtlich des Scheidungsrechts traten zwischen dem französischen und österreichischen Recht weitreichende Unterschiede zutage. Gemäß Code Napoleon hatte jede Person unabhängig vom Glaubensbekenntnis das Recht auf Scheidung. Nach dem österreichischen Bürgerlichen Gesetzbuch für Westgalizien nutzten die Katholiken dieses Recht kaum. In beiden Rechtssystemen war der Ehebruch eines Partners die Voraussetzung für eine Scheidung. Allerdings hatten im österreichischen Recht beide Ehepartner gleichberechtigt die Möglichkeit, aus diesem Grund eine Scheidung zu fordern. Der Code civil fasste allerdings Ehebruch als Basis für eine Scheidung differenzierter. Der Ehemann konnte nämlich immer aufgrund eines Ehebruches seiner Gattin eine Scheidung beantragen (Art. 229 CC), sie jedoch nur dann, wenn der Gemahl die Konkubine im gemeinsamen Haushalt unterhielt (Art. 230 CC). Ein im Verfahren nachgewiesener Ehebruch der Frau führte nicht nur zur gerichtlichen Scheidung, sondern auch zu einer obligatorischen Freiheitsstrafe von drei Monaten bis zu zwei Jahren für sie. Umgekehrt erhielt der Gemahl wegen Ehebruchs keine Gefängnisstrafe. Ein weiterer davon unabhängiger Scheidungsgrund war im Code Napoleon der Art. 231, laut dem ein Ehepartner die Scheidung aufgrund von „Exzessen, Misshandlungen oder schwerer Injurien" dem anderen gegenüber fordern konnte. Auf ähnliche Weise erkannte das Bürgerliche Gesetzbuch für Westgalizien den Umstand, „wenn ein Ehegatte von dem andern gröblich mißhandelt worden" war, als Scheidungsgrund an.

Das französische Recht unterschied sich vom österreichischen auch hinsichtlich des Beweisverfahrens. Der Code civil definierte die im Zivilverfahren zulässigen Beweiskategorien. Die in einem Scheidungsverfahren durchgeführte Beweiserhebung unterlag der freien richterlichen Beweiswürdigung. Das Gericht konnte also in einem Scheidungsverfahren Beweise sowohl aus Aussagen von Augen- (de visu) als auch Ohrenzeugen (de auditu) zulassen. Daher stand es dem Gerichtshof frei, einen Ohrenzeugen als

Beweis für einen Ehebruch anzunehmen. Im österreichischen Recht dagegen galten bei Verbrechen des Ehebruchs andere Beweisregeln: Die österreichische Strafprozessordnung beruhte weiterhin auf der legalen Beweistheorie, laut der, um ein Verbrechen zu beweisen, die Aussagen von zwei glaubwürdigen Augenzeugen unabdingbar waren – gemäß dem Grundsatz: Ein Zeuge ist kein Zeuge (testis unus, testis nullus).

Die zweigleisige Rechtsordnung der Freien Stadt Krakau spielte somit bei Scheidungsprozessen eine erhebliche Rolle. Sie war vor allem für die Rechtsvertreter beklagter Ehefrauen vorteilhaft, da sie jeweils dann erfolgreich dem Vorwurf eines vollzogenen Ehebruches begegnen konnten, wenn sich dieser auf Aussagen eines oder mehrerer Zeugen stützte, die bloß ein indirekter (Indizien-) Beweis für das Fremdgehen waren. In den Prozessakten beriefen sie sich direkt auf die Vorschriften des StGB von 1803, das als Beweis für den Nachweis des verübten Verbrechens die Aussagen von zwei Augenzeugen erforderte. Das Ziel dieser Vorgehensweise war offensichtlich: Es ging um den Schutz der Mandantinnen vor der obligatorischen Freiheitsstrafe! Die Krakauer Gerichtshöfe folgten in der Regel dieser Argumentation, wenn sie in der Sache nicht über eindeutige und sichere Zeugenaussagen über einen seitens der Gemahlin vollzogenen Ehebruch verfügten. Das Beweisverfahren in Scheidungssachen auf Klage des Ehemannes gegen die Frau, die des Ehebruchs angeklagt war, führten die Krakauer Richter prinzipiell gemäß den Regeln der legalen Beweistheorie.[2]

Die Annahme seitens des Gerichtshofes, es fehle ein rechtlicher Beweis für einen Ehebruch, endete jedoch nicht mit der Klagsabweisung, da ja die Wahrscheinlichkeit ehelicher Untreue Bestand hatte, welche im Lichte des französischen Beweisrechts als bewiesen gelten konnte. Der Gerichtshof verkündete schlussendlich die Scheidung, änderte jedoch deren Rechtsgrundlage. Als Scheidungsgrund erkannte er auf gegenseitige Beleidigungen der Ehepartner, die in der Regel als unabdingbare Folge der Anschuldigung auf Verrat ohnehin auftrat. Durch die Annahme einer anderen rechtlichen Grundlage vermied der Gerichtshof beim Scheidungsurteil die Notwendigkeit eines Richterspruchs gegenüber der beklagten Ehefrau, der mit einer Freiheitsstrafe hätte enden müssen.[3]

Die Krakauer Gerichtshöfe bemühten sich in ihrer Rechtsprechung auch, die Ungleichbehandlung von Ehefrauen durch das französische Recht hinsichtlich des Rechts auf eine Scheidungsklage aufgrund eines Ehebruchs des Gatten zu begrenzen. Sie urteilten nämlich über eine Scheidung im Falle eines bewiesenen Betrugs durch den Ehemann, selbst wenn dieser seine Geliebte nicht in den gemeinsamen ehelichen Haushalt eingeführt hatte. Auch in diesem Fall änderten die Gerichtshöfe die rechtliche Grundlage für das jeweilige Urteil, indem sie den Ehebruch seitens des Gemahls als besonders schwere Form einer Beleidigung gegenüber seiner Frau qualifizierten.[4]

---

[2] POMIANOWSKI, Rozwód 124. Allerdings konnte auf Antrag des Ehemannes, der sich einer guten Reputation auf Grund seiner Stellung – z.B. als Universitätsprofessor – erfreute, ein allgemein bekanntes unmoralisches Benehmen seiner Ehefrau, der Umgang mit Männern und Alkoholkonsum mit diesen, zu einem Scheidungsurteil wegen Ehebruchs führen.

[3] Ebd. 154.

[4] Ebd. 183f.

III. Die originelle Auslegung von Vorschriften des Code civil über Erbrechte von Kindern aus einem ehebrecherischen Verhältnis

Das österreichische Gesetz vertrat auch hinsichtlich der rechtlichen Position außerehelicher Kinder einen liberaleren Zugang im Vergleich zum französischen. Beide Gesetzbücher erachteten solche Kinder als illegitim, deren Eltern zum Zeitpunkt ihrer Geburt nicht in einer ehelichen Verbindung gestanden hatten. Der Code Napoleon differenzierte allerdings den rechtlichen Status eines illegitimen Kindes dahingehend, ob es ein natürliches Kind oder aus einer ehebrecherischen bzw. inzestuösen Verbindung hervorgegangen war. Laut französischem Recht konnten nur natürliche Kinder von den Eltern anerkannt werden. Solche Kinder erhielten dann das Erbrecht, jedoch nur in Bezug auf die Eltern. Als natürlich anerkannte Kinder hatten sie allerdings auch nicht die gleichen Rechte auf eine Erbschaft des elterlichen Vermögens wie eheliche Kinder (Art. 338 CC). Sie erbten bloß ein Drittel jenes Vermögens, das Kindern aus der ehelichen Beziehung zustand. Diese erhielten wiederum die Hälfte des Vermögens, wenn die Mutter oder der Vater keine Verwandten in absteigender Linie hatten, sondern in aufsteigender bzw. auch Brüder oder Schwestern (Art. 757 CC). Ein natürliches Kind erhielt das gesamte Vermögen nur dann, wenn der Vater oder die Mutter keinen einzigen erbberechtigten Verwandten hinterlassen hatten. Die Eltern konnten allerdings nicht Kinder aus einer ehebrecherischen oder inzestuösen Verbindung anerkennen (Art. 335 CC). Daher hatten solche Kinder keinerlei Erbanspruch.

Anders wurde der rechtliche Status von unehelichen Kindern durch das Bürgerliche Gesetzbuch für Westgalizien definiert. Es ermöglichte, Kinder – ohne die Notwendigkeit einer vorangegangenen Anerkennung – durch eine nachfolgende Eheschließung zu legitimieren (legitimatio per subsequens matrimonium). Derart legitimierte Kinder hatten die gleichen Erbansprüche wie ehelich geborene. Illegitime Kinder, sowohl natürliche als auch solche aus einer ehebrecherischen Verbindung, hatten auch gleiche Erbrechte gegenüber der Mutter.[5] Ein illegitimes Kind konnte vom Vater anerkannt oder vom Monarchen legitimiert werden. Das österreichische Recht kannte also kein Verbot der Anerkennung bzw. Legitimation eines Kindes aus einer nicht ehelichen Verbindung. Darüber hinaus waren laut Bürgerlichem Gesetzbuch für Westgalizien die Eltern „verpflichtet zu ihrer Versorgung beizutragen".[6] Es legte also gleichsam den Eltern – und vor allem dem Vater – nahe, das uneheliche Kind anzuerkennen und ihm einen Teil des Erbanspruches zuzuerkennen, aber ohne die Rechte von ehelich geborenen Kindern zu beeinträchtigen.[7] In der gerichtlichen Praxis führte diese Generalklausel des Gesetzbuches zur Zuerkennung des gesamten Erbes nach dem Tod eines Vaters an dessen uneheliches Kind, falls es weder jemanden in absteigender Linie noch eine Witwe gab.[8]

Auf einen ähnlichen Fall trafen die Richter der Freien Stadt Krakau, aber bereits unter dem Regime des Code civil, bei einer Klage der Schwester auf Zuerkennung des gesamten Vermögens ihres verstorbenen Bruders, da dessen Sohn keinen Erbanspruch hätte, weil dieser aus einer nichtehelichen Beziehung des Bruders stamme.[9] Die Klägerin wies nach, dass der Bruder diesen Sohn gezeugt hatte, als er noch in einer ehelichen Verbindung stand. Aus den Akten geht hervor, dass der Erblasser vier Jahre nach Geburt dieses Sohnes dem standesamtli-

---

[5] § 560 Bürgerliches Gesetzbuch für Westgalizien.
[6] § 142, Bürgerliches Gesetzbuch für Westgalizien.
[7] § 559 Bürgerliches Gesetzbuch für Westgalizien.
[8] OLECHOWSKI, Rechtsgeschichte 346.
[9] Archiwum Państwowe w Krakowie [Staatsarchiv in Krakau], im Weiteren: APKr, Wydział II Trybunał I Instancji,[Abteilung II Gerichtshof der I Instanz] Nr. 335, Urteil vom 7. 12. 1833.

chen Akt eine Erklärung beigefügt hatte, in der er diesen außerehelichen Sohn anerkannte. Die Klägerin brachte vor, dass eine Anerkennung dieser Art keine rechtlichen Folgen in Form einer Zuerkennung der Erbberechtigung nach sich ziehen würde, da der Code Napoleon die Möglichkeit, ein Kind aus einer ehebrecherischen Verbindung anzuerkennen, ausschließen würde. Der Rechtsvertreter des beklagten Sohns betonte in der Klageerwiderung, dass ein Sohn in der Erbfolge immer höher stünde als eine Schwester oder Ehefrau. Somit berief er sich auf den Grundsatz des österreichischen Rechts, dass zur „Versorgung" eines unehelichen Kindes „beizutragen" sei.[10]

Die erste Instanz teilte nicht den rechtlichen Standpunkt der Klägerin, dass sie laut Code civil das Gesamtvermögen ihres Bruders erben müsse. Der Gerichtshof erkannte dem unehelichen Sohn das Recht auf die Hälfte des Vermögens zu, indem er feststellte, dass dessen Anerkennung rechtlich bindend sei. Die Ansicht der Klägerin, ihr stünde das ausschließliche Erbrecht zu, wies der Gerichtshof unter Berufung auf Art. 750 CC zurück, gemäß dem das Recht der Schwester auf das gesamte brüderliche Vermögen dadurch bedingt war, dass dieser ohne Nachkommen verstorben sein musste. Das war im vorliegenden Fall nicht gegeben, da der Bruder ja einen Sohn hinterlassen hatte. Interessanter scheint hier allerdings die Argumentationslinie des Gerichtshofes: Er wies die Auffassung ab, dass der uneheliche Sohn aus einer ehebrecherischen Verbindung stammte. Der Gerichtshof teilte diese Auffassung deswegen nicht, da die Klägerseite nicht bewiesen hatte, dass der verstorbene Bruder die Kindesmutter im gemeinsamen Haushalt unterhalten hätte. Anders gesagt vertrat der Krakauer Gerichtshof die Auffassung, dass laut Code Napoleon die Verbindung eines Verheirateten mit einer ledigen Frau nicht ehebrecherisch sei, wenn er mit dieser außerhalb des ehelichen Haushalts geschlechtlich verkehrte! Diese eigenwillige Auslegung des Code civil stand allerdings im Widerspruch zum Geist und den Buchstaben des französischen Rechts. Das Berufungsgericht teilte also die Auffassung des Einspruchs, dass angesichts der Vorschriften „der Beklagte nicht anders angesehen werden kann, als ehebrecherischen gezeugt" und änderte das Urteil zu Ungunsten des unehelichen Kindes.[11]

IV. Vorschriften des Code civil über die Form von Rechtsgeschäften für Beweiszwecke in der Praxis der Krakauer Gerichtshöfe

Die Vertragsfreiheit war sowohl im Bürgerlichen Gesetzbuch für Westgalizien als auch im Code Napoleon die Grundlage für das Schuldrecht. Allerdings gab es einen wesentlichen Unterschied hinsichtlich der Form von Rechtsgeschäften, die unter Androhung der Vertragsnichtigkeit (ad solemnitatem) oder für Beweiszwecke (ad probationem) vorgesehen war. Das österreichische Gesetzbuch setzte nämlich das Prinzip voraus, dass unabhängig von der Vertragsform die Verpflichtungen für die Seiten gleich und zu erfüllen seien (pacta sunt servanda).[12] Auf diese Art trug das Gesetzbuch dem Grundsatz des kanonischen und Naturrechts Rechnung, dass jeder Vertrag unabhängig von der Abschlussform eine Quelle von Verpflichtungen ist, d.h. ex nudum pactum oritur actio et obligatio. In diesem Zusammenhang sah das Bürgerliche Gesetzbuch

[10] Ebd., siehe: Entgegnung auf die Klage durch Wincenty Szpor, dem Bevollmächtigten des unehelichen Sohnes. Zur Anwalts- und Universitätskarriere von W. Szpor vgl. MALEC, MALEC, Wincenty Szpor 99f.

[11] APKr, WM, Nr. 281, Urteil des Appellationsgerichtshofes vom 2. 6. 1835.

[12] § 26 Bürgerliches Gesetzbuch für Westgalizien.

für Westgalizien bloß für wenige Verträge die Schriftform für Beweiszwecke vor, wie zum Beispiel bei Schenkungsverträgen.[13]

Der Code civil wiederum enthielt eine Generalklausel, wonach sämtliche Rechtsgeschäfte, die einen Wert oder die Summe von 150 Franken überstiegen, zu Beweiszwecken als notarieller Akt oder mit privater Unterschrift geschlossen werden mussten.[14] Im gegenteiligen Fall konnte bei einem eventuellen Streitfall zwischen den Parteien die Tatsache eines erfolgten Rechtsgeschäftes nicht mittels Zeugenaussagen vor Gericht bewiesen werden. Das eingeführte Beweisverbot mittels Zeugen bezüglich einer ganzen Kategorie von Verträgen war auch ein unmittelbares Zugeständnis der Verfasser des Code Napoleon gegenüber dem rechtlichen Formalismus in der Gesetzgebung des ancien régime. Das vormalige französische Recht erforderte nämlich einen Schriftbeweis bezüglich sämtlicher Verpflichtungen, in denen es um einen Wert von über 100 Livre ging.[15] Diese Wendung des französischen Gesetzbuches hin zum rechtlichen Formalismus war den Richtern der Freien Stadt Krakau nicht sofort einleuchtend, sodass sie die Vorschriften daraus in den weniger formalisierten Kategorien des österreichischen Vertragsrechts interpretierten.

Das beweist ein Fall, bei dem zwei Instanzen die vom französischen Recht vorgesehene Beweisbeschränkung bezüglich der oben genannten Kategorie von Verträgen übergingen: Die Klage wurde von einem armen, einfachen und behinderten Tagelöhner eingebracht, der die Nichtigkeitserklärung eines Kaufvertrages für eine Ziegelei samt den anliegenden Immobilien forderte.[16] Als Begründung machte er den Umstand geltend, dass der Vertragsgegenstand auch eine bebaute Immobilie umfasste, die auf Grundlage eines mit dem Beklagten mündlich geschlossenen Vertrages über einen Grundstückwechsel sein Eigentum war.

Der Kläger beantragte also die Nichtigkeit des geschlossenen Kaufvertrages und den Eintrag seines Eigentumstitels für jenen Grund, auf dem sein Haus stand, in das Hypothekenbuch. Er gab an, dass er rechtmäßig aufgrund des informellen Vertrages über den Immobilientausch mit dem Kläger Eigentümer des strittigen Grundes geworden war. Dieser Tausch wäre von den Parteien durch gegenseitige Sachübergabe geschlossen worden. Der Kläger lebte 16 Jahre lang in diesem neu erbauten Haus und zahlte während dieser ganzen Zeit keinen Mietzins – bis zum Verkauf der Ziegelei und des Gartens. Um die vorgebrachten Aussagen zu bestätigen, beantragte der Kläger eine Beweisführung mittels Zeugenaussagen.

Der geklagte Unternehmer widersprach den in der Klage vorgebrachten Tatsachen nicht grundsätzlich, stellte aber deren rechtliche Bedeutung anders dar. Seiner Auffassung nach war er – betroffen vom „Mitleid mit dem beschränkten Krüppel wegen seiner schwierigen Lage" – mit dessen Bitte einverstanden gewesen, ein Haus auf dem Grund des Beklagten zu errichten. Er überließ ihm auch Ziegel für den Bau, hätte allerdings vom Kläger die Zusicherung erhalten, dass dieser das Haus auf jedwede Aufforderung hin verlassen würde. Mit anderen Worten: Der Beklagte stellte die Tatsache des Vertragsabschlusses über den Grundstückstausch zwischen ihm und dem Kläger infrage und bot seinerseits einen Eid zur Bestätigung der Angaben an.

Der Gerichtshof erster Instanz bewertete die tatsächlichen Grundlagen des Streits richtig. Er stellte nämlich fest, dass einerseits die Lösung vom Beweis der Umstände abhängig war, ob der Grund, auf dem das Haus des Klägers stand, nun „dem Kläger im Tausch für ein Grundstück daneben […] gelegen mit dem Recht auf den Bau

---

[13] § 59 Bürgerliches Gesetzbuch für Westgalizien.

[14] Art. 1341 Code Civil.

[15] Edikt von Moulins, 1566 unter Karl IX. Vgl. DELSOL, Zasady Kodeksu Napoleona 527.

[16] APKr Abteilung II Gerichtshof der I Instanz, Nr. 335, Urteil vom 31. 5. 1828.

eines neuen Hauses übergeben worden"[17] war. Andererseits hing das Urteil davon ab, ob der Beklagte die Tonerde vom abgetretenen Grund bezog und ob jener Platz, an welchem sich zuvor das Haus des Klägers befunden hatte, sich weiterhin im Nießbrauch des Beklagten befand. Die These aus dem Gerichtsurteil stand aber im Weiteren im Widerspruch zum Code Napoleon hinsichtlich der Form des Rechtsgeschäfts, die zu Beweiszwecken vorgesehen war. Der Gerichtshof ließ nämlich einen Beweis durch Zeugenaussagen zu und begründete dies damit, dass das „Recht bei einer fehlenden Möglichkeit, einen schriftlichen Beweis zu erhalten", eine derartige Beweiserhebung zuließe.

Die Urteilsformel fiel völlig konträr zu den Vorschriften von Artikel 1341 CC aus. Das ergab sich aus der missverständlichen Interpretation des Inhalts gerichtlicherseits. Der Gerichtshof erster Instanz verstand diese Vorschrift des Code Napoleon nämlich so, dass ein Zeugenbeweis nicht zulässig war, um den Inhalt eines Schriftdokumentes, das von den Parteien geschlossen worden war, zu widerlegen. Er schloss allerdings a contrario, dass, wenn die Parteien keinen Vertrag in Schriftform abgeschlossen hätten, der Zeugenbeweis im Falle einer strittigen Frage zulässig wäre. Daher ordnete der Gerichtshof der ersten Instanz die Beweisaufnahme durch Zeugenaussagen an, wodurch die faktischen Grundlagen der Klage bestätigt wurden. Als Folge der getroffenen Feststellungen entschied er auf Nichtigkeitserklärung des Kaufvertrages. Gleichzeitig verfügte er, den Kläger als Eigentümer der strittigen Immobilie ins Hypothekenbuch einzutragen.

In der beim Appellationsgerichtshof eingereichten Berufung beanstandeten sowohl der beklagte Ziegeleibesitzer als auch der Käufer eine falsche Auslegung des Code Napoleon durch den Gerichtshof.[18] Sie verteidigten die abweichende Rechtsansicht damit, dass das Fehlen eines Schriftdokumentes, das einen geschlossenen Vertrag über den Grundtausch mit einem Wert von über 150 Franken belegen würde, die Möglichkeit einer Beweiserhebung hinsichtlich des erfolgten Rechtsgeschäftes durch Zeugenaussagen ausschließen würde. Jedoch wurde diese Argumentation der berufenden Partei vom Appellationsgerichtshof nicht berücksichtigt. Er bestätigte nämlich das Urteil der unteren Instanz mit der allgemeinen Begründung, es sei auf „rechtlicher Basis" erfolgt.[19] Somit war er mit der Auslegung des Code civil durch die erste Instanz einverstanden. In den erlassenen Urteilen kann man also deutlich die gedankliche Nähe zum Geiste des österreichischen Rechts erkennen. Laut Bürgerlichem Gesetzbuch für Westgalizien war die mündliche Vereinbarung über den Tausch der Immobilien verbindlich und deren Beweisbarkeit unterlag keinen gesetzlichen Beschränkungen. Dieses österreichische Gesetzbuch sah für Tauschverträge keine besondere Form – weder unter Androhung der Nichtigkeit noch für Beweiszwecke – vor. Von einer gewissen Bedeutung mag in diesem Fall gewesen sein, dass die Gerichtshöfe deswegen diese (und keine andere) Auslegung des französischen Rechts anwandten, um die Interessen der schwächeren Seite im Rechtsverhältnis zu schützen.

Das übereinstimmende Urteil der ersten und zweiten Instanz beendete allerdings nicht die Streitsache. Laut Verfassung der Freien Stadt Krakau von 1815 stand es den Parteien im Falle von gleichlautenden Urteilen der Gerichtshöfe zu, bei der juristischen Fakultät der Jagiellonen-Universität zu berufen.[20] Auf Antrag der Parteien erstellten die Professoren und Doktoren des Rechts an der Universität ein Gutachten, ob die Gerichtshöfe in ihrer gefällten Rechtsprechung

[17] Ebd.

[18] APKr WM Nr. 259.

[19] APKr WM Nr. 259 Urteil des Appellationsgerichtshofes vom 22. 10. 1828.

[20] Archiv der Jagiellonen-Universität (Krakau), im Weiteren: Archiwum UJ, WP I 66.

nicht das materielle Recht oder wesentliche Formen des Zivilverfahrens verletzt hatten. Sprach sich das Gutachten dafür aus, dass das Gerichtsurteil rechtmäßig war, so hatte der Standpunkt der juristischen Fakultät gerichtliche Rechtskraft und schloss das Verfahren in der jeweiligen Sache ab. Erkannte es jedoch darauf, dass ein Gerichtsurteil Rechtsvorschriften verletzt habe, eröffnete es für die Partei die Möglichkeit, die Sache durch einen Gerichtshof letzter Instanz untersuchen zu lassen. Dieser Gerichtshof konnte dann das von den Parteien angefochtene Urteil bestätigen, aufheben oder abändern. Dank dieser originellen Rechtskonstruktion, die Elemente der deutschen Aktenversendung mit der französischen Kassationsklage verband, erhielt die juristische Fakultät der Jagiellonen-Universität eine bedeutende Position als Interpret des Code civil, welche die Gerichtspraxis erfolgreich mitgestaltete.

So geschehen auch in der vorliegenden Sache: Die juristische Fakultät stellte eine Verletzung von Artikel 1341 CC aufgrund des zugelassenen Beweismittels von Zeugenaussagen hinsichtlich des von den Parteien geschlossenen mündlichen Vertrags über den Grundstückskauf mit einem Wert von über 150 Franken fest.[21] Somit wies sie den Gerichtshöfen die fälschliche Anwendung einer Vorschrift aus dem Code civil über Rechtsgeschäfte für Beweiszwecke (ad probationem) nach. Der Gerichtshof der dritten Instanz urteilte in Übereinstimmung mit dem Standpunkt der juristischen Fakultät.[22] Er änderte nämlich die beanstandeten Urteile der ersten und zweiten Instanz dahingehend, dass er die Forderung des Klägers abwies und somit den Kaufvertrag über die strittige Liegenschaft für gültig und rechtskräftig erkannte. Dank dieses Urteils konnte der Käufer seinen Eigentumstitel in das Grundbuch eintragen lassen.

Schlussbemerkung

Die ausgewählten Beispiele für die Rechtsprechung der Gerichtshöfe in der Freien Stadt Krakau zeigen, dass die Anwendung des Code Napoleon nicht selten auf einer Auslegung der Vorschriften beruhte, die weder der Intention noch dem Inhalt der französischen Kodifikation entsprach. Einerseits zielten die Gerichtshöfe mittels dieser originellen Interpretation der Rechtsnormen auf ein bewusstes Umgehen des französischen Rechts ab, um die Rigidität in Bezug auf die Rechte von Frauen und unehelichen Kindern abzuschwächen; andererseits belegt die fehlerhafte Rechtsauslegung, dass die Gerichte nicht immer jene Denkmuster, die den Grundzügen der österreichischen Gesetzgebung entsprachen und vom Regulierungssystem des *Code civil* abwichen, aufgeben konnten. Eine wichtige Rolle bei der Kontrolle der Gerichtshöfe hinsichtlich der Anwendung des französischen Rechts fiel der juristischen Fakultät der Jagiellonen-Universität zu. Auf Antrag einer Partei im Gerichtsverfahren überprüfte sie, ob Urteile, die bei gleichem Inhalt von den beiden vorangegangenen Instanzen gefällt worden waren, mit dem materiellen und formellen Recht übereinstimmten. In den erstellten Gutachten belehrte diese juristische Fakultät die Gerichtshöfe in derart fundamentalen Angelegenheiten wie der praktischen Bedeutung des Freiheitsprinzips bei Verträgen hinsichtlich der Bestimmung ihres Inhalts bzw. der Form, in der sie abgeschlossen wurden.

---

[21] Archiwum UJ, WP I 58. Sitzung der Professoren und Doktoren der Juristischen Fakultät der Jagiellonen-Universität am 11. 1. 1830. Referent in dieser Sache war Piotr Bartynowski, Professor für römisches Recht.

[22] APKr WM 193 Urteil des Gerichtshofes letzter Instanz vom 4. 3. 1830, 1. 4. 1830 und 22. 4. 1830. Dass es drei Urteile in dieser Sache gab, war die Folge der Zulassung des Eids von Amtswegen als Beweismittel, den die berufende Seite ablegte.

Korrespondenz:

Prof. Dr. Andrzej DZIADZIO
Katedra Powszechnej Historii Państwa i Prawa UJ
Uniwersytet Jagielloński, ul.Gołębia 9/3
PL – 31-007 Kraków
andrzej.dziadzio@uj.edu.pl
ORCID-Nr.0000-0002-8448-2734

Abkürzungen:

APKr	Archiwum Państwowe w Krakowie [Staatsarchiv in Krakau]
Archiwum UJ	Archiwum Uniwersytetu Jagiellońskiego [Archiv der Jagiellonen-Universität]
CC	Code civil

Siehe auch das allgemeine Abkürzungsverzeichnis: [http://www.rechtsgeschichte.at/media/abk.pdf]

Literatur:

Wojciech Maria BARTEL, Ustrój i prawo Wolnego Miasta Krakowa (1815–1846) (Kraków 1976).

J. J. DELSOL, Zasady Kodeksu Napoleona w związku z nauką i jurysprudencją przedstawione, Bd. 2: 527 (Warszawa 1873–1874).

Stanisław GRODZISKI, Rzeczpospolita Krakowska, jej lata i ludzie (Kraków 2012).

Anna KLIMASZEWSKA, Michał GAŁĘDEK, Stosowanie norm francuskiego kodeksu handlowego w Księstwie Warszawskim. Konstytucyjnym Królestwie Polskim i Rzeczypospolitej Krakowskiej w świetle aktów notarialnych, in: Studia z Dziejów Państwa i Prawa Polskiego 19 (2016) 135–146.

Tadeusz MACIEJEWSKI, Ustrój konstytucyjny Wolnych Miast (Państw, Terytoriów) Europy w latach 1806–1954. Studium prawno-historyczno-porównawcze (Warszawa 2018).

Dorota MALEC, Wpływy Code Civil oraz innych kodyfikacji napoleońskich na ziemiach polskich II, in: Czasopismo Prawno-Historyczne LVII/2 (2005) 69ff.

DIES., Jerzy MALEC, Wincenty Szpor (1796–1856) i jego program wykładu umiejętności politycznych. Z dziejów Katedry Umiejętności Politycznych Uniwersytetu Jagiellońskiego, in: Krakowskie Studia z Historii Państwa i Prawa 3 (2010) 99f.

Thomas OLECHOWSKI, Rechtsgeschichte. Einführung in die historischen Grundlagen des Rechtes (Wien 2016) 346.

Lesław PAULI, Austriacki kodeks karny z 1803 r. w Wolnym Mieście Krakowie (1815–1833) I–II (Kraków 1970).

Piotr Z. POMIANOWSKI, Rozwód w XIX wieku na centralnych ziemiach polskich. Praktyka stosowania Kodeksu Napoleona w latach 1808–1852 (Warszawa 2018) 124.

BRGÖ 2020
Beiträge zur Rechtsgeschichte Österreichs

Ernest C. BODURA, Wien/Warschau

Pandektenlehrbücher auf Polnisch oder polnische Pandektenlehrbücher?

Anmerkungen zu zwei Hauptwerken der galizischen Pandektistik im 19. Jahrhundert

Pandect textbooks in Polish or Polish Pandect textbooks?
Notes on two main works of Galician pandectistics in the 19th century.

The specific textbooks on Pandect law were a characteristic element of the German Pandektistik. It is almost intuitively assumed that all these textbooks were written in German language. Considering them more closely reveals, however, that in the nineteenth century this kind of textbooks on the "Pandektenrecht" also existed in other languages than German, such as two textbooks published in Polish at the time, namely the two-volume work "Pandekta czyli wykład prawa prywatnego, rzymskiego, o ile ono jest podstawą prawodawstw nowszych", published by Józefat Zielonacki in 1862, and Ferdinand Źródłowski's Pandect textbook from 1889 entitled "Pandekta prywatnego prawa rzymskiego". Both textbooks were extensive and independent elaborations in Polish language, which, however, dealt with (German) Pandect law. According to the author of the article, both textbooks must be regarded as a key for exploring the Galician Pandektistik.

Keywords: *Galician Pandectistics – Pandect textbooks in Polish – Roman Law in Galicia – Slavica non leguntur – Textbooks of Pandect Law*

Um die Mitte des neunzehnten Jahrhunderts stand die deutsche Privatrechtswissenschaft bekanntlich ganz im Zeichen der sog. Pandektistik oder der sog. Pandektenwissenschaft.

Kennzeichnend für die Epoche der Pandektistik oder der Pandektenwissenschaft waren die spezifischen Lehrbücher des Pandektenrechts. Die Besonderheit dieser Lehrbücher des Pandektenrechts bestand darin, dass sie – so hat es im neuesten Schrifttum etwa Hans-Peter Haferkamp formuliert, „den Diskussionsstand der Einzelfragen zusammentrugen und zugleich über eine strenge systematische Verknüpfung die Zusammenhänge herausarbeiteten."[1]

Man geht dabei fast intuitiv davon aus, dass diese Lehrbücher des Pandektenrechts ausnahmslos in deutscher Sprache verfasst worden seien. Bei genauerem Hinsehen zeigt sich aber, dass es solche Lehrbücher des Pandektenrechts im neunzehnten Jahrhundert auch in anderen Sprachen als dem Deutschen gab,[2] so etwa zwei

[1] HAFERKAMP, Pandektenwissenschaft 778.

[2] Werner Ogris hat allerdings schon vor mehr als 50 Jahren explizit darauf hinwiesen, dass sich in der österreichischen Rechtswissenschaft neben dem deutschsprachigen und italienischen Zweig in der zweiten Hälfte des 19. Jhd. auch eine auf der deutschen Gemeinrechtswissenschaft beruhende juristische Literatur in tschechischer und polnischer Sprache entwickelt hatte. Dabei konstatierte er jedoch gleichzeitig nicht ohne spürbares Bedauern, dass letztere „bisher in deutschsprachigen Werken kaum

http://dx.doi.org/10.1553/BRGOE2020-2s278

auf Polnisch in den 1860er und 1880er Jahren erschienene Pandektenlehrbücher, die im Folgenden etwas näher vorgestellt werden sollen. Es handelt sich zum einen um das von Józefat Zielonacki im Jahre 1862 in erster Auflage vorgelegte zweibändige Werk „Pandekta czyli wykład prawa prywatnego rzymskiego, o ile ono jest podstawą prawodawstw nowszych" [Die Pandekten oder eine Auslegung des römischen Privatrechtes, soweit es Grundlage der neueren Gesetzgebungen ist][3] und zum anderem um das Pandektenlehrbuch von Ferdinand Źródłowski aus dem Jahre 1889 unter dem Titel: „Pandekta prywatnego prawa rzymskiego" [Die Pandekten des römischen Privatrechts].[4]

Obwohl auf Polnisch verfasst, hatten diese beiden Pandektenlehrbücher ausschließlich das (deutsche) Pandektenrecht zum Gegenstand. Sie waren aber andererseits auch keinesfalls bloße Übersetzungen irgendwelcher bereits vorliegender deutscher Pandektenlehrbücher. Vielmehr waren sie originäre Werke galizischer bzw. polnischer Autoren, deren ganzer beruflicher Werdegang entweder an deutschen bzw. preußischen Universitäten stattfand, so im Falle J. Zielonackis, oder an den österreichischen Universitäten wie bei F. Źródłowski. Beide waren zu Ordinarien für Römisches Recht avanciert, der erstere J. Zielonacki, u.a an der k.k. Universität Innsbruck und der – damals noch ausschließlich als deutsche Hochschule geführten – k.k. Universität Prag.

Somit handelt es sich im Falle der beiden Pandektenlehrbücher, die uns hier beschäftigen sollen, um zwei umfangreiche selbständige Ausarbeitungen in polnischer Sprache, die aber das (deutsche) Pandektenrecht zum Gegenstand hatten und dabei lehrbuchmäßig verfasst waren.

Im Folgenden soll der Frage nachgegangen, wo die Lehrbücher von J. Zielonacki und F. Źródłowski in systematischer Hinsicht genau zu verorten sind. Handelt es sich dabei um Pandektenlehrbücher auf Polnisch oder vielmehr um polnische Pandektenlehrbücher? Oder die Frage etwas anders formuliert: Stellten die hier zur Debatte stehenden auf Polnisch verfassten Werken von J. Zielonacki und F. Źródłowski ganz „normale" Pandektenlehrbücher in dem Sinne dar, dass sie wie jedes andere in Deutschland auf Deutsch erschienene Pandektenlehrbuch ausschließlich das vorhandene deutsche Pandektenrecht für einen polnischen Leserkreis erschlossen, oder beinhalteten sie doch eine spezifisch „polnische" oder galizische Sichtweise auf das Pandektenrecht? Im ersteren Fall hätte die polnische Sprache im Grunde genommen „nur" die Funktion eines rein technischen Ausdrucksmittels anstelle der deutschen Sprache. Gab es also, um die Fragestellung etwas zu variieren, im 19. Jahrhundert so etwas wie eine spezifisch „galizische Pandektistik" in polnischer Sprache, die die damals dominierende deutsche oder österreichische „Pandektistik" hätte bereichern und ergänzen können? Welcher Stellenwert kam der polnischsprachigen Literatur innerhalb der galizischen Pandektistik zu, und welcher wissenschaftliche Wert wäre dieser Art juristischer Literatur zuzuerkennen?

Wenn hier von einer spezifisch „galizischen Sichtweise" die Rede ist, so ist dies allerdings keineswegs im Gegensatz zu einer „rein" österreichischen Sichtweise gemeint. Denn natürlich unterlagen auch die beiden Universitäten Galiziens, Krakau und Lemberg, dem rechtswissenschaftlichen Curriculum der k.k. Universitäten. Einer spezifisch „galizischen" Sichtweise könnte also bestenfalls die Funktion zukommen, die damals dominierende deutsche oder österreichische Sichtweise auf das Phänomen der „Pandektistik" oder des „Pandektenrechts" zu berei-

beachtet worden ist", was wiederum daran liegen mag, dass „für die meisten deutschsprachigen Juristen der Satz ‚Slavica non leguntur' galt", vgl. OGRIS, Historische Rechtsschule 386 Fn. 60.

[3] ZIELONACKI, Pandekta.

[4] ŹRÓDŁOWSKI, Pandekta.

chern, zu ergänzen oder zu erweitern. Mit dieser Fragestellung ist allerdings ein weiteres Problem verknüpft, nämlich die Frage, ob die beiden hier im Mittelpunkt stehenden Pandektenhandbücher von J. Zielonacki und F. Źródłowski tatsächlich als eine Art Schlüssel zur Erkundung der galizischen Pandektistik schlechthin dienen können. Bevor auf diese Fragen näher eingegangen wird, seien einige wenige Worte zur damaligen Lage an den galizischen Universitäten Krakau und Lemberg in den 1860er Jahren gestattet: Es waren dies die beiden einzigen akademischen Einrichtungen im damaligen Galizien, an denen Forschung und Lehre des Römischen Rechts systematisch betrieben wurden.[5] Gerade in dieser Zeit, also in den 60er Jahren, setzte an den beiden Rechtsfakultäten ein Prozess einer allgemeinen Polonisierung des Lehrbetriebes ein.[6] Ohne Zweifel war das wissenschaftsgeschichtlich ein einschneidendes Ereignis für die weitere Geschichte des Römischen Rechts in Polen. Denn es führte schließlich im weiteren Verlauf des 19. Jhds. zur Etablierung einer nahezu rein „polnischen" Lehre des Römischen Rechts im damaligen Galizien.

Wenden wir uns nun zunächst dem Pandektenlehrbuch von J. Zielonacki zu. J. Zielonacki (1818-1884) wurde in Großpolen, also im sog. Großherzogtum Posen, als preußischer Untertan geboren.[7] Nach dem Studium der Rechtswissenschaft und der Promotion zum Dr. iur. in Berlin im Jahre 1845 habilitierte er im Römischen Recht im Jahre 1849 an der preußischen Universität Breslau, wo er zunächst auch als Privatdozent tätig war, bis er im Jahr 1850 zum Lehrstuhlinhaber für Römisches Recht in Krakau ernannt wurde.[8] Im Jahre 1853 wurde er jedoch aus politischen Gründen entlassen und nach Innsbruck versetzt, wo er aber gleichfalls den Lehrstuhl für Römisches Recht innenhatte. Später, d.h. im Jahre 1855, wechselte er nach Prag und schließlich, 1857, nach Lemberg, wo er als Professor für Römisches Recht bis 1870 lehrte.[9] J. Zielonacki hat als Romanist in drei Sprachen gearbeitet: Nach der Doktorarbeit und der Habilitationsschrift auf Latein verfasste er zahlreiche romanistische und privatrechtliche Arbeiten auf Deutsch, bis er später in seinen wissenschaftlichen Publikationen zur polnischen Sprache überging.

Vom intellektuellen Zuschnitt und seiner Arbeitsweise her war J. Zielonacki als Romanist zweifelsohne ein en vogue Pandektist,[10] was sich auch in seinen Publikationen niederschlug, die im Übrigen auch seine ausgezeichneten Kenntnisse der deutschen romanistischen Literatur bewiesen. Wie sich dies für einen typischen Pandektisten gehörte, galt auch J.Zielonackis Interesse in erster Linie der Rechtsdogmatik, und zwar sowohl des aktuellen österreichischen Privatrechts wie auch der Dogmatik des Pandektenrechts, kaum aber – und auch dies war in gewisser Weise charakteristisch – etwa der Rechtsgeschichte.[11]

Das Pandektenlehrbuch, das uns hier interessiert, war das Hauptwerk J. Zielonackis.[12] Es ist

[5] Zum Unterricht des Römischen Rechts an den damaligen galizischen Universitäten vgl. allen voran KODRĘBSKI, Prawo rzymskie 216-257.

[6] PATKNAIOWSKI, Dzieje Wydziału 243f, 246-250; FINKEL, STARZYŃSKI, Historya I 341f; STINIA, Uniwersytet Jagielloński 20, 45-48; SONDEL, Z dziejów Katedry 103.

[7] ZIĘBA, Józefat Zielonacki 1; DIES., Polnischer Gelehrter, 391.

[8] PATKANIOWKSI, Dzieje Wydziału 251; SONDEL, Z dziejów Katedry 103; WISŁOCKI, Dzieje 72; ZIĘBA, Józefat Zielonacki 4; DIES., Polnischer Gelehrter 392; DIES., Szkic do biografii 130; DIES., Profesor Józefat Zielonacki 93.

[9] FINKEL, STARZYŃSKI, Historya I 311; KODRĘBSKI, Prawo rzymskie 234; ZIĘBA, Józefat Zielonacki (Diss.) 23; DIES., Polnischer Gelehrter, 399.

[10] GIARO, Dogmatyka 94; JĘDREJEK, Niemiecka Szkoła 92; DERS., Zastosowanie metody 113; KODRĘBSKI, Prawo rzymskie 238; VETULANI, Dzieje 37.

[11] KODRĘBSKI, Prawo rzymskie 238.

[12] SONDEL, Z dziejów Katedry 103; ZIĘBA, Józefat Zielonacki 105; DIES., Polnischer Gelehrter 427.

ein umfangreiches Werk von zwei Bänden auf 843 Seiten.[13] Schon von seinem Aufbau her orientiert es sich zweifelsohne am Aufbau zahlreicher deutschsprachiger Pandektenlehrbücher, die zu dieser Zeit in Deutschland in großer Zahl erschienen.[14] Der erste den allgemeinen Grundsätzen des Rechts und dem Sachenrecht gewidmete Band beginnt mit einer signifikanten Definition des Vorlesungsgegenstandes: Gegenstand der Pandektenvorlesung sollte das römische Privatrecht zur Zeit Justinians sein, allerdings nur insoweit, als es zugleich die Grundlage der neueren Privatrechtsgesetzgebung darstellte.

Charakteristisch ist dabei, dass J. Zielonacki auf jegliche weitergehende Überlegungen, etwa zu der Frage, wie sich das Recht in materieller Hinsicht entwickelt hat und aus welchen Quellen es fließt, grundsätzlich verzichtet und sich im Gegenteil darauf beschränkt, es als Mittel zur Sicherung der sozialen Ordnung zu betrachten – hier bleibt er eindeutig einer rein positivistischen Konzeption des Rechts treu.[15] Interessanterweise geht J. Zielonacki allerdings kurz auf die Frage des Einflusses des römischen Rechts auf die Entwicklung des polnischen Rechts ein:[16] Bevor er im ersten Band zum römischen Sachenrecht übergeht, erörtert J. Zielonacki auch die Rechtsquellenlehre, das Personenrecht und die Rechtsakte.[17]. Der zweite Band befasst sich dann mit dem Schuldrecht, mit dem Pfand, das J. Zielonacki als gesonderten Teil des Rechtssystems betrachtet, sowie mit dem Familien- und Erbrecht. Vor jedem Absatz findet sich eine umfangreiche Bibliographie, die allerdings bezeichnenderweise fast ausschließlich das deutsche Schrifttum enthält. Das ganze Lehrbuch ist in einem prägnanten, präzisen Stil verfasst[18] und hat dadurch zweifellos einen großen didaktischen Wert gehabt. Bezeichnenderweise enthält es fast ausschließlich eine rein dogmatische Vorlesung zum justinianischen Recht, mit nur sehr wenigen punktuellen Hinweisen auf das klassische Recht bzw. auf die historische Entwicklung des römischen Rechts. Das Ganze bleibt ausgesprochen ahistorisch.[19] J. Zielonacki verkörperte ohne Zweifel den Typus des deutschen Pandektisten, für den das römische Recht an sich keine historische Disziplin darstellt, sondern bestenfalls einen Prototyp des geltenden Rechts. Wie bereits erwähnt, zeigen die Schriften J. Zielonackis eine gründliche Kenntnis der Quellen des römischen Rechts und der zeitgenössischen romanistischen Literatur, aber keine ausgeprägt historischen Interessen.[20]

Man nimmt im Schrifttum allerdings generell an, dass das Pandektenlehrbuch von J. Zielonacki durchaus wichtig war für die Präsenz des römischen Rechts in der polnischen Kultur im 19. Jahrhundert.[21] Er hat das Buch für die Studenten der Jagiellonen-Universität geschrieben. Es war das erste polnische Pandekten-Handbuch, das das deutsche Lehrmodell des römischen Rechts auf galizischen Boden überträgt.

Dies wurde auch von seinen Zeitgenossen so gesehen und entsprechend gewürdigt. So bewertete der Krakauer Gelehrte Friedrich Zoll [der Ältere] – übrigens ein bekennender Gegner des Pandektenrechts – das Pandektenlehrbuch von J. Zielonacki sehr hoch, und zwar mit der Begründung, dass es „in der polnischen Literatur das erste und einzige Werk dieser Art" sei,

[13] KODRĘBSKI, Prawo rzymskie 237; ZIĘBA, Józefat Zielonacki 87; DIES., Polnischer Gelehrter 424.

[14] KODRĘBSKI, Prawo rzymskie 237.

[15] Ebd.; SONDEL, Z dziejów Katedry 103.

[16] ZIELONACKI, Pandekta I 4.

[17] KODRĘBSKI, Prawo rzymskie 237.

[18] Ebd. 238.

[19] Ebd.; SONDEL, Z dziejów Katedry 103.

[20] SONDEL, Z dziejów Katedry 103.

[21] JĘDREJEK, Niemiecka Szkoła 92; KODRĘBSKI, Prawo rzymskie 237; SONDEL, Z dziejów Katedry 103; ZIĘBA, Józefat Zielonacki 102f; DIES., Polnischer Gelehrter 426f.

dessen terminologische Präzision und konsistente Systematik er hoch lobte.[22]

Neben J. Zielenacki ist es ganz sicherlich Ferdynand Źródłowski (1843-1894)[23], der unter den damaligen galizischen Romanisten als Pandektist betrachtet werden kann.[24] Das wissenschaftliche Hauptinteresse von F. Źródłowski galt dem gegenwärtigen österreichischen bzw. deutschen Privatrecht seiner Zeit. Er schrieb und veröffentlichte hauptsächlich in deutscher Sprache und es war ihm wichtig, mit der deutschen Wissenschaft in Kontakt zu bleiben.[25] Darüber hinaus beteiligte er sich aktiv an den Diskussionen zur Reform des österreichischen Privatrechts, und zwar hauptsächlich zu Fragen des Zivilprozessrechts.[26]

Auf dem Gebiet des römischen Rechts hat F. F. Źródłowski drei umfassende Lehrbücher veröffentlicht, darunter das für unsere Fragestellung besonders interessierende Lehrbuch der Pandekten auf Polnisch[27]. Daneben hat er ein umfassendes Lehrbuch des römischen Rechts auf Deutsch geschrieben[28] – darüber wird noch zu sprechen sein – und schließlich ein Lehrbuch der Institutionen auf Polnisch.[29]

Der Aufbau des eben erwähnten Pandektenlehrbuchs von F. Źródłowski unterscheidet sich nicht wesentlich von dem über ein Vierteljahrhundert älteren Lehrbuch J. Zielonackis und es bleibt demensprechend auch ganz im üblichen Schema der deutschen Pandektenlehrbücher seiner Zeit.[30] F. Źródłowski behandelt in seinem Pandektenlehrbuch das allgemeine Wissen über das Recht als solches,[31] darunter die Rechtsquellenlehre, das Personenrecht, die allgemeine Lehre über die Sachen und die Rechtsgeschäfte. Eine ausführliche Darstellung des römischen Rechts bleibt zunächst aus; sie sollte augenscheinlich im zweiten letztendlich nicht veröffentlichten zweiten Band des Lehrbuches enthalten sein. F. Źródłowski verweist in seinem polnischen Pandektenlehrbuch wiederholt auf sein in Prag im Jahre 1877 u. 1880 veröffentlichtes Handbuch des römischen Rechts auf Deutsch wie auch auf die einschlägigen deutschen Pandektenlehrbücher, insbesondere auf die klassischen Lehrbücher von Windscheid und Dernburg, aber er lässt sich durchaus auch auf zahlreiche Polemiken mit deutschen Romanisten ein.[32]

Wie es scheint, war der didaktische Wert des Pandektenlehrbuchs von F. Źródłowski gering; in dieser Hinsicht unterscheidet es sich recht eindeutig von J. Zielonackis Lehrbuch.[33] In dogmatischer Hinsicht voller Polemik in alle Richtungen und in ungeschickter Sprache geschrieben, erfreute es sich bei den Studenten mit Sicherheit keiner großen Beliebtheit.[34] Dement-

---

[22] ZOLL, Uwagi (1864) 178.

[23] F. Źródłowski studierte in Lemberg, promovierte jedoch in Krakau und habilitierte sich dort 1866 im österreichischen Zivilrecht. Als 24-jähriger junger Mann wurde er ein Jahr später als außerordentlicher Professor für Zivilrecht an die Universität Lemberg berufen. Diese schnelle wissenschaftliche Karriere war nicht zuletzt durch die Polonisierung der Universität Lemberg bedingt, die nun nach der sprachlichen Umstellung polnische Dozenten benötigte. 1872 wurde F. Źródłowski zum ordentlichen Professor für das Zivilrecht ernannt. Er trat 1889 in den Ruhestand, vgl. KODRĘBSKI, Prawo rzymskie 238f.

[24] GIARO, Dogmatyka 94; JĘDREJEK, Niemiecka Szkoła 92; DERS., Zastosowanie metody 113; VETULANI, Dzieje 37.

[25] KODRĘBSKI, Prawo rzymskie 239.

[26] Vgl. etwa ŹRÓDŁOWSKI, Untersuchungen; DERS., Verjährung.

[27] ŹRÓDŁOWSKI, Pandekta 1.

[28] ŹRÓDŁOWSKI, Römisches Privatrecht.

[29] ŹRÓDŁOWSKI, Instytucje.

[30] KODRĘBSKI, Prawo rzymskie 239.

[31] JĘDREJEK, Niemiecka Szkoła 215; DERS., Ocena metody 105.

[32] Allerdings stieß er dabei anscheinend auf deutscher Seite auf eine bemerkenswert respektlose Gleichgültigkeit, vgl. dazu KODRĘBSKI, Prawo rzymskie 240.

[33] Ebd.

[34] Ebd.

sprechend wurde es in der Literatur auch eher kritisch bewertet. Man warf ihm vor, dass es schon bei seinem Erscheinen gänzlich veraltet gewesen sei.[35] Und man stellte dabei auch ganz generell den Nutzen eines solchen Lehrbuchs jedenfalls für den Geltungsbereich des österreichischen ABGB in Frage. Dass ein zweiter Band dieses Pandektenlehrbuchs nicht veröffentlicht wurde, dürfte allerdings nicht durch diese Kritik bedingt gewesen sein, sondern hing wohl eher mit dem Abgang F. Źródłowskis von seinem Lehrstuhl zusammen.[36] Auf jeden Fall lässt sich seinem Pandektenlehrbuch entnehmen, dass sich F. Źródłowski deutlicher noch als J. Zielonacki zur Aktualität des Pandektenrechts bekannte.[37] Das moderne römische Recht, das im 19. Jahrhundert sog. heutige römische Recht, ist ihm gleichbedeutend mit dem deutschen Gemeinen Recht. Mehr noch als J. Zielonacki steht F. Źródłowski für einen in Galizien tätigen Pandektisten, der eng mit der deutschen Wissenschaft verbunden ist.

Um nun zum Schluss wieder zur Ausgangsfrage zurückzukehren: Stellen nun die beiden hier vorgestellten Werke von J. Zielonacki und F. Źródłowski in systematischer Hinsicht tatsächlich spezifisch polnische Pandektenlehrbücher dar, oder im Grunde doch nur deutsche Pandektenlehrbücher auf Polnisch? Unsere Antwort darauf muss wohl eher durchwachsen ausfallen. Sie waren m.E. beides. Denn sie weisen recht eindeutig spezifisch polnische Komponenten auf, zeigen sich aber andererseits – was eben auch nicht zu übersehen ist – sehr stark in der deutschen Pandektistik verankert.

Als spezifisch polnische Komponente lässt sich hier zum einen die Tatsache anführen, dass J. Zielonacki schon zu Beginn seines Buches, wenn auch nur kurz, auf die Frage eingeht, inwieweit das römische Recht für die Entwicklung des polnischen Rechts von Bedeutung gewesen ist. Zum anderen aber, bedeutsamer noch, der Umstand, dass beide Lehrbücher auf Polnisch geschrieben waren. Aus rechtshistorischer und wissenschaftsgeschichtlicher Perspektive kommt diesem Umstand insofern eine große Bedeutung zu, als sich dies, wie erwähnt, in einer Zeit abgespielt hat, in der es weder ein systematisches Studium noch einen entsprechenden universitären Lehrbetrieb im Römischen Recht auf Polnisch gegeben hatte. Dementsprechend steht das Erscheinen der beiden hier zur Debatte stehenden Pandektenlehrbücher in engem Zusammenhang mit dem sich in dieser Zeit an den beiden galizischen Rechtsfakultäten vollziehenden Prozess einer allgemei-nen Polonisierung des Lehrbetriebes. Denn man konnte sich kaum ernsthaft für eine generelle Einführung des Polnischen als Unterrichtssprache an einer Rechtsfakultät einsetzen, ohne gleichzeitig ein dazu geeignetes Lehrmittel, etwa in Form eines entsprechenden Lehrbuches, für ein so grundlegendes Fach zur Verfügung zu stellen, wie es das Römische Recht aus damaliger Sicht ohne Zweifel war. So betrachtet ist es auch ohne weiteres zu verstehen, warum das Erscheinen des Pandektenlehrbuchs von J. Zielonacki von den Zeitgenossen so hoch gewürdigt und gelobt wurde. Denn unbestrittenermaßen kam ihm eine wichtige Rolle in der Entwicklung der Dogmatik des römischen Rechts in polnischer Sprache zu. Vor allem hat es nicht unwesentlich zur Präzisierung und Entwicklung der privatrechtlichen Begrifflichkeit in polnischer Sprache beigetragen. Was die Verankerung der beiden Pandektenlehrbücher von J. Zielonacki und F. Źródłowski in der deutschen Pandektistik angeht, ist diese in erster Linie darin zu sehen, dass sie – wie schon mehrfach angedeutet – ausschließlich das (deutsche) Pandektenrecht zum Gegenstand haben. Des Weiteren waren sie ganz ähnlich wie die „typischen Pandektenlehrbücher" jener Epoche in Deutschland aufgebaut und strukturiert. Schließlich kam ihnen die glei-

[35] KODRĘBSKI, Prawo rzymskie 239.
[36] Ebd. 240f.
[37] Ebd. 239.

che Rolle zu, wie den damals üblichen deutschen Pandektenlehrbüchern dieser Zeit in den Staaten des Deutschen Bundes, in denen es inzwischen bereits ein kodifiziertes Privatrecht gab, wie dies bekanntermaßen etwa in Preussen, Österreich oder auch im Königreich Sachsen der Fall war, wo also das alttradierte Gemeine Recht nicht mehr galt. Hier kam den Pandektenlehrbüchern die Bedeutung einer Art „didaktischen Vehikels" von hohem Wert zu, das dazu geeignet war, den angehenden Juristen die Grundkonstruktionen privatrechtlicher Dogmatik in effektiver Weise nahezubringen.

Auch wenn die Pandektenlehrbücher von J. Zielonacki und F. Źródłowski nicht grundlegend vom „deutschen Vorbild" abweichen, so wird in ihnen doch so etwas wie eine spezifisch galizische Pandektistik als ein rechtshistorisches Phänomen sichtbar; sie können daher als Schlüssel zur Erkundung der galizischen Pandektistik dienen. Deren wesentliche Bedeutung ist in dem schlichten Umstand begründet, dass sie zu einem nicht unwesentlichen Teil in der polnischen Sprache verfasst ist.

Was den wissenschaftlichen Wert dieser polnischsprachigen Literatur innerhalb der galizischen Pandektistik anbelangt, so ist diese – obwohl in Europa wenig bekannt – hinter dem „deutschen Vorbild" eigentlich kaum zurückgeblieben. Dies gilt jedenfalls für ihre Hauptwerke, also die hier im Mittelpunkt stehenden Pandektenhandbücher von J. Zielonacki und F. Źródłowski.

Die galizische Pandektistik stellt bis jetzt ein nur wenig wissenschaftlich durchdrungenes Forschungsfeld dar. Seine eingehende und systematische Erkundung kann einen Beitrag darstellen zur Erforschung des Phänomens der Pandektistik als eines rechtswissenschaftlichen Stils sowohl aus polnischer als auch aus europäischer Perspektive.

Korrespodenz:

MMag. Dr. Ernest C. BODURA, LL.M.
Universität Wien,
Institut für Rechts- und Verfassungsgeschichte
Schottenbastei 10–16
A – 1010 Wien;
ernest.cezary.bodura@univie.ac.at

Abkürzungen:

KUL	Katolicki Uniwersytet Lubelski (Lublin)
PAU	Polska Akademia Umiejętności [Polnische Akademie der Gelehrsamkeit - eine wissenschaftliche Gesellschaft, Krakau]
UJ	Uniwersytet Jagielloński (Krakau)
UKSW	Uniwersytet Kardynała Stefana Wyszyńskiego (Warschau)
ZP	Zeszyty Prawnicze UKSW

Siehe auch das allgemeine Abkürzungsverzeichnis:
[http://www.rechtsgeschichte.at/media/abk.pdf]

Literaturverzeichnis:

Ludwik FINKEL, Stanisław STARZYŃSKI, Historya Uniwersytetu Lwowskiego, Bd. 1–2 (Lwów 1894).

Tomasz GIARO, Dogmatyka a historia prawa w polskiej tradycji romanistycznej, in: Prawo Kanoniczne 37/3-4 (1994) 85–99.

Hans-Peter HAFERKAMP, Die Historische Rechtsschule (Frankfurt am Main 2018).

DERS., Pandektenwissenschaft, in: Friedrich JAEGER (Hg.), Enzyklopädie der Neuzeit, Bd. 9: Naturhaushalt–Physiokratie (Stuttgart 2009) 777–779.

Grzegorz JĘDREJEK, Niemiecka Szkoła Historyczno-Prawna a prawo rzymskie w Polsce w XIX wieku (jur. Diss., Univ. [KUL] Lublin 2002).

DERS., Zastosowanie metody historycznej w polskiej romanistyce XIX, in: Antoni DĘBIŃSKI - Monika WÓJCIK (Hgg.), Współczesna romanistyka prawnicza w Polsce (Lublin 2004) 103–116.

DERS., Ocena metody historycznej w polskiej romanistyce XIX wieku, in: Rocznik Nauk Prawnych 12 (2002) 97–113.

Jan KODRĘBSKI, Prawo rzymskie w Polsce w XIX w. (Łódź 1990).

Werner OGRIS, Die Historische Schule der österreichischen Zivilistik, in: DERS., Elemente europäischer Rechtskultur. Rechtshistorische Aufsätze aus den Jahren 1961–2003, hg. v. Thomas OLECHOWSKI (Wien 2003) 345-400.

Michał PATKANIOWSKI, Dzieje Wydziału Prawa Uniwersytetu Jagiellońskiego od reformy kołłątajowskiej do końca XIX stulecia (Kraków 1964).

Michał PATKANIOWSKI (Hg.), Studia z dziejów Wydziału Prawa Uniwersytetu Jagiellońskiego (Kraków 1964).

Maria STINIA, Uniwersytet Jagielloński w latach 1871–1914. Modernizacja procesu nauczania (Kraków 2014).

Janusz SONDEL, Z dziejów Katedry Prawa Rzymskiego Uniwersytetu Jagiellońskiego, in: Prace Komisji Historii Nauki PAU, Bd. 12 (2013) 82–116.

Adam VETULANI, Dzieje Historii Prawa w Polsce (Kraków 1948).

Juliusz WISŁOCKI, Dzieje Nauki Prawa Rzymskiego w Polsce (Warszawa 1945).

Józefat ZIELONACKI, Pandekta czyli wykład prawa prywatnego rzymskiego, o ile ono jest podstawą prawodawstw nowszych, Bd. 1–2 (Kraków [1]1862/1863, Kraków [2]1870/1871).

Agnieszka ZIĘBA, Józefat Zielonacki – polski uczony XIX wieku i jego miejsce w historii romanistyki polskiej (jur. Diss., Univ. Kraków [UJ] 2006).

DIES., Józefat Zielonacki zapomniany polski romanista XIX w. Szkic do biografii, in: Zeszyty Prawnicze UKSW, 4.1 (2004) 129-147.

DIES., Profesor Józefat Zielonacki (1818–1884) na tle XIX-wiecznej pandektystyki, Zeszyty Prawnicze UKSW, 7.1 (2007) 77–100.

DIES., Professor Józefat Zielonacki. Ein polnischer Gelehrter des 19. Jahrhunderts und sein Rang in der romanistischen Rechtslehre, in: Zoran POKROVAC (Hg.), Rechtswissenschaft in Osteuropa. Studien zum 19. und frühen 20. Jahrhundert. Rechtskulturen des modernen Osteuropa. Traditionen und Transfers, Bd. 5 (= Studien zur europäischen Rechtsgeschichte 248, Frankfurt am Main 2010) 391–434.

Fryderyk ZOLL [der Ältere], Uwagi do Pandektów J. Zielonackiego, in: Czasopismo Poświęcone Prawu i Umiejętnościom Politycznym (1862) 51–58, (1863) 224–232, 493–502, (1864) 163–178.

Ferdynand ŹRÓDŁOWSKI, Pandekta prywatnego prawa rzymskiego, Bd. 1: Wstęp i Część ogólna (Lwów 1889).

DERS., Instytucje i Historia prywatnego prawa rzymskiego (Lwów 1889).

DERS., Das römische Privatrecht, Bd. 1: Das Recht im objektiven Sinn und die Personen (Prag 1877); Bd. 2: Die Sachen und ein Theil der Lehre von den Rechten überhaupt (Prag 1880).

DERS., Untersuchungen aus dem österreichischen Civilrechte mit Berücksichtigung der römischen Rechtes und der neueren Gesetzbücher (Prag 1872).

DERS., Die Verjährung nach österreichischem Rechte, mit vorzüglicher Berücksichtigung des römischen und gemeinen Rechts (Prag 1878).

BRGÖ 2020
Beiträge zur Rechtsgeschichte Österreichs

Kamila STAUDIGL-CIECHOWICZ, Wien

Die Teilnovellen als letzter Akt der österreichischen Zivilgesetzgebung in Mitteleuropa*

The Partial Amendments of the ABGB as the last Act of the Civil Law Legislation in Central Europe

*In the early 1970s, Helmut Slapnicka published his book "Österreichs Recht ausserhalb Österreichs. Der Untergang des österreichischen Rechtsraums".** This volume constitutes an important and central starting point for further enquiries into the continued formal and substantial relevance of the realm of Austrian law. As a first step towards in-depths studies on the Austrian civil law area in the 20th century, this article presents a brief introduction to the last major act of Austrian civil law legislation and its continuing relevance in Central Europe.*

Keywords: *Austrian Civil Code 1811 – codifications – Teilnovellen 1914–16 – Joseph UNGER*

I. Zur Reform und Reformbedürftigkeit des ABGB zu Beginn des 20. Jahrhunderts

Das österreichische Allgemeine Bürgerliche Gesetzbuch aus 1811, das bis heute in großen Teilen unverändert in Geltung ist, wurde immer wieder wegen seiner Lebenskraft,[1] seiner Vitalität und Elastizität gelobt.[2] Doch gerade diese lange Geltungsdauer des österreichischen Zivilrechtskodex führte immer wieder zu Reformdebatten,[3] die in manchen besonders sensiblen, ideologisch geprägten Bereichen wie dem Eheschließungs- und Ehescheidungsrecht über Jahrzehnte hinweg ohne Erfolg betrieben wurden.[4] Insbesondere die Arbeiten am deutschen Bürgerlichen Gesetzbuch gaben den österreichischen Juristen den Anstoß, das ABGB kritisch auf Mängel hin zu untersuchen.[5]

Der entscheidende Impuls für den tatsächlichen Beginn der Reformarbeiten wird in der Literatur Joseph Unger und seiner 1904 veröffentlichten Schrift „Zur Revision des allgemeinen bürgerlichen Gesetzbuches"[6] zugeschrieben.[7] Wir dürfen annehmen, dass Ungers Aufsatz im Frühjahr 1904 erschien, den ersten Reaktionen folgend wohl Ende März 1904. In der Wochenschau der Juristischen Blätter, verfasst am 1. April 1904, wird bereits auf Ungers „soeben veröffentlich[te]" Schrift hingewiesen.[8] Bereits vier Wo-

* Dieser Beitrag ist eine kurze Vorstellung des kürzlich begonnenen Habilitationsprojekts der Autorin, das sich primär mit den Teilnovellen und deren Entstehung und Einfluss auf die Privatrechtsentwicklung in Österreich und Polen beschäftigt.

**SLAPNICKA, Österreichs Recht.

1 KLEIN, Lebenskraft 32.

2 OGRIS, Geschichte und Bedeutung 323.

3 UNGER, Entwicklungsgang 358f.; PFAFF, RANDA, STROHAL, Gutachten.

4 Vgl. bspw. HARMAT, Ehe auf Widerruf 24–47.

5 MITTEIS, Bürgerliche Gesetzgebung.

6 UNGER, Revision.

7 Vgl. bspw. DÖLEMEYER, Revision 275.

8 ANONYMUS, Wochenschau 161.

http://dx.doi.org/10.1553/BRGOE2020-2s286

chen später am 29. April 1904 setzte der Kaiser auf Vorschlag des Ministerpräsidenten und Justizministers Ernest von Körber eine Kommission aus Theoretikern unter der Leitung von Joseph Unger ein.[9] Die meisten Mitglieder rekrutierten sich aus dem Herrenhaus: Zu ihnen gehörte Emil Steinbach, zu diesem Zeitpunkt zweiter Präsident des Obersten Gerichtshofes,[10] Stanisław von Madeyski-Poray, wie auch Unger Mitglied des Reichsgerichts und ehemaliger Kultusminister sowie Antonín Randa, Universitätsprofessor an der tschechischen Universität in Prag [Praha]. (Noch) nicht im Herrenhaus vertreten waren die Mitglieder der Kommission Josef Schey, Universitätsprofessor an der Universität Wien, und Franz Klein, Sektionschef im Justizministerium, geistiger Vater der österreichischen Justizgesetze und nachmaliger Justizminister. Ein Blick auf den akademischen Bildungsweg der Kommissionsmitglieder, die allesamt Juristen waren, zeigt die Wienlastigkeit der Kommission: von sechs Mitgliedern hatten vier (Steinbach, Unger, Schey und Klein) in Wien studiert, ein Mitglied (Randa) in Prag und ein Mitglied (Madeyski) in Krakau [Kraków] und Lemberg [Lwiw].

Die Öffentlichkeit nahm reges Interesse an Ungers Reformkommission. Die Neue Freie Presse berichtete Ende April 1904 auf ihrer Titelseite von den Plänen der Regierung, „eine Kodifikations-Kommission einzusetzen, an deren Spitze als Vorsitzender der Anreger der Idee, Reichsgerichtspräsident Dr. Unger, treten soll."[11] Abgerundet wurde dieser Bericht durch ein kurzes „Interview" mit Emil Steinbach. Zwar wollte sich Steinbach zu den Reformgebieten nicht festlegen, doch erklärte er, „daß die Schöpfung unseres bürgerlichen Rechtes in eine Zeit zurückdatiert, in der man von den kolossalen technischen Errungenschaften der Gegenwart, von der gänzlichen Umgestaltung des Produktionsprozess und des gesamten Wirtschaftslebens noch keine Ahnung haben konnte."[12] Er ließ auch Reformen „auf dem Gebiet des Familienrechts", insbesondere bei der Frage der Volljährigkeit, anklingen, sah „[d]iese und andere Fragen" jedoch als „relativ nebensächlich gegenüber den schreienden Uebelständen, die dadurch entstanden sind, daß unser bürgerliches Recht in vielen Belangen den Anforderungen des modernen Wirtschaftslebens nicht mehr entspricht."[13]

Anders ordnete Maria Schubert in ihrem Leitartikel in der Wiener Hausfrauen-Zeitung die Prioritäten bei der Revision des ABGB. Sie sah „eine Fülle von Hoffnungen [...] für zahlreiche Kreise" geknüpft „an die Verwirklichung des geplanten Unternehmens. Von starker Bewegung ergriffen sind namentlich jene Klassen und Stände, welche von der Revision mit Sicherheit erwarten, daß dieselbe ihren gesellschaftlichen und wirtschaftlichen Bedürfnissen entgegenkomme, ihren Lebens- und Erwerbsverhältnissen günstigere Aussichten eröffne und sie von dem Drucke gewisser Bestimmungen des Gesetzbuches, die bisher schwer auf ihnen gelastet, befreien werde."[14] Klar war für Schubert, dass die Reformen „unmöglich an einem der jüngsten, aber nichtsdestoweniger hochwichtigen sozialen Probleme, an der Frage der Frauenemanzipation, vorübergehen [könne], ohne sich mit derselben, mindestens in einzelnen Bereichen, näher zu befassen."[15]

Gemeinsam war Steinbach und Schubert die Forderung nach der Herabsetzung der Volljäh-

[9] DÖLEMEYER, Revision 275f. Vgl. auch zu den kurzen Biogrammen Ebd. 275–279.

[10] Wiener Zeitung Nr. 103 v. 5. 5. 1904, 3. Die Angabe bei DÖLEMEYER, Revision 276 Anm. 11 ist irreführend. Steinbach wurde erst im September 1904 als erster Präsident beeidet. Wiener Abendpost (Beilage zur Wiener Zeitung) Nr. 208 v. 12. 9. 1904, 5.

[11] Neue Freie Presse Nr. 14250 v. 27. 4. 1904, 2.

[12] Ebd.

[13] Ebd.

[14] SCHUBERT, Revision 277.

[15] Ebd.

rigkeit.[16] Als zentral sah Schubert die Verbesserung der Rechtsstellung der Frau, unter anderem durch die Öffnung der selbständigen Vormundschaft für Frauen und deren Zulassung als Zeugen von letzten Willenserklärungen. Ein Blick auf die Äußerungen von Emil Steinbach im Vergleich zu jenen von Maria Schubert zeigt deutlich die Diskrepanz der Erwartungen, die, determiniert durch die jeweiligen Lebensumstände, an die Reformen gesetzt wurden. In der österreichischen Tagespresse finden sich noch zahlreiche weitere Bemerkungen und Kommentare zu den Revisionsarbeiten am ABGB. Der umfangreiche Dialog nicht nur innerhalb der Juristenkreise, sondern auch in der Bevölkerung zeigte immer mehr reformbedürftige Bereiche auf, was sich in den Arbeiten der unterschiedlichen Kommissionen widerspiegelte und den Umfang der Novelle kontinuierlich wachsen ließ.

Für die Reform des ABGB sollte letztendlich die Unger'sche Kommission von untergeordneter Bedeutung sein. Noch im Sommer 1904 wurde parallel im Justizministerium mit der Erstellung einer Regierungsvorlage begonnen, diesmal jedoch unter Ausschluss der Öffentlichkeit.[17] Querbeziehungen zu den Arbeiten der Reformkommission unter Unger lassen sich allerdings feststellen – 1907 beschäftigte sich die Reformkommission mit dem Entwurf des Justizministeriums kursorisch, auffallend sind auch personelle Verknüpfungen: Ab Jänner 1905 hatte Franz Klein die Leitung über das Justizministerium inne, ab Juni 1906 war er Justizminister. Die Arbeiten in Ungers Reformkommission stagnierten, zwar wurden einzelne Privatrechtsgebiete von ausgewählten Kommissionsmitgliedern ausgearbeitet – so bspw. das Erbrecht durch Unger und das Vertragsrecht durch Schey – doch wurden diese kaum im Plenum beraten.[18]

Die weiteren Reformschritte basierten auf der im Justizministerium ausgearbeiteten Regierungsvorlage, die im Dezember 1907 ins Herrenhaus eingebracht wurde.[19] Im entsprechend eingerichteten Subkomitee finden sich bereits vertraute Namen: Stanisław von Madeyski-Poray und Franz Klein, aber auch der mittlerweile ins Herrenhaus ernannte Josef Schey waren wieder zur Arbeit am Revisionsentwurf berufen, hinzu kamen Karl Grünhut, Karl Grabmayr und Karl von Czyhlarz. Ein Blick auf den akademischen Hintergrund der Mitglieder zeigt, dass das Subkomitee wie auch schon die ursprüngliche Revisionskommission wienlastig war – drei (Schey, Klein, Grünhut) von sechs Mitgliedern hatten in Wien, ein Mitglied (Grabmayr) in Innsbruck, ein Mitglied (Czyhlarz) in Prag und ein Mitglied (Madeyski) in Krakau und Lemberg studiert. In ihren Beratungen berücksichtigte das Subkomitee das breitgefächerte Schrifttum zu den Revisionsvorschlägen. Während im Subkomitee manche cisleithanischen Universitäten nicht vertreten waren, spiegelt die juristische Literatur das Interesse der cisleithanischen Juristen wider – von Wien über Graz, Innsbruck, Prag, Krakau, Lemberg bis hin nach Czernowitz [Tscherniwzi].[20] Zu bemerken ist dabei, dass die Reformdebatten nicht nur in deutscher Sprache geführt wurden, sondern sich beispielsweise auch polnischsprachige Juristenkreise vertieft mit der Problematik auseinandersetzten: Insbesondere ist der Lemberger Zivilrechtler Ernest Till zu nennen, der nicht nur in der deutsch- und polnischsprachigen Juristencommunity publizierte,[21] sondern auch im Februar 1908 als Vortragender in der Wiener Juristischen Gesellschaft zum Thema „Die österreichische Zivilge-

[16] § 21 ABGB legte das Alter der Volljährigkeit mit dem 24. Lebensjahr fest.
[17] DÖLEMEYER, Revision 277f.
[18] Ebd. 278.
[19] URBANITSCH, Honoratiorengremium 298.
[20] So bspw. der Grazer Professor HANAUSEK, Erbrecht. Eine Übersicht gibt DÖLEMEYER, Teilnovellen 1791–1796.
[21] TILL, Rewizja Kodeksu; TILL, Revision.

setznovelle" auftrat.[22] Bereits die Regierungsvorlage aus dem Jahr 1907 hatte einen breiten Widerhall erhalten, die Debatte zog sich in den folgenden Jahren weiter, im Herrenhaus wurde die Regierungsvorlage stark überarbeitet und schlussendlich im Dezember 1912 vom Herrenhaus angenommen, zu einer inhaltlichen Auseinandersetzung mit dem Projekt durch das Abgeordnetenhaus kam es kriegsbedingt nicht mehr – der Reichsrat wurde am 25. Juli 1914 offiziell geschlossen.[23]

II. Die Teilnovellen 1914–1916 – Gesetzgebung in der Krise

Da der Reichsrat (bis 1917) nicht einberufen wurde, erließ der Kaiser die Änderungen zum ABGB, die sog. Teilnovellen, in Form von drei Notverordnungen,[24] auch § 14-Verordnungen genannt.[25] Somit erfolgten die ersten großen Novellierungen zum ABGB – insgesamt waren dabei mehr als 230 der 1502 Paragraphen betroffen – im Weg außerordentlicher Gesetzgebung. Dieser Umstand dürfte auch für die spätere Kritik an den Novellen mitverantwortlich sein,[26] weniger betroffen waren davon die ersten beiden Teilnovellen. Wenige Wochen vor Erlassung der ersten Teilnovelle im Oktober 1914 erschien in den Juristischen Blättern ein Artikel des Reichsrastabgeordneten Julius Ofner unter dem Titel „Eine gerechtfertigte § 14-Verordnung".[27] Darin verteidigte Ofner die Vorgehensweise mit dem Hinweis auf die Dringlichkeit der Materie. Die erste Teilnovelle umfasste das Personen-, Familien-, Erb- und Vormundschaftsrecht. Insbesondere wurde der rechtliche Handlungsrahmen von Frauen erweitert – sie durften nun zu Vormündern berufen werden und bei bestimmten Angelegenheiten als Zeuge fungieren. Die zweite Teilnovelle folgte im Juli 1915, änderte lediglich drei Bestimmungen des ABGB und brachte Neuerungen im Grenzberichtigungsrecht.

Anders sah es bei der dritten Teilnovelle aus, die den Rest des vom Herrenhaus abgesegneten Revisionsprojektes wieder mittels Notverordnung in Kraft setzte. Diese Teilnovelle war die umfangreichste von den dreien, sie konzentrierte sich primär auf sachen- und obligationsrechtliche Aspekte. Zwar handelte es sich allgemein bei den im Revisionsprojekt ausgearbeiteten Änderungen um Modernisierungen des ABGB, doch wurden die Bestimmungen der dritten Teilnovelle nicht als derart wichtig angesehen, als dass sie den Weg der außerordentlichen Gesetzgebung rechtfertigten.[28] Hinzu kam, dass das Revisionsprojekt als solches lediglich im Herrenhaus, nicht jedoch in der Volkskammer, dem Abgeordnetenhaus, behandelt worden war, was noch zusätzlich für ein Zuwarten bis zur neuerlichen Einberufung des Reichsrates sprach. Schlussendlich erlebten die Teilnovellen keine inhaltliche Behandlung durch eine österreichische Volksvertretung. Versuche in der Zwischenkriegszeit, noch Änderungen in das ABGB einzufügen, scheiterten in Österreich abgesehen von kleinen Korrekturen.[29]

III. Zum Fortleben des ABGB in den Rechtsordnungen der Nachfolgestaaten

Nach dem Zusammenbruch der Monarchie entstanden auf deren Territorium Nationalstaaten. Charakteristisch für die Rechtsordnun-

[22] E., Wiener Juristische Gesellschaft 89.
[23] ZIEGERHOFER, Hochblüte 260.
[24] RGBl. 1914/276; RGBl. 1915/208; RGBl. 1916/69.
[25] Vgl. zu den § 14-Verordnungen im Ersten Weltkrieg: ZIEGERHOFER, Hochblüte.
[26] FUCHS, Teilnovellen 225.
[27] OFNER, § 14-Verordnung.
[28] DÖLEMEYER, Teilnovellen 1790.
[29] Vgl. dazu STAUDIGL-CIECHOWICZ, Zivilrecht 54–57.

gen dieser Nachfolgestaaten[30] Österreich-Ungarns war deren Rechtspartikularismus. Die neuen Staaten setzten sich aus Gebieten mit unterschiedlichen Rechtsordnungen zusammen, nach den Neugründungen wurden diese Rechtsordnungen bis auf das Verfassungsrecht zumeist provisorisch übernommen.[31] Daraus resultierte eine große Rechtszersplitterung innerhalb der einzelnen Staaten. In Polen galten nebeneinander gar fünf unterschiedliche privatrechtliche Systeme, aufgeteilt nach dem räumlichen Geltungsbereich.[32]

Eine vergleichsweise geringe Rechtszersplitterung wies die Tschechoslowakei auf. Im tschechischen Teil blieb das ABGB in der Version nach den Teilnovellen gültig, im Rest der Tschechoslowakei galt das ungarische Recht. Das neu an die Tschechoslowakei vom Deutschen Reich angefallene sog. Hultschiner Ländchen wechselte 1920 vom BGB zum ABGB (und 1939 wieder zurück zum BGB).[33]

Ein besonders interessantes Bild zeichnen die Zivilrechtsordnungen des Königreichs der Serben, Kroaten und Slowenen. Hier begegnet uns das ABGB gleich in drei verschiedenen Formen. So war es inklusive der Teilnovellen in Dalmatien und Slowenien in Kraft, galt darüber hinaus – allerdings ohne Teilnovellen – in Kroatien-Slawonien und als subsidiäre Rechtsquelle in Bosnien-Herzegowina[34]. In den serbischen Gebieten hingegen war das Serbische Bürgerliche Gesetzbuch, das auf dem ABGB basierend 1844 eingeführt worden war, in Kraft. Primär ungarisches Recht galt in den zu Jugoslawien gehörenden Teilen der Woywodina. In Montenegro hingegen war ein Gesetzbuch aus dem Jahr 1888 in Kraft.[35]

Auch in Rumänien war das Zivilrecht nach 1918 nicht einheitlich. Während ein Teil des Landes dem rumänischen Zivilgesetzbuch von 1864 unterlag, galt in den neu hinzugefügten Territorien – so vor allem in der Bukowina, Siebenbürgen, Banat und Bessarabien – noch das „alte" Zivilrecht. In Teilen von Siebenbürgen und Banat war ungarisches Gewohnheitsrecht anwendbar, in der Bukowina und einem Teil Siebenbürgens das ABGB. Selbst innerhalb dieser ABGB-Gebiete gab es Unterschiede, in der Bukowina, die davor zu Cisleithanien gehört hatte, galt das ABGB mit den Teilnovellen, in Siebenbürgen hingegen ohne Teilnovellen.[36]

Selbst in Österreich gab es einen – wenn auch im Vergleich sehr kleinen – Bereich des Rechtspartikularismus im Zivilrecht mit dem ungarischen Eherecht im Burgenland.[37]

IV. Zur Erstreckung des Geltungsbereiches des ABGB nach dem Zerfall der Monarchie

Trotz der staatsrechtlichen Umbrüche vergrößerte das ABGB zunächst gar seinen Geltungsbereich. 1919 wurde das ABGB im Übermurgebiet, das nach dem Ersten Weltkrieg von Ungarn an Slowenien abgegeben werden musste, eingeführt.[38] 1920 erfolgte die Einführung des ABGB im bereits erwähnten sog. Hultschiner Ländchen. 1922 beschloss der polnische Ministerrat, das ABGB – wenn auch nur auf ein kleines Gebiet – zu erstrecken.[39] Die Gebiete von Oberzips und Arwa, um die zwischen Polen

[30] Der Begriff bezieht sich auf die territoriale nicht jedoch rechtliche Nachfolge nach der Doppelmonarchie.

[31] Slapnicka, Österreichs Recht 11–14; für das Privatrecht vgl. Busch, Besenböck, ABGB 581.

[32] Dziadzio, ABGB 205.

[33] Busch, Besenböck, ABGB 587.

[34] Bosnien-Herzegowina war innerhalb des eigenen Territoriums von großer Diversität und Rechtspartikularismus geprägt. Vgl. Drakić, Codification 197.

[35] Drakić, Codification 196.

[36] So Busch, Besenböck, ABGB 593.

[37] Vgl. dazu Neschwara, Burgenland.

[38] Busch, Besenböck, ABGB 593.

[39] Dziadzio, ABGB 206.

und der Tschechoslowakei ein Grenzkonflikt entstanden war, lagen im Einflussgebiet des ungarischen Rechts. 1920 kamen diese Gebiete an Polen. Zunächst wurde das ungarische Recht belassen und der Ministerrat ermächtigt, in diesen Gebieten im Verordnungsweg polnisches Recht einzuführen. Im September 1922 passte der Ministerrat der Ermächtigung folgend das Zivil-, Straf- und Prozessrecht an das in Krakau in Geltung stehende Recht an.[40] Für das Zivilrecht bedeutete das die Übernahme des ABGB, ausgenommen waren davon explizit bestimmte erbrechtliche Bestimmungen. In Kraft blieb mit einigen Änderungen das ungarische Eherecht. Der Einführung des ABGB in diesen Gebieten lagen primär pragmatische Gedanken zugrunde – die benachbarten polnischen Gebiete unterlagen ebenfalls dem ABGB, es war auch einfacher, entsprechend ausgebildete Juristen zu finden, Krakau und die Jagiellonen Universität waren nur rund 100 km entfernt.[41]

Im gleichen Jahr erfuhr auch in Österreich das ABGB eine Erweiterung seines räumlichen Geltungsbereiches. Mit dem Staatsvertrag von St. Germain war ein Teil Westungarns, das deutschsprachige Burgenland, an Österreich gekommen. Ein eigenes Bundesverfassungsgesetz regelte die Fortgeltung des ungarischen Rechts, ermächtigte aber gleichzeitig die österreichische Bundesregierung, dieses unter bestimmten Umständen abzuändern bzw. aufzuheben. Als einer der zulässigen Gründe wurde die Rechtsänderung „aus Rücksichten der Rechtsangleichung" genannt.[42] Mit Mitte Juni 1922 wurde das ABGB im Burgenland in Kraft gesetzt.[43] Einzig das ABGB-Eherecht wurde nicht rezipiert.[44]

[40] Dziennik Ustaw 1922/90 poz. 833.

[41] Busch, Besenböck, ABGB 589.

[42] § 6 Abs. 2 BGBl. 1921/85.

[43] BGBl. 1922/315.

[44] Busch, Besenböck, ABGB 585f.; Neschwara, Burgenland; Harmat, Ehe auf Widerruf 116–124.

V. Das ABGB in den Kodifikationsarbeiten

Die Rechtszersplitterung in den Zivilrechtsordnungen Mitteleuropas in der Zwischenkriegszeit führte zu einer starken Kodifikationsbewegung in diesem Bereich. Die Motive für die Schaffung eines neuen Gesetzbuches lagen einerseits in dem Bestreben nach einer einheitlichen Rechtsordnung und der Rechtssicherheit des Staatsvolkes. Dieser Grund alleine rechtfertigt jedoch nicht die Versuche, neue, eigene Gesetzbücher zu schaffen. Zeitsparender und leichter wäre die Erstreckung eines bereits geltenden Gesetzbuches auf das gesamte Staatsterritorium gewesen, wäre die Rechtseinheit der einzige Motor der Kodifikationsbewegung gewesen. Vielmehr spielten auch nationale und rechtspolitische Gedanken eine Rolle. Gerade in Polen wollten die Kodifikatoren keines der von den Teilungsmächten implementierten Gesetzbücher auf das gesamte Gebiet erstrecken. Einerseits galt es, das Gleichgewicht zwischen den ehemaligen Teilungsgebieten zu halten und nicht eines durch die Rechtsübernahme zu bevorzugen. Auf der anderen Seite verfolgte man die Idee, eine neue, eigene Kodifikation unter modernen Vorzeichen zu schaffen.[45]

Trotzdem scheint das ABGB in allen zivilrechtlichen Kodifikationsarbeiten der Nachfolgestaaten Österreich-Ungarns in der Zwischenkriegszeit auf. Während es in Polen primär ein Bestandteil der Vergleichsanalyse war und weniger eine Vorbildfunktion einnahm, nahmen die Zivilrechtsentwürfe der Tschechoslowakei und Jugoslawiens das ABGB für ihre eigene Kodifikation zur Grundlage. Ein Blick auf die Kodifikationsarbeiten in Polen zeigt, dass ABGB-Bestimmungen vereinzelt, also im Rahmen einer „selektiven Rezeption"[46] in die polnischen Gesetze und Entwürfe ihren Weg fanden.

[45] Malec, ABGB 243.

[46] Dziadzio, ABGB 219.

Dieser Umstand ist auf verschiedene Ursachen zurückzuführen. Einerseits wurde das ABGB neben der „schweizerischen, französischen, spanischen, skandinavischen, serbischen, rumänischen und selbst japanischen"[47] Zivilgesetzgebung vergleichend analysiert. Mitbestimmend war wohl auch sein Ruf als eines der „besten Zivilgesetzbücher". Wichtig zu betonen erscheint hier auch die Frage des Einflusses der österreichischen Rechtskultur auf die Gesetzgebungsarbeiten im polnischen Staat. Gerade in den österreichischen Teilungsgebieten konnten sich durch die Etablierung zweier primär polnischsprachiger Universitäten eigene Zivilrechtsschulen bilden.[48]

VI. Der langsame Zusammenbruch des österreichischen Zivilrechtsraumes

Während das ABGB zu Beginn der Zwischenkriegszeit sogar – wie gezeigt wurde – an räumlichen Geltungsbereich gewinnen konnte, schrumpfte mit der fortschreitenden Kodifikationsarbeit in machen Staaten der sachliche Geltungsbereich. So trat in Polen 1934 das neue Obligationenrecht in Kraft, vereinheitlichte dieses Zivilrechtsgebiet für den Gesamtstaat und setzte folglich in diesem Bereich die Kodifikationen der Teilungsmächte außer Kraft.[49] In Rumänien scheiterten die Kodifikationsarbeiten zum Zivilrecht, 1943 wurde schlussendlich das alte rumänische Zivilrecht, kodifiziert im rumänischen ZGB 1864, im gesamten Staat eingeführt, um (zumindest weitgehend) Rechtseinheit zu schaffen.[50] Das endgültige formelle Ende für das ABGB in den Staaten Mitteleuropas kam mit der Etablierung der kommunistischen Regime. Nach dem Ende des Zweiten Weltkrieges kamen Polen und die Tschechoslowakei in den sowjetischen Einflussbereich und adaptierten schrittweise ihre Rechtsordnungen dem sowjetischen Muster folgend. In Polen war das ABGB spätestens 1946 durch Einzelgesetze ersetzt worden, ein eigenes polnisches Zivilgesetzbuch folgte erst 1964.[51] In der Tschechoslowakei büßte das ABGB 1950 mit der Einführung des tschechoslowakischen Bürgerlichen Gesetzbuchs fast den gesamten Geltungsbereich ein, lediglich die Bestimmungen zum Dienstvertrag waren bis 1964 in Kraft,[52] so dass hier das Jahr 1964 das endgültige formelle Ende des ABGB darstellte.

Korrespondenz:

Dr. Kamila STAUDIGL-CIECHOWICZ, LL.M.
Universität Wien
Institut für Rechts- und Verfassungsgeschichte
Schottenbastei 10–16
A – 1010 Wien
kamila.staudigl-ciechowicz@univie.ac.at
ORCID Nr. 0000-0002-7018-535X

[47] Ebd. 219.
[48] MALEC, ABGB 244–246.
[49] DZIADZIO, ABGB 212.
[50] ALUNARU, Rumänien 230.
[51] BUSCH, BESENBÖCK, ABGB 590.
[52] Ebd. 588.

Abkürzungen:

Siehe das allgemeine Abkürzungsverzeichnis: [http://www.rechtsgeschichte.at/media/abk.pdf]

Literaturverzeichnis:

Christian ALUNARU, Rumänien: Ein nichtgeborenes Kind des rumänischen Zivilrechts in der Zwischenkriegszeit, in: Martin LÖHNIG, Stephan WAGNER (Hgg.), „Nichtgeborene Kinder des Liberalismus“? Zivilgesetzgebung im Mitteleuropa der Zwischenkriegszeit (Tübingen 2018) 227–272.

ANONYMUS, Wochenschau, in: Juristische Blätter 33 (1904) 160f.

Jürgen BUSCH, Alexander BESENBÖCK, Von Mailand bis Czernowitz. Die Einführung des österreichischen ABGB, Gesamtstaatsidee und nationaler Partikularismus, in: Andreas BAUER, Karl H. L. WELKER (Hgg.), Europa und seine Regionen. 2000 Jahre Rechtsgeschichte (Köln 2007) 535–597.

Barbara DÖLEMEYER, Die Revision des ABGB durch die drei Teilnovellen von 1914, 1915 und 1916, in: Ius Commune 6 (1977) 274–303.

DIES., Die drei Teilnovellen zum ABGB (1914–1916), in: Helmut COING (Hg.), Handbuch der Quellen und Literatur der neueren europäischen Privatrechtsgeschichte Bd. III/2 (München 1982) 1782–1799.

Gordana M. DRAKIĆ, Jugoslawien: Codification of Civil Law in the Yugoslav State between the two World Wars, in: Martin LÖHNIG, Stephan WAGNER (Hgg.), „Nichtgeborene Kinder des Liberalismus“? Zivilgesetzgebung im Mitteleuropa der Zwischenkriegszeit (Tübingen 2018) 195–225.

Andrzej DZIADZIO, Das ABGB in Polen, in: Elisabeth BERGER (Hg.), Österreichs Allgemeines Bürgerliches Gesetzbuch (ABGB). Eine europäische Privatrechtskodifikation Bd. III: Das ABGB außerhalb Österreichs (Berlin 2010) 203–226.

A. E., Wiener Juristische Gesellschaft, in: Juristische Blätter 37 (1908), 89f.

Gustav FUCHS, Zur Kritik der Teilnovellen, in: Allgemeine österreichische Gerichts-Zeitung 69 (1918) 225–227.

Gustav HANAUSEK, Das gesetzliche Erbrecht und Pflichtteilsrecht des Ehegatten in den Entwürfen einer Novelle zum allgemeinen bürgerlichen Gesetzbuche (Wien 1910).

Ulrike HARMAT, Ehe auf Widerruf? Der Konflikt um das Eherecht in Österreich 1918–1938 (= Studien zur Europäischen Rechtsgeschichte 121, Frankfurt aM 1999).

Franz KLEIN, Die Lebenskraft des allgemeinen bürgerlichen Gesetzbuches, in: Festschrift zur Jahrhundertfeier des Allgemeinen Bürgerlichen Gesetzbuches 1. Juni 1911 Bd. 1 (Wien 1911) 2–32.

Dorota MALEC, Das ABGB in den Arbeiten der polnischen Kodifizierungskommission 1919–1939. Ein positives oder negatives Modell?, in: Barbara DÖLEMEYER, Heinz MOHNHAUPT (Hgg.), 200 Jahre ABGB (1811–2011). Die österreichische Kodifikation im internationalen Kontext (Frankfurt a.M. 2012) 235–253.

Ludwig MITTEIS, Die bürgerliche Gesetzgebung für das deutsche Reich, in: Neue Freie Presse Nr. 11600 v. 8. 12. 1896, 2f.

Christian NESCHWARA, Überleitung ungarischen Rechts im österreichischen Burgenland nach 1921, in: J. NECKÁŘ, M. RADVAN, D. SEHNÁLEK, J. VALDHANS (Hgg), Dny práva – 2008 – Days of Law (= Acta Universitatis Brunensis Iuridica 337, Brünn 2009) 469–495.

Julius OFNER, Eine gerechtfertigte § 14-Verordnung, in: Juristische Blätter 43 (1914) 389.

Werner OGRIS, Zur Geschichte und Bedeutung des österreichischen Allgemeinen bürgerlichen Gesetzbuches (ABGB) [1989], in: Werner OGRIS, Elemente europäischer Rechtskultur, hg. v. Thomas OLECHOWSKI (Wien–Köln–Weimar 2003) 311–331.

Leopold PFAFF, Antonín RANDA, Emil STROHAL, Drei Gutachten über die beantragte Revision des 30. Hauptstückes im II. Theile des a.b. Gesetzbuches (Wien 1880).

Maria SCHUBERT, Die Revision des österreichischen bürgerlichen Gesetzbuches und die Frauen, in: Wiener Hausfrauen-Zeitung Nr. 28 v. 10. 7. 1904, 277f.

Helmut SLAPNICKA, Österreichs Recht ausserhalb Österreichs. Der Untergang des österreichischen Rechtsraums (= Schriftenreihe des österreichischen Ost- und Südosteuropa-Instituts 4, Wien 1973).

Kamila STAUDIGL-CIECHOWICZ, Österreich: Das österreichische Zivilrecht und die österreichische Zivilrechtswissenschaft in der Zwischenkriegszeit, in: Martin LÖHNIG, Stephan WAGNER (Hgg.), „Nichtgeborene Kinder des Liberalismus“? Zivilgesetzgebung im Mitteleuropa der Zwischenkriegszeit (Tübingen 2018) 39–69.

Ernest TILL, Czy rewizja Kodeksu cywilnego konieczna?, in: Przegląd Prawa i Administracji 31 (1906) 601–614.

DERS., Revision oder Ergänzung des allgemeinen bürgerlichen Gesetzbuches?, in: Allgemeine österreichische Gerichts-Zeitung 58 (1908) 41–45.

Joseph UNGER, Ueber den Entwicklungsgang der österreichischen Civiljurisprudenz seit der Einführung des allgemeinen bürgerlichen Gesetzbuchs, in: Jahrbücher der deutschen Rechtswissenschaft und Gesetzgebung 1 (1855) 353–359.

DERS., Zur Revision des allgemeinen bürgerlichen Gesetzbuches. Eine legislativpolitische Studie, in: Zeitschrift für das Privat- und Öffentliche Recht der Gegenwart 31 (1904) 389–406.

Peter URBANITSCH, Das elitäre Honoratiorengremium und die Vertiefung der civil society: Das österreichische Herrenhaus und die Revision des ABGB vor dem Ersten Weltkrieg, in: Wilhelm BRAUNEDER, Milan HLAVAČKA (Hgg.), Bürgerliche Gesellschaft auf dem Papier: Konstruktion, Kodifikation und Realisation der Zivilgesellschaft in der Habsburgermonarchie (=Schriften zur Europäische Rechts- und Verfassungsgeschichte 59, Berlin 2014) 295–309.

Anita ZIEGERHOFER, Die zweite Hochblüte des § 14, in: BRGÖ 8 (2018) 259–273.

BRGÖ 2020
Beiträge zur Rechtsgeschichte Österreichs

Stephan WAGNER, Halle a.d. Saale

Mitteleuropäisches Zivilrecht
Studien und Beiträge zum ADHGB

Central European Civil Law
Studies on the General German Commercial Code (ADHGB)
The General German Commercial Code (ADHGB) of 1861 defined in the second half of the 19th century the course of business in Central Europe, assuming substantially the function of a common Law of Obligations. As a "Uniform Act" it provided the Sale of Goods with a comprehensive set of rules, formative for the further development in the 20th century.
Keywords: *Central Europe – Codification – Commercial Law – General German Commercial Code of 1861 – Law of Obligations – Law of the Sale of Goods – Unification of Law*

Mit Blick auf die gegenwärtigen Projekte einer europäischen Rechtsvereinheitlichung gerät häufig in Vergessenheit, dass bereits das 19. Jahrhundert Kodifikationsvorhaben aufweist, die erfolgreich einen gemeinsamen Rechtsraum über Staatsgrenzen hinweg geschaffen haben. Zu diesen „unsung heroes" des 19. Jahrhunderts gehört das *Allgemeine Deutsche Handelsgesetzbuch* (ADHGB) von 1861.[1]

Bei seinem Erscheinen gilt das ADHGB als das „gründlichste und beste unter den vorhandenen Europäischen Handelsgesetzbüchern".[2] Gleichwohl wird es von der Privatrechtsgeschichte bislang eher stiefmütterlich behandelt. Im Handwörterbuch zur deutschen Rechtsgeschichte etwa wird das ADHGB – anders als vergleichbare Kodifikationen – nicht in einem eigenen Artikel berücksichtigt, sondern nur im Beitrag zum Handelsrecht bzw. zum Handelsgesetzbuch von 1897 kurz gestreift.[3] Selbst zu seinem 150-jährigen Geburtstag im Jahre 2011 hat es weder in der Literatur noch im Rahmen einer wissenschaftlichen Tagung eine besondere Würdigung erfahren. Lediglich das von Coing herausgegebene Handbuch sowie das 2009 erschienene Handwörterbuch des Europäischen Privatrechts widmen dem ADHGB einen eigenen Eintrag, der sich aber naturgemäß jeweils auf eine Darstellung der wichtigsten historischen Fakten beschränkt.[4] Auch monographische Abhandlungen liegen bislang nur zu bestimmten Teilaspekten vor.[5]

Dass das ADHGB ebenso wie der Deutsche Bund ein rechtshistorisches Mauerblümchendasein fristet, mag seine Ursache im überkommenen Machtstaatdenken des späten 19. und

[1] Die folgenden Ausführungen beruhen im Wesentlichen auf WAGNER, Einführung 1ff.
[2] So der Doyen der Handelsrechtswissenschaft GOLDSCHMIDT, Abschluß und Einführung 204, 225.
[3] Vgl. HENNE, Handelsgesetzbuch 712, 713; SCHERNER, Handelsrecht 714, 725f.
[4] BERGFELD, Handelsrecht Deutschland 2948–2959; FLECKNER, Handwörterbuch des Europäischen Privatrechts I, 45–50.
[5] Vgl. den Überblick bei WAGNER, Einführung 1f. in Fn. 4.

http://dx.doi.org/10.1553/BRGOE2020-2s295

frühen 20. Jahrhunderts haben. Denn anders als die von Bismarck unter Bruch der Bundesverfassung mit „Blut und Eisen" erzwungene Reichsgründung bieten die auf bayerische Initiative aufgenommenen Arbeiten am ADHGB das erfolgreiche Gegenbeispiel einer Kooperation im Konsens. Zwar hatte der Deutsche Bund keine entsprechende Gesetzgebungskompetenz, aber alle Bundesstaaten bis auf Luxemburg, Limburg und Schaumburg-Lippe führten das ADHGB jeweils als Landesrecht ein.[6] Dies gilt insbesondere für die gesamte preußische Monarchie einschließlich der nicht zum Deutschen Bund gehörenden Provinzen Posen und Preußen (West- und Ostpreußen) sowie für das Kaisertum Österreich, dessen Einführungsgesetz dabei den Geltungsbereich des ADHGB – mit Ausnahme des Fünften Buchs „Vom Seehandel" – als „Allgemeines Handelsgesetzbuch" (AHGB) ebenfalls nicht nur auf die zum Deutschen Bund gehörenden Gebiete erstreckt, sondern darüber hinaus auch auf Venetien, Dalmatien, Galizien und die Bukowina.

Des Weiteren steht das ADHGB nach dem Österreichisch-Ungarischen Ausgleich von 1867 Pate für das ungarische Handelsgesetz von 1875 (Kereskedelmi törvény – Kt),[7] das seinerseits das Handelsgesetz für Bosnien-Herzegowina von 1883 prägt. Auch der Entwurf eines schweizerischen Handelsrechtes von 1864 und der italienische Codice di commercio von 1882 werden durch das ADHGB beeinflusst. Die Wirkungsgeschichte des ADHGB beschränkt sich also nicht nur auf den Raum, wo seine Geltung einmal unmittelbar angeordnet worden war *(ratione imperii)*, sondern strahlt darüber hinaus kraft seiner inneren Qualität *(imperio rationis)* auch auf Länder aus, die nie zum Deutschen Bund gehört haben.[8]

Der Grund, warum das ADHGB überhaupt die Funktion eines gemeinsamen Obligationenrechts wahrnehmen konnte, sind die Art. 271–277 ADHGB, die den Begriff der Handelsgeschäfte definieren.[9] Da die Vorschriften des Vierten Buchs „Von den Handelsgeschäften" (Art. 271–431 ADHGB) nach Art. 277 ADHGB grundsätzlich auch dann Anwendung finden, wenn es sich nur für einen der beiden Vertragspartner um ein Handelsgeschäft handelt („B2C"), erfasst das ADHGB in der Praxis eine Vielzahl der Fälle und tritt an die Stelle des jeweils einschlägigen Schuldrechts, das nur noch bei Geschäften unter Nichtkaufleuten zum Zuge kommt. Die Hansestädte Bremen und Hamburg gehen sogar noch weiter und machen weite Teile des Vierten Buchs zu ihrem allgemeinen Zivilrecht, das auch unter Nichtkaufleuten anzuwenden ist („C2C").[10] Angesichts der im 19. Jahrhundert bestehenden Rechtszersplitterung verdrängt das ADHGB auf diese Weise ab 1861 die partikularen Obligationenrechte und sorgt im alltäglichen Leben für Rechtseinheit und Rechtssicherheit. Dadurch entsteht auf friedliche Art und Weise ein gemeinsamer Rechtsraum in ganz Mitteleuropa von Aachen bis Lemberg, von Lübeck bis Split. Auch Zeitgenossen nehmen dies Ende des 19. Jahrhunderts so wahr:

„Das [allgemeine] deutsche Handelsgesetzbuch hatte in allen deutschen Bundesstaaten Geltung, schon bevor es durch die Gesetzgebung des Reichs zum Reichsgesetz erhoben wurde. Aber es führte damals seine Geltung auf die Landes-

---

[6] Vgl. WAGNER, Deutscher Bund, Norddeutscher Bund und Deutsches Reich 79ff.

[7] Vgl. die Gegenüberstellung der Vorschriften zu Kaufleuten und Handelsgeschäften im ADHGB und dem ungarischen Handelsgesetz bei WAGNER, Synopse 362, 364ff.

[8] Vgl. etwa zu den Niederlanden JANSEN, Allgemeines Deutsches Handelsgesetzbuch 193ff.

[9] Zur Genese dieser Vorschriften sowie der Art. 4–5 und 10–11 ADHGB vgl. WAGNER, Entstehungsgeschichte 7, 16ff.

[10] Vgl. WAGNER, Deutscher Bund, Norddeutscher Bund und Deutsches Reich 79, 83f.

gesetzgebung zurück. Es war für die deutschen Staaten gemeinsames Recht und ist erst durch die Reichsgesetzgebung gemeines Recht geworden. – Gemeinsames Recht ist das Handelsgesetzbuch noch heute zwischen Deutschland und Österreich (mit Ausnahme der Länder der ungarischen Krone)."[11]

Formal gesehen löst sich dieser Rechtsraum Anfang des 20. Jahrhunderts wieder auf, als in Deutschland zum 1. Januar 1900 (mit dem BGB) das HGB von 1897 in Kraft tritt und vor allen Dingen, als Österreich-Ungarn nach dem Ersten Weltkrieg auseinanderbricht. Dies zeigt sich etwa daran, dass der handelsrechtliche Standardkommentar von Staub, der seit 1896 sowohl die deutsche als auch die österreichische Rechtsprechung zum ADHGB berücksichtigt hatte,[12] ab 1904 in einer eigenen österreichischen Ausgabe erscheint,[13] während die deutsche Ausgabe ab 1900 das neue „reichsdeutsche" HGB von 1897 behandelt.[14] In den Nachfolgestaaten der Doppelmonarchie werden das AHGB und das ungarische Handelsgesetz aber zumeist in ihrem alten Geltungsgebiet weiter angewendet, bis sie durch neue Kodifikationen in der Zwischenkriegszeit abgelöst werden,[15] mitunter aber auch erst nach dem Zweiten Weltkrieg.

Im März 2016 ging eine erste von der Deutschen Forschungsgemeinschaft (DFG) geförderte Tagung mit Blick auf „Das ADHGB von 1861 als gemeinsames Obligationenrecht in Mitteleuropa" folgenden Fragen aus Sicht der betroffenen Staaten nach: Wie wird der Anwendungsbereich des Handelsrechts gefasst? Gilt es bei einseitigen Handelsgeschäften auch für Nichtkaufleute? Wie gestaltet sich dabei das Verhältnis des Handelsrechts zum allgemeinen Zivilrecht? Hat das Handelsrecht bei Zersplitterung des Zivilrechts eine Klammerfunktion? Werden für Handelsgeschäfte geltende Regelungen in das allgemeine Zivilrecht übernommen? Besteht eine einheitliche Handelsgerichtsbarkeit? Gibt es Höchstgerichte, deren Entscheidungen über ihre Jurisdiktion hinaus auch in anderen Ländern aufgegriffen werden? Welche persönlichen Kontakte und Netzwerke bestehen einerseits zwischen Wissenschaft und Praxis sowie andererseits über Landesgrenzen hinweg? Welche Bedeutung hat das Kollisionsrecht und liegen, bei Möglichkeit einer Rechtswahl, insoweit rechtstatsächliche Erkenntnisse vor (insbesondere in der Tschechoslowakei, Polen, Jugoslawien und Rumänien)?

Wie sich gezeigt hat, bestand mit Blick auf diese Grundsatzfragen große Übereinstimmung weit über das Jahr 1918 hinaus bis zum Zweiten Weltkrieg und der anschließenden Errichtung des Eisernen Vorhangs. Die Ergebnisse wurden in einem Tagungsband veröffentlicht, der 2018 als erster in der Schriftenreihe „Mitteleuropäisches Zivilrecht. Studien und Beiträge zum ADHGB (MZR)"[16] bei Mohr Siebeck erschienen ist.[17] Auf-

[11] REGELSBERGER, Pandekten I, 119 mit Fn. 7.

[12] STAUB, Kommentar $^{3/4}$1896, Vorrede IV: „Neu ist die Berücksichtigung der österreichischen Rechtsprechung." – In den beiden vorangegangenen Auflagen war dies demnach noch anders, vgl. ^{1}1893 bzw. ^{2}1894.

[13] STAUB, PISKO, Kommentar, I–II ^{1}1904; ^{2}1908/10; ^{3}1935/38.

[14] STAUB, Kommentar, I–II $^{6/7}$1900. Die Vorauflage hatte noch das ADHGB zum Gegenstand, vgl. ^{5}1897. – Zu Staubs Œuvre insgesamt THIESSEN, Festschrift Staub 55ff.

[15] Zu den zivilrechtlichen Kodifikationsprojekten vgl. LÖHNIG, WAGNER, Zwischenkriegszeit.

[16] Die 2018 gegründete Schriftenreihe bietet ein Forum für Untersuchungen des Rechtsraums, der durch das ADHGB geprägt wird. Dieser erstreckt sich auf Deutschland und die gesamten Nachfolgestaaten der österreichisch-ungarischen Doppelmonarchie in (Ost-)Mitteleuropa, entfaltet aber auch Wirkungen darüber hinaus. Inhaltlich beschränkt sich dieser Rechtsraum nicht auf das Handels- und Gesellschaftsrecht, sondern reicht weit in das allgemeine Zivilrecht hinein, dessen Entwicklung bis in die zweite Hälfte des 20. Jahrhunderts ganz maßgeblich durch das ADHGB beeinflusst wird. Die Reihe steht Monographien, Habilitationsschriften, herausragenden

bauend auf diesen Erkenntnissen soll nun ein erstes prominentes Rechtsgebiet als Referenzrahmen näher untersucht werden: Das Kaufrecht (Art. 337ff. ADHGB bzw. §§ 336ff. Kt).[18]

Nach Art. 277 ADHGB bzw. § 264 Kt finden die Vorschriften für Handelsgeschäfte (Art. 271ff. ADHGB bzw. §§ 258ff. Kt) auch dann Anwendung, wenn das betreffende Geschäft nur für einen der beiden Vertragspartner ein Handelsgeschäft darstellt. Wie sich dies rechtstatsächlich auf Theorie und Praxis in Mitteleuropa ausgewirkt hat, soll nun im März 2020 auf einer Folgetagung anhand des Kaufrechts untersucht werden, wiederum mit Förderung der Deutschen Forschungsgemeinschaft DFG. Hierzu sollen sowohl die konkrete Anwendung durch die Rechtsprechung analysiert werden, als auch die dogmatische Aufarbeitung durch die Wissenschaft sowie die Auswirkungen auf die nachfolgende Gesetzgebung. Der Schwerpunkt soll dabei auf folgenden Regelungskomplexen der Art. 337ff. ADHGB bzw. §§ 336ff. Kt liegen:

- Annahmeverzug des Käufers (Art. 343 ADHGB bzw. §§ 342 und 351 Kt);
- Versendungskauf (Art. 344–348 ADHGB bzw. §§ 343–347 Kt);
- Ausschlussfrist (Art. 349 ADHGB bzw. §§ 348–349 Kt);
- Arglist des Verkäufers (Art. 350 ADHGB bzw. § 350 Kt);
- Leistungsstörungen (Art. 354–359 ADHGB bzw. §§ 352–358 Kt).

Die vorgenannten Normen sollen insbesondere unter folgenden Gesichtspunkten untersucht werden:

1. Wie hat die *Rechtsprechung* die Norm angewendet? Welche Quellen (Entscheidungssammlungen, Fachzeitschriften u. Ä.) stehen für die Beantwortung dieser Frage zur Verfügung? Welche Probleme oder Streitfragen sind bei der Anwendung der Normen durch die Gerichte aufgetreten? Wie und unter Rückgriff auf welche Referenzen wurden diese gelöst? Welchen Netzwerken gehören die Beteiligten an?

2. Wie ist der Stand der *wissenschaftlichen Literatur* zu den Normen? Welche Kommentare oder Lehrbücher existieren? In welchen Zeitschriften wurde publiziert? Wer publiziert (Praktiker, Akademiker)? Welche Probleme und Streitfragen werden erörtert? Unter Rückgriff auf welche Referenzen werden welche Lösungen vorgeschlagen? Welchen Netzwerken gehören die Beteiligten an?

3. Welche *Wechselwirkungen mit anderen Rechtsmassen* entstehen bei der Anwendung der Normen? Wie ist das Verhältnis zum jeweils geltenden bürgerlichen Recht? In welchem Anwendungsbereich verdrängen die Normen des ADHGB das geltende bürgerliche Recht (vgl. Art. 277 ADHGB bzw. § 264 Kt)? Beeinflussen sich ADHGB und bürgerliches Recht gegenseitig? Finden sich Ergebnisse aus Rechtsprechung und Lehre zum Kaufrecht des ADHGB in neuen Gesetzen oder Gesetzgebungsentwürfen wieder oder beeinflussen diese umgekehrt Rechtsprechung und Lehre zum ADHGB?

4. Auf welche Weise übt die *jeweilige nationale Rechtskultur* Einfluss auf die Arbeit mit den Normen aus? Welche Rolle spielt die jeweilige juristische Arbeitsmethode bei der Anwendung der Normen? Welche Rolle spielen Handelsbräuche oder örtliche Usancen bei der Auslegung der Normen oder Lösung von Fällen? Welche Rolle spielen hierbei Generalklauseln (Treu und Glauben, Gute Sitten usw.)? Welche Rolle spielt Gewohnheitsrecht? Werden Lösungen *praeter* oder *contra legem* entwickelt?

Welche Bedeutung bereits Zeitgenossen diesen Normen beigemessen haben, zeigt sich etwa daran, dass Ernst Rabel gerade durch sie zu seinem

---

Dissertationen und thematisch-kohärenten Sammelbänden offen.

[17] LÖHNIG, WAGNER, Obligationenrecht.

[18] Vgl. die Gegenüberstellung dieser Vorschriften bei WAGNER, Synopse 362, 410ff.

grundlegenden Werk „Das Recht des Warenkaufs" (1936) inspiriert wird[19] und sie daher gleichrangig mit denen des deutschen BGB oder des französischen Code civil behandelt.[20]

Ziel der nächsten Tagung ist es, das mitteleuropäische Erbe des ADHGB mit Blick auf das Kaufrecht zu würdigen sowie Gemeinsamkeiten und Unterschiede in der darauffolgenden Entwicklung herauszuarbeiten. Insoweit verspricht die vielleicht „erfolgreichste deutsche Kodifikation"[21] auch für die gegenwärtigen europäischen Projekte einer Rechtsvereinheitlichung wertvolle Erkenntnisse.

Weitere Tagungen sollen zudem in naher Zukunft den Vertragsschluss (Art. 317–323 ADHGB bzw. §§ 311–320 Kt) und die Erfüllung (Art. 324–336 ADHGB bzw. §§ 321–335 Kt) zum Gegenstand haben. Die Schriftenreihe „Mitteleuropäisches Zivilrecht. Studien und Beiträge zum ADHGB (MZR)" steht darüber hinaus aber auch Monographien, Habilitationsschriften, herausragenden Dissertationen und thematisch-kohärenten Sammelbänden offen, die sich mit dem Rechtsraum des ADHGB beschäftigen.[22]

[19] Rabel, Recht des Warenkaufs I, 27 (§ 3): „Insbesondere ist der kaufrechtliche Abschnitt des allg. [deutschen] HGB. ein beherzigenswertes Vorbild für die Erfassung unserer Aufgabe, da dieses Gesetzbuch nicht wie die anglo-amerikanischen und skandinavischen Kaufgesetze mit einer weitreichenden Verwandtschaft des privatrechtlichen Unterbaues in den Anwendungsländern rechnen durfte, sondern mitten in ein unendlich mannigfaltiges Wirrsal von Partikularrechten gepflanzt werden mußte. Aus dem allg. [deutschen] HGB. stammt daher auch die wichtigste Anregung zu der Auswahl der Gegenstände dieses Berichts."

[20] Rabel, Recht des Warenkaufs I, 139ff. (§ 20).

[21] So Schubert, Einleitung XV zu Prot. ADHGB 1.

[22] Siehe oben Fn. 16.

Korrespondenz:

Prof. Dr. Stephan Wagner, M.Jur. (Oxford), M.A.
Lehrstuhl für Bürgerliches Recht, Europäische, Deutsche und Sächsische Rechtsgeschichte
Juristische Fakultät
D-06099 Halle a.d. Saale
stephan.wagner@jura.uni-halle.de
ORCID-Nr.: 0000-0002-2476-9557

Abkürzungen:

ADHGB	Allgemeines Deutsches Handelsgesetzbuch
Prot. ADHGB	Lutz, Protokolle.
Kt	Kereskedelmi törvény Handelsgesetz (Ungarn)
RabelsZ	(Rabels) Zeitschrift für ausländisches und internationales Privatrecht
ZHR	Zeitschrift für das gesam(m)te Handelsrecht

Siehe auch das allgemeine Abkürzungsverzeichnis: [http://www.rechtsgeschichte.at/media/abk.pdf]

Literatur:

Christoph BERGFELD, Handelsrecht Deutschland, in: Helmut COING (Hg.), Handbuch der Quellen und Literatur der neueren europäischen Privatrechtsgeschichte, Bd. III/3 (München 1986) 2853–2968.

Andreas M. FLECKNER, Allgemeines Deutsches Handelsgesetzbuch, in: Handwörterbuch des Europäischen Privatrechts, Bd. I (Tübingen 2009) 45–50.

Levin GOLDSCHMIDT, Der Abschluß und die Einführung des allgemeinen Deutschen Handelsgesetzbuchs, ZHR 5 (1862) 204–227.

Thomas HENNE, Handelsgesetzbuch, in: HRG², Bd. II (2010) 712–714.

Corjo J. H. JANSEN, Das Allgemeine Deutsche Handelsgesetzbuch (1861) und das niederländische Handelsrecht in der zweiten Hälfte des 19. Jahrhunderts, in: ZNR 38 (2016) 193–207.

Martin LÖHNIG, Stephan WAGNER (Hgg.), Das ADHGB von 1861 als gemeinsames Obligationenrecht in Mitteleuropa (= Mitteleuropäisches Zivilrecht. Studien und Beiträge zum ADHGB, Bd. 1, Tübingen 2018).

DIES. (Hgg.), „Nichtgeborene Kinder des Liberalismus"? Zivilgesetzgebung im Mitteleuropa der Zwischenkriegszeit (Tübingen 2018).

Johann LUTZ (Hg.), Protokolle der Commission zur Berathung eines allgemeinen deutschen Handelsgesetz-Buches (Nürnberg u.a. 1857–1861), eingeleitet und neu hrsg. von Werner SCHUBERT (Frankfurt am Main 1984).

Ernst RABEL, Das Recht des Warenkaufs. Eine rechtsvergleichende Darstellung, Bd. I (= Sonderheft zu RabelsZ 9, Berlin–Leipzig 1936).

Ferdinand REGELSBERGER, Pandekten, Bd. I (Leipzig 1893).

Karl Otto SCHERNER, Handelsrecht, in: HRG², Bd. II (2010) 714–730.

Hermann STAUB, Kommentar zum Allgemeinen Deutschen Handelsgesetzbuch (ohne Seerecht) (J. J. Heines Verlag, Berlin ¹1893; ²1894; ³/⁴1896; ⁵1897).

DERS., Kommentar zum Handelsgesetzbuch, Bd. I–II (J. J. Heines Verlag, Berlin ⁶/⁷1900).

DERS., Oskar PISKO, Kommentar zum Allgemeinen Deutschen Handelsgesetzbuch. Ausgabe für Österreich, Bd. I–II (Manz, Wien ¹1904; ²1908/10; ³1935/38).

Werner SCHUBERT, Einleitung, in: LUTZ, Protokolle 1, IX–XXIII.

Jan THIESSEN, „Ein ungeahnter Erfolg" – zur (Rezeptions-)Geschichte von Hermann Staubs Kommentaren, in: Thomas HENNE, Rainer SCHRÖDER, Jan THIESSEN (Hgg.), Anwalt – Kommentator – ‚Entdecker'. Festschrift für Hermann Staub zum 150. Geburtstag (Berlin 2006) 55–108.

Stephan WAGNER, Einführung, in: Martin LÖHNIG, Stephan WAGNER (Hgg.), Das ADHGB von 1861 als gemeinsames Obligationenrecht in Mitteleuropa (= Mitteleuropäisches Zivilrecht. Studien und Beiträge zum ADHGB, Bd. 1, Tübingen 2018) 1–5.

DERS., Entstehungsgeschichte der Art. 4–5, 10–11 und 271–277 ADHGB, in: Martin LÖHNIG, Stephan WAGNER (Hgg.), Das ADHGB von 1861 als gemeinsames Obligationenrecht in Mitteleuropa (= Mitteleuropäisches Zivilrecht. Studien und Beiträge zum ADHGB, Bd. 1, Tübingen 2018) 7–77.

DERS., Deutscher Bund, Norddeutscher Bund und Deutsches Reich, in: Martin LÖHNIG, Stephan WAGNER (Hgg.), Das ADHGB von 1861 als gemeinsames Obligationenrecht in Mitteleuropa (= Mitteleuropäisches Zivilrecht. Studien und Beiträge zum ADHGB, Bd. 1, Tübingen 2018) 79–103.

DERS., Synopse, in: Martin LÖHNIG, Stephan WAGNER (Hgg.), Das ADHGB von 1861 als gemeinsames Obligationenrecht in Mitteleuropa (= Mitteleuropäisches Zivilrecht. Studien und Beiträge zum ADHGB, Bd. 1, Tübingen 2018) 362–429.

BRGÖ 2020
Beiträge zur Rechtsgeschichte Österreichs

Eszter Cs. HERGER, Pécs

Ersitzung im unkodifizierten ungarischen Privatrecht

Auswirkung des ABGB in Ungarn nach 1861

Usucaption in the uncodified Hungarian private law
The impact of the Austrian Civil Code in Hungary after 1861
In the private law literature from the age of codification in Hungary, it was stated that the Austrian Civil Code lost its earlier role in the development of the Hungarian private law after the 1880s. The aim of this essay is to use usucaption as an example to prove that the break from the Austrian private law dogmatics was only an often emphasized decision of the Hungarian politicians and codificators; yet, a limited impact of the Austrian Civil Code could be found in the private law scholarship as well.
Keywords: *codification – legal transfer – private law – usucaption*

I. Ersitzung vom traditionellen Privatrecht bis zum Kodifikationszeitalter

Ein charakteristischer Zug des ungarischen Privatrechts ist, dass es bis zur Mitte des 20. Jahrhunderts (FamGB 1952: IV, ZGB 1959: IV) unkodifiziert blieb. Der Mangel an Rechtseinheit zeigte sich unter anderen darin, dass die traditionellen Rechtsquellen auch nach 1848 fortlebten. Als die privatrechtlichen Kodifikationsbestrebungen um die Wende vom 19. zum 20. Jahrhundert ihren Höhepunkt erreichten, vermischten sich die Elemente des traditionellen Rechts und die vernunftrechtlichen Argumente. Das Privatrecht war im Umbruch, wie es mit Hilfe der privatrechtswissenschaftlichen Beiträge des Zeitalters und der Motive der Entwürfe des ungarischen Privatgesetzbuchs klar nachgewiesen werden kann. Die wichtigste Rechtsquelle war ohne Zweifel auch nach 1848 das Gewohnheitsrecht, obwohl daneben auch gesetztes Recht existierte. Zum Gewohnheitsrecht zählte man das Tripartitum von István Werbőczy (1514), die Entscheidungen des ungarischen Höchstgerichts, der königlichen Curia, und die Beschlüsse der sog. Judex-Curial-Konferenz (1861).[1]

Im Folgenden wird die Ersitzung an beweglichen Sachen behandelt, und die Ersitzung an unbeweglichen Sachen wird nur dann erwähnt, falls es zum Verstehen des Themas notwendig ist. Die Ersitzung an unbeweglichen Sachen war im traditionellen ungarischen Gewohnheitsrecht keine Art des Eigentumserwerbs. Der lange Besitz (praescriptio longae possessionis) berechtigte den Besitzer auf Beibehalten der Sache, denn das Klagerecht des Eigentümers auf den Besitz verjährte. Der Besitzer blieb aber nur Besitzer, Eigentum erwarb er nicht: Die Ersitzung war nur eine prozessrechtliche exceptio, die der Besitzer gegenüber dem Eigentümer im Prozess

[1] Im Weiteren HERGER, Quellen des ungarischen Eherechts 19–32.

http://dx.doi.org/10.1553/BRGOE2020-2s301

verwenden konnte.[2] Die Ersitzung an unbeweglichen Sachen kam in der Praxis oft vor, die Ersitzung an beweglichen Sachen dagegen nur in den Stadtrechten. Zur Ersitzung an Mobilien waren Titel (iusta causa) oder Gutgläubigkeit (bona fides) nicht nötig, nur der lange, ungestörte Besitz reichte aus.[3] Die Ersitzungszeit war bei beweglichen Sachen in der Judikatur ein Jahr und ein Tag, was das Tripartitum für bäuerliche Sachen vorschrieb. Die Immobilien wurden nach der Verjährung durch königliche donatio in das Eigentum des Besitzers gegeben, bei Mobilien gibt es jedoch keinen Hinweis auf donatio in den Urkunden oder in den Prozessschriften.[4]

Das österreichische ABGB war im Königreich Ungarn vom 1. Mai 1853 bis zum 23. Juli 1861, in den Nebenländern der ungarischen Krone aber auch nach 1861 in Geltung. Daher verwendete die königliche Curia das traditionelle ungarische Privatrecht und das ABGB vom 23. Juli 1861 an parallel, gemäß dem ständigen Wohnort der Prozessparteien.

Die Ersitzung als Eigentumserwerb erschien im ungarischen Rechtsleben durch die Einführung des ABGB (§ 1452), die auch die Veränderung der Regel der Ersitzung an beweglichen Sachen zur Folge hatte: Die Ersitzungszeit der beweglichen Sachen betrug drei Jahre (§ 1466), sofern auch die weiteren Voraussetzungen der Ersitzung erfüllt wurden (§§ 1460–1464), und laut der Hauptregel dauerte die Ersitzung an unbeweglichen Sachen 30 Jahre (§ 1468, § 1470). Aus den präjudiziellen Entscheidungen (decision praejudicii) der königlichen Curia kann mit Sicherheit feststellt werden, dass sich das ABGB indirekt auch nach 1861 auf die Denkweise der Richter in der Praxis und der Privatrechtler an den Universitäten auswirkte, und diese zwei Personenkreise beeinflussten einander gegenseitig. Die Rechtsfälle, für welche kein Gesetz oder keine mit Gesetzeskraft versehenen Gewohnheiten vorhanden waren, wurden von der Curia nach den Grundsätzen der Billigkeit entschieden. Und diese authentische Auslegung des Gewohnheitsrechts, obzwar oft nur aus der Anwendung einer schon bestehenden Gewohnheit resultierend, schuf inhaltlich oft neues Recht – nicht einmal aufgrund der Regeln oder Prinzipien des ABGB.

Diesen Trend verstärkte auch ein weiterer Faktor in Hinsicht der Ersitzung an unbeweglichen Sachen. Die Beschlüsse der Judex-Curial-Konferenz, die das Privatrecht in nur 23 Paragraphen (Teil I) ordneten, sicherten Kontinuität der heimischen Rechtsentwicklung vom 23. Juli 1861 an, solange es nicht gelang, ein brauchbares eigenes Recht zu schaffen. Die Konferenz vertrat den Standpunkt, dass das neue Recht der neoabsolutistischen Ära null und nichtig sei. Wegen der bereits erworbenen Rechte konnte jedoch dieses Prinzip nicht konsequent durchgesetzt werden, und die Judex-Curial-Konferenz ordnete unter anderem die Beibehaltung der österreichischen Grundbuchordnung und des materiellen Grundbuchrechts des ABGB (Teil I §§ 21 und 145) an. Daher war das ABGB maßgebend für Eigentumserwerb der unbeweglichen Sachen, auch nach 1861, während für Eigentumserwerb der beweglichen Sachen das sog. allgemeine Privatrecht (d.h. das Tripartitum und die curialen Entscheidungen) zu verwenden waren, wie es Ferenc Raffay 1900 feststellte.[5]

Es ist eine allgemein bekannte – und niemals bestrittene – Behauptung[6] in der ungarischen Privatrechtswissenschaft, dass das ABGB seine frühere Rolle in der Entwicklung des heimischen Privatrechts mit der Kodifikations-

[2] Tripartitum I. Tit. 78 §§ 1–4, Tit. 79 § 2

[3] Béli, Magyar jogtörténet 70–71.

[4] Béli, Városi szokásjog az Ars Notaria alapján 139–140.

[5] Raffay, A magyar magánjog kézikönyve 79.

[6] Almasi, Ungarisches Privatrecht 8.

bewegung[7] verlor. Es war unleugbar, dass der sog. Kommissionentwurf (1914) schon eine Rückwirkung auf die Gerichtspraxis hatte und „langsam rückte er an die Stelle, welche ehedem das ABGB innehatte. Er drückt den obergerichtlichen Urteilen und besonders den Rechtseinheits-, sowie den Vollentscheidungen des obersten ungarischen Gerichtes [...] seinen Stempel auf, und bereitet dadurch den Übergang vom alten zu dem neuen, nunmehr schon zusehens in den Vordergrund dringenden, Recht vor".[8] Als der fünfte Text des Privatrechtsgesetzbuchs (MTJ) 1928 als Gesetzesvorlage in das Parlament gebracht wurde, übernahm er diese Führungsrolle im ungarischen Rechtsleben, weshalb man diese Vorlage „unkodifizierter Kodex" nannte. Der V. Text bestimmte (bzw. in manchen Fragen nur beeinflusste) die Gestaltung der ungarischen Gerichtspraxis bis zur Mitte des 20. Jahrhunderts.

II. Ersitzung in den Entwürfen des Privatrechtsgesetzbuchs und in der Literatur

In der Privatrechtsliteratur der Zwischenkriegszeit ist das ungarische Privatrecht im Grunde genommen der Struktur und dem Inhalt des V. Textes entsprechend dargestellt,[9] daher findet man in der Fachliteratur dieselbe Auffassung, die der V. Text enthielt. Auch die Artikel des V. Textes und die Judikatur standen meistens (aber nur meistens) im Einklang, denn der V. Text beruhte auf den an der Wende vom 19. zum 20. Jahrhundert schon kristallisierten Prinzipien und Lösungen der Judikatur. Diese wissenschaftliche Umwandlung des ungarischen Privatrechts hatte jedoch eine gewisse Unsicherheit zur Folge: Der wissenschaftliche Standpunkt war um die Jahrhundertwende nicht immer und nicht unbedingt derselbe, der im V. Text und in der Literatur der folgenden Jahrzehnte aufzufinden ist. Oft verwiesen die Privatrechtler noch immer auf das ABGB, aber gleichzeitig überdauerten auch mittelalterliche, gewohnheitsrechtliche Elemente im Rechtsleben. Dieser Vorgang kann anhand der Regelung der Ersitzung an beweglichen Sachen genau dargestellt werden.

Die Ersitzung an beweglichen Sachen stand im alltäglichen Rechtsleben nicht einmal in Verbindung mit der Übertragung (dem derivativen Eigentumserwerb), falls die Voraussetzungen der letzten nicht mangelhaft vorhanden waren: Konrád Imling 1898 und Ferenc Raffay 1900 listeten unter den Voraussetzungen der Übertragung der Mobilien aufgrund des traditionellen Gewohnheitsrechts die Absicht, die tatsächliche Übergabe bzw. Übernahme der Sache, weiterhin „die Fähigkeit, wo die Fähigkeit bedingte, dass der Übergeber Besitzer ist, er die Sache aus freiem Willen übergab und die Übernehmer die Sache für sich erwarb".[10] Beide Privatrechtler waren ausdrücklich der Meinung, dass ein Titel keine Voraussetzung der Übertragung von beweglichen Sachen sei.[11] Bemerkenswert ist, dass die Kodifikatoren des V. Textes 1928 zur Übertragung des Eigentums an einer beweglichen Sache für erforderlich hielten, dass sich die Parteien hierüber auf gültiger Rechtsgrundlage einigen und dass der Eigentümer den Besitz der Sache auf den Erwerber übertrage. Zu dieser Regel fand Bálint Kolosváry etwa vier Jahrzehnte später (1942) die Argumente in der sog. Titulus-Modus-Lehre des ABGB (§§ 380, 424, 425). Er fügte nur zu, dass der Eigentumserwerb auch ohne einen Vertragsschluss vor der Übergabe möglich sei:

---

[7] Erster Text: 1900, zweiter Text: 1913, dritter Text: 1913/1914, vierter Text, der sog. Kommissionentwurf: 1914, fünfter Text: 1928.

[8] ALMÁSI, Ungarisches Privatrecht 8.

[9] Siehe MESZLÉNY, Magyar magánjog I–V und KOLOSVÁRY, A tulajdonjog 102–320.

[10] Siehe auch HOMOKI-NAGY, Magyar jogtörténet 69.

[11] IMLING, Átadás 559–562; RAFFAY, Átadás 88–91.

Der Vertrag gebe nur ein Anforderungsrecht auf den Eigentumserwerb durch die Übergabe, aber der Eigentumserwerb trete normalerweise mit dem Vertragsschluss nicht ein. Der Eigentumserwerb erfolge bereits mit dem Vertrag nur dann, wenn der Erwerber schon im Besitz sei, und dann sei die Übergabe nicht nötig.[12]

In Frage der Definierung der Ersitzung an der Wende vom 19. zum 20. Jahrhundert und dann in den 40er Jahren des 20. Jahrhunderts gab es einen merkwürdigen strukturellen Unterschied in der Privatrechtsliteratur. Mór Katona meinte 1900, dass Ersitzung (capio, usucapio longa possessio) und Verjährung unterschiedliche Institute seien. Die Ersitzung könne auch dann zu Ende gehen, wenn der Anspruch gegenüber dem Besitzer noch nicht verjährt sei. Wenn jemand durch Ersitzung das Eigentumsrecht erwerbe, und der Ex-Eigentümer Klage einreiche und behaupte, dass sein Anspruch noch nicht verjährt sei, sei diejenige Person im Vorteil, deren Eigentum mit dem Besitz zusammenfalle. Nach der Ersitzung könne sich der Eigentumsanspruch nicht durchsetzen. Nicht die Verjährung des Anspruchs mache die Klage erfolglos, sondern der Eigentumserwerb des Besitzers.[13] Raffay stellte fest, dass diese Definition in Ungarn gegenüber der gemeinsamen Regelung der Verjährung und Ersitzung im ABGB (§§ 1451–1502) nach langen Disputationen angenommen werde. Den Unterschied zwischen Ersitzung und Verjährung zeige auch, meinte Raffay, dass die Verjährung nicht unbedingt die Ersitzung zur Folge habe, sondern nur dann, wenn die Voraussetzungen der Ersitzung vorlagen.[14] Im V. Text 1928 war die Ersitzung ohne Zweifel eine Art des Eigentumserwerbs an beweglichen Sachen (MTJ II. Teil 3. Abschnitt), die sich durch langen, ununterbrochenen Besitz verwirklichte, und bei Kolosváry gab es auch keinen Hinweis auf dogmatische Unterschiede zwischen Ersitzung und Verjährung. Er behandelte Ersitzung und Verjährung gemeinsam als Institute, mit denen man Rechte erwirbt (praescriptio acquisitiva).[15]

Unter den Voraussetzungen der Ersitzung ist natürlich die erste der Besitz, wie es Katona und Raffay 1900 nannten, während Kolosváry 1942 dieselbe Voraussetzung als „tatsächlicher Stand" beschrieb.

Katona und Raffay machten als Voraussetzung auch die Rechtmäßigkeit namhaft: Die ungarische Judikatur folge im Grunde genommen dem § 1461 ABGB, stellte Katona fest: also „Jeder Besitz, der sich einen solchen Titel gründet, welcher zur Uebernahme des Eigenthumes, wenn solches dem Uebergeber gebührt hätte, hinlänglich gewesen wäre, ist rechtmäßig und zur Ersitzung hinreichend. Dergleichen sind, z. B. das Vermächtniß, die Schenkung, das Darleihen, der Kauf und Verkauf, der Tausch, die Zahlung u.s.w."[16] Falls aber der Titel fehle, ersetze ihn der lange Besitz. Dann sei der Nachweis des Titels aufgrund des Tripartitum (Teil I. Tit. 78 § 2) nicht notwendig. Aus der von Katona zitierten Judikatur sind hier zwei Entscheidungen zu erwähnen: „Zur Ersitzung ist kein Titel verlangt, denn der kontinuierliche, ununterbrochene Besitz umfasst den Titel", stellte die königliche Curia am 26. Februar 1886 fest, und „der sich auf Ersitzung beruft, der muss den Titel nicht beweisen […] und nur die nachgewiesene Bösgläubigkeit schließt die Ersitzung aus", sagte das Budapester Tafelgericht am 2. Oktober 1888 bzw. die königliche Curia am 24. September 1889. Gegenüber Katonas Meinung behauptete Raffay eindeutig, dass die Rechtsmäßigkeit in der ungarischen Judikatur an der Jahrhundertwende keine Voraussetzung der sog. ordentlichen Ersitzung gewesen sei.[17]

[12] KOLOSVARY, A tulajdonjog 245–247.

[13] KATONA, Elbirtoklás 223–227.

[14] RAFFAY, A magyar magánjog kézikönyve 86–88.

[15] KOLOSVARY, A tulajdonjog 248–250.

[16] KATONA, Elbirtoklás 223–227.

[17] RAFFAY, A magyar magánjog kézikönyve 86–88.

Die Gutgläubigkeit als Voraussetzung der Ersitzung wurde auch in der ungarischen Privatrechtswissenschaft bestritten. Fraglich sei auch, meinte Katona, was man unter Gutgläubigkeit verstehe. Die communis opinio betrachte die Gutgläubigkeit als ehrliche Überzeugung, dass der Besitz der Sache nicht rechtswidrig sei oder dass der Besitzerwerb rechtmäßig gewesen sei. Den Bestand der Gutgläubigkeit müsse diejenige Partei nachweisen, die sich auf die Ersitzung hinweise. Falls die Gegenpartei den Wegfall der Gutgläubigkeit behaupte, müsse sie ihn aus den Tatumständen abführen.[18] In der Judikatur wurde die Gutgläubigkeit also vermutet (Curia 2816/1903, 6584/1904), und nur der nachgewiesene bösgläubige Besitz schloss die Ersitzung aus (Curia 670/1906).[19] Im V. Text definierte man die Bösgläubigkeit in diesem Sinne: „bösgläubig ist der Erwerber, wenn er den Besitz durch eine strafbare Handlung oder schuldhaft durch verbotene Eigenmacht erlangt hat" (MTJ § 603), während Kolosváry seine Meinung 1942 folgenderweise formulierte: Die Gutgläubigkeit sei – gegenüber dem österreichischen Recht – keine Voraussetzung der Ersitzung. Der Grundgedanke der Ersitzung sei, erklärte es der verehrte Meister, dass nicht der Besitz die Ursache des Eigentumserwerbs sei, sondern die Beiläufigkeit des Eigentümers durch lange Zeit. Der langwierige Besitz ersetze also alles, jedoch sei die Ersitzung bei detentio ausgeschlossen. Man kann auch in der Judikatur die Spuren der veränderten Betrachtungsweise auffinden: „[…] aufgrund des beendeten, ungestörten, friedlichen Besitzes ergibt sich die Ersitzung ohne Rücksicht auf die Gutgläubigkeit des Besitzers und den Titel." – stellte die königliche Curia (P. III. 1665/1923) fest. Kolosváry zitierte eine Entscheidung auch von den Jahren der Jahrhundertwende, die darauf hinweist, dass die Frage der Gutgläubigkeit in der Praxis ziemlich unsicheres Gebiet war: „Die Ersitzung ist auch dann wirksam, wenn der Besitzer Blutverwandter des Eigentümers ist, und daher über die tatsächlichen Eigentumsverhältnisse mit Sicherheit Kenntnis hatte." – sagte die königliche Curia (13045/1893) aus.[20]

Unterschiede in der Konzeption zeigten sich auch bei der Voraussetzung der gesetzlichen Zeit. Katona behauptete, dass „die gesetzliche Zeit im heutigen Recht aufgrund des Tripartitum (Teil I Tit. 78) gegen den Fiscus 100 Jahre, gegen kirchliches Gut 40 Jahre, gegen adeliges Gut 32 Jahre, gegen bürgerliches Gut 12 Jahre und bei beweglichen Sachen 1 Jahr und 1 Tag war". Er meinte, dass 1 Jahr und 1 Tag an der Jahrhundertwende schon zu kurz sei, und verwies auf § 937 BGB (10 Jahre) und auf §§ 1466–1467 ABGB (3 Jahre). Doch die Ersitzungszeit von beweglichen Sachen sei im ungarischen Rechtsleben – wie es Katona feststellte – immer noch das, was im Tripartitum stehe. „Bei beweglichen Sachen – argumentierte er – darf man von der Anwendung der traditionellen Regeln nicht abweichen, denn bei der Ersitzung, die ein positives Rechtsinstitut ist, kann man nicht rein mit klarem Verstand vorgehen."[21] Die Beschlüsse der Judex-Curial-Konferenz über die Anwendung des österreichischen Rechts bei Ersitzung bezogen sich nur auf Immobilien (§ 21). Gegenüber Katona unterschied Raffay zwischen ordentlicher und außerordentlicher Ersitzung. Bei ordentlicher Ersitzung von beweglichen Sachen sei die Ersitzungszeit dem „alten Recht" entsprechend 1 Jahr und 1 Tag, insofern der Besitz rechtmäßig und gutgläubig sei. Bei außerordentlicher Ersitzung sei jedoch die Rechtmäßigkeit keine Voraussetzung, denn der lange, ungestörte Besitz über 100, 40 bzw. 32 Jahre ersetze es. Raffay meinte, die Forderung der Rechtssicherheit habe die Kodifikatoren des ersten Textes (1900) auf Anerkennung der außenordentli-

[18] KATONA, Elbirtoklás 223–227.

[19] Die Entscheidungen zitiert KATONA, Elbirtoklás 227.

[20] KOLOSVARY, A tulajdonjog 248–250.

[21] KATONA, Elbirtoklás 223–227.

chen Ersitzung motiviert,[22] obwohl auch die alte, ordentliche Ersitzung noch bekannt sei. Im V. Text 1928 sind zwei Arten der Ersitzung an beweglichen Sachen aufzufinden: Laut § 604 (1) „tritt die Ersitzung bereits nach Ablauf von drei Jahren ein, wenn der Besitzer den Besitz durch eine Übertragung erworben hat, die nur deshalb nicht zum Erwerb des Eigentums führte, weil ihr Rechtsgrund wegen Fehlens der erforderlichen rechtsgeschäftlichen Form ungültig war oder weil er die Sache nicht von dem Eigentümer erworben hat und sein Erwerb unentgeltlich war oder sich auf eine Sache bezogen hat, deren Besitz der Eigentümer durch Gewalt, Drohung oder sonst ohne seinen Willen verloren hat". Demgegenüber „erwirbt durch Ersitzung das Eigentum an einer beweglichen Sache, wer sie 32 Jahre ununterbrochen als die seinige im Besitz hatte", steht im § 603, „es sein denn, dass er den Besitz in bösem Glauben erworben hat". Kolosváry behauptete, dass die Anwendung der Vorschriften des Tripartitum über die gesetzliche Zeit in der Zwischenkriegszeit völlig ungerechtfertigt gewesen sei. Indirekt bedeutet es, dass die sog. ordentliche Ersitzung 1942, als er seinen Beitrag fertigte, in der ungarischen Judikatur noch auffindbar war. Kolosváry bezog sich als Beispiel auf § 1466 ABGB (3 Jahre bei Mobilien), dann auf § 604 des V. Textes, als er die kurze Ersitzungszeit (1 Jahr 1 Tag) des traditionellen Rechts kritisierte. Kolosvary hielt es für richtig, dass der V. Text die Ersitzungszeit der beweglichen Sachen in 32 Jahre bestimmte, wie es auch bei Immobilien der Fall war.[23]

Kontinuität im Besitz als Voraussetzung der Ersitzung ist bei Katona und Raffay in erster Linie wegen der mittelalterlichen Regel der Hemmung (praescriptio dormiens) merkwürdig. Über Hemmung der Ersitzung sprachen sie nur dann, wenn jemand, der durch die Ersitzung sein Eigentumsrecht verliere, (1) die 16 Jahre noch nicht vollendet habe, (2) Gefangener des Feindes sei oder (3) seinem Vater ins Exil folge. Keine Frage, „diese Regeln sind heute nicht mehr praktisch, denn die gesetzliche Vertretung der Minderjährigen ist möglich bzw. die Lebensverhältnisse wandelten sich schon." – stellte Katona 1900 fest.[24] Im V. Text findet man nur einen kurzen Satz über die Berechnung der Ersitzungszeit: „Für die Hemmung und die Unterbrechung der Ersitzung gilt entsprechend das gleiche, wie bei der Ersitzung eines Grundstückes" (§ 605). Kolosváry gab sich 1942 bei der Frage der Hemmung nicht mit einem Hinweis auf die Regel der Ersitzung an unbeweglichen Sachen zufrieden, sondern erstellte eine genaue Liste, die im Grunde genommen dieselbe war, wie an der Jahrhundertwende, in etwas modernisierter Form: Die Hemmung der Ersitzung trete dann ein, falls (1) die Eigentümer, die gesetzlicher Vertretung bedürfen, noch keinen gesetzlichen Vertreter haben, (2) der Ersitzer selbst der gesetzliche Vertreter des Eigentümers sei (solange dieses Verhältnis zwischen ihnen aufrecht sei), (3) Eigentümer und Ersitzer (a) ein Ehepaar oder (b) Eltern und Kind seien, oder (c) sie leben in einer Familie und wirtschaften zusammen.[25] Katona und Raffay kannten drei Fälle der Unterbrechung (praescriptio interrupitur) der Ersitzung: diese waren 1. die Anerkennung des Eigentumsanspruchs, 2. die Eigentumsklage des Eigentümers gegenüber dem Besitzer und letztens eine Gruppe der weiteren Unterbrechungsfälle des traditionellen, die jedoch wegen der Aufhebung der Avitizität 1848 nicht mehr relevant waren. Raffay betonte, dass die Ersitzung nicht unterbrochen werde, wenn der Besitzer vom Besitz ausgestoßen sei, aber binnen 1 Jahres Klage einreiche und demzufolge wieder

[22] RAFFAY, A magyar magánjog kézikönyve 86–88.

[23] KOLOSVARY, A tulajdonjog 248–250.

[24] KATONA, Elbirtoklás 227.

[25] KOLOSVARY, A tulajdonjog 250.

im Besitz sei.[26] Laut dem V. Text wird die Ersitzung unterbrochen: 1. durch den Verlust des Besitzes; 2. durch die entgeltliche Übertragung des Eigentums an dem Grundstück; 3. durch Einreichung der Eigentumsklage auf Herausgabe des Grundstückes oder durch eine Handlung, welche dieser gleichsteht (§ 556). Diese Liste wiederholte Kolosvary 1942 dem Inhalt nach gleich. Das bezieht sich auch auf die Regel, dass „die Unterbrechung der Ersitzung durch Verlust des Besitzes als nicht erfolgt gilt, wenn der Besitzer den Besitz ohne seinen Willen verloren und durch eine binnen Jahresfrist eingereichte Klage oder binnen Jahresfrist ohne Prozeß wiedererlangt hat" (§ 557).

Zusammenfassend kann man feststellen, dass die Ersitzung seit der Jahrhundertwende ohne Zweifel selbst die Art des Eigentumserwerbs war, und nicht der Titulus zum Erwerb, wie es Raffay 1900 erklärte. Und falls alle Voraussetzungen der Ersitzung vorhanden waren, war der Eigentumserwerb perfekt.

In den letzten Jahren hat sich die Autorin dieses Aufsatzes mit der Frage direkter oder indirekter Rechtstransfer schon mehrfach beschäftigt. Einerseits wurde aufgrund der Judikatur in Nachlass- und Ehestreitigkeiten in den 50er Jahren des 19. Jahrhunderts festgestellt, dass die Anwendung des ABGB in Ungarn zwischen 1853 und 1861 – zumindest im ehelichen Güterrecht – keine Schwierigkeit verursachte. Auf der Suche nach ehegüterrechtlichen Rechtsstreitigkeiten, wurden im Archiv des Komitats Baranya in Pécs andererseits manche Erbschaftsangelegenheiten aus den 70er Jahren des 19. Jahrhunderts gefunden, in denen das Urteil in zweiter Linie damit begründet wurde, es sei „auch aufgrund des ABGB, das einmal in Kraft war" rechtens.[27] Die Ursache dieser Erscheinung findet man in erster Linie in der lückenhaften Art, in welcher die Judex-Curial-Konferenz 1861 die wichtigsten Rechtsmaterien erledigt hatte, und es führte im Vermögensrecht unter Lebenden zur Übernahme österreichischer Grundsätze. Almási sah „die Spuren eines inneren Kampfes zwischen halb unbewusstem Nachahmungsbetrieb und beginnender Individualität des langsam zu Tage geförderten, modernen ungarischen Privatrechts" auch in den literarischen Arbeiten dieser Periode. Diese Nachahmung bedrohte ernstlich die Selbstständigkeit der ungarischen Theorie und Praxis, worauf die Antwort eine bewusste und laut deklarierte Wende war. Auf Grund der archivalischen Forschungen und der Analyse der Texte und Motive des Entwurfs des ungarischen Privatrechtsgesetzbuchs kann man feststellen, dass diese Behauptung ein Wunschbild produzierte, während die Wirklichkeit viel komplizierter war.

III. Schlussfolgerungen

So wie die konsequente Rückkehr zum traditionellen ungarischen Recht 1861 wegen der tiefgehenden Umwandlung durch das österreichische Privatrecht unmöglich war, so war es ebenso unmöglich, im Kopf der Juristen das auszulöschen, woran sie sich gewöhnt hatten. Da die Richter der königlichen Curia das restituierte ungarische Recht und das ABGB bis zum tragischen Gebietsverlust nach dem I. Weltkrieg parallel gebrauchten, war es unvermeidbar, dass das ABGB ihre Denkweise beeinflusste. Es ist auch bemerkenswert, dass sowohl Politiker wie auch Juristen in Ungarn erkannten, die Entwicklung des Landes mache „eine westliche Neuorientierung seiner Rechtsinstitute notwendig". Diese zwei Triebkräfte führten zwar nicht direkt zu legistischen Ergebnissen (Kodifikationen oder Einzelgesetze), aber doch zur Rezeption wichtiger allgemeiner Rechtsgedanken aus der deutschen Rechtskultur. Diese formten dann das restituierte und modernisierungsdürftige Ge-

[26] KATONA, Elbirtoklás 227; RAFFAY, A magyar magánjog kézikönyve 88.

[27] Siehe HERGER, A modern magyar házassági vagyonjog 302–307.

wohnheitsrecht langsam um. Die zeitgenössische Rechtswissenschaft bewertete die Wirkung des ABGB insgesamt im Privatrecht sehr hoch: „Die verborgenen Fäden der miteinander verbundenen Rechtssätze wurden dadurch immer mehr entwickelt und der Einfluss des österreichischen Rechts, der manchmal so groß war, daß man den Inhalt des ABGB einfach als richterliche Praxis anwandte, kann bis zum Anfange der Achtzigerjahre ein überwältigender genannt werden" – meinte Almási. Man sollte jedoch zufügen: Die indirekte Auswirkung des ABGB kann man klar auch in der Privatrechtswissenschaft der Jahrhundertwende nachweisen, und eine eindeutige Wende vom ABGB zum BGB findet man – zumindest in den von der Autorin erforschten Gebieten – eher vom sog. Kommissionsentwurf (1914) an. Das bedeutet aber nicht, dass die ungarischen Juristen später, als sie mit rechtsvergleichenden Methode nach verwendbaren Mustern suchten, das ABGB außer Acht gelassen hätten.

Korrespondenz:

Prof. Dr. Eszter Cs. Herger
Universität Pécs
Staats- und Rechtswissenschaftliche Fakultät
Dezső-Márkus-Forschungsgruppe für Vergleichende Rechtsgeschichte
48-as tér 1
H – 7622 Pécs
herger.csabane@ajk.pte.hu
ORCID-Nr. 0000-0002-9432-2478

Abkürzungen:

Tripartitum = Werbőczy István Hármaskönyve, in: Dezső Márkus (Hrsg.): Corpus Juris Hungarici (Budapest 1896)

Beschlüsse der Judex-Curial-Konferenz = Ideiglenes Törvénykezési Szabályok, in: Dezső Márkus (Hrsg.): Corpus Juris Hungarici (Budapest 1896).

MTJ = Ungarns Privatrechtsgesetzbuch. Entwurf (1928) Amtliche Übersetzung. Veröffentlicht vom Kgl. Ung. Justizministerium (Budapest 1940)

Siehe auch das allgemeine Abkürzungsverzeichnis: [http://www.rechtsgeschichte.at/media/abk.pdf]

Literatur:

A. Almási, Ungarisches Privatrecht, Bd. 1 (Berlin – Leipzig 1924).

G. Béli, Magyar jogtörténet. A tradicionális jog (Budapest-Pécs 1999).

Ders., Városi szokásjog az Ars Notaria alapján (Pécs 2014).

E. Cs. Herger, A modern magyar házassági vagyonjog kialakulása és rendszere a német jogfejlődés tükrében (Passau 2017).

Dies., Die Quellen des ungarischen Eherechts und die Auswirkung des ABGB-Eherechts auf die ungarische Rechtsentwicklung, in: E. Cs. Herger, S. Kissich, M. Steppan (Hgg.), Gemeinsame Wurzeln und Elemente des österreichischen und ungarischen Familienrechts (Graz 2018) 19–32.

M. Homoki-Nagy, Magyar jogtörténe (Szeged 2005).

K. Imling, Átadás, in: Dezső Márkus (Hg.), Magyar jogi lexikon I (Budapest 1898) 559–562.

M. Katona: Elbirtoklás, in: Dezső Márkus (Hg.), Magyar jogi lexikon III (Budapest 1900) 223–227.

B. Kolosváry, A tulajdonjog, in: K. Szladits (Hg.), Magyar magánjog V. Dologi jog (Budapest 1942) 102–320.

A. Meszlény, Magyar magánjog I–V (Budapest 1931–1939).

F. Raffay, A magyar magánjog kézikönyve II. kötet (Budapest 1900).

BRGÖ 2020
Beiträge zur Rechtsgeschichte Österreichs

Linh Thị Mỹ NGUYỄN, Pécs/Cần Thơ

The Matrimonial Property Law in Vietnam 1858–1975 in the Mirror of the European Legal Development

The development of Vietnam's legal system has been heavily influenced by invasions from China (178 BC–939 AC), France (1858–1954) and the United States (1954–1975). These invading forces applied their own regulations and administrative models to establish neocolonialism. Aside from direct European influence on Vietnam's legislative system, Eastern European socialist ideology has also played an essential role in shaping Vietnamese laws. This paper aims to describe the significant formative influences that Europe had on the Vietnamese legal system between 1858 and 1975. Specifically, this study focusses on the development of matrimonial property law.

Keywords: *European impact – matrimonial property law –Vietnam*

I. Introduction

During French colonial rule (1858 to 1954), Vietnam was divided into three territories: Southern [Cochinchine], Northern [Tonkin] and Central Vietnam [Annam]. Each region was assigned a distinct political status and, by extension, its own civil code. These three codes, which were modelled heavily on the 1804 French Civil Code (also known as the Napoleonic Code), were introduced in the Southern, Northern and Central territories in 1883, 1931 and 1936 respectively. By the end of their rule, the French had influenced almost every aspect of the Vietnamese legal system.[1] Besides, the contribution of European legislation to Vietnamese statute through the socialist ideology following the 1922s was that it emphasised equality in all fields between men and women. Typically, equality in matrimonial property law was also concerned and protected.

The primary purpose of this study is to determine the degree to which the Napoleonic Code affected Vietnam's matrimonial property law between 1858 and 1954. Marital property laws were included in the Vietnamese Civil Codes promulgated by the French. The similarities and differences between the French and Vietnamese Civil Codes will be compared in the analyses below. From 1945 onwards, Vietnamese marital property laws were also guided by the Eastern European revolutionary socialist movement. In particular, the Vietnamese state incorporated socialist views on gender equality into the 1959 Act on Marriage and Family.

II. The influence of French law on the development of Vietnamese law between 1858–1945

When the French launched their initial invasion in 1858, Vietnam was ruled by the Nguyen Dynasty. The invasion took place in a step by step manner, gradually taking over all of Vietnam's

[1] NGUYEN, The development 66–74.

http://dx.doi.org/10.1553/BRGOE2020-2s309

major provinces and cities. The French initiated their campaign by invading the Da Nang province in September of 1858,[2] and subsequently moving into several southern provinces. Finally, in April 1862, the Nguyen Dynasty ceded the invaded areas to the French under the Treaty of Saigon.

This handover led to the official formation of the French colony of Cochinchine, while the feudal government of the Nguyen Dynasty continued to rule the Northern and Central regions.[3]

To ensure unification in the South, Cochinchine's operative and administrative functions were assigned exclusively to French naval officers. Vietnamese citizens played only a modest role in this new management system, serving as maids and assistants. The French modelled their judicial powers in South Vietnam on French law and introduced the Southern Civil Code in 1883, a document written in its entirety in French.

By 1883, France continued its invasion into Northern and Central Vietnam. Due to the erosion of the Nguyen Dynasty, the French forced King Nguyen to hand over the Northern and Central territories for protection.[4] This power transfer meant that the Northern and Central provinces were under simultaneous management of both the Nguyen Dynasty and the French. In the North, the Nguyen Dynasty effectively served as a puppet administration, while the French assumed primary control. In the Central region, the Nguyen dynasty settled in Hue[5] to reign and maintained parallel control with the French.

From 1883 to 1936, Vietnam relied on three separate Civil Codes for each of the three territories. To understand why the French issued independent Civil Codes instead of implementing a single unified legal system, it is essential to consider the political context of the time. In 1883, the South was a French colony, and therefore subject entirely to French rule.

By contrast, the Northern and Central regions were still controlled to some degree by the Nguyen Dynasty. As the relative influence of the French differed between the Northern and Central territories, the French also introduced distinct civil codes for these regions.

Moreover, the French invasion policy was to divide and conquer; by separating Vietnam into three administrative provinces, the French sought to minimise Vietnamese unity and undermine independent revolts.[6]

It is evident that the French greatly influenced the Vietnamese legal system from 1858 to 1954. Vietnamese Civil Codes were modelled heavily on the 1804 French Civil Code and specified certain marital property laws. From 1945, the North of Vietnam regained independence under the leadership of the Communist Party. This region built a civil and family law system that differed significantly from codes drawn up during the French colonial period. In 1959, North Vietnam promulgated the Act on Marriage and Family. These new laws were entirely independent from the pre-existing Civil Code. Besides, socialist countries often called it the Act on Marriage and Family instead of "Family Law" as in French and German Civil Codes.[7]

Following the reunification of 1975, however, Vietnam enacted several Civil Codes (1995[8],

[2] Da Nang is the largest developing province in Central Vietnam today.

[3] TAYLOR, A history 445.

[4] Ibid. 446.

[5] Hue is a city in Central Vietnam and used to be the feudal capital of Vietnam under the Nguyen Dynasty (1802–1945).

[6] NGUYEN, The impact 65–82.

[7] There are some similarities in codification among socialist states in comparison to Chinese and Vietnemese experiences. See FENG, Review 331–398.

[8] Civil Code Nr. 44/1995/QH09 was issued by the 9th Vietnamese National Assembly on 28 October 1995.

2005[9] and 2015[10]) that drew heavily on the Civil Codes of France, Germany, and Switzerland. For example, the first chapter of the Vietnamese Civil Code 2015 governs general provisions like the German Civil Code. Vietnam's Civil Code still contains rules on civil relations involving foreign elements which are similar to the French Civil Code. These prove that the European civil and family law has a profound influence on Vietnam not only in the past but also in the present time.

III. The Gia Long Code of 1812

It is particularly interesting that the French placed the Northern and Central provinces under their protection but allowed the Nguyen Dynasty to remain involved in their administration. Moreover, despite the introduction of new Civil Codes to both the Northern and Central regions, the French retained specific legal codes issued by the Nguyen Dynasty to ensure stability and acceptance by the local population. Accurately, the Gia Long Code was maintained to resolve criminal and civil disputes in the North and Central regions. This code was first issued by the Nguyen Dynasty in 1812[11] and officially published in 1815.[12] It was comprised of 398 articles and, while generally known as a penal code,[13] covered both criminal and civil laws (66 Articles).

[9] Civil Code Nr. 33/2005/QH11 was issued by the 11th Vietnamese National Assembly on 14 June 2005.

[10] Civil Code No. 91/2015/QH13 was issued by the 13th Vietnamese National Assembly on 24 November 2019 [https://thuvienphapluat.vn/van-ban/quyen-dan-su/Bo-luat-dan-su-2015-296215.aspx].

[11] ALEAVY, Dien in China and Vietnam 403–415.

[12] VU, Dân luật khái luận 236.

[13] The Gia Long Code was newly issued in a Decree on 3. 7. 1933 by the King Nguyen (Vietnam) and the Governor-General (France) and applied in the Central Region. The Code's new version had 429 articles. In the introductory clause, the Code was modified only a few times to meet the demands of the Vietnamese society and traditional customs. See BÙI and BERT, Code Penal de L'annam 282.

IV. The Southern Civil Code of 1883

In the treaties of 1862 and 1874, the Nguyen Dynasty ceded the Southern provinces and three major cities (Hai Phong, Da Nang and Hanoi) to the French. The French government issued a directive on 25 May 1881 which stipulated that French judges should arbitrate disputes in the South. As a result, the French rapidly initiated codification in the South. Initially, the newly introduced legal regulations were split into three volumes: the first volume regulated nationality, the second volume prescribed civil status, and the third volume addressed residential regulations. The first and third volumes referred to the first volume of the French Civil Code.[14]

The French President issued the second volume on 3 October 1883. This volume, commonly referred to as the simplified Civil Code of the South, consisted of seven chapters, with chapters IV–X stipulating matrimonial and family law. These chapters took effect on 26 March 1884. Chapters IV–X regulated the issues of abandonment, marriage, divorce, parent-child relationship, adoption, personal rights, minors, and guardians.

By 1883, the Southern Civil Code (known as "Précis de la Législation Civile Anammite"[15]) applied to the Southern provinces and three major cities:[16] Hanoi, Hai Phong, and Da Nang.[17] This civil law was quite superficial and did not offer much guidance on marriage and inheritance regulations. Vietnamese and French mar-

[14] BÙI, BERT, Code Penal de L'annam 282.

[15] BRIESEN, The French "État legale" 75–77.

[16] These three major cities, which are not in the South but were still under French control, held important sea trade positions.

[17] Hai Phong is a port city in the Northeast of Vietnam.

riage and family laws were distinctly different at the time; unlike the French Civil Code, Vietnamese feudal laws emphasised the patriarchal value of a man and relied on customs to judge family disputes. This fundamental difference made it especially difficult to directly transfer French matrimonial property law into the Southern Civil Code of 1883. French judges dealing with marital property disputes had to comply with the provisions of the Gia Long Code and traditional Vietnamese customs. Besides, if the above-mentioned two acts did not anticipate all marital property disputes in South Vietnam, the judge should apply case law to settle the conflict.[18] Case law in this context referred to domestic and French legal cases (mainly civil obligations) that were used as precedents in Vietnamese legal cases. While French judges initially relied on French case law[19] to guide their judgements, the marked differences between Vietnamese and French regulations made this extremely difficult at times. Specifically, in Vietnamese cases involving matrimonial property law, it was effectively impossible to apply French family case precedents. Accordingly, from 1895 onwards, Southern Vietnamese case law was collected in monographs, such as the "Journal judiciaire de La Conchinchine et du Cambodge".[20] This finally allowed French judges to apply Vietnamese case precedents to settle disputes in the South.

[18] Vu, Pháp chế sử 27.

[19] The French case law was later translated into Vietnamese by two Vietnamese judges in a book called "Important Case Law". See Tran, Nguyen, Những án lệ quan trọng [Important case law] 20–54.

[20] The French Republic published the "Journal judiciaire de La Conchinchine et du Cambodge", which was the collections of civil and criminal case laws in Vietnam and Cambodia during the year 1895.

V. The Northern Civil Code of 1931

In 1931, the French enacted the Northern Civil Code and terminated the Northern validity of the Gia Long Code. This new civil law was issued bilingually, in both French (known as "Code Civil à'usage des jurisdictions indigènes du Tonkin") and Vietnamese. It had four volumes and 1455 articles.[21]

The Northern Civil Code was issued on 30 March 1931 and promulgated on 1 July 1931. The matrimonial and family law was regulated in the first volume (Article 68–461).[22] Like the Southern Code, the Northern Code referred heavily to the French Civil Code. The concept of communal property was recognised in these regulations.

Matrimonial property law allowed spouses to choose between a marital property agreement or a statutory property system. Moreover, the wife was given the right to own property independently of her spouse (Article 113). Where the South relied mostly on customs and case law to resolve disputes, the Northern Civil Code did precisely the opposite; laws were interpreted literally, and judges applied written regulations to settle family conflicts. The Northern Code did not consider precedents to be a valid source of law.

According to Article 106 of the Northern Civil Code, if a married couple did not pre-establish a marital agreement, the statutory communal property law would be applied automatically. This law, like the communal property law, stipulated initially in Article 1041 of the 1804 French Civil Code, stated that all assets

[21] The Northern Civil Code was issued in a Decree dated 30. 3. 1931 by the French Ambassador to the North and was effective from 1. 7. 1931. See Nguyen, Đặc trưng cơ bản của Bộ dân luật bắc kỳ 6–38.

[22] Phan, Truong, Các chế độ hôn nhân và gia đình Việt Nam xưa và nay 40.

(including donated/inherited real estate) became communal property following marriage. As such, spouses could retain separate property following prior agreement only.

VI. The Central Civil Code of 1936

From 1936, France promulgated the Central Civil Code and abolished the validity of the Gia Long Code. It was issued bilingually in French (known as Code Civil à'usage des jurisdictions indigènes de L'Annam) and Vietnamese (known as Hoang Viet Trung Ky Law) which ensured application to both the French government and the Nguyen Dynasty. The Central Civil Code had five volumes[23] and 1709 articles.[24]

Article 79 of the Central Civil Code addressed polygamy based on feudal regulations. The concubine should be allowed to reside with the extended marital family, including the main wife. The main wife had more power than the concubine in all respects. Accordingly, the concubine did not have separate property and obeyed to both the main wife and the husband. The husband retained his primary patriarchal rights (Article 114 of the Central Civil Code).

If the husband accepted that the concubine could stay separately and independently from the extended family, she could establish a separate property. "If the husband owed a debt, the second wife had no obligation to pay the debt on behalf of her husband. When the husband was deceased, she still retained her assets (Article 223 of the Central Civil Code). This part of the property was not merged into the whole communal property managed by the main wife when the husband demised".[25]

It is important to note that spouses only formed communal property when they no longer resided in their parental homes. According to Article 206 of the Central Civil Code, the marital estate law was applicable only when the husband was considered the head of the family and had full authority to represent the family members he lived with. As patriarchal law applied to the head of the family, children and grandchildren that remained in their parental homes following marriage deferred their patriarchal rights to the head of the household.

Like the Northern Civil Code, the Central Civil Code recognised two types of matrimonial properties: a marital agreement property and communal property. The marriage agreement model allowed couples to decide on ownership, while the communal property system only recognised the existence of common property. For a property to be considered a 'marital agreement property', couples had to draw up a prior written agreement and have it legalised by an appropriate authority. This agreement could not be modified after the parties had ratified it, and only upon dissolution of the marriage would the agreement be terminated. A note of the agreement was made in the marriage certificate to inform and protect third persons in secured transactions with the spouses.[26] This law had similarities with Articles 1393, 1394 and 1945 of the 1804 Napoleonic Code.

---

[23] The first volume was issued under Decree Nr. 51 on 13. 7. 1936. The second volume was issued under Decree Nr. 95 on 8. 1. 1938. The third, fourth and fifth volumes were issued under Decree Nr. 59 on 28. 9. 1939.

[24] BUI, BERT, Code Penal de L'annam 5; NGUYEN, Vietnamese Law 337–339.

[25] VU, Dân luật lược khảo 603.

[26] PHAN, Phụ nữ Việt Nam trước pháp luật 58–59.

VII. The influence of Eastern European socialism on women's rights in Vietnamese family law from 1945 onwards

By 1954, France had withdrawn its troops from Vietnamese territories. From 1954 to 1975, the USA, a French ally, replaced France to rule Southern Vietnam under the Southern Republic system. Vietnam was divided into the North and the South, as the ascent of politician Ho Chi Minh led to Vietnamese independence in the North. From this point onwards, Northern Vietnam has remained under the leadership of the Communist Party and followed a socialist orientation. This Soviet movement originated in Eastern Europe in 1922, and gradually spread to China and Vietnam. Ho Chi Minh, a communist leader, called for the implementation of gender equality. He pointed out that "independence from colonial oppression and the beginning of communist governance would bring a new and better role for women in Vietnamese society".[27] Hence, the Act on Marriage and Family was issued by the State in December 1959[28] and acknowledged women's possessive right. The law stipulated that spouses have the equal right to own, enjoy, and use common property. This law was founded on the idealistic views of Marx, Lenin, and Engels. The latter, in particular, had strong viewpoints on family law, private property and the State. [29]

The 1959 Act stated that "in the family, husband and wife are equal in all aspects". Regarding property ownership, the Act on Marriage and Family stipulated that spouses owned common property and would have to forego all independent property rights (Article 15). This rule applied to properties acquired before marriage, as well as those acquired during the course of the marriage. In general, this would create imbalances when one party made less of an effort than the other to contribute to property purchases. Another striking feature of the 1959 Marriage and Family Act was that it encouraged progressive and monogamous families, supported gender equality, and valued the rights of both women and children (Article 1).

In April 1975, South Vietnam acquired independence, and the country was reunified to form the Socialist Republic of Vietnam. From 1975 to the present day, Vietnam has undergone three major regulatory changes insofar as matrimonial property law is concerned. These changes were introduced in the Marriage and Family Acts of 1986,[30] 2000[31] and 2014.[32] The 2014[33] Act stipulates that spouses have the right to choose a statutory property regime or a marital agreement regime (also known as a marriage contract) at the time of their marriage. "If married couples do not have an agreement on the

[27] WALSH, The law of the family 69; POTHIER, Propagandist representation.

[28] Law Nr. 2/1959/QH dated on 29. 12. 1959. The National Assembly on Marriage and Family which was applied to the North of Vietnam [https://thuvienphapluat.vn/van-ban/quyen-dan-su/Luat-Hon-nhan-va-gia-dinh-1959-2-SL-36857.aspx].

[29] It is not hard to figure out the similarities on principles which were stipulated in civil law and family law between Soviet countries at that time. See ENGELS, From the origin of the family 45–88.

[30] Law Nr. 21-LCT/HDNN7 dated on 29. 12. 1986 by The National Assembly on Marriage and Family [https://thuvienphapluat.vn/van-ban/quyen-dan-su/Luat-Hon-nhan-va-gia-dinh-1986-21-LCT-HDNN7-37246.aspx].

[31] Law Nr. 22/2000/QH10 was issued by the National Assembly on Marriage and Family on 10. 6. 2000 [https://thuvienphapluat.vn/van-ban/quyen-dan-su/Luat-Hon-nhan-va-Gia-dinh-2000-22-2000-QH10-46450.aspx].

[32] This law became effective on 1. 1. 2015 in Vietnam.

[33] Law Nr. 52/2014/QH13 was issued by the National Assembly on Marriage and Family on 19. 6. 2014, gazette number 52/2014/QH13 [https://thuvienphapluat.vn/van-ban/quyen-dan-su/Luat-Hon-nhan-va-gia-dinh-2014-238640.aspx].

marriage contract, the statutory property regime will automatically be applied."[34] This was the first time that the Act on Marriage and Family law recognised the marital agreement property regime since 1975. The concept of a communal property regime had been replaced as a statutory property regime since the 2014 Marriage and Family Act enacted. The Acts 1959, 1986 and 2000 did not have either the concept of communal property or the notion of statutory property regime within their regulation. Instead, these Acts just addressed marital properties, including common property and separate property.

VIII. Conclusion

In summary, Vietnam's matrimonial property law has been significantly influenced by the Napoleonic Code. Introduction of French-inspired civil codes led to sweeping changes in the Vietnamese feudal legal system. From 179 BC to 939 AC (the period of Chinese conquest), Vietnam had been greatly influenced by Chinese Confucianism.[35] This school of thought maintained that the husband should be seen as head of the family, and owner of all family assets. The wife, by contrast, was seen as lesser than the husband, and left virtually unprotected. Accordingly, when the French first introduced the concept of communal property, this was seen as a very progressive change. Nevertheless, the French Civil Code still maintained that the husband was head of the family and had the right to manage all communal assets, including those belonging to his wife. When the Soviet movement of gender equality reached Vietnam, the 1959 Act on Marriage and was introduced to formally recognise the equal rights of husband and wife in matrimonial property law.

In conclusion, French colonialism and Eastern European socialism undeniably influenced Vietnamese civil and family law, particularly as it relates to marital property from 1858 to 1975. Even in the present day, the European legal culture continues to affect Vietnamese codification due to its tremendous reputation in the legislative sphere.

Correspondence:

Linh Thị Mỹ NGUYỄN, Doctoral student
University of Pécs
Faculty of Law Hungary
48-as tér 1
H – 7622 Pécs
my.linh@ajk.pte.hu
ORCID-Nr. 0000-0001-6611-8982

---

[34] Art. 7 of Decree N.126/2014/ND-CP was issued on 31. 12. 2014 by the Vietnamese Government. This Decree is detailing several Articles and Measures for implementation of the Act or Marriage and Family 2014.

[35] TAI, The status of women in traditional Vietnam: A comparison of the code of the Le dynasty 97–145, 525.

Literature:

H. Mc. ALEAVY, Dien in China and Vietnam, in: The Journal of Asian Studies 17/3 (1958) 403–415.

D. BRIESEN, The French "État legale" in Vietnam. Between Legal Pluralism and Police State, in: Ulrich von ALEMANN (ed.), The State of law. Comparative perspective on the rule of law in Germany and Vietnam (Düsseldorf 2017).

T. H. BUI, Reu P. BERT, Code Penal de L'annam [Hoang Viet Law] (Vietnam 1933) 5.

ENGELD, From the origin of the family, private property and the state (Hottingen–Zurich 1884) 45–88.

X. FENG, Review of the development of marriage law in the people's republic of China, in: University of Detroit Mercy Law Review 3/79 (2002) 331–398.

D. N. NGUYEN, Vietnamese Law, in: The Quarterly Journal of the Library of Congress 23 (1966) 337–339.

L. T. M. NGUYEN, The development of matrimonial property law in Vietnam, in: DÍKÉ 2/2 (2018) 66–74.

IDEM, The impact of the French colonial law on the development of matrimonial property law in Vietnam, in: DÍKÉ 3/1 (2019).

T. K. NGUYEN, Đặc trưng cơ bản của Bộ dân luật Bắc kỳ năm 1931 (LLM. Diss, Hanoi National University 2016) 6–38.

T. D. PHAN, H. T. TRUONG, Các chế độ hôn nhân và gia đình Việt Nam xưa và nay (Saigon 2012).

T. V. PHAN, Phụ nữ Việt Nam trước pháp luật (Saigon 1955) 58–59.

T. V. TAI, The status of women in traditional Vietnam. A comparison of the code of the Le dynasty (1428–1788) with the Chinese codes, in: Journal of Asian History 15/2 (1981) 97–145.

K. W. TAYLOR, A history of the Vietnamese (Cambridge 2013).

L. T. TRAN, T. V. NGUYEN, Những án lệ quan trọng (Saigon 1962).

Th. J. WALSH, The law of the family in Vietnam (California Western 2011) 61–122.

M. V. VU, Dân luật khái luận (Saigon 1961).

IDEM, Dân luật lược khảo (Saigon 1962).

T. Q. VU, Pháp chế sử (Saigon 1968).

BRGÖ 2020
Beiträge zur Rechtsgeschichte Österreichs

Bernadett KRAUSZ, Pécs

The Difference between the Legal Status of Minor Children Born In and Out of Wedlock Regarding Maintenance in the Hungarian Customary Law and Court Praxis before 1946

Before Act IV of 1952 on Marriage, Family and Guardianship came into force, the maintenance of minors was only regulated by customary law provisions and the drafts of the Civil Code. Although in 1946, the maintenance of children born out of wedlock was regulated in an act, the comprehensive regulation was delayed until 1952. It is necessary to study the court practice of the era in order to draw a picture of child support before 1946. During my research, I examined the relevant regulations and most importantly, the material of the royal courts between 1938 and 1945 in the National Archives of Hungary Zala County Archives. I will present the legal framework and practice of the era mainly through the royal court decisions of Zala County. Since the legal situation of minor children born in and out of wedlock differed before 1946, it is vital to examine the subject and compare their situations.

***Keywords**: children born in and out of wedlock – court praxis – customary law – Hungary – maintenance*

I. Introduction

The paper results from an aspect of my PhD research regarding the legal history and the current Hungarian and European regulation of the maintenance of minor children.[1] In the following, only a section will be presented, namely the regulations on minor children born in and out of wedlock in the Hungarian customary law and court praxis before 1946.

The reason for examining the question of legitimate and illegitimate children separately before 1946 is that prior to Act XXIX of 1946 on the Legal Status of Children Born out of Wedlock coming into force, the legal situation of these minors differed. The legal framework will be presented with examples from the judicial decisions of the royal courts of Zalaegerszeg (where most of the case files in the county survived in full) in order to discuss the differences.

But why is it important to examine the decisions of the court as well? Before Act IV of 1952 on Marriage, Family and Guardianship came into force in Hungary, the matter of child support was mainly regulated by customary law and a couple of paragraphs of effective acts. The customary law provisions were the Hungarian Civil Code Proposals of 1900, 1913 and 1928. Hungarian judges followed the regulations of the Civil Code Proposal of 1928 (hereinafter: CCP 1928) as a reference and guidance, yet it was not officially in effect. Next to the civil code proposals, some paragraphs of Act XX of 1877 on the Matters of Guardianship, Act XXXI of 1894 on Mat-

[1] See also: KRAUSZ, A kiskorú gyermek tartása; KRAUSZ, A törvényes születésű kiskorú gyermek tartása.

http://dx.doi.org/10.1553/BRGOE2020-2s317

rimonial Law and a Prime Ministerial Decree[2] regulated child support matters. Although these were effective and substantive laws, they only partially covered the topic.

The legal literature of the era on the subject matter is insufficient and the novum of my work is the disclosure of the court practice, since no previous research has been carried out in this specific field and on these records. I have so far examined the civil law cases of the Royal District Court of Zalaegerszeg[3] and the Royal Tribunals of Zalaegerszeg[4] and Nagykanizsa[5] between 1938 and 1945 in the National Archives of Hungary Zala County Archives. Because of the lack of acts of parliament and literature, studying the court practice of the era is inevitable in order to draw a full picture of the institution before 1946.

First, a general overview will be given about the legal framework and after that, a sample of case law will be studied.

II. The legal framework

Two definitions must be clarified: 'child support' and 'minor', since these terms had different meanings back then.

Child support meant the expenses for the upbringing of the child according to his or her social status, the expenses for education in general and the expenses for their studies that qualified them for work.[6] The age when they reached the ability to work differed according to social status. Legitimate children had the social status of their parents and illegitimate children their mother's, since illegitimate children were only related to their mother and her family.[7] According to the practice and the opinion of the royal Curia, children were able to work at the age of 16,[8] but if the mother or the parents were wealthy then the children could be deemed unable to work even until 24 years old, if they studied.[9]

Minor meant a person under 24 years old, not emancipated,[10] and an unmarried woman.[11]

The maintenance matters of illegitimate children fell into the jurisdiction of the Royal District Courts.[12] The child support issues of legitimate children were tried together with the parents' divorce case,[13] yet in real life – among the cases I have studied – no verdict could be found that decided on them. The reason for this is that after 1930, tribunals – which tried divorce cases[14] – cast a verdict only if it was urgent and enough information was provided. Otherwise, courts transferred the case to the Orphan's Court.[15] The Orphan's Court followed the same principles as the Royal Tribunals or the Royal District Courts.[16]

In the era researched, the traditional family model prevailed, so it is no surprise that according to the Act on Guardianship, the father was the first person obligated to support his children whether they were born in or out of wedlock.[17]

In the cases of illegitimate children, at first, the person of the father had to be identified, then the court determined the amount of child sup-

22 Nr. 3982/1916. Prime Ministerial Decree

3 259 cases of child maintenance still exist (29 in 1938, 46 in 1939, 35 in 1940, 43 in 1941, 36 in 1942, 40 in 1943, 17 in 1944, 13 in 1945).

4 51 divorce cases still exist.

5 11 divorce cases still exist.

6 § 227 CCP 1928.

7 § 174 CCP 1928.

8 CSORNA, Rokonság 329.

9 § 16 CCP 1928.

10 §§ 1–4 Act XX of 1877.

11 §§ 1 and 2 Act XXIII 1874.

12 §§ 1 and 2i) Act I 1911.

13 §§ 95 and 97 Act XXXI 1894.

14 §§ 2 and 642 Act I 1911.

15 The Orphan's Court was an administrative body, the guardianship authority, which dealt with the matters of minors among other matters.

16 § 137 Act XXXIV 1930.

17 MÁRKUS, Felsőbíróságaink elvi határozatai 139–144.

port per month and obliged the father to pay it. Until the father could be identified, the mother alone had to cover the expenses of the upbringing,[18] although it should be stressed that according to court practice, the mother had to contribute to the finances for the upbringing of the child as well.[19]

As for legitimate children, parents were only obligated to support them if they had no income from their assets that covered the expenses of their upbringing. It is important to add that it was not enough to have assets, since only its profit had to be taken into consideration. In the absence of profit, separated parents should have contributed to the welfare of their children in line with their financial situation.[20]

If the father was incapable of supporting his children alone, then the mother had to help. If both were unable to provide for their children, the grandparents were obliged to do so.[21]

Concerning illegitimate minors, it is interesting to see that if the father of the child worked at the family estate and thus the grandparents were freed from hiring a servant, then the grandparents had to pay child support for their grandchild since the father himself had no income but contributed to the family budget.

As an example, case P.543/1940.[22] was initiated on 31 January 1940 at the Royal District Court of Zalaegerszeg. The claimant was Mária Cs., who claimed maintenance from her grandparents, Sándor Cs. and his wife. She stated that the court had already declared that their son was her father and that he was obliged to pay maintenance, but he had no income, so he did not fulfil his obligation. The court rejected the claim on the grounds that the defendants were middle-aged people, they also had two daughters, one of them was 13 years old and the other was 16, and their work altogether was enough to cultivate the land, so their son's work was surplus and they were not freed from hiring a servant.

In general, the obligated person had to take care of the maintenance until the child was able to work.[23] If the parents of the legitimate child were together and the child had assets or an income from those, then the father managed the money and had to spend it on the maintenance of the child. The sanction for not doing so was that the guardianship authority would have done it instead of him.[24] If the parents were separated, the parents could only be obligated to support the child if the child had no income and needed maintenance.[25]

Maintenance primarily had to be rendered in kind, in one's household, and secondly, in the form of money, on a monthly basis.[26] When the parents did not live together, then the parent living with the child contributed to the expenses mainly in kind and the other parent paid child support.

The amount of money had to be such that it covered the expenses for the upbringing of the child according to his or her social status, the education in general (upbringing) and the studies that qualified them for work. In terms of upbringing, these were the costs of feeding, clothing, healthcare and living. The expenses for education varied according to the social status as I explained before.[27]

The principles of the means of child maintenance and its amount correlated with the principles of the determination of alimony in the era.[28]

In the case of illegitimate children, the mother on top of child support could also claim the

[18] CSORNA, Rokonság 326–327.
[19] MNL ZML VII. 10. c. P.2399/1939/6.
[20] § 95 Act XXXI 1894.
[21] § 11 Act XX 1877.
[22] MNL ZML, VII. 2. f. P.543/1940.
[23] CSORNA, Rokonság 317.
[24] §§ 16, 22 and 37 Act XX 1877.
[25] § 95 Act XXXI 1894.
[26] §§ 234 and 252 CCP 1928.
[27] CSORNA, Rokonság 318.
[28] HERGER, Alimony 67–76.

expenses that occurred with the giving of birth. These were the maintenance of the mother for six weeks (two weeks prior to birth and four weeks after, which covered the costs of better nutrition and the lack of income) plus the cost of the baby trousseau.[29] If the child died as a minor, then the expenses of the funeral had to be paid by the father.[30]

The obligated person should limit their own maintenance if needed for the sake of the child, but this did not mean that they had to jeopardize their own livelihood.[31] The amount of child support was usually defined in monthly maintenance costs and was 15–30 % of the father's income before Royal Courts, whereas the Orphan's Court defined it as 20 %.[32] The parents could settle on child support, but the opinion was not unanimous on whether the approval of guardianship authority was necessary for the settlement to become valid. Claimants in the cases of illegitimate children could ask for maintenance payments six months prior to the completion of the claim form, but a maximum of three years beforehand, and in the latter case only if the father had promised to marry the mother.[33]

III. Cases of legitimate children

In the following, some cases will be highlighted in order to gain a glimpse of court practice as well.

In the first case, at the Royal Tribunal of Zalaegerszeg,[34] the claimant, the mother, worked as a seamstress, and the defendant was a private entrepreneur. Their child had been living with the grandparents. Only the minutes from the case have survived, so it is unclear why the child lived there, but there could be two explanations based on the previously mentioned regulations. It could mean that the parents were not able to support the child, so the grandparents took care of the maintenance, or the father, as the primary obligated person, supported the child by placing them at his parents' home and probably covered the costs of maintenance.

In another case at the Royal Tribunal of Zalaegerszeg,[35] a whole picture is drawn about maintenance. The claimant, the mother, worked as a corset maker and the defendant, the father, was a corporate man. They had two daughters: Nóra, the older one, was 20 years old and lived with her aunt where she worked as a corset maker as well. The younger one, Judit, was 17 years old and lived in Újpest with a Mrs. L. and was still studying. The father paid Mrs. L. 80 pengő[36] per month for food and shelter, 10 pengő pocket money and covered the expenses of Judit's tuition and provided her with the necessary clothes. This tells us that the 17- and 20-year-old girls were indeed considered minors. The older one had enough income to support herself and the father covered the expenses of the upbringing, according to Judit's social status, by placing her at a home in the capital city, giving her pocket money and new clothes regularly and he also paid for her tuition. This younger girl did not have enough money to take care of herself and she was still in need of education to be able to work. The Court did not separate the parties so no further information is given.

Divorce cases fell into the jurisdiction of the Royal Tribunals according to the Civil Procedure Code of 1911. Yet based on § 137 of

[29] 3982/1916. Prime Ministerial Decree and all cases regarding maintenance of MNL ZML VII. 10. c. documents.

[30] MNL ZML VII. 10. c. P.45/1940/4., P.1148/1940., P.2693/1940/3., P.1244/1941/9., P.164/1942/3.

[31] CSORNA, Rokonság 318.

[32] Ibid. 319.

[33] Ibid. 330–331; MESZLÉNY, Magánjog 526.

[34] MNL ZML, VII. 2. f. P.426/1938.

[35] MNL ZML VII. 2. f. P.331/1938.

[36] Pengő was the Hungarian currency at time.

Act XXXIV from 1930 on the Simplification of Judicial Procedure, the maintenance matters of children fell into the competence of the Orphan's Court, the guardianship authority, and the Royal Tribunal only decided in urgent cases and if enough information was available to the court.

A total of 62 divorce cases were examined; there were 35 cases involving children. In seven of these cases the court did not separate the parents, in 12 cases no data could be found about the decision, in one case it only decided on custody, and in one case the judgement did not decide upon the children. In 14 cases the court transferred the matter to the Orphan's Court of Zala County based on them not being urgent. In only one divorce case[37] did the court consider the custody of the children as urgent, since the defendant, the mother, was an alcoholic and unemployed, and she did not take care of her children in any way, so the court gave the right of custody to the claimant, the father, and in this case the father did not ask for child support so it was not part of the decision.

Since all the matters of child support in relation to legitimate children fell into the jurisdiction of the Orphan's Court, I tried to examine the relevant documents in the National Archives of Hungary Zala County Archives but the material was under processing so I was unable to retrieve any of it.

But luckily, in one case of the Royal Tribunal of Zalaegerszeg, the final decision of the Orphan's Court of Zala County 17.515/1938.[38] was attached to the case file. The custody of the two children in question was given to the mother and the father was obliged to pay 10 pengő for every child, on a monthly basis.

In this case, the mother was unemployed, and she only worked when there was a chance to do so. The father had a property with a house, he worked as a farmer and was also a job recruiter. He was paid 25 hundredweight of wheat every six months plus he received 35 pengő per month and 2 pengő for every worker he recruited. The court determined the amount of maintenance as 10 pengő per child. It can be deduced that the amount of 20 pengő was approximately 50 % of his income, 25 % per child.

This was a common amount in that area in 1938, because in the child support cases of illegitimate children, when the parents were farmers, the amount was always 10 pengő (in 1938 the common daily fee of farmers in Zala County was 1 pengő).[39] This means that the average monthly income of a farmer was around 30 pengő, so approximately 33 % of it was paid as maintenance.

IV. Cases of illegitimate children

In the following, two cases will be presented where the children were born out of wedlock.

The case P.3754/1939. of the Royal District Court of Zalaegerszeg[40] began in 1937. Between May and July that year, the defendant Ferenc Sz., a gendarmerie sergeant, was serving at the sentinel post in the village of Bucsuszentlászló and had intercourse several times with Ilona U., who was a cook there at the time. Thus, on 15 March 1938, their son, László, was born. Since the father did not take care of the child and he denied that the baby was his son, the mother filed a claim on 30 April 1938 for maintenance payments of 20 pengő per month, plus 40 pengő for birth expenses, 40 pengő for the baby trousseau and 42 pengő maintenance for the mother. The court rejected her claim since she could not prove that the defendant was the father and the defendant had denied it.

[37] MNL ZML VII. 2. f. P.1695/1938.

[38] MNL ZML VII. 2. f. P.560/1938.

[39] Based on the documents of MNL ZML VII. 10. c.

[40] MNL ZML VII. 10. c. P.3754/1939.

Later in 1938, in the retrial, the court also rejected the claim, since the claim was again not proved efficiently.

After that, on 21 November 1939, the prosecutor as a guardian of the minor, filed another claim for child support and the legal costs of all the cases, since the mother had learned, during the summer of 1939, that Ferenc Sz. had talked to another cook from the sentinel post and he admitted to her that "he had an affair with Ilona, but he would not make a settlement with the mother, because she would ask for too much, plus she had no witnesses, she could not prove it, and he would deny the whole thing if anyone asked". The claimant also attached a letter from a midwife, in which the midwife rejected a claim to carry out an abortion for Ilona U. as requested by the defendant. On 14 February 1940 the court delivered a judgement and obliged the defendant to pay 12 pengő child support every month, and the court of second instance, the Tribunal, approved this on 1 April 1940.

In another case of the Royal Tribunal of Zalaegerszeg, under P.4022/1939.,[41] the claimant was Sándor P., an illegitimate child, whose mother, Erzsébet P., was a kitchen maid at the house of the defendant, Antal J. Not many documents have survived from the case, but it can be deduced from the circumstances that the defendant had a wife and two children. He also owned a home, where he employed three servants, including the claimant's mother, who was recruited by the wife of the defendant, Mrs. J. One night in January 1939, the wife of the defendant and his two children attended a theatre show and left their home on a carriage, which shows that the family must have been wealthy. That night, according to the claimant's mother, the other two servants, who were sisters, went out as well. Then, as she was working in the dining room after dinner, the defendant came in and closed all the doors. She sensed that something was wrong, so she tried to run away, but the defendant ran after her and hung the hook of his walking stick to the neck of the claimant's mother and forced himself on her. On 18 September 1939, the claimant was born. The claimant asked for maintenance and motioned to interrogate the prosecutor, who was the guardian of the child, and to obtain the documents from the case of the Orphan's Court of Zala County, since the defendant offered at first 600 pengő, and after that 1200 pengő to the prosecutor for the maintenance of the child. At the trial, the defendant claimed that he was not the father of the claimant.

The court interrogated two witnesses, the other two servants, employees of the defendant, Júlia D. and Mária D., who both stated that they had been working there from the days before Christmas in 1938 until 15 February 1939 (one day after the incident), and there was no other servant employed, and also, one of them always had to stay at the house, and they could not even go to church together because of that. The court decided not to listen to other witnesses, namely the prosecutor, or the wife of the defendant, who allegedly employed the mother of the claimant, since the statements of these two unbiased employees contradicted the claim and the statement of the claimant. Thus, the court refused the claim and the second instance confirmed this. In this second case, it was not determined that the defendant was the father, so he could not be obligated to pay child support.

V. Summary

To sum up, it can be stated that the lack of a thorough substantive legal regulation of the matter resulted in the fact that the judicial practice shaped and crystallized the institution of child support with the guidance of the Civil Code Proposals. When determining the mainte-

[41] MNL ZML VII. 10. c. P.4022/1939.

nance of minors, similar principles were followed in the cases of both legitimate and illegitimate children, and the responsibility for their upbringing was with the close family, although children born out of wedlock were in a less favourable situation, since at first the father had to be identified. This could be difficult since the court mainly leaned on the statements of the parties, documents and witnesses. However, after the person was identified, the child was entitled to maintenance, and this was an amount that could help in the upbringing of the child.

The regulation of the maintenance for illegitimate children was important not only for the individuals but also for the State, since the child mortality rate of illegitimate children was double that of legitimate children[42] and the State and the Royal Courts recognized that these mothers and babies were in need of protection for their own sake and for the benefit of society as a whole.

All in all, there were differences between legitimate and illegitimate children, and these arose mainly from the social and economic differences of the era.

Correspondence:

Dr. Bernadett KRAUSZ
University of Pécs, Faculty of Law
Dezső Márkus Research Group for Comparative Legal History
48-as tér 1
H – 7622 Pécs
krausz.bernadett@pte.hu
ORCID-Nr. 0000-0002-1848-8484

Abbrevations:

3982/1916. M. E. számú rendelet [Nr. 3982/1916. Prime Ministerial Decree].

Act XXIII of 1874 = 1874. évi XXIII. törvénycikk a nők teljeskorúságáról [Act XXIII of 1874 on the full age of women].

Act XX of 1877 = 1877. évi XX. törvénycikk a gyámsági és gondnoksági ügyek rendezéséről [Act XX of 1877 on matters of guardianship].

Act XXXI of 1894 = 1894. évi XXXI. törvénycikk a házassági jogról [Act XXXI. of 1894 on matrimonial law].

Act I of 1911 = 1911. évi I. törvénycikk a polgári perrendtartásról [Act I of 1911 on civil procedure].

Act XXXIV of 1930 = 1930. évi XXXIV. törvénycikk a törvénykezés egyszerűsítéséről [Act XXXIV of 1930 on the simplification of judicial proceedings].

Act XXIX of 1946 = 1946. évi XXIX. törvénycikk a házasságon kívül született gyermek jogállásáról [Act XXIX of 1946 on the legal status of children born out of wedlock].

CCP 1900 = A magyar általános polgári törvénykönyv tervezete. Első szöveg. [Civil Code Proposal. First text] (Budapest 1900).

CCP 1913 = A magyar általános polgári törvénykönyv tervezete. Második szöveg. [Civil Code Proposal. Second text] (Budapest 1913).

CCP 1928 = Magyarország Magánjogi Törvénykönyve, a m. kir. igazságügyminiszter által 1928. március 1-én az Országgyűlés elé terjesztett törvényjavaslat (Budapest 1928) [Hungarian Civil Code Proposal of 1928].

MNL ZML = Magyar Nemzeti Levéltár Zala Megyei Levéltára Zalaegerszegi Királyi Törvényszék iratai, Polgári peres iratok [National Archives of Hungary, Zala County Archives, Documents of the royal Tribunal of Zalaegerszeg, Civil litigious cases] VII. 2. f. (1938–1945.).

[42] CSORNA, Rokonság 326.

Literature:

K. CSORNA, Rokonság, in: Károly SZLADITS (ed.), Magyar magánjog II. kötet (Budapest 1940).

E. Cs. HERGER, The Traditional Roots of Alimony in the Hungarian Family Law, in: Krakowskie Studia z Historii Panstwa i Prawa 4 (2011) 67–76.

B. KRAUSZ, A kiskorú gyermek tartásának szabályozása a polgári korban Magyarországon a hatályos szabályozás tükrében, in: Díké 3 (2019) 83–100.

IDEM, A törvényes születésű kiskorú gyermek tartása a házasság fennállása alatt és felbomlása után 1938 és 1945 között Magyarországon, in: Díké 2 (2018) 16–32.

D. MÁRKUS (ed.), Felsőbíróságaink elvi határozatai (Budapest 1983).

A. MESZLÉNY, Magyar magánjog I (Budapest 1931).

G. WENCZEL, Néhány szó a törvénytelen származású gyermekek jogi állapotának rendezéséről, in: Jogtudományi Közlöny 43 (1870) 301–304.

BRGÖ 2020
Beiträge zur Rechtsgeschichte Österreichs

Mateusz MATANIAK, Cracow

The Judicial Circle in the Free City of Cracow (1815–1846)*

The subject of the article is the judicial circle in the Free City of Cracow in the years 1815–1846. It reconstructs the political position of the judges of the Court of First Instance, Court of Appeal and Court of Third Instance, adjudicating both in civil and criminal cases, and discusses their rights (remuneration, pension, wearing a uniform) and their obligations, the violation of which resulted in disciplinary and criminal liability. Attention is drawn to the fundamental constitutional principles of judicial independence and independence of the judiciary. It also discusses methods of examining the qualifications of candidates, including examination issues, which covered most areas of civil, commercial, criminal and administrative law, as well as the history of law (including Roman law). Some of the most distinguished employees of the justice system are presented, as are the opinions of witnesses of events concerning its functioning.

Keywords: *Court of First Instance – Court of Appeal – Free City of Cracow – judges – judiciary*

The subject of the article are the judges adjudicating in the courts of the "Free, Independent and Strictly Neutral City of Cracow and Its District", commonly known as the Republic of Cracow. This miniature state, with an area of 1,164 square kilometres, was created as a result of the findings of the Congress of Vienna. The Republic of Cracow remained under the patronage of the so-called "Protective Powers", i.e. Russia, Austria and Prussia, on behalf of which the residents acted, first in the form of the Organizing Committee and then as the Residents' Conference. The miniature republic did not have its own foreign policy, so it is difficult to consider it a sovereign entity.[1] However, it had classic legal and political institutions, formed in accordance to the principle of triple power sharing: government (the Governing Senate), parliament (the Assembly of Representatives) and the judiciary. The organization of the system of power was based on the constitutions of 3 May 1815, 11 September 1818 and 29 July 1833.[2]

The structure of the judiciary consisted of the Court of First Instance (Tribunal) and the Court of Appeal, as well as the courts of peace ("conciliation offices"). The courts had a civil and criminal justice system. In 1833, the Court of First Instance obtained organizational independence. Until then, it functioned under the name of the Court of Last Instance, being in fact an extended Court of Appeal, as it was composed of judges of lower instances together with repre-

[1*] The article was prepared within the framework of a research project financed by the National Science Centre [Narodowe Centrum Nauki], contract Nr. 2017/27/B/HS5/01308.

KIENIEWICZ, The Free State 69–89; DAVIES, God's Playground 334–339; ZAMOYSKI, Poland 221–231; LUKOWSKI, ZAWADZKI, A Concise History 147–150, 154–157.

[2] Texts of all constitutions in: KALLAS, KRZYMKOWSKI, Historia ustroju 179–201.

http://dx.doi.org/10.1553/BRGOE2020-2s325

sentatives of the parties. It considered appeals against different judgments delivered in the first and second instance, as well as appeals against identical judgments of the Court of First Instance and the Court of Appeal.[3] In the second case, a positive opinion of professors and doctors of the Faculty of Law of the Jagiellonian University was required, who had to state that there was a violation of substantive or procedural law.[4]

The authors of the basic laws postulated – in quite a general way – the fundamental principles of the independence of the judiciary and the independence of judges. There were also rules: incompatibility ("incompatibilitas") and the of judgements by related and associated people. Until the early 1830s, judges were elected by the Assembly of Representatives. The qualifications of the candidates were examined by a parliamentary committee. Life-long judges were elected, of whom there were three at the Tribunal and four at the Court of Appeal; and temporary judges, who were appointed for a two-year term of office, in numbers depending on current needs. In order to pass a judgment in the first instance, three judges had to be present, five in the second instance and seven in the third instance. Those who wanted to become a judge had to meet the conditions for eligibility: age, education and wealth. Therefore, it was necessary to be at least 30 years old; to have completed university studies in one of the cities of the former Republic of Poland (later also in one of the neighbouring countries) and to have obtained a doctorate in law; to practice with a court writer and an attorney; as well as to own a property worth PLN 8,000, acquired at least one year before taking up the position. In the case of presidents of courts and judges of second instance, there was also a requirement of two years' judicial practice and the exercise of the mandate of a member of the Assembly of Representatives for one term.[5]

A major reorganization of the judiciary took place between 1839 and 1842, with the aim of essentially limiting its independence. However, a number of positive solutions were introduced, including examinations for candidates for the positions of judges, lawyers, notaries, court writers, prosecutors, ushers, etc. Taking the examination was made conditional on having completed a three-year judicial application, confirmed by a certificate of its completion ("certificate showing sufficient disposition and moral conduit"), as well as submitting the required documentation, including a curriculum vitae ("description of life course") and a certificate of the graduation.[6]

Under the statute of 1842, judges were classified as third class officials. As a result, the examination board set up for them was composed of the President of the Court of First Instance and four government commissioners. The first stage of the examination was oral; it was followed by a written stage. This part of the examination consisted of solving case studies ("making the paper effective") from civil, criminal and administrative law. The following issues had to be studied for the examination of the judge: 1) constitutional law, including the statutes developing the Constitution of the Free City of Cracow; 2) the judicial system, as well as court law: from the Old Polish period (with procedure), from the Austrian period (1796–1809) and from the Duchy of Warsaw (1809–1815); 3) elements of administrative law; 4) French regulations: the Napoleonic Code (Code civil) of 1804 (together

[3] GOCLON, Konstytucje 241, 258–261, 278–279, 284–285; BARTEL, Ustrój 815–820; WACHHOLZ, Rzeczpospolita 261–266.

[4] DZIADZIO, Udział Wydziału Prawa (in print); DZIADZIO, Opinie profesorów 303–319.

[5] Constitution of the Free City of Cracow, 11. 9. 1818 (§§ 15, 18–19).

[6] Requirements for Galician judges: KOTLIŃSKI, KOTLIŃSKI, Sądownictwo 22–23, 31–33, 105–106, 117–129.

with the law of the Free City of Cracow which modified it); Code of judicial procedure (Code de procedure civile) of 1806; Commercial Code (Code de commerce) of 1807; 5) the Austrian Criminal Code of 1803 ("Franciscana") with criminal proceedings; 6) Roman law; 7) Roman Catholic (Canon) law.[7]

After passing the examination, nominations for presidents of courts and judges, as well as for other court officials, were granted by the Governing Senate, in respect of presidents with the prior approval of the the rulers of neighbouring countries, in respect of other judges of the Higher Court and the life-long judges of the Tribunal, with the consent of the Residents' Conference. The Governing Senate could also suspend presidents and judges from office and payment of remuneration (ab officio et salario); dismissal from service could only be based on a final conviction. However, with the consent of the Conference of Residents, the Government could remove a person from office who had an immoral lifestyle or had grossly neglected his duties.[8] The preserved examination protocols convince us that the questions were very detailed and required a large amount of knowledge from various fields of law. As an example, in 1851, Maksymilian Grabowski, son of a well-known Cracow bookseller and amateur historian, had to face questions about such issues as: 1) What is the renewal *(novatio)*, as it has been shaped by Roman, French and Austrian law; what may be the meaning of the novatio on mortgages; 2) What is the effect of the transfer (Art. 1247 CC); 3) Under what circumstances a judge may be held criminally liable; when he may be required to compensate a party for the damage caused and benefits lost; 4) When the bill of exchange should be paid and whether it may be partial; 5) The cessation of the father's parental authority under Austrian law; 6) The admissibility of independent asset management by a minor under former Polish law; 7) What is "creditor association" in commercial law; 8) The validity of a contract "forced by fear" in Roman law; 9) What are "disorderly inheritances"; 10) The principles of moving final judgements; 11) The types of evidence on the basis of the Code of Judicial Procedure and the ways of conducting them; 12) The crime of incest; 13) Types of courts in the Old Poland; 14) Principles of the rectification of civil status records; 15) Types of church beneficiaries; whether the clergy is obliged to pay taxes.[9]

Before taking office, the judges took an oath of allegiance to God and the State. "I, N.N., elected by the Assembly of Representatives to the office of the President of the Court, swear to the Lord Almighty God and to the government of the Free City of Cracow with the District that I will perform official duties as befits an honest and god-fearing man, and I will make sure that the officials under my authority will diligently fulfil their duties."[10]

It should be noted that the Presidents of the Court of Appeal were Józef Nikorowicz, Franciszek Borgiasz Piekarski, Jakub Mąkolski and Piotr Bartynowski (President of the Higher Court); the Court of First Instance was headed by Bernard Dwernicki, J. Mąkolski, P. Bartynowski and Wojciech Majer. The Court of Third Instance was chaired by F. Piekarski and J. Mąkolski.[11]

---

[7] Statut Organiczny dla Władz Sądowych, 27. 1. 1842, §§ 145–148; Regulation of the Governing Senate, O applikacji i egzaminach sądowych, 27. 4. 1842, §§ 17–18, 20–29, 34–35, 39, 41–42, 45.

[8] Statut Organiczny dla Władz Sądowych, 27. 1. 1842, §§ 108–112, 114–116, 119.

[9] ANK-ES, Archiwum Wolnego Miasta Krakowa, sign. WM 150, unpag. Protokół egzaminu przed Komisją Sądowo-Egzaminacyjną, 13. 5. 1851.

[10] ANK, Archiwum Wolnego Miasta Krakowa, sign. WMK V-9A, pag. 17, Rota przysięgi dla Prezesów obydwóch Trybunałów Sądowych.

[11] Kalendarzyk 1819 26–30; ANK, Archiwum Wolnego Miasta Krakowa, sign. WM 618, unpag. Księga obejmująca Etat Sądownictwa Wolnego Kraju

In the final period of the Republic of Cracow, 15–20 judges worked at courts: ten to twelve of them at the Tribunal and four to five at the Higher Court. The judges' salaries were not significantly modified.[12]

In their work, judges received assistance from clerical staff (secretaries, clerks, journalists, archivists) and from delivery janitors (ushers). Prosecutors and court writers were also employed at the courts; and lawyers, notaries, bailiffs and the regent of mortgage files were also associated with the broadly understood justice system.[13]

When it comes to the evaluation of the judicial environment by the inhabitants of Cracow, we have divergent diarist relations. On the one hand, as it was noted by Ambroży Grabowski: "The course of justice was swift, and things were done in turn, as they came to the table. No one could accuse the judges of bribery, because the people called to the judicial offices belonged to the category of the most moral people, and morality in this respect was strongly observed".[14]

In support of Grabowski's words, we can point to examples of people who passed fair sentences in Cracow. Józef Nikorowicz (1753–1833) had a good preparation and rich experience. After graduating from the University of Lviv (where he came from), he presided over the courts of the nobility in Tarnów and Cracow, and even sat on the Viennese legislative commission (during his stay in the capital of the Habsburg Empire, he married the Viennese Baroness Maria Bourginion de Baumberg). His successor in the chair of the President of the Court of Appeal was another graduate of Lviv's University, Franciszek Borgiasz Piekarski (1759–1834). During the period of the Duchy of Warsaw, he was President of the Criminal Tribunal for the departments of Cracow and Radom. In the Republic of Cracow, in addition to serving as a judge, he was also active in administrative institutions (the Peasant Commission, Mortgage Committee), tax and school institutions, as well as in social organizations (Charitable Society, Archbrotherhood of Mercy). He was the author of numerous works on agronomy. Jakub Mąkolski (1782–1861), son of a Cracow notary, also completed his studies at the University of Lviv. He worked as a prosecutor at the Criminal Court in Cracow, and then headed the Tribunal and the Court of Appeal (1834).[15]

Piotr Bartynowski (1795–1874) was also an important person: apart from law and philosophy in Cracow, he studied in Wrocław and Berlin, where he had the opportunity to listen to lectures of the famous Friedrich K. Savigny. In addition to being a prosecutor and judge, Bartynowski also held the rank of professor at the Jagiellonian University, teaching Roman law (1829–1833).[16]

Another well-educated judge was Mikołaj Hoszowski (1778–1828). He was also a member of the committee for the drafting of the codes and the speaker of the parliament of the Free City of Cracow. First of all, in 1817/1818 he became a professor of the Chair of Political Skills (continuation of the studies on the police, a prototype of administrative law), and held this dignity

Krakowa zaczęta od Roku 1823; ANK, Archiwum Wolnego Miasta Krakowa, sign. WM 618, unpag. Lista Urzędników Sądowych w całym Kraju Wolnego Miasta Krakowa i Jego Okręgu w roku 1833; Announcement of the Governing Senate, 27. 5. 1842, No 2566–2658, Dz. Rząd. WMK, 1. 6. 1842, No 49–50, 193–196. There also names of life and time judges.

[12] Statut Organiczny dla Władz Sądowych, 27. 1. 1842, §§ 1–2, 21–23, 26, 75–76.

[13] See more: MATANIAK, Court Officials 95–155.

[14] GRABOWSKI, Wspomnienia 129.

[15] HOSZOWSKI, Biografie 15–20, 37–47; WAWEL-LOUIS, Sądownictwo 170–176.

[16] ŻUKOWSKI, Profesorowie 16–17; MUCZKOWSKI, Piotr Bartynowski 335; PATKANIOWSKI, Dzieje Wydziału 201–202; MALEC, MALEC, Programma 285–293.

until his death.[17] Wiktor Kopff (1805–1889), who had a wide range of interests, also deserves to be mentioned. Between 1834 and 1835 he travelled around Europe, and thereby became acquainted with the penitentiary systems of that time (the result of his journeys was the prison statute for Cracow). He also conducted (1843–1844) negotiations with a Prussian company on the delineation of the railway line from Cracow to Mysłowice, and also was the author of numerous legislative projects, concerning the house of forced labor, workshops for prisoners, child protection; laws adopted by the parliament (law on usury, supervisions of churches, Savings Bank, perpetual property); and was even the President of the Theatre Directorate (since 1842).[18]

On the other hand, the above quoted Grabowski expressed significant doubts as to the intellecttual qualifications of judges. He also gave such characteristics of some of them: "The judge of the Tribunal was Dydyński, a very stupid nobleman, supported for this dignity by Marcin Badeni, minister of the Kingdom of Poland. He was simply a bankrupt landowner, a rural farmer, who never dreamt about the law, because he never listened to it and did not have a proper education. This one, being a judge by a few years, even did not go to the courts, pretending to be sick, and received his salary for free – until finally death took this inutile pondus terrae and freed the treasury of the Republic of Cracowa from paying for this dry beer". We can also find such an opinion of Grabowski: "They were real fools, who could only write and read, let alone know the law. Such was Szymon Białecki, whom I remember in 1797 as a wigmaker, and he was often brought down to the head of Antoni Grobel, who could not wait for him and sent me to him with an order: 'Go and take this clown by the head and bring him to me...' [...] This man, a bold conceited man, with the protection of Walenty Litwiński, professor of law, was elected judge at the Sejm, even though he had as much knowledge of the law as the rural Bartek of astronomy; after all, he was a judge, even though he was an extreme idiot".[19]

The judges had two kinds of responsibility: disciplinary and criminal. Direct disciplinary supervision was exercised by the presidents of the courts, who sent opinions to the President of the Governing Senate on substantive preparation, approach to duties, attitude towards parties to proceedings, and moral behaviour of the judges in their private lives. The information was collected by means of so-called conduit lists. It may be added that the supervision of the judiciary in terms of "course of justice" (timely processing of cases, enforcement of judgements, etc.) was carried out by the government.[20]

Criminal liability was provided for in case of misconduct, theft of public money or other misconduct which was connected with the exercise of office. In order to carry out this responsibility, the Supreme Sejm Court sat in the years 1815–1839. It consisted of five deputies, three senators, presidents of courts, four judges of the peace and three trustees of suspects, recruited from among the citizens of Cracow. The parliament decided about the indictment in court. In 1842, the role of the Supreme Parliamentary Court was taken over by the Supreme Criminal Court.[21]

During the period of the Free City of Cracow the procedure was initiated only against judge

[17] PATKANIWSKI, Dzieje Wydziału 174–177; ŻUKOWSKI, Profesorowie 189–190; BĄK, Mikołaj Hoszowski 33–34; MALEC, MALEC, Z dziejów 729–736.

[18] HOMOLA, Wiktor Kopff 18–19.

[19] GRABOWSKI, Wspomnienia 133, 135; MIEROSZEWSKI, Moje lata 94–95; ŁĘTOWSKI, Wspomnienia 141.

[20] Statut Urządzający Sądownictwo, 27. 8. 1833, Dz. Praw WMK, 1833, § 80; Statut Organiczny dla Władz Sądowych, 27. 1. 1842, §§ 132–133, 137–138.

[21] PĘKSA, Sąd Sejmowy 253–261.

Wojciech Skarżyński (1838), suspected of bribery and "abuse of office".[22]

For their work, the judges received remunerations financed from the state budget. They were at a good level, and were similar to the salaries of senior officials (President of the Governing Senate; Director of the Construction Directorate) and middle-level officials (President of the Department of Internal Affairs; Director of the Main Archive). According to the budget for 1820/1821, the President of the Court of Appeal earned 10,000 Polish zlotys a year, his deputy 6,000, and the other judges 5,000 each. The President of the Court received 8,000 Polish zlotys, life judges 4,000–5,000 each, as did three temporary judges. It may be added that the salaries of judges of the Court of First Instance were similar to those of the Court of Appeal.[23]

The judges were entitled to a vacation. They were also covered by the pension system, introduced in 1833 for civil servants. It was modified in subsequent years. Earlier, the receipt of pension provisions depended on the decision of the Sejm and the government. From 1833 onwards, pensions had to be covered by future pensioners as, on the occasion of the payment of remuneration, the Pension Committee made a deduction of 4 % as a contribution to the Pension Society, to which membership was compulsory. The pensions were co-financed from the public budget. The pension system was constructed according to the progressive method: the amount of the pension or widow's and orphan's benefit depended on the length of service. Working for 15 years resulted in the right to a pension of 25 % of the highest salary, 35 years of work – up to 100 %. During the transition period, the pension increased annually by 3/20 of the amount calculated in relation to 1/4 of the basic salary. Wives and minor children were entitled to a retirement pension after marriage.[24]

Judges, like other civil servants and professors of the Jagiellonian University and high schools, were entitled to wear a uniform. Its design, based on solutions from the times of the Duchy of Warsaw, was approved by the Organizing Committee in 1816. It was dominated by navy-blue and caramel blue colours. The uniform consisted of a "dress of the top of the German cut", a white vest, black or white trousers, a hat with a safety pin and a bow and buttons with the state coat of arms.[25]

Finally, it can be added that the working conditions of judges significantly improved in 1819. It was then that the seat of the courts was moved to buildings near St. Peter and Paul's Church (currently Collegium Broscianum, 52 Grodzka St.). By a resolution of 20 September 1818, it was decided that the court premises would be located on the second floor; the first floor and the ground floor were reserved for the needs of the government.[26]

[22] ANK, Archiwum Wolnego Miasta Krakowa, sign. WMK II-42, pag. 673–674, the Chairman of the Assembly of Representatives to the President of the Governing Senate, 18. 1. 1838; KOPFF, Wspomnienia 16–17.

[23] ANK, Archiwum Wolnego Miasta Krakowa, sign. WM 16, pag. 299–300, 310, Budget Rozchodów na Rok 1820/21. Expenditure on the judiciary amounted to 138,200 Polish zlotys (12 % of the expenditure; the outgoings budget amounted to 1,329,351 Polish zlotys and 29 grossus).

[24] See more: MATANIAK, System I, 289–318; MATANIAK, System II, 493–519.

[25] ANK, Archiwum Wolnego Miasta Krakowa, sign. WMK V-7, pag. 39–46, regulation of the Governing Senate, 14. 9. 1816, No 3298; ANK, Archiwum Wolnego Miasta Krakowa, sign. WMK V-7, pag. 39, decision of the Organizing Commitee, 2. 9. 1816, No 530.

[26] SZYMBORSKI, Collegium 98–100, 104–105.

Correspondence:

Dr. Mateusz MATANIAK
Pracownia Wydawnictw Źródłowych UJ
Uniwersytet Jagielloński
ul. Gołębia 9/234
PL – 31-007 Kraków
mateusz.mataniak@uj.edu.pl
ORCID-Nr. 0000-0002-3311-5467

Abbreviations:

ANK	Archiwum Narodowe w Krakowie [National Archive in Cracow]
ES	ekspozytura w Spytkowicach [branch in Spytkowice]
Dz. Praw WMK	Dziennik Praw Wolnego Miasta Krakowa [Journal of Laws of the Free City of Cracow]
Dz. Rząd. WMK	Dziennik Rządowy Wolnego Miasta Krakowa [Government Journal of the Free City of Cracow]

Literature:

Wojciech M. BARTEL, Ustrój i prawo Wolnego Miasta Krakowa (1815–1846), in: J. BARDACH (ed.), Historia państwa i prawa Polski, vol. 3: Od rozbiorów do uwłaszczenia (Warszawa 1981).

Celina BĄK, Mikołaj Hoszowski, in: Polski Słownik Biograficzny, vol. 10/1, Nr. 44 (Wrocław 1962) 33–34.

Robert BUBCZYK, A History of Poland in Outline (Lublin 2011).

Norman DAVIES, God's Playground. A History of Poland in two volumes, vol. 2: 1795 to the present (London 1983).

Andrzej DZIADZIO, Opinie profesorów i doktorów Wydziału Prawa Uniwersytetu Jagiellońskiego jako źródło do badań nad stosowaniem Kodeksu Napoleona w Wolnym Mieście Krakowie, in: Krakowskie Studia z Historii Państwa i Prawa 13 (3/2020) 303–319.

Andrzej DZIADZIO, Udział Wydziału Prawa Uniwersytetu Jagiellońskiego w stosowaniu Code civil w Wolnym Mieście Krakowie (1815–1833), in: Księga jubileuszowa prof. Tadeusza Maciejewskiego (Gdańsk 2020) 185–201.

Jacek GOCLON, Konstytucje Wolnego Miasta Krakowa z 1815, 1818 i 1833 roku, in: M. KALLAS (ed.), Konstytucje Polski. Studia monograficzne z dziejów polskiego konstytucjonalizmu, vol. 1 (Warszawa 1990).

Ambroży GRABOWSKI, Wspomnienia Ambrożego Grabowskiego, in: Biblioteka Krakowska 1/40 (Kraków 1909).

Irena HOMOLA, Wiktor Kopff, in: Polski Słownik Biograficzny, vol. 14/1, Nr. 60 (Wrocław 1968) 18–19.

Konstanty HOSZOWSKI, Biografie ośmiu zgasłych członków Towarzystwa Naukowego Krakowskiego (Kraków 1869).

Kalendarzyk polityczny Wolney i niepodległey Rzeczypospolitey Krakowskiey pod opieką Trzech Nayjaśniejszych i Najpotężnieyszych Monarchów zostaiącey na rok 1819 (Kraków 1819).

Marian KALLAS, Marek KRZYMKOWSKI, Historia ustroju i prawa w Polsce 1772/1795–1918. Wybór źródeł (Warszawa 2006).

Stefan KIENIEWICZ, The Free State of Cracow 1815–1846, in: The Slavonic and East European Review, 26/66 (London 1947) 69–89.

Wiktor KOPFF, Wspomnienia z ostatnich lat Rzeczypospolitej Krakowskiej, in: Biblioteka Krakowska 31 (Kraków 1906).

Tomasz KOTLIŃSKI, Jakub KOTLIŃSKI, Sądownictwo powszechne w Galicji w latach 1855–1918 (Jarosław 2016).

Ludwik ŁĘTOWSKI, Wspomnienia pamiętnikarskie, ed. Henryk BARYCZ (Wrocław 1956).

Jerzy LUKOWSKI, Hubert ZAWADZKI, A Concise History of Poland (Cambridge 2006).

Jerzy MALEC, Dorota MALEC, Programma umiejętności politycznych Piotra Bartynowskiego z 1828 r. O staraniach przyszłego profesora prawa rzymskiego o Katedrę Umiejętności Politycznych w Uinwersytecie Jagiellońskim, in: Wacław URUSZCZAK, Paulina ŚWIĘCICKA, Andrzej KREMER (eds.), Leges sapere. Studia i prace dedykowane profesorowi Januszowi Sondlowi w pięćdziesiątą rocznicę pracy naukowej, (Kraków 2008) 285–293.

Dorota MALEC, Jerzy MALEC, Z dziejów Wydziału Prawa Uniwersytetu Jagiellońskiego. Mikołaja Moroza Hoszowskiego (1778–1828) starania o Katedrę Umiejętności Politycznych, in: O prawie i jego dziejach księgi dwie. Księga 1 (Białystok–Katowice 2010) 729–738.

Mateusz MATANIAK, System emerytalny dla urzędników Wolnego Miasta Krakowa. Część, vol. 1: lata 1815–1837, in: Krakowskie Studia z Historii Państwa i Prawa 10 (2/2017) 289–318.

IDEM, System emerytalny dla urzędników Wolnego Miasta Krakowa. Część II: lata 1838–1854, in: Krakowskie Studia z Historii Państwa i Prawa 10 (3/2017) 493–519.

IDEM, Urzędnicy sądowi Wolnego Miasta Krakowa (1815–1846) na tle zasad organizacji jego sądownictwa. Zarys problematyki, in: A. GÓRAK, J. KUKARINA, J. LEGIEĆ (eds.), Dzieje biurokracji 9 (Lublin 2019) 95–155.

Stanisław MIEROSZEWSKI, Moje lata dziecinne, in: Sobiesław i Stanisław MIEROSZEWSCY, Wspomnienia lat ubiegłych, ed. Maria i Henryk BARYCZOWIE (Kraków 1964).

Józef MUCZKOWSKI, Piotr Bartynowski, in: Polski Słownik Biograficzny, vol. 1 (Kraków 1935) 335.

Michał PATKANIOWSKI, Dzieje Wydziału Prawa Uniwersytetu Jagiellońskiego od reformy kołłątajowskiej do końca XIX stulecia (Kraków 1964).

Władysław PĘKSA, Sąd Sejmowy w Rzeczypospolitej Krakowskiej, in: Tadeusz MACIEJEWSKI (ed.), Dzieje wymiaru sprawiedliwości (Koszalin 1999) 253–261.

Wiktor SZYMBORSKI, Collegium Broscianum (Kraków 2014).

Szczęsny WACHHOLZ, Rzeczpospolita Krakowska. Okres od 1815 do 1830 r. (Warszawa 1957).

Józef WAWEL-LOUIS, Sądownictwo Rzeczypospolitej Krakowskiej, in: DERS., Urywki z dziejów i życia mieszkańców Krakowa, ed. Janina BIENIARZÓWNA, Wiesław BIEŃKOWSKI, Biblioteka Krakowska 117 (Kraków 1977).

Adam ZAMOYSKI, Poland: A History (London 2009).

Przemysław M. ŻUKOWSKI, Profesorowie Wydziału Prawa Uniwersytetu Jagiellońskiego, vol. 2: 1780–2012 (Kraków 2014).

BRGÖ 2020
Beiträge zur Rechtsgeschichte Österreichs

Tamás ANTAL, Szeged

Ministers of Justice in Hungary during the Austro-Hungarian Monarchy

The present paper provides information about the Ministers of Justice in the period of the so-called „bourgeois age" when the Austrian Empire and the Hungarian Realm established a special connection of states commonly known as the Austro-Hungarian Monarchy. The matters of jurisdiction and judicature were not in the scope of authority of the common organs, therefore the Ministers of Justice were members of the national governments on both sides. The author summarizes and evaluates the lives and works of the most important Hungarian ministers in mini-biographies as well as the professional relationship between those gentlemen who had the same political and professional roots.

Keywords: *19–20th centuries – Austro-Hungarian Monarchy Biography – Hungarian public law – Judicature – Minister of Justice*

Introduction

The Hungarian Royal Ministry of Justice was organized pursuant to Act III of 1848 by the very first sectoral minister, Ferenc Deák (known as Franz von Deák in Austria),[1] in the spring of 1848, after the responsible Government had been appointed by Archduke Stephan, the last Palatine (the highest dignitary of the state following the King) in Hungary.[2] During the Hungarian War of Independence (1848–49) against the Habsburg Empire, Bertalan Szemere, then Sebő Vukovich headed the national administration of justice.[3] In this paper, I am going to briefly present the courses of life of those Ministers of Justice in the Hungarian governments after the Compromise of 1867 – which established the Austro-Hungarian dual monarchy[4] – who were especially outstanding jurist-politicians.

There exists one further connection between them: the first sectoral minister of Dualism, Boldizsár Horvát, invited the then young Dezső Szilágyi to work in his office, while two decades later it was Szilágyi who appointed Sándor Erdély, Sándor Plósz and Jenő Balogh as undersecretaries of state and ministerial councillors, who were his successors later in this position. Thus, Szilágyi and his contemporaries chosen by him determined the activities of the Ministry of Justice for a quarter of a century. They were the colleagues of such Austrian lawyers and lawmakers as Anton Julius Glaser, Friedrich Schönborn and Franz Klein.[5]

[1] RUSZOLY, Vom Standpunkte 235–267; BALOGH, Strafrechtskodifikation 12–13; STIPTA, Selbstverwaltungskonzeption 267–280; OLECHOWSKI, Dezemberverfassung 3–15, IDEM, Az 1867, 150–156.

[2] RUSZOLY, Neue Verfassung 93–111; VARGA, Acts 14–20.

[3] SARLÓS, Deák és Vukovics 78–101; ERDŐDY, HERMANN, Batthyány és Szemere 165–327; RUSZOLY, Bertalan Szemere 45–53.

[4] MÁTHÉ, Institutionelles System 406–412; STIPTA, Zweihundert Jahre 221–233.

[5] BRAUNEDER, Juristen 184–189, 234–242; LEHNE, Schönborn Friedrich 57–58.

http://dx.doi.org/10.1553/BRGOE2020-2s333

1. Boldizsár Horvát (1867–1871)

He was born in Szombathely on 1 January 1822. He completed his studies at the academy of law in Győr; then in 1843, when he was barely 20 years old, he passed the sworn barristers' examination and opened an office in his hometown. Besides engaging in practice, he soon developed receptiveness to the revived political life, as a result of which he became a Member of Parliament in 1848 in the borough of Szombathely, and in 1849 he followed the House of Representatives from Budapest to Debrecen, the "capital of the war of independence". He could continue practicing law from 1850. In 1861 he was a member of the National Judicial Conference[6] and was reelected to Parliament. In 1862 he travelled abroad, and on returning home he established the Land Credit Institute and also became one of its leaders as Director of Legal Affairs. In 1865 he was reelected to be a representative in Parliament; then, relating to the process of pardon negotiations – upon the proposal made by Ferenc Deák and Gyula Andrássy on the Hungarian side, Ferdinand von Beust on the Austrian side[7] – the King appointed him as Minister of Justice on 19 February 1867. He undertook the most difficult task: to carry out the first judicial organizational and procedural reforms separating public administration and the power of jurisdiction. Despite their success, the conservative aristocracy exerted significant political pressure on him, which made him leave his office in 1871; however, he remained a liberal politician until the end of his life. He was elected a honorary member of the Hungarian Academy of Sciences in 1868.[8] He died on 28 October 1898.

Dezső Szilágyi described his former mentor's legal career as follows: "He believed and perhaps trusted too much in the transformative effect of institutions based on equal rights and in the unifying power of the nation. He trusted too much in the unselfishness and helpfulness of society. In his mind's eye, he had ideals: the traditions of the period of the forties and forty-eight. [...] He wanted a kind of judiciary that was strong in knowledge, its sense of responsibility and traditions, surrounded by the trust of the nation because it was independent and scrupulously true to its task; a barristers' bar, guided and inspired by the noble perception of their profession, the purity of which is guarded by themselves; procedures which were regarded by the cultured West as the best guarantee for protecting and enforcing law; a humane spirit in the material [legal] acts, which gives moral strength to law by lessening its rigorism and makes the acts long-lasting because they are built on the noble nature of man."[9]

2. Tivadar Pauler (1872–1875, 1878–1886)

He was born in Buda on 9 April 1816, the son of Gyula Pauler, historian and academician, and he himself was the father of Ákos Pauler, later a philosopher. He taught at the academy of law in Zagreb from 1838 and at the academy of law in Győr in 1848, then still in that year he became a professor at the University of Budapest, where

[6] A high conference of lawyers was held in Budapest in 1861 to decide how to modify the Hungarian common law and former statutes under the new constitutional conditions (Diploma of October 1860) with special attention to private law affairs and the influence of the Austrian legal system. See: BALOGH, Österreichisches Recht 123–135; HOMOKI-NAGY, Geschichte 463–466, 481–492.

[7] OLECHOWSKI, Dezemberverfassung 4–6; BRAUNEDER, Österreichische Verfassungsgeschichte 181–186; RUSZOLY, Európai alkotmánytörténelem 536–537.

[8] KENYERES, Horvát Boldizsár, Magyar Életrajzi Lexikon I, 742; MÁTHÉ, Az Igazságügyi Minisztérium 12, 15; MEZEY, Deák és Horvát 73–88; LAKY, Horvát Boldizsár 89–99; PÉTERVÁRI, One Empire 133–139; RADY, Nonnisi in sensu 10–11, 15–16.

[9] SZILÁGYI, Horvát Boldizsár ravatalánál 542–543.

he taught criminal law, and in the academic year of 1861/62 he also held the office of university rector. In 1869 he became a judge of the national supreme court, the Royal Curia, then from 1871 he was Minister of Religion and Education, from 1872 to 1875 he served as Minister of Justice in several governments, and from 1878 in the Government of Count Kálmán Tisza, an emblematic politician of that age, until his death on 30 April 1886. He became a Member of Parliament in 1871, a full member of the Hungarian Academy of Sciences in 1858, and the vice-president of the latter in 1880. As a scholar he engaged mainly in criminal law and natural law; his monograph entitled Book of Criminal Law, which was published several times – for the first time in 1864/65 –, defined the practice of law for decades, and as a philosopher he represented late natural law. From among his long ministerial activities, the reorganization of jurisdiction, the establishment of modern chambers of lawyers and notaries, the initiation of codifications in substantive and procedural law and the adoption of the criminal codes should be pointed out.[10]

Gyula Kautz, also his contemporary, praised him with the following words: "A bold conception, a radical interference into the order or the course of matters was not in his nature; yet the same feature of his character, which feature is never to be underestimated in a statesman, served as a guarantee that what left his hands was well thought-over and elaborate work – both in essence and in detail –, with nothing to change or withdraw urgently, and with inherent guarantees for permanence. So Pauler as a statesman was always guided by this principle: 'first measure, then dare!', which means that in politics it is imprudent to upset the status quo and not to be able to replace it with something better [...]".[11]

3. Dezső Szilágyi (1889–1895)

He was born in Oradea [Nagyvárad] on 1 April 1840 into a Calvinist intellectual family. He completed his legal studies in Pest and Vienna, then in 1865 he opened a law office in the Hungarian capital, where he also became a journalist for political dailies. It was there that he first met Ferenc Deák and Boldizsár Horvát, who supported the brilliant young jurist, so that in 1867 he could join Horvát's Ministry of Justice as presidential secretary, and in 1869 he was already councilor of the ministry. In 1870 he made a study visit to England, where he acquainted himself with criminal substantive law and procedural law and became the standard-bearer for the institution of the jury in Hungary. Yet, in 1871 Károly Csemegi, his colleague and another outstanding codificator, was appointed as undersecretary of state and Szilágyi was moved to the new codification committee subordinated to the Prime Minister's Office, but this organ ceased to exist in 1874. This was when he was appointed to be a full professor of politics (constitutional law and administrative law) as well as criminal law at the University of Budapest. He first became a Member of Parliament representing the pro-government Deák Party in 1871. In 1875 he was a fellow of the new Liberal Party (Szabadelvű Párt), but in 1878 he joined the opposition, of which he became a leading figure, while from 1886 he was a non-party politician. He returned to the Liberal Party in 1889 and was appointed Minister of Justice in Count Kálmán Tisza's Government. As perhaps the most significant jurist-politician of the era of dualism, he made long-lasting accomplishments almost in every field, from the issues of judicial

[10] KENYERES, Pauler Tivadar, Magyar Életrajzi Lexikon II, 374; MIKLÓS, Ferenc József 100–124; FINKEY, A magyar 151–158; NAGY, Régi és új 65–67.

[11] KAUTZ, Emlékbeszéd 34–35.

organization through the codification of procedural law to the reform of church law. Having resigned from the ministry in 1895 he was soon elected chairman of the House of Representatives in Parliament and held this position until 1898, when he left his party again and returned there only after the departure of the Prime Minister. In 1897 he was elected honorary member of the Academy and the chief secular trustee of the Danubian Reformed Diocese of the Calvinist Church. He died on 31 July 1901.[12]

Béla Vavrik, as president of the Hungarian Lawyers' Society, later honoured his genius with these words: „Like the granite lion of this tomb, he was a man carved from one stone, one and the same in all conditions of life – representing both the strength and the fearless courage which breaks but never bends in the long struggle that he fought for law, for the sacred purposes of the glory and the prosperity of his homeland, to which he devoted his entire life."[13]

4. Sándor Erdély (1895–1899)

He was born in Kisjenő in Bihar county on 1 August 1839. Having completed his legal studies in Pest, he obtained a doctoral degree as well and then practiced as a lawyer from 1863. In the year of the Compromise, he was appointed official second city clerk of the free royal city of Pest and then its city clerk. In 1870 he became assistant lecturer in the Court of Cassation of the Royal Curia, then in 1871 he was appointed as deputy judge in the Royal Appeal Court of Budapest and later as its ordinary judge. From 1877 he worked again in the Court of Cassation already as a justice; after the organizational reform in 1881 he was appointed ordinary supreme court judge at the Royal Curia, and in 1888 presiding judge of the Appeal Court of Budapest. Upon the decentralization of the Appeal Court mentioned, he became the first presiding judge of the Royal Court of Appeal of Győr in 1891, then the following year Dezső Szilágyi appointed him as undersecretary of state in his ministry, finally in 1895 he himself became Minister of Justice in the Government of Dezső Bánffy. For fifteen years starting from 1892, as a member of the Liberal Party, he was a Member of Parliament for one the constituencies of Trencsén county, where he was re-elected in 1910 with the program of the majority party called National Party of Work (Nemzeti Munkapárt).

In the course of his judicial career, he presided over private law cases. During his ministerial term, he completed the codifications of procedural law commenced by his predecessor by adopting the Code of Criminal Procedure and its supplementary acts (1896–97), and related to this, by reorganizing the trial by jury and by establishing the Hungarian Royal Court of Administration, which had a country-wide competence (1896). He submitted the bill for the 1898 Act on Credit Cooperatives to Parliament, and it was also him who initiated the establishment of a ministerial standing committee for drafting the Hungarian Civil Code. He died in Budapest on 14 May 1922.[14]

[12] MARKÓ, Új Magyar Életrajzi Lexikon VI, 419; ANTAL, Törvénykezési reformok 279–286; IDEM, Szilágyi Dezső 1–84; IDEM, Hundred Years 37–53; IDEM, Reforms 9–16; STIPTA, Szilágyi Dezső 137–152; HALÁSZ, Egy letűnt nemzedék 177–193, 260–277, 367–391.

[13] VAVRIK, Beszéd Szilágyi Dezső 8.

[14] MARKÓ, Erdély Sándor, Új Magyar Életrajzi Lexikon II, 384; BELLÉR, Az Igazságügyi Minisztérium 15; ANTAL, Strafverfahrensrecht 571–576; HOMOKI-NAGY, Geschichte 492–497; see also ANTAL, Törvénykezési reformok 50–51.

5. Sándor Plósz (1899–1905)

He was born in Pest on 10 June 1846, graduated from university also in the state capital, obtained a lawyer's degree, and soon after, he was appointed as judge in 1872. In the same year, under the organization of the University of Klausenburg [Kolozsvár], he was appointed university professor: he taught civil jurisdictional law as well as bills of exchange and commercial law; in 1881, in the same capacity, he went to the Faculty of Law of the University of Budapest, where he taught for the rest of his life. He became undersecretary of state to Dezső Szilágyi in 1894, then Minister of Justice after Sándor Erdély and retained this office from February 1899 until June 1905 in several governments. From 1895 he was also a Member of Parliament. In the meantime, he became an academician, in 1913 he was elected as vice-president of the Hungarian Academy of Sciences, and in 1914 he was also appointed to be a member of the House of Lords. His work as a scholar and minister was focused on codification: he started the preparatory work for the code of civil procedure while working with Szilágyi, which brought the first results in the reforms of procedural law in 1893. The greatest achievement of his life was the Code of Civil Procedure itself and its first commentary in 1911, which replaced the Code of Civil Jurisdiction (1868) adopted after the Compromise. He wrote a number of scholarly studies on the administration of justice, which were collected and published by the Academy after his death on 29 May 1925.[15]

Károly Szladits, another great Hungarian civilist, assessed his years spent heading the ministry like this: „Sándor Plósz's scholarly disposition was difficult to reconcile with his position of minister. He was not a man of action although he never feared responsibility. He had the higher kind of courage about which he himself said: 'Brave is not the person who is not afraid because he has only good nerves; brave is the one who is afraid of peril, yet he takes it on'. For him, being a minister was a sacrifice that he made in order to help accomplish the code of [civil] procedure."[16]

6. Antal Günther (1907–1909)

He was born in Székesfehérvár on 23 September 1847. A member of the order of Piarists between 1863 and 1868, he left the monastic bonds before being ordained and began his studies at the University of Budapest at the faculty of law. After graduation as a doctor of law he established his own barrister's office and also became a reviser at the bureau of the official shorthand reporters of the Hungarian Parliament in 1869. In parallel he worked for the well-known daily newspaper Pesti Napló as a journalist and legal expert between 1871 and 1894; later he was employed at other dailies, too. In 1901 he was elected a representative in Parliament with the program of the Liberal Party, but in 1905 he joined the other political side, the Party of Independence and 1848. He became a state secretary in the Ministry of Justice the following year and the Minister himself in 1907. Günther occupied this post no longer than 1909 when he was appointed president of the Hungarian supreme court, the Royal Curia, and he headed this high forum until the end of his life. He died in Budapest on 24 February 1920. During his time as Minister of Justice the first complete modifications of the Criminal Code of 1878 and the Act on Distraining of 1881 were enacted by Parliament, as well as the increase of the salary of

---

[15] KENYERES, Plósz Sándor, Magyar Életrajzi Lexikon II, 421; KENGYEL, Plósz Sándor 21–32; UEDA, Description 25–31; IDEM, Prozeßleitung 23–35; IDEM, Civil Procedure Codes 123–137; STIPTA, Zivilverfahrensrecht 543–546.

[16] SZLADITS, Plósz Sándor 89–90.

judges in 1908 and the establishment of the Court of the Royal Earl Marshal (Főudvarnagyi Bíróság) for the pleas in connection with the King's real properties.[17]

According to the memorial laudation by Mihály Herczegh, a university professor of private law, Günther's ars poetica was the following: "If we do not use equity, the so-called 'substantial justice', the condition: summus jus summa injuria, summus jus summa crux sets in. It cannot be accepted in jurisdiction, as the ex-president had said, not even if the cases seem to be similar to each other sometimes, because frequently just a small difference makes an important influence on the essence of a concrete case."[18]

7. Jenő Balogh (1913–1917)

He was born in Devecser in Veszprém county on 14 May 1864. In 1888, immediately after completing his legal studies, he became a lecturer at the University of Budapest in the field of criminal law. After a short court service in 1891, he too was invited by Dezső Szilágyi to take part in the preparatory legislative work in the Ministry of Justice, where he was one of the main figures in the successful codification of the Code of Criminal Procedure and its supplementary acts (1896–97). Thereafter, in 1897 he was appointed an appeal court judge, and from 1900 he again taught criminal law at the University of Budapest already as a full professor. In 1910 he became a Member of Parliament with a program agreeing with that of the majority party, the National Party of Work, and was also appointed undersecretary of state in the Ministry of Education. He served as Minister of Justice in the Government of Count István Tisza, son of Kálmán Tisza mentioned above, from 1913 to June 1917. He was elected to be a full member of the Hungarian Academy of Sciences in 1912. After the World War he retired from politics and was more engaged in scholarly activities: he served as general secretary of the Academy between 1920 and 1935, and as its vice-president between 1940 and 1943. In 1932 he joined the Upper House of Parliament as the secular president of the Reformed Universal Convention of the Protestant Church, where he was primarily concerned with issues of public welfare, public education and foreign affairs, and he also supported the contemporary patronage movement. He died on 15 February 1953. His wide-ranging scholarly activities centred on the theory and practice of criminal procedural law, prison matters and the emerging field of criminology, as well as juvenile criminal law; his methodology was permeated by the experience of engrossment.[19]

In the most recent academic literature, István Stipta appraised his life with these words: "He was in possession of extensive literacy and immense professional knowledge. [...] He was a professor who listened to his students, who not only wrote a textbook but also conveyed legal ethos. His approach to teaching the history of law, which emphasized the importance of preserving historical values, refused the overrating of internal development and propagated outward-looking analysis, is still worthy of attention and following."[20]

---

[17] MARKÓ, Antal Günther, Új Magyar Életrajzi Lexikon II, 1143; BÓDINÉ BELIZNAI, Günther Antal 46–143; IDEM, Hogy a minimumra 14–16.

[18] HERCZEGH, Günther Antal 7.

[19] KENYERES, Balogh Jenő, Magyar Életrajzi Lexikon I, 98; BÓDINÉ BELIZNAI, Balogh Jenő életútja 1–9; STIPTA, Balogh Jenő az igazságügy 40–45; KÓNYÁNÉ KUTRUCZ, Balogh Jenő emlékkötet 240–253; see also FINKEY, A magyar 195–209; NAGY, Régi és új 73–75; ANTAL, Strafverfahrensrecht 570–574.

[20] STIPTA, Balogh Jenő és a büntető 38.

Epilogue

The legacy that these gentlemen left to posterity is of such great importance that without it the Hungarian state could not have reached its historical golden age before the First World War, which it has not been able to come close ever since. The codifications, which were in the center of their activity, are still exemplary both methodologically and in terms of content – this is also reflected by the negative experience of the accelerated lawmaking process of our age, and more precisely by the obvious contrast in quality.

At last let us list the names of the other gentlemen who occupied the post of Minister of Justice in the period under discussion here: István Bittó (1871–72), Béla Perczel (1875–78), Teofil Fabiny (1886–89), Bertalan Lányi (1905–06), Géza Polónyi (1906–07), Sándor Wekerle (1909–10), Ferenc Székely (1910–13), Vilmos Vázsonyi (1917, 1918), Károly Grecsák (1917–18), Gusztáv Tőry (1918) and Barna Búza (1918).

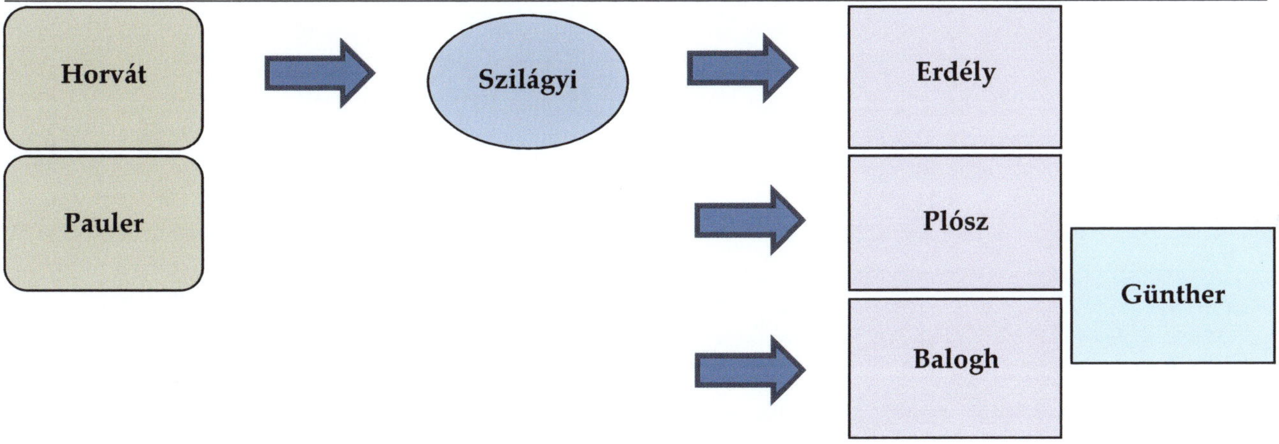

Correspondence:

Assoc. Prof. Dr. Tamás ANTAL
University of Szeged
Department of European Legal History
antalt@juris.u-szeged.hu
ORCID: 0000-0002-3874-5978

Literature:

Tamás ANTAL, A Hundred Years of Public Law in Hungary (1890–1990). Studies on the Modern Hungarian Constitution and Legal History (Novi Sad 2012).

IDEM, Das Strafverfahrensrecht (1867–1944), in: Gábor MÁTHÉ (ed.), Die Entwicklung der Verfassung und des Rechts in Ungarn (Budapest 2017) 565–595.

IDEM, Reforms of the Judicial System in the Era of Dezső Szilágyi, in: Imre SZABÓ (ed.), Ius et legitimatio (Szeged 2008) 9–16.

IDEM, Szilágyi Dezső és műve (Szeged 2016).

IDEM, Törvénykezési reformok Magyarországon (1890–1900). Ítélőtáblák, bírói jogviszony, esküdtszék (Szeged 2006).

Elemér BALOGH, Die ungarische Strafrechtskodifikation im 19. Jahrhundert (Berlin 2010).

Judit BALOGH, Österreichisches Recht in Ungarn und in Siebenbürgen. Westeuropäische Einflüsse auf die ungarische Zivilrechtskodifikation im 19–20. Jahrhundert, in: Martin POLASCHEK, Anita ZIEGERHOFER (eds.), Recht ohne Grenzen – Grenzen des Rechts. Europäisches Forum Junger Rechtshistorikerinnen und Rechtshistoriker (Bern 1998) 123–135.

Judit BELLÉR, Az Igazságügyi Minisztérium történetéből (1890–1899), in: Jogpolitika 4 (1983) 15.

Kinga BÓDINÉ BELIZNAI, „Hogy a minimumra legyen szállítva bíróhoz való hozzáférhetés esélye" – A bírói fizetésrendezés és a bírók anyagi függetlensége, 1869–1920, in: Állam- és Jogtudomány 2 (2018) 3–35.

IDEM, Balogh Jenő életútja, in: Jogtörténeti Szemle 1 (2016) 1–9.

IDEM, Günther Antal, a „szürke ember"? (1847–1920), in: IDEM. (ed.), A Kúria és elnökei III (Budapest 2015) 46–143.

Wilhelm BRAUNEDER (ed.), Juristen in Österreich. 1200–1980 (Wien 1987).

IDEM, Österreichische Verfassungsgeschichte (Wien [5]1989).

Gábor ERDŐDY, Hermann RÓBERT, Batthyány és Szemere (Budapest 2002).

Ferenc FINKEY, A magyar büntetőperjogi tudomány háromszázados fejlődéstörténete, 1619–1914 (Sárospatak 1948).

Imre HALÁSZ, Egy letűnt nemzedék. Szilágyi Dezső, in: Nyugat 15–17 (1911) 177–193, 260–277, 367–391.

Mihály HERCZEGH, Günther Antal és a, in: Budapesti Hírlap Nr. 56 v. 5. 3. 1920, 7.

Mária HOMOKI-NAGY, Geschichte der zivilrechtlichen Kodifikation, in: Gábor MÁTHÉ (ed.), Die Entwicklung der Verfassung und des Rechts in Ungarn (Budapest 2017) 451–500.

Gyula KAUTZ, Emlékbeszéd Pauler Tivadar akadémiai másodelnök felett, in: A Magy. Tud. Akadémia évkönyvei, XVII/V. (Budapest 1887) 21–39.

Miklós KENGYEL, Plósz Sándor (1846–1925), in: Gábor HAMZA, Iván SIKLÓSI (eds.), Magyar jogtudósok IV. (Budapest 2014) 21–32.

Ágnes KENYERES et al. (eds.), Magyar Életrajzi Lexikon (Budapest 1967–1981).

Katalin KÓNYÁNÉ KUTRUCZ (ed.), Balogh Jenő emlékkötet. Válogatás Balogh Jenő műveiből (Budapest 1988).

Ferenc LAKY, Horvát Boldizsár, a polgári jogfejlődés katalizátora, in: Norbert CSIBI et al. (eds.), Deák és utódai. Magyar igazságügyi miniszterek 1848/49-ben és a dualizmus korában (Pécs 2004) 89–99.

Friedrich LEHNE, Schönborn, Friedrich Gf., in: Österreichisches Biographisches Lexikon 1815–1950, vol. 11 (Wien 1957–2015) 57–58.

László MARKÓ (ed.), Új Magyar Életrajzi Lexikon (Budapest 2001–2007).

Gábor MÁTHÉ, Az Igazságügyi Minisztérium történetéből (1867–1871), in: Jogpolitika 3 (1982) 12; 4 (1982) 15.

IDEM, Das institutionelle System des ungarischen Rechtsstaates und die Doppelmonarchie, in: IDEM. (ed.), Die Entwicklung der Verfassung und des Rechts in Ungarn (Budapest 2017) 403–450.

Barna MEZEY, Deák Ferenc és Horvát Boldizsár, in: Norbert CSIBI et al. (eds.), Deák és utódai. Magyar igazságügyi miniszterek 1848/49-ben és a dualizmus korában (Pécs 2004) 73–88.

Tamás P. MIKLÓS, Ferenc József „kedvenc minisztere". Pauler Tivadar (1816–1886) élete és pályafutása, in: Norbert CSIBI et al. (eds.), Deák és utódai. Magyar igazságügyi miniszterek 1848/49-ben és a dualizmus korában (Pécs 2004) 100–124.

Ferenc NAGY, Régi és új tendenciák a büntetőjogban és a büntetőjog-tudományban (Budapest 2013).

Thomas OLECHOWSKI, Az 1867. évi osztrák Decemberi Alkotmány: alkotmányosság – alapjogok – közjogi bíráskodás, in: Jura 2 (2017) 150–156.

IDEM, Die österreichische Dezemberverfassung 1867. Konstitutionalismus – Grundrechte – Gerichtsbarkeit des öffentlichen Rechts, in: Díké 1 (2019) 3–15.

Máté PÉTERVÁRI, One Empire and Two Ways of Public Administration. The Second Level Administrative Division in Austria-Hungary, in: Journal on European History of Law 2 (2018) 133–139.

Martyn RADY, Nonnisi in sensu legum? Decree and Rendelet in Hungary (1790–1914), in: Hungarian Historical Review 1 (2016) 5–21.

József RUSZOLY, „Eine neue Verfassung für Ungarn". Zur Einfügung der Institutionen Parlamentarismus und Volkrepräsentation in Ungarn und in dem mit ihm wiedervereinigten Siebenbürgen im Jahr 1848, in: IDEM., Beiträge zur neueren Verfassungsgeschichte. Ungarn und Europa (Budapest 2009) 93–111.

IDEM, „Vom Standpunkte der Geschichte des ungarischen öffentlichen Rechts". Der „Beitrag" (Adalék) von Ferenc Deák und der österreichisch–ungarische Ausgleich von 1867 im Spiegel der Historiographie, in: IDEM, Beiträge zur neueren Verfassungsgeschichte. Ungarn und Europa (Budapest 2009) 235–267.

IDEM, Bertalan Szemere im Komitat Borsod. Ein Grundriss, in: DERS., Beiträge zur neueren Verfassungsgeschichte. Ungarn und Europa (Budapest 2009) 45–53.

IDEM, Európai jog- és alkotmánytörténelem [European Law and Constitution History] (Szeged 2011).

Béla SARLÓS, Deák és Vukovics. Két igazságügyminiszter (Budapest 1970).

István STIPTA, Balogh Jenő és a büntető perjog, in: Jogtörténeti Szemle 1 (2016) 31–40.

IDEM, Balogh Jenő, az igazságügy református minisztere, in: Jogtörténeti Szemle 4 (2017) 40–45.

IDEM, Das Zivilverfahrensrecht, in: Gábor MÁTHÉ (ed.), Die Entwicklung der Verfassung und des Rechts in Ungarn (Budapest 2017) 541–563.

IDEM, Die Selbstverwaltungskonzeption von Ferenc Deák, in: IDEM, Die vertikale Gewaltentrennung (Budapest 2005) 267–280.

IDEM, Die Zweihundert Jahre der ungarischen Rechtsgeschichtswissenschaft, in: IDEM., A magyar jogtörténet-tudomány kétszáz éve (Szeged 2015) 203–233.

IDEM, Szilágyi Dezső és az igazságügyi modernizáció, in: Norbert CSIBI et al. (eds.), Deák és utódai. Magyar igazságügyi miniszterek 1848/49-ben és a dualizmus korában (Pécs 2004) 137–152.

Dezső SZILÁGYI, Horvát Boldizsár ravatalánál, in: Akadémiai Értesítő Nr. 11 v. 15. 11. 1898, 541–544.

Károly SZLADITS, Plósz Sándor, in: Jogtudományi Közlöny 12 (1925) 89–90.

Rieko UEDA et al., Plósz, Alexander: Die Prozeßleitung des Gerichts nach der neuen ungarischen Zivilprozeßordnung 1912, in: Kumamoto Law Review 137 (2016) 23–35.

IDEM, A brief description of Sándor Plósz. The drafter of the Hungarian civil procedural law under the Austro-Hungarian Dual Monarchy, in: Memoirs of the Faculty of Education, Kumamoto University 66 (12. 2017) 25–31.

IDEM, Austrian and Hungarian civil procedure codes from the perspective of Japanese lawyers. A Focus on Taisho period revisions of the civil procedure code (1926), in: Tamio MITOMA, Jenő SZMODIS (eds.), Law, Rights and Social Values in Japan and Hungary (Aichi 2019) 123–137.

Norbert VARGA (ed.), The Acts of 1848 in Hungary (Szeged 2012).

Béla VAVRIK, Beszéd Szilágyi Dezső síremlékének leleplezése alkalmából, in: Magyar Jogászegyleti Értekezések 289 (Budapest 1908) 3–8.

BRGÖ 2020
Beiträge zur Rechtsgeschichte Österreichs

Rieko UEDA, Toyama

Zwischen Juristen und Winkelschreibern in Cisleithanien

Ein Studienversuch über öffentliche Agentie anhand der Akten des k.k. Justizministeriums

Between lawyers and non-lawyers in Cisleithania: Research on official agency based on archives from the Austrian Ministry of Justice during the period of the Dual Monarchy

The purpose of this paper is to clarify the type of people who contributed to the local legal services in the Austrian territories under the Austro-Hungarian Monarchy.

The profession of the official agent, established under the court chamber decree of 16 April 1833, was to provide information, prepare administrative documents, or represent clients. After the competences and qualifications of legal professions, such as advocates and notaries, had been stipulated, the government attempted to phase out this profession. Examining the archives in the Ministry of Justice showed that there were many applicants experienced in a certain field when opening the official agent bureaus for tax and finances, military service, and other areas. Primarily, the Ministries agreed to no longer approve agencies. However, in several cases the agents, typically for military service, survived with strictly limited competence, until the end of the Monarchy.

Keywords: *Austria-Hungary – infra justice – legal practices – Ministry of Justice – official agent*

Einleitung

Der Begriff „Infrajustiz" wird von Garnot wie folgt erklärt: „Der Abschluss von Streitigkeiten durch einen Prozess ist nur ein sehr kleiner Teil, so wie nur die Spitze eines Eisbergs bemerkt werden kann. Der größte Teil der Streitigkeiten wird außergerichtlich gelöst und die sonstigen Rechtsdienstleistungen erbracht. Diese Lösungsarten nennen wir Infrajustiz".[1]

Die Frage ist, wie solche „Infrajustiz" den Bewohnern von Cisleithanien gewährleistet wurde, wo die von sozialen Gedanken geprägte Zivilprozessordnung von Franz Klein (1854–1926) 1895 entstand. Nach Klein war das Prozesssystem nicht lediglich als Instrumentarium für die Rechtsdurchsetzung anzusehen, sondern in sein sozialpolitisches Programm zu integrieren, in dem die geistigen, wirtschaftlichen und gesellschaftlichen Fähigkeiten und Bedingungen der Menschen beachtet werden, um die „Zirkulationsstörungen" des Rechtsstreites zu beseitigen. Gleichzeitig betonte er, dass ein Rechtsgeschäft ohne Prozess einem perfekten Prozess vorzuziehen sei.[2]

In der zweiten Hälfte des 19. Jahrhunderts haben Advokaten und Notare sich um die Entwicklung ihres Berufsstandes sehr viel bemüht

---

[1] GARNOT, Histoire de la justice 697. Der vorliegende Aufsatz basiert auf einem rechtshistorischen Forschungsprojekt, dessen Ergebnisse in Japanisch unter MISAKA, Infrajustiz, erschienen sind.

[2] KLEIN, Zeit- und Geistströmungen im Prozesse 138.

http://dx.doi.org/10.1553/BRGOE2020-2s342

und stufenweise Fortschritte geschafft.[3] Um für die Rechtspflege vorzusorgen, sollten insbesondere die Notare, deren Hauptaufgaben die Beurkundung von Rechtsgeschäften, die Beglaubigung von Unterschriften und die Mitwirkung in außerstreitigen Rechtssachen sind, eine entscheidende Rolle für das Alltagsleben der Einwohner spielen. Jedoch mussten sie damals vor allem auf dem Lande mit den Winkelschreibern konkurrieren, welche „unbefugt" für Parteien berufsmäßig Eingaben, Gesuche u.a. verfertigten.[4] In den 1860er Jahren kamen sie in Konkurrenz mit Privatagenten, die von den Notaren als „konzessionierte Winkelschreiber" bezeichnet wurden.[5]

Dabei frage ich mich, ob diese „konzessionierten" Personen irgendwie für den lokalen Bedarf geeignet waren, um ohne Störung des Rechtsverkehrs und ohne Nachteil für die Parteien ein Rechtsgeschäft zu fördern. In diesem Aufsatz möchte ich daher zuerst zwischen den sogenannten Winkelschreibern und den „konzessionierten" Agenten unterscheiden und danach durch Analyse der Archivalien klarstellen, welche Leute wofür eine „Konzession" bekamen. So hoffe ich auch dem lokalen Bedarf in Cisleithanien näher zu kommen.

Winkelschreiber

Laut § 1 der Verordnung des Justizministeriums vom 8. Juni 1857, welche in Österreich heute noch gültig ist, sind zwei Personenkategorien als Winkelschreiber anzusehen.[6] Erstens, wer, „ohne berechtigter Rechtsfreund zu sein, in denjenigen Streitsachen, in welchen sich die Parteien nach den Vorschriften der Prozeßordnung eines Rechtsfreundes bedienen müssen, unbefugter Weise im Namen einer Partei einschreitet oder Eingaben für sie verfasst", und zweitens, wer „ohne von der zuständigen Behörde dazu berechtigt zu sein, es zu seinem Geschäftsbetriebe macht, Rechtsurkunden oder gerichtliche Eingaben in oder außer Streitsachen, wenn auch das Einschreiten eines Rechtsfreundes bei denselben gesetzlich nicht vorgeschrieben ist, für Parteien zu verfassen oder als Bevollmächtigter derselben bei Gericht einzuschreiten", jeweils entgeltlich oder mit gewinnsüchtiger Absicht.

Typisch für Winkelschreiber sei es, dass sie in den Städten besonders in Kaffeehäusern, auf dem Land hingegen in Gasthäusern bzw. „Winkeln" der Advokaten- oder Notarkanzleien mit ihren Kunden verkehrten.[7] Es ist anzunehmen, daß solche Leute Winkelschreiber wurden, die das Studium der Rechtswissenschaften abgebrochen oder überhaupt kein Jura-Studium absolviert hatten, sondern nur „Selbststudien" anhand entsprechender Literatur bzw. sonstiger Unterlagen und Erfahrungen betrieben hatten.

Möglicherweise stürzten Personen, die früher legitime Rechtsberater gewesen waren, zu „Winkelschreibern" ab: Nach der Aufhebung der Patrimonialgerichtsbarkeit unter den revolutionären Ereignissen des Jahres 1848 hätten ehemalige Wirtschaftsamtmänner der Grundherrschaften gewiß Winkelschreiber werden können[8] Dazu beschreibt Mayer mehrere damals gegensätzliche Eingaben an das Justizministerium: Nach einigen Eingaben seien die Vergleichsversuche durch solche Wirtschaftsämter nicht völlig zwecklos geworden, aber nach anderen bliebe die Notwendigkeit solcher Personen für die Landbevölkerung bestehen, um Vergleiche kostenlos abschließen zu lassen, da sie sonst gewöhnlich sehr empfindlich würden, und das treibe sie „ganz in die Hände auf-

[3] WRABETZ, Österreichs Rechtsanwälte 76–97; NESCHWARA, Notariat II/1.

[4] KRAUTMANN, Staatsbürgerkunde 83.

[5] NESCHWARA, Notariat II/1, insbes. 441.

[6] RGBl. 1857/117.

[7] RÜCKER, Rechtsberatung 38–40.

[8] MAYR, Rechtsschutzalternativen 51–52.

reizender Winkelschreiber"[9] Ferner findet man in einer damaligen juristischen Fachzeitschrift „Justizsecretäre" im Dienste des Olmützer Erzbischofs.[10] Außerdem machten auch die Gemeindebeamten den Advokaten oder Notaren Konkurrenz, die das Recht erlangten, in kleineren Angelegenheiten Eingaben und Schriftstücke gegen Entgelt zu verfassen.[11]

Im Vergleich zu den obigen Berufen erschien das Agentenwesen völlig legitim, dessen Begriff zwar verschiedenartige Erwerbstätigkeiten umfasst, aber als gemeinsames Merkmal die Vermittlung von Geschäften oder eine bevollmächtigte Geschäftstätigkeit für andere hatte. Nach dem im Jahre 1905 erschienenen Staatswörterbuch gab es vier Agententypen: öffentliche Agenten, Geschäftsvermittlungen (Privatagenten), Handelsagenten nach § 59 Gewerbeordnung[12] und Militäragenten.[13]

Darunter erschien die „öffentliche Agentie" insbesondere als gesetzlich anerkannter Beruf, welcher aber auch für eine Modernisierung der Juristenberufe, in erster Linie für das Notariat, als ein Hindernis betrachtet wurde.[14]

Öffentliche Agenten in Cisleithanien

Die öffentliche Agentie wurde durch das Hofkanzleidekret vom 16. April 1833 anstelle der bisherigen Hofagenten eingeführt, welches den berechtigten Agenten die Befugnis gab, sich zu allen „durch die Gesetze anderen Personen nicht vorbehaltenen" Geschäften anzubieten und sie zu führen, Geschäftskanzleien und Auskunftsbureaus zu eröffnen, und dafür Gebühren von den Parteien zu nehmen.[15] Um das Recht der öffentlichen Agenten zu erlangen, mussten die Bewerber das Alter von 24 Jahren überschritten, die juridischen Studien sowie eine dreijährige Rechtspraxis absolviert haben, ein makelloses Vorleben sowie die Ablegung einer praktischen Prüfung nachweisen und eine Kaution von 10.000 fl. hinterlegen. In Galizien wurde die Kaution auf 4.000 fl. herabgesetzt. Die Verleihung von Agentienbefugnissen gehört zur Kompetenz der politischen Landesstelle.[16]

Mit der Einführung der öffentlichen Agenten sollten die Befugnisse und die Konzession der Privat- und Militäragenten durch mehrere Verordnungen und Erlässe nach und nach beschränkt werden, worauf ein Handbuch für die Justizverwaltung hinwies.[17]

Bald wurde jedoch dem öffentlichen Agentenwesen das gleiche Schicksal zuteil. Bereits der Erlass des Staatsministeriums vom 28. Februar 1863 (Z. 2306) forderte die politischen Landesstellen dazu auf, künftig bei Erteilung von Konzessionen zur öffentlichen Agentie auf die bereits vorhandenen Notare und Advokaten, und somit auf den wirklichen Bedarf, genau Rücksicht zu nehmen.

Unter der Doppelmonarchie entstanden die Advokatenordnung (1868)[18] und die Notariatsordnung (1871).[19] Wegen der Vermehrung der Zahl der Advokaten und Notare bemühte sich die Regierung, die Interessen der Advokaten und Notare sowie die Rechtssicherheit zu schützen. Das Ministerium des Innern ordnete mit dem Erlass vom 23. Juli 1871 (Z. 2239) mit Rücksicht auf die erfolgte Freigabe der Advokatur an, dass dem Bedürfnis der Öffentlichkeit gegenwärtig durch Advokaten und Notare entsprochen sei, und Konzessionen für öffentliche

[9] Ebd. 53.
[10] PLESCHNER, Winkelschreiber oder Privat-Advocat? 556.
[11] Allgemeine Juristen-Zeitung Nr. 5 (1881) 57.
[12] RGBl. 1902/49.
[13] ULBRICHT, Agenten 32.
[14] NESCHWARA, Österreich-Ungarn 255.
[15] HfkD 16. 4. 1833, PGS 59.
[16] ULBRICH, Agenten 32.
[17] KASERER, Handbuch 256–263.
[18] RGBl. 1868/96.
[19] RGBl. 1871/75.

Agentien nicht nur für die Verfassung von Rechtsurkunden und gerichtlichen Eingaben in- und außerhalb von Streitsachen, sondern für Eingaben an Behörden überhaupt auszuschließen seien, sowie dass mit der Verleihung solcher Agentienbefugnisse höchst sparsam vorzugehen sei.

Jedoch ist zu erfahren, dass bis zum Ende der Monarchie weiter Gesuche um Konzessionen für öffentliche Agentien erfolgten. Anhand von Archivmaterial aus dem österreichischen Staatsarchiv möchte ich auf diese näher eingehen.

Akten Post 109 aus „Agentenwesen, Winkelschreiber, 1848–1918", Überblick der Post 109

Die Akten, die hier behandelt werden, sind die auf den Bögen verfassten Entwürfe der Antworten des Justizministeriums auf Einsichtsakten aus dem Ministerium des Inneren. Sie sind in einem Faszikel unter dem Titel „Post 109 inkl. 1917, Akten des k.k. Justizministeriums: Öffentliche Agentie: specielle Fälle" eingeheftet. Dieser Faszikel befindet sich im Karton A1740 „Agentenwesen, Winkelschreiber, 1848–1918".

Der Faszikel Post 109 ist ein Teil der Vormerkungsbogensammlung der Nachweisungen des Justizministeriums. Nach dem Verzeichnis im Karton „Agenten-Wesen (Öffentliche und Privat) und Winkelschreiberei" stehen Post 1 „Frage Auflassung des Instituts der öffentl. Agenten?" im Jahre 1849 bis 153 im Jahre 1918 ohne Bezeichnung. Es geht um verschiedene Fragen und Entwürfe über Agentenwesen und Winkelschreibereien: z.B. „Nachweisungen der bestehenden öffentlichen Agenten", „Übergriffe der Privatgeschäftskanzleien", „Festsetzung des Wirkungkreises der Privatagenten". 40 Posten sind aus dem Verzeichnis gestrichen. Vermutlich waren diese Akten ausgesondert worden oder sind verlorengegangen gewesen.

Allein auf der Post 109 steht „spezielle Fälle". Eine weitere Erklärung konnte ich nicht finden. Hier geht es um die Behandlung der Bewilligungen, welche nicht gleich die Tätigkeit der Winkelschreiberei zum Gegenstand haben, während die anderen Maßnahmen sich gegen Winkelschreiberei richten oder die Beseitigung aufgetretener Schäden behandelten.

Ansuchen um die Ausübung der öffentlichen Agentie wurden folgendermaßen behandelt: Anträge wurden über die Bezirkshauptmannschaft mit deren Stellungnahme der regional zuständigen Behörde, d. h. der Statthalterei oder der Landeshauptmannschaft, unterbreitet, wo sie, wenn nötig nach Nachfrage bei Advokaten- und Notariatskammer u. a., bewilligt oder abgelehnt wurden. Gegen die Ablehnung konnten die Antragsteller Rekurs an die staatliche Aufsichtsbehörde der regionalen Behörden, in diesem Fall das Ministerium des Inneren, stellen. Nach Meinungsaustausch per Stellungnahme unter den zentralen Behörden und, je nach Bedarf, Nachfrage bei den Kammern wurden die Rekurse vom Ministerium beantwortet. Diese Stellungnahmen sind durch Einsichtsakten nachforschbar. Ein Einsichtsakt ist ein Akt einer absendenden Behörde, der der empfangenden Behörde zu deren Information übersandt wird und später, nach Erledigung des Anliegens der absendenden Behörde, wieder an diese zurückgeleitet wird.[20]

Auf der Liste von Post 109 sind insgesamt 145 Akten eingetragen. Darunter werden 17 Akten über Ausgleichsagenten und 16 Akten über den Entwurf „Aufhebung der öffentlichen Agentie" abgesondert.[21] Im Jahre 1911 wurde ein Sonder-

---

[20]Mein aufrichtiger Dank gilt Dr. Wolfgang Fellner, pensioniertem Sektionschef des österr. Bundesministeriums für Justiz, und Michael Haußner, Thüringer Staatssekretär i.R., für die Informationen über den Begriff und die behördliche Behandlung der Einsichtsakten.

[21] ÖStA, AVA, JM, Kart. A1742 (1928).

gesetzentwurf aufgrund des Antrags von Julius Ofner und seinen Genossen verfasst, in dem „die Winkelschreiberei als strafgerichtlich zu ahndende Übertretung eine einheitliche Regelung finden sollte, den Rechtszustand zu verbessern getrachtet".

Von den Akten sind insgesamt 98 Stück Einsichtsakten über Rekurse gegen Bewilligung um die Konzession der öffentlichen Agentie. Auf manchen Akten steht nur der Name des Antragstellers und „Ansuchen um öffentliche Agentie". Jedoch gibt es auch mehrere Akten, in denen Angaben über Ort, Stand/Beruf, sowie nähere Beschreibungen über die Angelegenheiten enthalten sind. Da manche Gesuchsteller Rekurse mehrmals in denselben Angelegenheiten erhoben, beträgt die Zahl der Personen 75.

Die jährliche Zahl der Ansuchen schwankte. Die höchste und auffallende Zahl 29 findet man im Jahr 1912. An zweiter Stelle kommt 1913 mit 19. Die Gesamtzahl der Rekurse von 1900 bis 1905 beträgt 13, dann 7 im Jahr 1906, danach 14 im Jahr 1907. Danach sank sie im Jahr 1908 zu 4, 1909 zu 2. Danach schwankten die Zahlen weiter bis zum Jahr 1917 zwischen 5 und 19. Die Antworten der Behörden werden zunehmend kürzer und übereinstimmender, etwa „Abgewiesen, weil es keine öffentliche Agentie mehr gibt".

Nach Orten sortiert zeigt die Gesamtzahl der Rekurse Böhmen an erster Stelle, Niederösterreich an zweiter, die Küstenlande mit Triest an dritter. In den meisten Ländern gab es Anträge für Finanz- und Steuerangelegenheiten, während die Akten über Militärangelegenheiten auf Böhmen konzentriert sind.

Unter den 75 Gesuchstellern waren 27 für Militärangelegenheiten, 24 für Steuer- oder Finanzangelegenheiten. Die sonstigen Gesuchsteller bezeichneten konkretere oder mehrere Angelegenheiten. Hinsichtlich dieser Angelegenheiten wollten die Gesuchsteller ein Büro für die „Verfassung von Schriften und Eingaben", aber auch „Auskünfte" und „Beratung" eröffnen.

Bevor ich auf die Gesuchsteller je nach Angelegenheiten näher eingehe, erörtere ich die Abgrenzungen der verschiedenen Arten von Akten als Informationsquelle.

Der Einsichtsakt ist ein Instrument zur Kommunikation zwischen Behörden und hat keine Außenwirkung. Analysiert werden die Stellungnahmen der Behörden zu den jeweiligen Angelegenheiten. Darüber hinaus erkennt man, wenngleich indirekt und bereits vereinfacht, Informationen über die Antragsteller.

Ferner braucht man weitere Untersuchungen, um zu präzisieren, wie einzelne Rekurse letztlich behandelt wurden. Sehr wahrscheinlich wurden die meisten Rekurse abgewiesen. Aus Anzeigen in Zeitungen von damals sowie Entscheidungssammlungslisten des Verwaltungsgerichtshofs ist zu entnehmen, dass es auch etliche Gesuchsteller gab, die später beim Gerichtshof Klage erhoben.

Dennoch reicht die Quellenlage aus, um zu erfahren, wer in welchen Angelegenheiten tätig wurde und welche Diskussionen unter den Behörden geführt wurden.

Steuer- und Finanzangelegenheiten

Zwischen 1905 und 1915 suchten insgesamt 24 Gesuchsteller um die Eröffnung eines Büros für Steuer- oder Finanzangelegenheiten an. Sieben von ihnen waren pensioniert. Drei hatten einen Doktortitel. In den Akten sind folgende Stände und Berufe genannt: Finanzsekretär, Finanzrath, Oberfinanzrath (jeweils zwei), Steuereinnehmer, Oberhofmeisteramt, Advokaturskandidat, Steueramtsdienst, Fachschriftsteller. Über diese Karrieren ist zu erfahren, dass die Gesuchsteller langjährige Fachkenntnisse und berufliche Erfahrungen und Selbstbewusstsein hatten. Mehrere Gesuchsteller betonten, dass es für sie einen dringenden „lokalen Bedarf" gebe, um Winkelschreiber auszuschließen. Beispielsweise steht in einem Akt aus dem Jahr 1907, dass der Gesuchsteller in Graz „eigentlich nur den Winkelschreibern Konkurrenz machen würde“, denn „weder die Advokaten noch die Notare haben in Steuer- und Gewerbesachen eine nennenswerte Praxis“ und die Handels- und Gewerbekammer habe für ihn ein Gutachten verfasst, um das Bedürfnis nach einem solchen Büro zu beweisen. Hingegen blieb das Justizministerium bei der Advokatenordnung (1868): „Das Vertretungsrecht […] umfaßt die Befugnis zur berufsmäßigen Parteienvertretung in allen gerichtlichen und außergerichtlichen, in allen öffentlichen und Privatangelegenheiten“.[22] Ferner wurde hier auch die Frage beantwortet, ob eine auf die Auskunftsstelle beschränkte Erteilung möglich sei. „Hier ist aber, wie ich glaube, das Argument verwendbar, daß es praktisch bei der bloßen Erteilung von Auskünften sicher nicht bliebe.“[23]

In den Akten der früheren Jahre sind Meinungsunterschiede sowohl in nachgeordneten als auch innerhalb der zentralen Behörden oft zu bemerken. Beispielsweise behandelt ein Akt aus dem Jahr 1906 die Gesuche von zwei Männern mit dem Grad eines Doktor iuris, einem pensionierten Regierungsrat im Oberhofmeisteramt und einem ehemaligen Finanzsekretär, „um Erteilung der Konzession zur Führung einer öffentlichen Agentie unter Nachsicht der Prüfung und der Kautionsleistung“.[24] Überliefert sind auch die Meinungen des Handelsministeriums und des Finanzministeriums: Das Handelsministerium war für die Ermäßigung der Kaution, das Finanzministerium für die Erteilung der Konzession wenigstens an einen der Antragsteller. Hingegen empfahl das Justizministerium, „mit der Verleihung öffentlicher Agentenbefugnisse höchst sparsam vorzugehen“.

[22] RGBl. 1868/96, § 8.

[23] ÖStA, AVA, JM, Kart. A1740 Post 109/27(1907) Z. 24992.

[24] Ebd. Kart. A1740 Post 109/14 (1906) Z. 7970.

Wenigstens einem davon wurde die Ausübung der öffentlichen Agentie gestattet. Denn derselbe Gesuchersteller, ein ehemaliger Finanzsekretär, erhob einen anderen Einspruch beim Finanzministerium im Jahr 1913.[25] Diesmal ging es um die Ausschließung der öffentlichen Agenten aus dem Parteienvertretungsrecht im gerichtlichen Verfahren in zweiter Instanz für Personalsteuergesetze, welche Änderung auf Anregung der Advokatenkammer eingeführt wurde.

Das Justizministerium äußert die Meinung, „dem ablehnenden Standpunkt des Finanzministeriums beizupflichten“.

In dieser Zeit sind Meinungsunterschiede innerhalb der zentralen Behörden in den Beschreibungen kaum zu bemerken. Die Rekurse wurden übereinstimmend abgelehnt.

Militärangelegenheiten

27 Gesuchsteller wollten Militärangelegenheiten behandeln, nach näher beschriebenen Akten z.B. auf die Wehrpflicht bezogene Schriften und Eingaben verfassen, und Auskünfte geben. In 20 Fällen sind auch die Berufe erwähnt: Bezirkssekretär, Hauptmann, Offizier, Postoffizier, Oberleutnant (jeweils drei), zwei Bezirksoberkommissare, Major, Gemeindeoberrat, Marinekommissar. Die Gesuchsteller hatten gewiss militärische Erfahrungen.

Bemerkenswert in dieser Angelegenheit ist die Beschreibung in mehreren Akten, die die Möglichkeit der Konzession um eine Auskunftsstelle andeuten, anders als bei Steuer- und Finanzangelegenheiten.

Zum Beispiel reichte ein pensionierter Major bei der böhmischen Statthalterei um Konzessionierung eines Militärbureaus mit Sitz in Eger ein. Er wollte sich mit dem Betreiben dieses Bureaus befassen, „1. mit allen auf die Wehrpflicht und

[25] Ebd. Kart. A1740 Post 109/102 (1913) Z. 9100.

auf die nach den Wehrvorschriften und dem Wehrgesetze zu beurteilenden Militärverhältnisse bezüglichen Angelegenheiten, 2. mit sonstigen militärischen Angelegenheiten, sowie 3. allen Heirats-, Hof- und Adelsangelegenheiten von ‚Gagisten' und in keiner Rangklasse stehenden Militärpersonen, und 4. mit Majestätsgesuchen in militärischen Angelegenheiten.“ [26]

Die Gemeindevertretung Eger [Cheb] bestätigte „den lokalen Bedarf“. Auch erhob die Notariatskammer gegen die Konzessionierung keine Einwendung, weil dadurch einem „dringenden Bedürfnisse entsprochen“ würde. Auch die Statthalterei wollte das Gesuch befürworten. Allein die böhmische Advokatenkammer war dagegen, da die Vertretung vor Behörden und die Erstattung von Gutachten in Rechtsangelegenheiten den Advokaten vorbehalten sei. Das Ministerium des Innern war der Meinung, dass in die Konzession ausdrücklich die Beschränkung und der Vorbehalt aufzunehmen sein würde, dass der Konzessionär lediglich zur Erteilung von Auskünften, nicht aber zur Vertretung von Parteien bei Behörden und zur Verfassung von Eingaben befugt wäre. Ferner sollte festgelegt werden, dass „jede“ Überschreitung der Berechtigung den Konzessionsentzug zur Folge haben würde. Das Justizministerium stimmte zu.

Zwar unter strengem Vorbehalt, findet man hier doch die Möglichkeit, wenigstens eine Auskunftsstelle mit amtlicher Konzession zu betreiben.

Aus den sonstigen Angelegenheiten

In mehreren Akten werden nur die „Verfassung von Schriften und Eingaben an Behörden“ oder nur „administrative Sachen“ erwähnt. Es gibt aber auch Akten, die konkretere Angelegenheiten aufzählen, etwa Heimatrecht, Zollangelegenheiten, Stiftungssachen, Preisausschreibungen, Grundbuchämter, Hypothekenaufnahmen, Frachtenreklamation, Wechseldarlehen, u.a.

Die ministerialen Meinungen in einzelnen Akten sind nicht so unterschiedlich: Wenn die Angelegenheiten unter den Befugnissen für „öffentliche Agentie“ waren, wurde abgelehnt.

Eine Serie von Akten zum Betrieb von Staatsbürgerrechtsbureaus zeigt uns ein gutes Beispiel, wie ein Gesuchsteller mit Doktortitel in Wien, der „früher durch ein Jahr Advokaturskanditat und drei Jahre Auskultant (Richteramtskandidat)“ war, versuchte, die behördliche Bewilligung zu erhalten. [27] Ein Gesuch um die Erteilung der Bewilligung „zum Betriebe der Privatgeschäftsvermittlung in Staatsbürger- und Heimatrechtsangelegenheiten einschließlich der Berechtigung zur Verfassung der hiezu sowie zur Bewerbung um Stiftungen oder Preisausschreibungen erforderlichen nicht gerichtlicher Eingaben“ wurde im Oktober 1910 zuerst vom Ministerium des Inneren der Statthalterei zur zuständigen Erledigung abgegeben und von dieser an den Wiener Magistrat zur Berichterstattung weitergeleitet. Hingegen äußerten der Wiener Magistrat und die Niederösterreichische Advokatenkammer, dass die angesuchten Befugnisse nur öffentlichen Agenten zukämen, um welche Berechtigung der Gesuchsteller nicht angesucht hätte, ferner dass mit Rücksicht auf die Überfüllung des Advokaten- und Notarstandes ein Bedürfnis nach einer öffentlichen Agentie nicht bestehe.

Fünf Monate später wiederholte dieser Gesuchsteller sein Begehren eingeschränkt auf „die Berechtigung zur Auskunftserteilung und Privatgeschäftsvermittlung in Staatsbürgerrechtssowie in Stiftungs- und Preisausschreibungsan-

[26] Ebd. Kart. A1740 Post 109/59 (1911) Z. 18605.

[27] Ebd. Kart. A1740 Post 109/49 (1910) Z. 38564, 50 (1911) Z. 37960, 51 (1911) Z. 229.

gelegenheiten mit Ausschluß der Verfassung von Eingaben und der Parteienvertretung". Das Ministerium des Inneren stellt drei Punkte in seinem Referat fest: Erstens werde die Erwerbstätigkeit der bloßen Auskunftserteilung in Angelegenheiten der öffentlichen Verwaltung selbst ohne Verfassung von Eingaben an Behörden als eine Privatagentie behandelt. Zweitens würden Konzessionen zum Betriebe öffentlicher Agentien im Sinne der zwischen den beteiligten Ministerien getroffen Vereinbarungen überhaupt nicht mehr verliehen. Und drittens sollten die Konzessionen für Privatagentien nur mehr mit der Einschränkung erteilt werden, dass der Privatagent lediglich zur Erteilung von Auskünften, nicht aber zur Vertretung der Parteien bei Behörden oder zur Verfassung von Eingaben befugt sei.

Im Jahr 1914 versuchte dieser Gesuchsteller nochmals die Ausdehnung seiner Befugnisse.[28] Er wollte nämlich über die folgenden drei Arten von Gesuchen Formulare verfassen und im Namen seiner Klienten als Eingaben an die Behörden richten dürfen: „Gesuch an die Polizeidirektion Wien um Ausfolgung eines Sittenzeugnisses, Gesuch an die politische Landesstelle um Verleihung der österreichischen Staatsbürgerschaft, ebensolches Gesuch um definitive Aufnahme in den Staatsverband". Im Laufe der Bearbeitung innerhalb des Ministeriums des Inneren hatte dieser Gesuchsteller seinen Antrag bis dahin eingeschränkt, es möge ihm nur bewilligt werden, dass die Erledigung der von den Parteien oder von Advokaten verfassten und unterschriebenen Einbürgerungsgesuche zu seinen Händen zugestellt werden dürften. Dazu äußerte sich das Ministerium des Inneren nicht ausdrücklich, ob es die Übernahme solcher Zustellungen für einen Akt der Parteienvertretung ansehen würde, und erwartete eine Äußerung des Justizministeriums, welche folgendermaßen lautete: „Die geschäftsmäßige Übernahme behördlicher, für Klienten des Übernehmers bestimmter Geschäftsstücke fällt ohne Zweifel unter den Begriff der Parteienvertretung im weiteren Sinne. Die allgemeine Verleihung einer solchen ‚Ermächtigung' als eines persönlichen Vorrechtes wäre nach Ansicht untunlich. Sie könnte nur irreführend wirken".[29] Hier zeigt sich, dass einerseits der Gesuchsteller mit seinen praktischen Kenntnissen alle Möglichkeiten nutzte, um eine, wenn auch beschränkte, Bewilligung zu erhalten, hingegen die Behörden sich andererseits bemühten, jede Einschreitensmöglichkeit der „Mittelsperson" zu verhindern.

Fazit

Die Analyse der Einsichtsakten des k.k. Justizministeriums über das einzelne Gesuch macht klar, dass die Antragssteller, etwa pensionierte Beamte, Offiziere u.a., manchmal für den „lokalen Bedarf" in Cisleithanien geeignet erschienen. Deshalb gab es sowohl in nachgeordneten, als auch innerhalb der zentralen Behörden insbesondere am Anfang verschiedene Meinungen, wie vor allem bezüglich der Gesuche um Beratungsbüros für Finanz- und Steuerangelegenheiten verfahren werden sollte. Wie das Beispiel um die Konzession für die Auskunftsstelle für Militärangelegenheiten zeigt, konnten die Behörden bis zur Auflösung der Monarchie dennoch nicht alle Gesuche abweisen. Dabei war das Justizministerium durchgehend ablehnender Ansicht, um damit die Interessen der Advokaten und Notare zu schützen und trug dazu bei, die öffentliche Agentie stufenweise abzuschaffen.

Dennoch waren Antragsteller verschiedener Art vorhanden, und außerdem konnten bereits betreibende Agenten nicht abgesetzt werden, obwohl nach der Vereinbarung unter den Behör-

[28] Ebd. Kart. A1740 Post 109/115 (1914) Z. 4765.

[29] Ebd.

den schon längst keine Konzession zur öffentlichen Agentie mehr verliehen werden sollten. Daraus kann man zumindest schließen, dass gewisse „Rechtsberater", außer Advokaten und Notaren, für die „Infrajustiz" tätig wurden, und dabei keineswegs immer die einfachen, armen Leute betrogen. Weitere Forschungen sind insbesondere aufgrund der Materialien auf der Ebene der nachgeordneten Behörden noch erforderlich.

Korrespondenz:

Prof. Dr. Rieko UEDA
Institute of Liberal Arts and Sciences
University of Toyama
3190 Gofuku, Toyama
930-8555 Japan
uedar@las.u-toyama.ac.jp
ORCID-Nr.: 0000-0002-8280-8825

Abkürzungen

Siehe das allgemeine Abkürzungsverzeichnis: [http://www.rechtsgeschichte.at/media/abk.pdf]

Literaturverzeichnis:

Benoît GARNOT, Histoire de la justice: France, XVIe–XXIe siècles (=Collection Folio/histoire 173, Paris 2009).

Josef KASERER, Handbuch der österreichischen Justizverwaltung. Mit Benutzung amtlicher Quellen, 4 Bde. (Wien 1882–1884).

Franz KLEIN, Zeit- und Geistströmungen im Prozesse. Vortrag, gehalten in der Gehe=Stiftung zu Dresden. 9. November 1901, in: Franz KLEIN, Reden, Vorträge, Aufsätze, Briefe, Bd. 1 (Wien 1927) 117–138.

Edmund KRAUTMANN, Ferdinand KRAUTMANN (Hgg.), Österreichische Staatsbürgerkunde für Schule und Haus (Wien 1908).

Peter MAYR, Rechtsschutzalternativen in der österreichischen Rechtsentwicklung (Wien 1995).

Yoshihiro MISAKA (Hg.), Vergleichende rechtshistorische Beiträge über „Infrajustiz" und ihre Träger (Osaka 2019).

Christian NEWSCHWARA, Österreich-Ungarn: Geschichte und Historiografie des Notariats. In: Mathias SCHMOECKEL, Werner SCHUBERT (Hgg.) Handbuch zur Geschichte des Notariats der europäischen Traditionen (Baden–Baden 2009) 241–277.

DERS., Geschichte des österreichischen Notariats Bd. II/1 1850 bis 1871. Formierung eines modernen Notariats – ein Kampf zwischen Form und Freiheit (Wien 2017).

PLESCHNER, Winkelschreiber oder Privat-Advocat? In: Allgemeine Juristen-Zeitung Nr. 46 (1881) 556–558.

Simone RÜCKER, Rechtsberatung. Das Rechtsberatungswesen von 1919–1945 und die Entstehung des Rechtsberatungsmissbrauchsgesetzes von 1935 (Tübingen 2007).

Peter WRABETZ, Österreichs Rechtsanwälte in Vergangenheit und Gegenwart (Wien ^{2}2008).

Josef ULBRICH, Agenten, in: Ernst MISCHLER, Josef ULBRICH (Hgg.), Österreichisches Staatswörterbuch. Handbuch des gesamten österreichischen öffentlichen Rechtes, Bd. 1: A–G (Wien ^{2}1905) 32–33.

BRGÖ 2020
Beiträge zur Rechtsgeschichte Österreichs

Kinga BELIZNAI BÓDI, Budapest

Materielle Unabhängigkeit und Besoldung der Richter in Ungarn mit besonderem Bezug auf die 1920er Jahre

Financial independence and salaries of judges in Hungary with special regard to the 1920s
According to the Act No. 4 of 1869 on the exercise of judicial power, the judge "draws his salary from the treasury and is obliged to render justice to the parties for free, except the fees and charges imposed by law". Then the judges' remuneration was governed by the Act No. 32 of 1871. While the Act No. 25 of 1890 gave the judges a new status, the Act No. 4 of 1893 – contrary to the principle of the separation of administrative and judiciary power – put judges together with administrative officials into the same salary classes. From 1905 on, no year passed without the National Association of Judges and Prosecutors dealing with the question of the introduction of automatic promotion. Legal forums and essays aimed at improving the financial status of judges also occasionally raised the issue of secondary employment. The so-called Status Act (Act No. 20 of 1920) provided that "judges and prosecutors should be removed from the salary classes for state officials and classified in their own grades". Although the primary purpose of the Act was to regulate judges' salaries, contemporaries thought that judges' incomes were still insufficient.
Keywords: *Hungary 19th–20th century – judges' salary – judicial independence*

I. Besoldung der Richter in der zweiten Hälfte des 19. Jahrhunderts

Laut Gesetz Nr. 4 von 1869 über die Ausübung der richterlichen Gewalt „zieht der Richter seine Besoldung aus der Staatskasse und ist verpflichtet, den Parteien unentgeltlich, ausgenommen die im Gesetz verankerten Gebühren und Abgaben, Recht zu sprechen". Das Gesetz deklarierte auch, dass „das festgesetzte Gehalt eines ernannten Richters nicht verringert werden kann".

Die Bezüge von Richtern und Gerichtsbeamten wurden durch das Gesetz Nr. 32 von 1871 geregelt. Das den Richtern zustehende Gehalt und Wohngeld waren in Pest-Buda höher und auf dem Lande niedriger, weil die Lebenshaltungskosten unterschiedlich waren. Das Gesetz enthielt keine Abstufung, es ordnete das gleiche Gehalt für Richter und Unterrichter an, ungeachtet ihrer Fähigkeiten und Dienstzeiten. Über die Möglichkeit der Einführung eines gestaffelten Gehaltssystems wurde im Landtag erst einige Jahre später verhandelt.

Anfang 1889 erhob sich eine landesweite Bewegung mit dem Ziel, die Richterbezüge bei Gerichten der ersten Instanz zu erhöhen. Es wurde ein Antrag an das Abgeordnetenhaus gerichtet, in dem ein kurzes Bild davon gezeichnet wurde, in welchem Maße sich die Existenzbedingungen geändert hatten. Man schrieb: „Der ungarische Richter ist vor eine Alternative gestellt worden: Entweder bricht er mit dem gesellschaftlichen Leben und versagt sich und seiner Familie nicht nur das gesellschaftliche Leben, sondern auch den Fortschritt in der Bildung, oder er lebt auf eine Art und Weise, die seiner Stellung und

http://dx.doi.org/10.1553/BRGOE2020-2s351

seinem kulturellen Stand entspricht, aber dann setzt er seine ganze Existenz aufs Spiel."[1]

Im europäischen Vergleich zählten die ungarischen Richtergehälter zu den niedrigeren, und sogar ein kroatischer Richter erhielt paradoxerweise eine höhere Vergütung, obwohl diese teilweise aus dem ungarischen Haushalt finanziert wurde.

Der Justizminister Dezső Szilágyi brachte im April 1890 den Entwurf eines Gerichtsverfassungsgesetzes ein, der bei der Festsetzung der richterlichen Bezüge zwei Grundsätze vor Augen hatte. Der eine, der in Österreich und in fast allen deutschen Staaten bereits akzeptiert war, bestand darin, dass die Gehälter, auf Grund derer die richterliche Altersrente berechnet wurde, in der Hauptstadt genauso hoch sein sollten wie auf dem Lande. Der andere Grundsatz besagte, dass die in Budapest arbeitenden Richter zum Ausgleich der höheren Lebenshaltungskosten eine Ortszulage bekommen sollten.

Zu einer erneuten Besoldungsregelung kam es durch das Gesetz Nr. 4 von 1893. Während das Gesetz von 1890 den Richtern einen neuen Status zuwies, ordnete die neue Regelung – entgegen dem Grundsatz der Trennung von Verwaltung und Rechtspflege – die Richter zusammen mit den Verwaltungsbeamten in die gleichen Besoldungsklassen ein.[2] Die Richter hatten zusätzlich zum Gehalt Anspruch auf Wohngeld, und Richter am Tafelgericht zu Budapest bzw. Fiume [Rieka] sowie Bezirksrichter erhielten eine Betriebszulage.

Trotz Bestrebungen, die Richtergehälter gerecht zu regeln, verbesserte sich die finanzielle Situation der staatlich bediensteten, von Nebenverdiensten ausgeschlossenen und ausschließlich auf das Gehalt angewiesenen Richter kaum. Die nicht ausreichende Bezahlung der Richter machte den Beruf überhaupt nicht attraktiv. Dem war es zu verdanken, dass häufig nicht die am besten ausgebildeten Personen den Richterdienst antraten, und oft gab es Zweifel an der Zuverlässigkeit und Unbestechlichkeit gewisser Richter.

[1] Az első fokú bírák javadalmainak emelése 10.

[2] DOLESCHALL, A bírák sérelme 2.

II. Bemühungen zur Verbesserung der finanziellen Lage von Richtern

Der „nach österreichischem Muster erstellte" Gesetzesentwurf von 1903 über die Neuregelung der Gehälter von Staatsbeamten, Amtsgehilfen und Dienstboten hob die bestehenden besonderen Vergünstigungen erstinstanzlicher Richter teilweise auf und behandelte sie wie alle anderen Staatsbeamten.

Der Entwurf veränderte auch das Beförderungssystem. Während gemäß Gesetz von 1893 ein Richter höchstens in vier bis fünf Jahren in die erste Gehaltsstufe gelangte, wäre er gemäß Vorschlag von 1903 in zehn Jahren eine Stufe auf der Rangleiter emporgestiegen.[3]

Anfang 1904 entstand ein provisorisches Gesetz über die für Staatsangestellte zu bewilligenden Zulagen. Diese Regelung folgte zwei wichtigen Grundsätzen, nämlich einerseits, dass die Zulagen „Gehaltsnatur haben", und andererseits, dass die wichtigste Zielgruppe der Gehaltsregelung die niedrig bezahlten Beamten sind; ihre Gehälter sollten in einer Höhe festgesetzt werden, die eine spürbare Verbesserung ihrer Lebensverhältnisse ergab.[4]

Justizminister Antal Günther reichte im November 1907 einen Entwurf über die Änderung des Gerichtsverfassungsgesetzes ein. Ältere Richter hielten es nach Durchstudieren des Vorschlags für beschwerlich, dass in der anstehen-

[3] A budapesti bírák és jegyzők fizetésrendezése 61.

[4] Indokolás „az állami alkalmazottaknak engedélyezendő pótlékokról" 314.

den Regelung kein Wort über die Präsidenten der Landgerichte, über die zu titulierten Tafelrichtern beförderten Richter verloren wurde, und insbesondere die mehreren hundert Richter nicht erwähnt wurden, die als „Belohnung" für ihre 18–20 Jahre Dienstzeit bereits in die Besoldungsklasse VII aufgestiegen waren.[5]

In den folgenden Jahren wurde die Beförderung der Richter eine der zu lösenden Aufgaben. Um das System, das bis dahin das Ansehen und die Unabhängigkeit der Richter geschädigt und untergraben hatte, aufzuheben, bestanden die Richter darauf, eine automatische Beförderung einzuführen. Von 1905 an verging kein Jahr, ohne dass sich der Landesverein der Richter und Staatsanwälte auf seinem Kongress mit dieser gravierenden Frage beschäftigt hätte. Im Juni 1908 überreichte Károly Grecsák, ein Richter der Kurie, dem Justizminister Günther ein Memorandum. Die Gedenkschrift enthielt einen detaillierten Vorschlag bezüglich der Einführung der automatischen Beförderung und ihrer Umsetzung in die Praxis.[6] Der Minister wies die Initiative jedoch schroff zurück, obwohl – wie es auch von den Schreibern des Memorandums hervorgehoben wurde – dieses System in anderen Ländern (z. B. in Preußen) bereits wirksam war.

Die Richterschaft versuchte, die Justizverwaltung mit viel Ausdauer von der Notwendigkeit der Einführung der automatischen Beförderung zu überzeugen, weil dies auch die materielle Unabhängigkeit der Richter verstärkt hätte. Der Landesverein der Richter und Staatsanwälte war der Meinung, die ungarische Praxis diene mit dem Anciennitätsprinzip nicht den Interessen der Rechtsprechung, und er hielt es auch für verfehlt, dass Bildung, Fleiß und Eignung bei der Ernennung völlig im Hintergrund stünden.

Juristische Foren und Schriften, die sich für die Verbesserung der finanziellen Lage von Richtern einsetzten, warfen von Zeit zu Zeit auch die Frage der Nebenbeschäftigungen der Richter auf. Die Unvereinbarkeitsregeln des Gesetzes von 1869 legten fest, dass ein Richter keinem Beruf nachgehen durfte, der mit der Unabhängigkeit bzw. mit dem Ansehen des Richteramtes unvereinbar war. Der Landtag vertrat bei Ausarbeitung des Gesetzentwurfs über die Gerichtsreform Anfang 1917 den gleichen Standpunkt.

Károly Grecsák meinte dagegen, dass ein aus der Mitte der Richter gewähltes Gremium im konkreten Fall darüber entscheiden könnte, ob der Richter einen Nebenberuf ausüben dürfe oder nicht.[7] Seine Anregung wurde aber nicht einstimmig akzeptiert. István Osvald, Präsident des Budapester kgl. Tafelgerichts, warnte davor, den Richtern die Möglichkeit des Erwerbs von Nebeneinkommen zu eröffnen. Er war der Ansicht, dass der Beruf eines Richters nicht geeignet sei, „seine Kraft auch anderswo geltend zu machen". Ein Richter „muss ständig lernen, um den ihm zugewiesenen Fall kennen zu lernen und zu lösen, sein Leben [...] ist ein ständiges Grübeln". Der Nebenerwerb „kann eine Spalte darstellen, durch die der Richter zugänglich wird".[8]

Der Landtag schlug im Sommer 1917 vor, den Haushalt für 1917/1918 angesichts „der durch die Kriegszustände verursachten schweren Lebensverhältnisse" aufzustocken, und wies dabei darauf hin, dass die Verbesserung der finanziellen Lage von Richtern und Gerichtsbeamten eine nunmehr unaufschiebbare Aufgabe der Justiz sei. Der Vorschlag wollte die Frage einerseits durch eine Umgruppierung der Richter unter den Besoldungsklassen und durch die Erhöhung bzw. eventuelle Herabsetzung der Anzahl vor allem von Richtern der kgl. Tafelgerichte und

[5] A bírák fizetésrendezése 16.

[6] A bírósági szervezet 8.

[7] A bírák mellékfoglalkozása 69.

[8] OSVALD, A bírák anyagi helyzete 178.

von Präsidenten der kgl. Landgerichte lösen. So kamen selbstständig richtende Richter schon auf der untersten Stufe der Rangleiter in eine Besoldungsklasse, die „ihrem Arbeitsbereich und der Bedeutung der zu lösenden Aufgaben angemessen ist".[9]

Im Frühling 1918 vertrat der Verein Ungarischer Juristen den Standpunkt, dass der grundsätzlichen Umgestaltung der Gerichtsorganisation „eine erhebliche Erhöhung" der Richterbesoldung vorausgehen müsse.[10]

Die Richterschaft sah mit großen Hoffnungen auf die Gerichtsreform vor dem Landtag, doch musste sie eine bittere Enttäuschung hinnehmen. Der Landesverein der Richter und Staatsanwälte kämpfte schon seit mehr als zehn Jahren erfolglos für die Schaffung des selbstständigen Status für Richter und Staatsanwälte, für die automatische Beförderung, für die größtmögliche Unabhängigkeit der Gerichte (und Staatsanwaltschaften) von der Regierung, sowie für einen Ausbau der Gerichtsautonomie, denn die im Gesetzesentwurf formulierten Bestimmungen wichen an zahlreichen Stellen von dem ab, was Richter und Staatsanwälte früher geschrieben hatten. In der Vorlage war zwar die Schaffung des selbstständigen Status enthalten, aber die Ausarbeitung der einschlägigen Beförderungsregelung ließ auf sich warten. Gemäß Wunsch der Richter bestand das Wesen dieser Regelung darin, dass das Gehalt der Richter „nicht kraft Regierungsanordnung, sondern kraft Gesetzes von Zeit zu Zeit (2–3jährlich) in der Weise erhöht wird, dass es das Höchstgehalt der darüber liegenden Besoldungsklasse für Richter erreicht".[11]

Das am 6. März 1919 verkündete Volksgesetz Nr. 27 von 1919 über die Besoldung von Richtern und Staatsanwälten deklarierte ihren selbstständigen Status: „Richter und Staatsanwälte werden aus den Besoldungsklassen für Staatsbeamte herausgenommen und in eigene Besoldungsgruppen eingeordnet." Das Volksgesetz ordnete die Richter in sechs Besoldungsgruppen ein, und die Gehälter waren in allen Gruppen höher als früher. Auch eine automatische Beförderung wurde möglich, laut Gesetz „erfolgt[e] die Beförderung in eine höhere Gehaltsstufe alle drei Jahre von selbst".

Die Regierung hielt aber die Ausführung des Volksgesetzes in der Schwebe, weil die Schaffung eines selbstständigen Status Aufgabe der Gesetzgebung sei. Zur Anweisung der Gehälter kam es nur beim Verwaltungsgericht, bei anderen Gerichten kam es bis zum 21. März 1919 nicht dazu.[12] Die Regierung setzte also die Besoldungsregelung nicht in Kraft, sie gewährte den Richtern und den Staatsanwälten lediglich eine Übergangszulage.

III. Das Statusgesetz

„Richter wurden auch in Friedenszeiten schlecht bezahlt, und wenn ihr Einkommen zu jener Zeit wenig war, ist es jetzt ein wahres Wunder, dass sie überhaupt über die Runden kommen können", schrieb die Zeitung *Pesti Napló* (Pester Journal) im März 1920.[13]

Die Situation des ungarischen Staatshaushalts begünstigte die Gehaltsregelung wirklich nicht, aber in Richterkreisen tauchte ein ganz neuartiger Gedanke auf, der einen Ausweg hätte darstellen können. Das Wesen der Idee bestand darin, dass die Richter in Zivilsachen von den Streitparteien nach einem auf Grund des Streitwertes berechneten Schlüssel bezahlt werden sollten. Den Befürwortern des Vorschlags zufolge hätte die richterliche Unabhängigkeit keinen Schaden genommen, denn die Geschäftsvertei-

[9] Melléklet az 1372. számú irományhoz 499.
[10] A bírói szervezet reformja 9.
[11] MENDELÉNYI, Bírói kívánságok és az új rendszer 378.
[12] A külön státus 113.
[13] (P.), Percentuális fizetés a bíráknak 7.

lung bliebe weiterhin in der Kompetenz des Präsidenten des Landgerichts bzw. des Tafelgerichts, und die Streitparteien hätten nicht unmittelbar an den Richter gezahlt, sondern in die zentrale Kasse des mit dem Prozess befassten Gerichts. Der Richter hätte dann seinen Anteil an der Einnahme im Verhältnis zu den bearbeiteten Sachen und zu seiner Arbeit bekommen. Verfechter des Plans beriefen sich auch darauf, dass Notare ebenfalls von ihren Klienten bezahlt werden.[14]

In der Begründung zur Gesetzesvorlage über Bezüge kgl. Richter und kgl. Staatsanwälte wurde deklariert, dass die finanzielle Sicherheit im selbstständigen Status, in der sich daraus ergebenden automatischen Beförderung und in einer angemessenen Besoldung bestand.[15]

Die Bestimmungen des am 4. September 1920 verkündeten und in Kraft gesetzten Gesetzes Nr. 20 von 1920 über den Status kgl. Richter und kgl. Staatsanwälte waren größtenteils identisch mit denen des Volksgesetzes von 1919. § 1 des sog. Statusgesetzes bestimmte, dass „Richter und Staatsanwälte aus den Besoldungsklassen für Staatsbeamte herauszunehmen und in eigene Besoldungsgruppen einzuordnen sind". Richter und Staatsanwälte wurden in sechs Besoldungsgruppen eingeordnet.

Das nach der neuen Regelung berechnete Gehalt erhielten Richter und Staatsanwälte am 1. Juli 1920. Richter hatten neben ihrem Gehalt Anspruch auch auf Wohngeld. „Wie dies aus den halboffiziellen Mitteilungen vorauszusehen war, erhöhte die Regierung nur die Stammgehälter in erheblichem Maße, die Gesamtbezüge jedoch nur unerheblich. Die Gesamtbezüge der Richter […] nehmen zurzeit nur deshalb um einige Tausend Kronen zu, weil die monatliche Teuerungszulage aller Beamten mit dem 1. August 1920 um monatlich 100–600 Kronen erhöht wurde."[16]

Bezüglich der Besoldungstabelle sagte der pensionierte Richter am Tafelgericht, Rusztem Vámbéry, dass „diese Beträge als Beerdigungsbeiträge offensichtlich zu hoch sind, aber es bedarf keiner höheren Mathematik, um nachzuweisen, dass sie nicht einmal die elementarsten Vor-aussetzungen des Lebensunterhalts erfüllen".[17] Seine Behauptung untermauerte er wie folgt: „Nehmen wir den Durchschnitt der genannten Stufen, der mitsamt der Zulage jährlich 18000 Kronen ausmacht. Lediglich Tafelrichter können an solche Gehälter herankommen, bei denen die Versorgung einer 5–6köpfigen Familie genauso keine Ausnahme darstellt […]. Das beträgt monatlich 1500 Kronen. Kann man es sich mit nüchternem Verstand auch nur eine Sekunde lang denken, dass bei Fleischpreisen von 60–80 Kronen, einem […] Zuckerpreis von 114 Kronen, einem Fettpreis von 110 Kronen usw. mit diesem Betrag eine fünfköpfige Familie einen Monat lang auskommt? Denn allein Kartoffeln für einen Monat kosten 200 Kronen, von Bekleidung, Schulung der Kinder, Tabak, Zeitungen, Büchern und anderen Aufputschmitteln gar nicht mal zu reden."[18]

IV. „Bedrängnis" der Richterschaft in den 1920er Jahren

Anfang 1921 war die Lage der Richter im von den Serben besetzten Südungarn noch schlechter. Die Bezirksrichter und Gerichtsangestellten in Frankenstadt [Baja] verweigerten den serbischen Staatseid und bekamen deshalb monatelang keine Bezahlung. Nichtsdestotrotz versahen sie ihr Amt gewissenhaft und lebten von freiwilligen

[14] (P.), Percentuális fizetés a bíráknak 7.

[15] Indokolás „a kir. ítélőbírák és a kir. ügyészek illetményeiről" 213.

[16] Sorix, A kir. ítélőbírák és a kir. ügyészek státusáról szóló 1920. évi XX. tc. 144.

[17] Vámbéry, A bírói status 121.

[18] Ebd.

Spenden der Stadtbürger: Die Streitparteien bezahlten zusätzlich zu den ordentlichen Gebührenmarken einen Betrag von 50 Kronen zur Entlohnung der Gerichtsangestellten, und außerdem unterstützten sie die Richter mit Getreide, Fett, Gemüse und Heizmaterial.[19]

1921 dehnte der Justizminister die Geltung einer ministerpräsidialen Verordnung von 1920 in Sachen Entlohnung der Arbeit von Staatsbeamten und sonstigen Angestellten über die offiziell festgelegte Arbeitszeit hinaus auch auf die Richterschaft aus. Die Verordnung stellte zwei Kategorien auf, nach denen über die offizielle Arbeitszeit hinaus geleistete Arbeit zu entlohnen war. Nach Berechnung gemäß Kategorie eins hatte der Richter – wenn die Zahl der Verhandlungstage anstieg – für jeden zusätzlichen Verhandlungstag Anspruch auf Entlohnung zweier voller Nachmittage, „zusätzlich die mit Verhandlungsvorbereitung, Verhandlung und Abfassung des Urteils verbrachte Arbeitszeit". Gemäß der zweiten Kategorie musste sich der Richter schriftlich verpflichten, an Werktagen die fünf Stunden „offizielle Amtszeit" einzuhalten. Für die darüber hinaus zu leistende Mehrarbeit hat er Anspruch auf Entlohnung, aber dazu bedurfte es einer vorherigen Bewilligung des Justizministers. Der Minister erteilte die Bewilligung nur, wenn dies durch die „Arbeitsmenge" des Gerichts gerechtfertigt war.

Die „fünf Stunden offizielle Amtszeit" stellte eine völlig neue Annäherung dar, denn Richter hatten sich, wenn „die Qualität ihrer Arbeit keinen Aufenthalt in den Amtsräumen erforderte", nicht im Gerichtsgebäude aufzuhalten. Da der Dienst als Richter „nicht Handarbeit, sondern Kopfarbeit ist" – denke man nur an das gründliche Studieren des Prozessmaterials und der einschlägigen Rechtsnormen, an die Nachforschungen in der Rechtspraxis und an die Entscheidung der entstandenen Fragen –, kann er nicht wirklich „in Stundenzahlen" geleistet werden.[20]

Obwohl die Entlohnung der Mehrarbeit in erster Linie die finanzielle Lage der Richter verbessern sollte, kamen bezüglich ihrer Zweckmäßigkeit zahlreiche Bedenken auf, selbst vonseiten von Richtern, die ihre Arbeitszeit beträchtlich verlängerten, indem sie zu Hause „mit Erledigung der mitgenommenen Akten anstrengende Arbeit leisteten". Es gab Richter, die auf Entlohnung der Mehrarbeit einfach verzichteten, um eventueller Vorwürfe, dass sie einer Sonderentlohnung eigentlich gar nicht würdig seien, vorzubeugen. Und es gab sogar welche, die eine zusätzliche Entlohnung für unvereinbar mit dem Richteramt hielten.[21]

Im Sommer 1922 konnte man in Kreisen von Richtern und Staatsanwälten immer öfter hören, dass „an zuständigen Stellen" eine Änderung gewisser Bestimmungen des Statusgesetzes bereits angesprochen wurde. Die Richterschaft hielt die Anwendung des Gesetzes in der Praxis für „verfehlt ausgerichtet". Als Beispiel dafür wurde der Fall genannt, als einmal im November 1921 – bei unveränderten Gehältern – mehr als zweihundert Richtertitel verliehen wurden, „was dazu führen könnte [...], dass sie nur mit Titeln gezierte Richter werden".[22]

Die Richterschaft fand sich von 1923 an einem bedauerlichen Bestreben gegenüber, das auf „Zerstörung" ihres schwer erkämpften Sonderstatus ausgerichtet war, und das in der ministerpräsidialen Verordnung Nr. 5.000 von 1924 über die erneute Regelung der Gehälter von Staats- und Landesbeamten und sonstigen Angestellten – erlassen auf Grund des Gesetzes über die Wiederherstellung der Haushaltsbalance (sog. Sanierungsgesetz) Nr. 4 von 1924 – bereits einen „gewissen Erfolg" erzielte. Das Sanierungsgesetz

[19] Közadakozásból élnek a bajai járásbírák 3.

[20] LUDWIG, Bírói túlóradíj 110–111.

[21] B. K., Bírák túlmunkájának díjazása 104.

[22] A. B., A bírói státustörvény módosítása 9.

ermöglichte zwar die Kürzung des Gehalts von Beamten und Richtern, aber nur wenn dies durch die finanzielle Lage des Landes gerechtfertigt war.

Mit dem Sonderstatus von Richtern befasste sich am 28. Oktober 1925 der Sanierungsausschuss der Nationalversammlung. Es wurde zum Ziel erklärt, eine Gehaltserhöhung von ca. 25–45 % zu erzielen, und zwar auf eine Art und Weise, dass die Gehälter in den niedrigeren Besoldungsklassen 80–90 %, und die in den höheren Besoldungsgruppen 60–62 % der „Gehälter der Friedenszeit" erreichen.[23] Der Landesverein der Richter und Staatsanwälte erfuhr aber „mit tiefster Bestürzung", dass die geplante Gehaltsregelung für Richter und Staatsanwälte mit einer schweren Verletzung der im Statusgesetz von 1920 verankerten Prinzipien und des dort festgeschriebenen Prinzips der Verhältnismäßigkeit[24] vor sich ging.[25]

Am 4. November richtete Vince Nagy, Abgeordneter der Nationalversammlung, eine Interpellation an Justizminister Pál Pesthy, in der Folgendes stand: „Sind Sie, Herr Justizminister, bereit, Ihren bisher vertretenen Standpunkt in Fragen der Regelung des Status und des Gehalts von Richtern und Staatsanwälten zu ändern, die berechtigten Interessen und Wünsche der Richterschaft und der Staatsanwaltschaft zu akzeptieren, und dementsprechend in der Regierung darauf hinzuwirken, dass bei der bevorstehenden Statusregelung von Richtern und Staatsanwälten die im Gesetz Nr. 20 von 1920 festgeschriebenen Bestimmungen [...] in Betracht gezogen werden, damit den Richtern und Staatsanwälten keine weiteren Nachteile erwachsen [...]?"[26]

In seiner Antwort erklärte der Justizminister, seinen Standpunkt zwar nicht zu ändern, aber das Gesetz von 1920 – obwohl es aus öffentlichrechtlicher Sicht überhaupt nicht existiere – hinsichtlich der Sicherung der richterlichen Unabhängigkeit als Grundgesetz anzusehen.[27] Bezüglich der Gehaltsregelung 1925 sagte er, dass sie auf der vom Völkerbund genehmigten 20-prozentigen Erhöhung der Gehalts- und Statusregelung des ganzen ungarischen Beamtentums beruhe. Davon würden 15 % für die Gehaltserhöhung und 5 % für die Statusregelung verwendet.[28] Pál Pesthy erklärte, diese Gehaltsregelung nicht für „endgültig und abgeschlossen" zu halten; „die Richterschaft habe [...] Anspruch auf ein höheres Gehalt als die im Gesetz Nr. 20 von 1920 festgelegte Verhältniszahl".[29]

Vergleicht man die Situation von 1920 mit der von 1928, kommen wir zum folgenden Ergebnis: Im Jahr 1928 bekam ein Kollegiumsvorsitzender an der Kurie nur 41 % seines im Statusgesetz festgelegten gesetzlichen Gehalts auf die Hand, ein Richter an der Kurie 42 %, und ein Richter am Landgericht nur 50 %. Die „alte Tradition" der materiellen Unabhängigkeit wurde von allen Abgeordneten unterstützt, und das Abgeordnetenhaus verabschiedete am 9. Mai 1928 einen Beschlussvorschlag über die Durchsetzung dieses Vorhabens.

In der Haushaltsdebatte am 24. Juni 1929 im Herrenhaus wurde betont, dem Richter solle gewährt werden, „ohne jegliche finanzielle Sorgen leben und frei seine Pflichten erfüllen zu können. Erstens weil er es verdient, weil die Richterposition so wichtig ist, dass auch deswegen die finanzielle Unabhängigkeit nötig ist. [...] Es ist darauf zu achten, dass die Korruption sich in ihre Reihen

[23] Julius elsejei hatállyal lép életbe a közalkalmazottak státusrendezése 2.

[24] § 20 Bei allgemeiner Anhebung der Bezüge von Staatsbeamten mit Bezahlungsnatur sind die Gehälter von Richtern und Staatsanwälten im Verhältnis zu den Lebenshaltungskosten anzuheben.

[25] A bírói fizetésrendezés 10.

[26] Nemzetgyűlési napló 333.

[27] Ebd. 334.

[28] Ebd. 334–335.

[29] Ebd. 335.

nicht einschleichen kann, und sie dürfen nicht gezwungen werden, eigene Geschäfte zu treiben, denn dann verfehlen sie ihre Laufbahn, das Vertrauen auf die Unabhängigkeit der Richter gerät ins Wanken, und das wäre die höchste Gefahr für das Land".[30]

Korrespondenz:

Doz. Dr. Kinga BELIZNAI BÓDI, Ph.D.
ELTE Eötvös-Loránd-Universität
Staats- und Rechtswissenschaftliche Fakultät
Lehrstuhl für Ungarische Staats-
und Rechtsgeschichte
Egyetem tér 1-3
H – 1056 Budapest
beliznai.kinga@ajk.elte.hu
ORCID ID: 0000-0003-3420-2260

Abkürzungen:

Siehe das allgemeine Abkürzungsverzeichnis: [http://www.rechtsgeschichte.at/media/abk.pdf]

[30] Felsőházi napló 1927, 215.

Quellen:

Felsőházi napló IV 1927, 20. 12. 1928 – 28. 6. 1929, Sitzungstage 1927–64, 215.

Indokolás „a kir. ítélőbírák és a kir. ügyészek illetményeiről" szóló törvényjavaslathoz, in: Nemzetgyűlési irományok, III 1920, Schriftennr. 1920–86, 212.

Indokolás „az állami alkalmazottaknak engedélyezendő pótlékokról" szóló törvényjavaslathoz, in: Képviselőházi irományok XXX 1901, Nr. 1901–473, 314.

Melléklet az 1372. számú irományhoz, in: Képviselőházi irományok Bd. LVI, 1910, Schriftennr. 1910–1372, 499.

Nemzetgyűlési napló XXXV 1922, 14. 10. – 6. 11. 1925, Sitzungstage 1922–460, 333.

Literatur:

A bírák mellékfoglalkozása, in: Jogtudományi Közlöny Nr. 8 v. 25. 2. 1917, 69.

A budapesti bírák és jegyzők fizetésrendezése, in: Jogtudományi Közlöny, Nr. 8 v. 20. 2. 1903, 61.

A külön státus, in: Jogtudományi Közlöny Nr. 14 v. 6. 4. 1919, 113.

B. K., Bírák túlmunkájának díjazása, in: Jogtudományi Közlöny Nr. 13 v. 1. 7. 1921, 104.

Rezső LUDWIG, Bírói túlóradíj, in: Jogtudományi Közlöny Nr. 14 v. 1. 8. 1921, 110–111.

László MENDELÉNYI, Bírói kívánságok és az új rendszer, in: Jogtudományi Közlöny Nr. 50 v. 15. 12. 1918, 378.

István OSVALD, A bírák anyagi helyzete, in: Jogtudományi Közlöny Nr. 23 v. 9. 6. 1918, 178.

SORIX, A kir. ítélőbírák és a kir. ügyészek státusáról szóló 1920. évi XX. tc., in: Jogtudományi Közlöny Nr. 18 v. 15. 9. 1920, 144.

Rusztem VÁMBÉRY, A bírói status, in: Jogtudományi Közlöny, Nr. 16 v. 15. 8. 1920, 121.

Zeitungen:

(P.), Percentuális fizetés a bíráknak, in: Pesti Napló Nr. 76 v. 28. 3. 1920, 7.

A bírák fizetésrendezése, in: Budapesti Hírlap Nr. 282 v. 28. 11. 1907, 16.

A bírói fizetésrendezés, in: Budapesti Hírlap Nr. 246 v. 31. 10. 1925, 10.

A bírói szervezet reformja, in: Budapesti Hírlap Nr. 96 v. 23. 4. 1918, 9.

A bírósági szervezet, in: Budapesti Hírlap Nr. 147 v. 19. 6. 1908, 8.

A. B., A bírói státustörvény módosítása, in: Budapesti Hírlap Nr. 143 v. 25. 6. 1922, 9.

Az első fokú bírák javadalmainak emelése, in: Pesti Hírlap Nr. 69 v. 10. 3. 1889, 10.

Alfréd DOLESCHALL, A bírák sérelme, in: Budapesti Hírlap Nr. 58 v. 28. 2. 1903, 2.

Julius elsejei hatállyal lép életbe a közalkalmazottak státusrendezése, in: Pesti Hírlap Nr. 244 v. 29. 10. 1925, 2.

Közadakozásból élnek a bajai járásbírák, in: Friss Ujság Nr. 3 v. 5. 1. 1921, 3.

BRGÖ 2020
Beiträge zur Rechtsgeschichte Österreichs

Nadja EL BEHEIRI, Budapest

„Herkommen" als staatsrechtlicher Begriff zwischen System und Praxis

Theodor Mommsen versus Wolfgang Kunkel

The terminus "Herkommen" between system and practice: Theodor Mommsen versus Wolfgang Kunkel

The German terminus "Herkommen" stands for prolonged practice and is used frequently in the "Römisches Staatsrecht" by Theodor Mommsen. Wolfgang Kunkel is the author of one of the most extensive revisions of Mommsen's systematic approach. He uses the term as a key concept in his attempt to redraw the Constitutional Law of the Roman Republic and understands it clearly in the sense of Customary Law. Referring to Mommsen's work, Kunkel states that in reading the "Römisches Staatsrecht" he never encountered the concept of "Herkommen" in the sense of a source of law. The paper shows how Kunkel, from a realistic perspective, builds up the Roman institutions out of the political practice during the Republic. Based on some specific cases, the paper compares the different ways of evaluating ancient text represented by Kunkel and Mommsen and examines their different approaches to the institutions of the Roman Republic.

Keywords: *Customary Law – 'Herkommen' – Institution – Theodor MOMMSEN – System*

1. Einleitung

Im Mittelpunkt meines Beitrages beim Mitteleuropäischen Rechtshistorikertages standen die Begriffe „Herkommen" und „Willkür" im „Römischen Staatsrecht" von Theodor Mommsen. In der anschließenden Diskussion ging es vor allem um die Frage des Unterschieds zwischen dem mommsenschen „Herkommen" und einer als Rechtsquelle verstandenen Gewohnheit. Der folgende Beitrag möchte nun eine kurze Antwort auf diese komplexe Fragestellung versuchen. Auf die Erörterung des Begriffs „Willkür" muss dabei aus Platzgründen verzichtet werden. Angedeutet sei nur, dass es sich bei den beiden Termini in gewissem Sinne um korrelate Begriffe handelt. Mit dem Ausdruck „Willkür" bezeichnet Mommsen die unbeschränkte Herrschaftsmacht der Magistrate. Diese Herrschaftsmacht wird von Mommsen an zahlreichen Stellen gerade über das „Herkommen" beschränkt.

Der Unterschied zwischen dem mommsenschen „Herkommen" und „Herkommen" als Quelle von Gewohnheitsrecht soll durch eine Gegenüberstellung der Verwendung des Begriffes bei Mommsen und Wolfgang Kunkel herausgearbeitet werden. Kunkel ist Autor der bislang umfassendsten Revision der Bearbeitung des römischen Staatsrechts durch Theodor Mommsen. Sein Werk ist posthum im Jahre 1995 in der Reihe der Handbücher der Altertumswissenschaft unter dem Titel „Staatsordnung und Staatspraxis der römischen Republik" erschienenen. Das der Darstellung der römischen Magistratur gewidmete Buch war ursprünglich als Teil eines umfassenden, auf das gesamte römische Staatsrecht ausgerichteten Projekts konzipiert, im Ergebnis blieb es jedoch bei nur einem Band. Bereits der Titel des Buches lässt im Hinblick auf

http://dx.doi.org/10.1553/BRGOE2020-2s360

Mommsen Divergenzen in der Zugangsweise anklingen. Festmachen lassen sich diese Unterschiede gerade über den Begriff „Herkommen“. Deutlich wird dies in einem Aufsatz Kunkels aus dem Jahre 1971 mit dem Titel „Gesetzrecht und Gewohnheitsrecht in der römischen Republik“ formuliert. Dort schreibt der Rechtshistoriker in Bezug auf das „Römische Staatsrecht“ Mommsens, dass er sich nicht erinnern kann, die Frage des Gewohnheitsrechts in dem Werk auch nur angeschnitten gefunden zu haben. Ausdrücklich hält Kunkel bei dieser Gelegenheit fest, dass er unter Gewohnheitsrecht „die normative Kraft des Herkommens“ versteht. Diese Feststellung ist auf den ersten Blick umso erstaunlicher, als sich leicht nachweisen lässt, dass Mommsen den Begriff „Herkommen“ im „Römischen Staatsrecht“ ausgiebig verwendet. Die meisten Belege finden sich dabei gerade in den ersten mit der Magistratur befassten Halbbänden. Der aus dieser Beobachtung abgeleitete Befund legt nahe, dass Kunkel die aus dem „Herkommen“ abgeleiteten Tatbestände grundsätzlich anders bewertet als Mommsen dies tut. Es wird sich zeigen lassen, dass der Unterschied im Verständnis des Begriffes „Herkommen“ ein Spiegelbild der verschiedenen Grundannahmen ist, mit denen die Autoren sich den Quellen zum römischen Staat nähern. Im Folgenden ist daher kurz auf den Ansatz Mommsens einzugehen, in einem weiteren Schritt soll dann der Überarbeitungsversuch durch Kunkel angerissen werden. Sodann soll anhand einiger Beispiele die unterschiedliche Zugangsweise verdeutlicht werden. In einem abschließenden Punkt soll dann der Unterschied in der Zugangsweise der beiden Autoren formuliert werden.

2. Das „Römische Staatsrecht“

Der systematische Ansatz und die Institution

In der Einleitung zum ersten Band des „Römischen Staatsrechts“ prägt Mommsen das Bild vom antiquarischen Bauplatz. Während manche – so der Meister der römischen Antike – auf diesem Bauplatz „bloss Balken und Ziegel durcheinander werfen, aber weder das Baumaterial zu vermehren noch zu bauen verstehen“, soll sein eigenes Werk eine auf „consequent durchgeführten Grundgedanken wie auf festen Pfeilern ruhende Darlegung sein“.[1] Was er damit meint hat Mommsen bereits im Jahre 1845 in einer Rezension zu einer Arbeit über das römische öffentliche Recht formuliert, als er den Satz vom System als seiner eigenen Wahrheit geprägt hat.[2] Das „Römische Staatsrecht“, das Mommsen unter all seinen Arbeiten wohl am meisten geschätzt hat, ist in den Jahren 1871 bis 1888 erschienen. Der erste, im Sinne eines „Allgemeinen Teils“ zur Magistratur abgefasste Halbband, wurde 1871 vorgelegt (dieser Band erhielt 1876 eine zweite und 1887 eine dritte Auflage). Der zweite, die einzelnen Magistraturen behandelnde Band, wurde 1874 und 1875 in zwei Halbbänden veröffentlicht. Diese Bände erhielten 1877 und 1887 neubearbeitete Auflagen. In den Jahren 1887 und 1888 folgten zwei weitere Halbbände zur Bürgerschaft bzw. zum Senat. Bei den beiden letzten Bänden blieb es bei der ersten Auflage.[3] Vielleicht Ergebnis des Zufalls, jedenfalls nicht ohne Bedeutung für das Verständnis des mommsenschen Denkansatzes ist, dass die Veröffentlichung des ersten Bandes mit Gründung des Deutschen Reiches und jene des zweiten mit dem Rektorat Mommsens an der Berliner Universität zusammenfiel.

2.1. Die Grundlagen des Systems

Die politisch-geistesgeschichtlichen Grundlagen für das System sind zunächst in der liberalen Staatsgesinnung begründet, die sich Mommsen bereits als leidenschaftlicher Anhänger der Bewegung des Jahres 1848 zu eigen gemacht hatte.

---

[1] MOMMSEN, Römisches Staatsrecht I, IX.

[2] Vgl. dazu HEUSS, Mommsen und das 19. Jahrhundert 48.

[3] NIPPEL, Das Staatsrecht in der Diskussion 9.

Das Fundament dieser Staatsgesinnung bildete dabei die aus der hegelianischen Staatsphilosophie abgeleitete Idee vom Staat als Geschöpf der Freiheit und Inbegriff des sittlichen Vermögens. Zu diesem Staat gehörte Nationalgefühl ebenso wie tief empfundene Humanität. Der Staatsbegriff Mommsens war zudem untrennbar mit den Prinzipien der Volkssouveränität und der Gewaltentrennung, sowie der Demokratie schlechthin verbunden. Auf realpolitischer Ebene ließ sich dieses Staatsideal – nach Auffassung des homo politicus Mommsen – am besten in einem einheitlichen deutschen Staat unter preußischer Führung verwirklichen. In diesem Sinne bringt Mommsen dann auch als Rektor die Freude über die Gründung des Deutschen Reiches deutlich zum Ausdruck. In der am 15. Oktober 1874 gehaltenen Rede spricht Mommsen vom Stolz auf die Erfolge der deutschen Nation und davon, dass Deutschland „die Stelle der immer geführten und oft angeführten Großmacht mit der der führenden vertauscht hat“.[4] Neben dem Einsatz der „rechten Männer“, die diesen Triumph möglich gemacht haben, ist dieser aber auch möglich geworden „durch die unablässige so geniale wie resignierte Arbeit dreier Generationen unseres Volkes“.[5] Außergewöhnliche Leistungen in der Vergangenheit sind die Grundlage für das Sendungsbewusstsein künftiger Generationen.[6] Der Gedanke eines hervorragenden zivilisatorischen Auftrages gilt bei Mommsen sowohl im Hinblick auf den geschichtlichen Auftrag Deutschlands wie auch für die hervorragende Rolle, die der Wissenschaftler dem historischen Rom zugedacht hat. In beiden Fällen war Streben nach Vorherrschaft für Mommsen nur als zivilisatorischer Auftrag denkbar und dabei spielte gerade auch das Verfassungsrecht eine hervorragende Rolle.[7]

[4] Mommsen, Rektoratsrede 4.

[5] Ebd.

[6] Ebd. 4–5.

[7] Baltrusch, Mommsen und der Imperialismus 213.

2.2. Das System in seiner Gesamtheit

Die Rektoratsrede Mommsens stellt aber auch einen Anhaltspunkt für das Verständnis des Systems selbst dar. Mommsens diesbezügliche Ausführungen sind mit dem epochenmachenden Text „Wissenschaft als Beruf“, den Max Weber fast ein halbes Jahrhundert später formuliert hat, verglichen worden.[8] Mommsen, getreu seiner Methode des historisch arbeitenden Juristen und des juristisch arbeitenden Historikers,[9] erörtert die Sendung der Geschichtswissenschaft in Gegenüberstellung zur Rechtswissenschaft. Beide Disziplinen – so der Rektor der Berliner Universität – können weder gelehrt noch gelernt werden. In beiden Fällen ist es der Blick auf die Gesamtheit, die eine tiefere Einsicht in das Wesen einmal der geschichtlichen Vorgänge, zum anderen in die Verfassung eines Staates gibt. Beim Erfassen des Systems kommt es auf die „richtige Schätzung der vorliegenden Zeugnisse, die rechte Verknüpfung des scheinbar Unzusammenhängenden oder Sichwidersprechenden zur tatsächlichen Folge“ an.[10] Es gehört zu den Anforderungen an den wahren Historiker und wohl auch an den wahren Juristen die Grundbegriffe in ihrer supranaturalistischen Herkunft im System zu erkennen.[11] Mommsen wörtlich:

[8] Walther, Mehr zu den Künstlern als zu den Gelehrten 229.

[9] Die Wendung ist von J. Michael Rainer übernommen. Rainer, Römisches Staatsrecht 14.

[10] Mommsen, Rektoratsrede 11.

[11] Behrends, Mommsens Glaube 312. Okko Behrends zeichnet den Gedankengang von Mommsen über Savigny und – in origineller Weise – über Friedrich Schiller nach, der in dem berühmten Zitat Mommsens zum genetischen Verständnis der Wissenschaft kulminiert. Mommsen schreibt im Vorwort zum Abriss des Römischen Staatsrechts: „Von der Plattheit derjenigen historischen Forschung, welche das, was sich nie und nirgend begeben hat, bei Seite lassen zu dürfen meint, schützt den Juristen seine genetisches Verständnis fordernde Wissenschaft.“ Behrends, Mommsens Glaube 321–323. Die Verbindung von Schiller mit Savigny kann wohl auch als Verweis auf die

„Der Schlag aber, der tausend Verbindungen schlägt, der Blick in die Individualität der Menschen und der Völker spotten ihn ihrer hohen Genialität alles Lehrens und Lernens. Der Geschichtsschreiber gehört vielleicht mehr zu den Künstlern als zu den Gelehrten“.[12] Was nun Mommsen im Hinblick auf die Geschichtswissenschaft formuliert, gilt in nicht minderem Maße auch für das Studium des Rechts, das vorwiegend als Kenntnis des öffentlichen Rechts zu begreifen ist. Auch dieses ist „in ihrer Gesamtheit als ein mehr oder minder bleibendes System zu studieren“.[13] Innerhalb des Systems kommt der Institution ein besonderer Stellenwert zu. Im vorliegenden Zusammenhang stellt sich die Frage nach dem Gewohnheitsrecht gerade auch im Hinblick auf die Institution.

2.3. Die Institution: Stein des Anstoßes

Im Vorwort zur ersten Auflage des „Römischen Staatsrechts“ hält Mommsen fest, dass es ihm nicht um die Beschreibung der „geschichtlichen Entwicklung“ geht. Vielmehr soll „jede Institution in sich abgeschlossen“ dargestellt werden. Den Begriff der Institution formuliert der Bearbeiter der römischen Verfassung in klarer Anlehnung an das Privatrecht. Als Ziel der Bearbeitung legt er fest: „Wie in der Behandlung des Privatrechts der rationelle Fortschritt sich darin darstellt, dass neben und vor den einzelnen Rechtsverhältnissen die Grundbegriffe systematische Darstellung gefunden haben, so wird auch das Staatsrecht sicher erst dann einigermassen ebenbürtig neben das – jetzt in der Forschung und Darlegung ihm eben so weit wie in der Ueberlieferung voranstehende – Privatrecht stellen dürfen, wenn, wie dort der Begriff der Obligation als primärer steht über Kauf und Miethe, so hier Consulat und Dictatur erwogen werden als Modificationen des Grundbegriffs der Magistratur“.[14]

Dieser institutionelle Zugang sollte in der Folge zu einem Stein des Anstoßes werden. Der Althistoriker Alfred Heuss hat im Jahr 1956 das erste umfassende Werk zu Theodor Mommsens Leben und Werk geschrieben. Im Hinblick auf das System Mommsens hat er – wohl etwas pointiert – geschrieben, dass dieses nur akzeptiert oder zerbrochen werden könne.[15] Im Anschluss an Heuss ist der Ansatz von Mommsen sowohl von althistorischer als auch von juristischer Seite behandelt worden.[16] Was die Arbeit von Rechtshistorikern betrifft gilt es dabei vor allem das relative frühe Werk von Heinrich Siber[17] zu erwähnen und auf die umfassenden Arbeiten von J. Michael Rainer[18] hinzuweisen. In den Kritiken zu diesen Arbeiten ist immer wieder auf die (zu) starke Betonung der Institution hingewiesen worden. So ist die Arbeit Sibers als ein „in Scheiben Geschnittener Mommsen“ bezeichnet worden.[19] Schärfer fiel der Tadel am Ansatz Rainers aus. Zurückgewiesen wurde dabei vor allem, dass die römische Wirklichkeit von einem „staatsrechtlichen Betrachtungswinkel aus“, also „vermittels juristischer Begrifflichkeit und Systematik“ erfasst werden kann.[20] Auch die Revision des „Römischen Staatsrechts“ durch Wolfgang Kunkel ist auf einen ähnlichen Vorwurf gestoßen. Bei Jochen Bleicken findet sich eine ausgewogene – wenn auch kritische – Auseinandersetzung mit Kunkel. Im Ergebnis

romantische Seite der historischen Schule verstanden werden.

12 MOMMSEN, Rektoratsrede 11.

13 Ebd., 13.

14 MOMMSEN, Römisches Staatsrecht I, IX.

15 HEUSS, Mommsen und das 19. Jahrhundert 56.

16 Ein Überblick über die zeitgenössische Kritik findet sich bei NIPPEL, Staatsrecht in der Diskussion 12–26.

17 SIBER, Römisches Verfassungsrecht.

18 Zu dem römischen Staatsrecht sind von Michael Rainer zwei Werke erschienen. Im Jahr 1997 mit dem Titel „Einführung in das Römische Staatsrecht“ und im Jahr 2006 mit dem Titel „Römisches Staatsrecht“.

19 BLEICKEN, Im Schatten Mommsens 532.

20 HÖLKESKAMP, Ein Gegensatz 119. Die Erwiderung auf diese Kritik findet sich bei RAINER, Theodor Mommsen 298.

bezeichnet der Althistoriker das Handbuch Kunkels als „eine aus den Quellen aufgebaute Institutionenkunde".[21] Der Eindruck Bleickens ist dabei wohl nicht unzutreffend. Dass Kunkel bei seiner Arbeit von einem modernen Institutionenbegriff ausgeht, wird klar durch die Frage bestätigt, mit der er an die durch das „Herkommen" überlieferte Praxis herangeht. Ob „Herkommen" Verfassungsrecht erzeugt oder nicht hängt von der formulierten Fragestellung ab. Handelt es sich dabei um eine rechtliche Frage, so ist auch die aus dem Herkommen abgeleitete Norm eine Rechtsnorm.[22] Ein solches Herangehen an die Quellen führt wohl notwendigerweise zu einer Institutionenkunde. Gefragt kann nun werden, ob dies unbedingt abzulehnen ist. Als Jurist wird man die Vorteile der Institution als Garant für Rechtsstaatlichkeit und Demokratie hervorstreichen können. Erkennt man den grundsätzlichen Wert der Institution auch für den rechtshistorischen Bereich an, so stellt sich die Frage, wie diese nun aus den Quellen geschaffen werden kann. Gerade hier sind nun die Unterschiede zwischen Mommsen und Kunkel verankert. Wesentlich für jede Institutionentheorie ist die Suche nach objektiven Bezugspunkten, auf die bei der Herausbildung der Institution Rückgriff genommen werden kann. Die Bemühung der verschiedenen Autoren nach einem Festmachen dieser Bezugspunkte bewegt sich im Spannungsfeld zwischen einer Ideenwelt im Sinne Platons und dem System nach dem Verständnis der historischen Rechtsschule. Der objektive Anhaltspunkt strebt dann nach Realisierung in der jeweils konkreten gesellschaftlichen Gruppe. Eine kreative Rolle bei dieser Realisierung kommt der politischen Gewalt und ihren Organen zu.[23]

3. Der Terminus „Herkommen" und die Institutionen der römischen Republik

3.1. Der Ansatz von Wolfgang Kunkel

Wolfgang Kunkel hat seine Überarbeitung des Mommsenschen Staatsrechts von langer Hand her vorbereitet. In dem bereits erwähnten Aufsatz aus dem Jahr 1971 definiert er „Herkommen" als die „seit alters geübte politische Praxis" und spricht ihm ausdrücklich normative Kraft zu.[24] Während im Bereich des Privatrechts Gewohnheitsrecht durch die beständige Anwendung einer Norm entsteht, so gilt für den Bereich des Verfassungsrechts, dass sich die im Weg des Gewohnheitsrechts zu lösenden Fragestellungen auf vereinzelte, außergewöhnliche Fälle beziehen. Im Sinne des oben angedeuteten Schemas bedarf es zur Entstehung einer Institution einem objektiven und einem konkretgesellschaftlichen Element. In der Herausarbeitung der Institution aus den römischen Quellen bei Kunkel lassen sich die beiden Elemente deutlich nachzeichnen. Kunkel macht den Normencharakter des Herkommens anhand von drei lateinischen Termini fest. Dabei handelt es sich zunächst um das Verhalten der Vorfahren (mores maiorum). Das Verhalten der Vorfahren war für den traditionsbewussten Römer grundsätzlich mit einer positiven Konnotation ausgestattet. Dieser Verweis auf die althergebrachte Tradition verwirklicht das zur Herausbildung einer Institution erforderliche objektive Element. Dieses ist aber weder im Bereich der Ideen noch innerhalb eines Systems angesiedelt, sondern bezieht sich auf konkret fassbare historische Gegebenheiten. An zweiter Stelle steht das Willensmoment der entsprechenden Entscheidungsträger (instituta). Diese beiden Elemente werden

[21] BLEICKEN, Im Schatten Mommsens 538–543.

[22] KUNKEL, Gesetzesrecht und Gewohnheitsrecht 381.

[23] Grundlegend im Hinblick auf eine soziologisch fundierte Konzeption der Institution sind die Arbeiten des französischen Rechtstheoretikers Maurice Hauriou. Zu Hauriou vgl. MILLARD, Hauriou et la theorie de l'institution.

[24] KUNKEL, Gesetzesrecht 376.

in dem dritten von Kunkel angeführten Ausdruck, den exempla maiorum festgemacht. Dieser Begriff – so der Rechtshistoriker – charakterisiert die Denkweise der Römer am besten. Kunkel verdeutlicht seinen Ansatz durch drei Beispiele. Anhand dieser Belege soll in weiterer Folge dann auch der Unterschied in der Methode von Mommsen und Kunkel verdeutlicht werden.[25]

3.2. Verfassungsrecht durch Gewohnheitsrecht bei Wolfgang Kunkel

Die im ersten Beispiel zur Diskussion stehende Rechtsfrage lautete, ob es möglich sei, den die Wahlen leitenden Diktator zum Konsul zu wählen. Der Fall ereignete sich im Jahre 210 v. Chr., bei dem Diktator handelt es sich um einen gewissen Q. Fulvius Flaccus. Gegen die Wahl wurden zwei Argumente angeführt. Zum einen der Grundsatz, dass das als höchste Staatsgewalt verstandene imperium von ein und derselben Person nicht ohne Intervall ausgeübt werden durfte. Der zweite Punkt hatte noch mehr Gewicht. Die Wahl eines wahlleitendenden Amtsträgers würde ein negatives exemplum schaffen. Erhoben wird der Einwand seitens zweier Volkstribune. Im Gegenzug berief sich der betroffene Diktator auf einen früheren Senatsbeschluss und ein mit diesem im Einklang stehendes Plebiszit, das für Notzeiten die Wiederwahl von Konsuln erlaubte. Im Hinblick auf die Wahl des wahlleitenden Magistrates führte Fulvius Flaccus zwei Beispiele an. Eine Wahl von 80 Jahren zuvor und eine andere aus jüngster Vergangenheit. Nach einiger Diskussion einigten sich der Diktator und die Volkstribune darauf, dass sie die Frage dem Senat unterbreiten und sich dessen Urteil fügen würden. Der Senat entschied unter Berufung auf die Erfordernisse des Gemeinwesens für die Zulässigkeit der Wahl. Die erwähnten exempla stellen das objektive und die Willensbildung der zur Entscheidung berufenen Organe das konkretisierende Element dar. Der Fall zeigt auch, dass im Hinblick auf die Übereinkunft der Staatsorgane zunächst die Interaktion zwischen Volkstribunen und Senat im Vordergrund steht. Aber auch das Volk ist in die Entscheidungsbildung miteinbezogen, da dieses ja letztlich die Wahl des Amtsträgers vorzunehmen hat. Dasselbe Schema lässt sich auch in dem zweiten von Kunkel erwähnten Fall verfolgen. In diesem Fall steht ein gewisser C. Flaccus im Zentrum der Erzählung. Als Flamen Dialis – dem höchsten Priester des Gemeinwesens – versuchte er sein Recht auf einen Sitz im Senat geltend zu machen, dies nachdem seine Vorgänger dieses Recht viele Jahre hindurch nicht ausgeübt hatten. Folgende Elemente konstruieren die Institution. Der Flamen erscheint im Senat und macht seinen Anspruch geltend. Der die Sitzung leitende Prätor verwehrt ihm das Recht und lässt ihn hinausführen. Der Priester wendet sich an die Volkstribune, die sich für ihn einsetzen. Am Rande sei erwähnt, dass dies auch deshalb bemerkenswert ist, da es sich beim Flamen Dialis um ein Patriziern vorbehaltenes Amt handelte. Auch in diesem Fall werden verschiedene *exempla* angeführt. Der Priester beruft sich auf lang zurückliegende Beispiele, während der Prätor die Praxis der jüngsten Zeit geltend machen möchte. Im Endeffekt wurde der Fall durch den Senat – unter informeller Mitwirkung des Volkes – entschieden. Im dritten von Kunkel erwähnten Fall handelt es sich um die Frage, ob ein Prokonsul das Recht auf einen Triumph geltend machen konnte, oder ob dieses nur Inhabern der obersten Staatsämter vorbehalten war. In diesem Fall bestand das Problem darin, dass für das vom Prokonsul geforderte Recht kein exemplum vorhanden war. Für den gegenteiligen Fall – der Verweigerung des Triumphs – lagen hingegen mehrere Beispiele vor. Der Senat entschloss sich für die Schaffung eines neuen exemplum, das

[25] Ebd. 377–380.

darin bestand, einem verdienten Feldherrn, der noch Träger einer höheren Magistratur gewesen ist, zwar keinen Triumphzug, aber doch eine Ovatio zu gewähren. Wiederum fällt die Entscheidung im Wechselspiel zwischen Volkstribunen und Senat. Auch hier ist das Volk latent gegenwärt, da der Beifall des Volkes wesentlich zum Vorgang der Ovation gehörte.[26]

3.3. Die Version Mommsens

Zu den von Kunkel behandelten Fällen finden sich natürlich auch Stellungnahmen in dem „Römischen Staatsrecht" Mommsens. Aus dem Systemansatz ergibt sich, dass diese auf verschiedene Kapitel des Werkes verteilt sind. Im Hinblick auf die Möglichkeit der Wahl zum Konsul des wahlleitenden Diktators konzentriert sich die Darstellung Mommsens auf das Verhältnis zwischen Diktator und Volkstribune. So behandelt er den Fall als Beispiel für einen Einspruch der Volkstribune gegen die von einem Diktator abgehaltene Wahl. Dabei erklärt er den Einspruch der Tribune im Zusammenhang mit Wahlen grundsätzlich für zulässig.[27] An anderer Stelle weist er allerdings darauf hin, dass dies erst für die spätere abgeschwächte Diktatur gegolten hat und hebt in Bezug auf den vorliegenden Fall hervor, dass in einzelnen Fällen die Volkstribune selbst einen Diktator gezwungen haben, sich ihnen zu fügen.[28] Dabei gibt Mommsen auch Kunde von der entscheidenden Rolle, die der Senat im vorliegenden Fall gespielt hat. Diese wird aber als Ausnahme von der allgemeinen Regel bezeichnet. Ausgehend von dem vorliegenden Fall formuliert der Autor des „Römischen Staatsrechts" die allgemeine Regel, dass eine Meinungsverschiedenheit zwischen Konsul (im vorliegende Fall Diktator) und den Volkstribunen Voraussetzung für das Einschreiten des Senats war.[29] Eine ausdrückliche Bezugnahme auf das Herkommen findet sich bei der Erörterung des Falles des Flamen Dialis durch Mommsen. So schreibt der Autor des „Römischen Staatsrechts" in dem dem Senat gewidmeten dritten Band des Römischen Staatsrechts: „In sehr ferne, vielleicht selbst in königliche Zeit mag die Bestimmung zurückreichen, dass dem höchsten Flamen der Gemeinde, dem des Jupiter, der Sitz im Senat von Rechtswegen zukommt". In der Fußnote sagt er dann, dass dieses Recht, das auf „altes Herkommen" gründet, in Vergessenheit geraten war (weil die Inhaber des Priestertums sich geringer Achtung erfreuten), aber wieder mit Erfolg in Anspruch genommen wurde.[30] Den entsprechenden Bericht des Livius kommentiert Mommsen noch an anderen Stellen. Unter dem Titel „Die magistratische Befugniss des Oberpontifex" bricht Mommsen zunächst ganz modern eine Lanze für die Trennung zwischen religiöser und weltlicher Gewalt. Wörtlich sagt er, dass in der Republik die Grenzlinie zwischen Magistratur und Priestertum „mit römischer Schärfe" gezogen war. Priester waren grundsätzlich „ohne formelle Gewalt und ohne rechtliche Stellung". Der Flamen Dialis könnte in diesem Zusammenhang die einzige Ausnahme darstellen. Aber auch sein Recht – und hier beruft sich Mommsen auf die Erzählung aus dem Jahr 209 v. Chr. – war bestritten und „streng genommen nicht begründet".[31] Mommsen erwähnt den Fall auch noch bei der Erörterung der Befugnisse des Vorsitzenden im Senat und spricht diesem das Recht zu, Personen, „die unberechtigter Weise in den Saal sich eindrängen, aus demselben zu entfer-

[26] Ebd. 377–380. Bei den von Kunkel nicht angeführten Quellenbelegen handelt es sich für den Fall des Fulvius Flaccus um Liv. 27,6,4, für die Erzählung rund um den Flamen Dialis um Liv. 27,8,8–10 und für die Frage der Gewährung des Triumphs um Liv. 31,20,1–6.

[27] Mommsen, Römisches Staatsrecht I, 284 und Fn. 1.

[28] Ebd. II, 1, 166.

[29] Ebd. I, 481 und Fn. 4.

[30] Ebd. III, 2, 860 und Fn. 1

[31] Ebd. II, 1, 18 und Fn. 3

nen".[32] Auch die Frage der Gewährung eines Triumphes in Fällen, in denen der Feldherr noch keine Obermagistratur bekleidet hat, ist Mommsen natürlich bekannt und auch hier findet sich eine ausdrückliche Bezugnahme auf das „Herkommen" und zwar wenn der Autor der Argumentation der Volkstribunen zustimmt, dass weder großer noch kleiner Triumph (Ovation) dem „Herkommen" entsprechen.[33]

4. Unterschiede zwischen den Ansätzen Mommsen und Kunkel und der Wert der Institution

Sowohl das „Römische Staatsrecht" von Theodor Mommsen wie auch seine Revision durch Wolfgang Kunkel sind Ergebnis konsequenter methodischer Grundannahmen. Bei Kunkel erscheint das „Herkommen" als Träger der rechtserzeugenden Tradition. Diese Tradition wird durch die Entscheidung der Organe einer konkreten Verfassungswirklichkeit in der Gegenwart realisiert. Mommsen konzipiert seine Institution abstrakt aus dem System heraus. Der Begriff „Herkommen" erhält dabei die Rolle eines Bindestoffes, der die einzelnen Elemente des Systems zusammenhalten soll. Die Spannungen, die der große Kenner der Quellen des Altertums dabei nicht überspielen kann und die etwa in der Unterscheidung zwischen „rechtlich" und „faktisch" zum Ausdruck kommen, sind Ergebnis jener Ausgangsprämisse, die das römische Staatsrecht am Rande der konkreten politischen Realität und losgelöst von den Entscheidungsträgern konstruiert. Im Hintergrund des mommsenschen Systems stehen die Überzeugungen eines bürgerlich-freiheitlichen Denkers. Der Wert der Institution – als Träger von Demokratie und Rechtsstaatlichkeit – wie er für das römische Verfassungsrecht und wohl auch darüber hinaus erstmals von Theodor Mommsen herausgestrichten wurde, wird durch die Frage nach einem systematischen oder historisch-realistischen Ansatz nicht berührt. Mit der Revision des Systems von Mommsen hat aber auch die Suche nach einem in der gesellschaftlichen Realität verankerten Institutionenbegriff begonnen. Die Verbindung dieser so verschiedenen Elemente bleibt als bleibende Herausforderung bestehen.

Korrespondenz:

Prof. Dr. Nadja El Beheiri
Katholische Universität Pázmány Péter
Faculty of Law and Political Sciences
Szentkirályi str. 28–30
H – 1088 Budapest,
ORCID-Nr.: 0000-0002-1369-5169

Abkürzungen:

Siehe das allgemeine Abkürzungsverzeichnis:
[http://www.rechtsgeschichte.at/media/abk.pdf]

[32] Ebd. III, 2, 937.
[33] Ebd. I, 131 und Fn. 4.

Literatur:

Ernst BALTRUSCH, Mommsen und der Imperialismus, in: Alexander DEMANDT, Andreas GOLTZ, Heinrich SCHLANGE-SCHÖNONGEN (Hgg.), Theodor Mommsen. Wissenschaft und Politik im 19. Jahrhundert (Berlin 2005) 201–225.

Okko BEHRENDS, Mommsens Glaube. Zur Genealogie von Recht und Staat in der Historischen Rechtsschule. Nachrichten der Akademie der wissenschaften in Göttingen, I. Philologisch-Historische Klasse (Göttingen 2005).

Jochen BLEICKEN, Im Schatten Mommsens, in: Rechtshistorisches Journal 15 (1996) 3–28.

Alfred HEUSS, Theodor Mommsen und das 19. Jahrhundert (Kiel 1956).

Karl-Joachim HÖLKESKAMP, Ein „Gegensatz vom Form und Inhalt", in: Theodor Mommsens Konzept des republikanischen „Senatsregiments". Hindernis oder Herausforderung?, in: Wilfried NIPPEL, Bernd SEIDENSTICKER (Hgg.), Theodor Mommsens langer Schatten (Hildesheim 2005) 87–131.

Wolfgang KUNKEL, Gesetzesrecht und Gewohnheitsrecht in der römischen Republik, in: DERS., Kleine Schriften (Weimar 1974) 367–382.

DERS., Staatsordung und Staatspraxis in der Römischen Republik, Zweiter Abschnitt, die Magistratur (München 1995).

Erick MILLARD, Hauriou et la theorie de l'institution, in: Droit et Société 30/31 (1995) 381–412.

Theodor MOMMSEN, Rektoratsrede, in: DERS., Reden und Aufsätze (Berlin 1912) 3–16.

DERS., Römisches Staatsrecht (Göttingen [3]1887).

Wilfried NIPPEL, Das Staatsrecht in der Diskussion. Von 1871 bis heute, in: Wilfried NIPPEL, Bernd SEIDENSTICKER (Hgg.), Theodor Mommsens langer Schatten 9–61.

J. Michael RAINER, Einführung in das römische Verfassungsrecht (Darmstadt 1997).

DERS., Römisches Staatsrecht. Republik und Prinzipat (Darmstadt 2006).

Heinrich SIBER, Römisches Verfassungsrecht (Lahr 1952).

Gerrit WALTHER, Mehr zu den Künstlern als zu den Gelehrten, in: Josef WIESEHÖFE, Theodor Mommsen. Gelehrter, Politiker und Literat (Stuttgart 2005) 229–241.